勉強が苦手な方専用

2022年度

はなまる

宅建士
基礎²テキスト

有山あかね 著

とりい書房

本書の特徴

本書は、宅建士試験をはじめて受験する社会人をメインの読者対象に、わかりやすさと効率的な学習をポイントにまとめたテキストです。

難しい法律用語や専門用語を、身近な例えとわかりやすい言葉で説明しているため、無理なく学習を続けられます。

また、本文の多くは会話文で展開されるため堅苦しくなく、初学者でも抵抗なく法律解説を読み進めることができるようになっています。

著者の有山あかね先生は、不動産業界で働くかたわら受験予備校でも講師として教壇に立たれています。自身も働きながらの受験生として、仕事と勉強の両立で苦労した経験をもとに、本書をご執筆頂きました。本書の読者対象である、社会人受験生という方々の実情にはこれ以上ない身近なテキストにまとまっています。

本書は効率的な学習のために、本試験50問中の43問だけに対応しており、学習効率の悪い7問分の範囲をバッサリ切り捨ててあります。このため、本書だけでは満点合格は難しいですが、例年の合格点は35点程度ですので、本書の掲載項目だけでも十分合格できる範囲です。安心して、学習にとりかかってください。

※著者自身によるガイダンスを下記アドレスで公開しておりますので、併せてお聴きください。

とりい書房ホームページ

http://www.toriishobo.co.jp/

○書籍の新刊や正誤表など最新情報を随時更新しております。
○著者、とりい書房は、本書の使用による合格を保証するものではありません。

はじめに

本テキストは以下のコンセプトをもとに執筆しました。

◎初学者の方にもわかりやすいこと
◎学習を楽しめる内容であること
◎効率的に学習を進められること

このため、難しい言い回しをできるだけ避けて、法律系の資格試験の学習は初めてという方でも途中で挫折せずに、楽しく学習が続けられるようにまとめました。

好きこそものの上手なれ、と言うように、宅建を好きになれることが何よりの合格への近道です。ですから、まずは学習する内容に興味を持つことを最初の目標としてください。

私は現在、資格予備校や都内大学で宅地建物取引士の資格試験対策講座を受け持つ傍ら、都内の不動産業者で売買および賃貸の媒介業、不動産関連のコンサルティング業に従事しています。

本テキストでは宅建試験の出題内容はもちろん、学習の足掛かりや、記憶定着のサポートになるように、具体例を用いた説明と、宅建業者としての実体験や実情についても触れています。また、宅建業に従事する方が往々にして陥る「テキストの記載内容と、実務でやっていることがかなり違う…」といった、学習が進まなくなる落とし穴についても、できる限りカバーしました。

さて、皆さまは宅地建物取引士という資格にどのようなイメージをお持ちでしょうか。

たとえば…

✓ **国家資格だから勉強が大変そう**

✓ **法律の用語が堅苦しくてわかりにくい**

✓ **不動産の仕事をしていないと難しい**

等々、おそらく合格するのは難しく、学習も大変そう…というイメージをお持ちの方もいることだと思います。

しかし、宅地建物取引士資格試験は、学習のコツさえつかめれば、決して難関の資格ではありません。もちろん、学習方法にはそれぞれ向き不向きがありますから一概にはいえませんが、私がおすすめする学習方法は、できる限り暗記に頼らないことです。

当然、暗記が必要な分野はありますが、基本的には「どうしてこの法律は制定されたのだろうか」「この規定が目的としていることは何か」といった理由付けをしながら学習を進めていくことで、強引な暗記に頼らない、理路整然とした形でのインプットが可能となります。

法律が制定される背景にはすべて理由があるのです。

インプットを進める際にはその理由と、誰の（何の）ためにつくられた法律なのかを常に念頭に置くよう心がけましょう。
たとえば、民法は民のため、つまり国民のための決まりごとを定めたものです。
借地借家法は借主の立場を保護するため。宅建業法はアコギな業者からシロートのお客さん等を保護するため。国土利用計画法は地価の高騰を抑えることや、投機的な取引をさせないことを目的に制定されました。その他、どんな法律にも、すべて制定されるに至った背景や理由があります。
宅建試験対策の学習ではそれらをイメージできると、知識がすんなりと頭に入ってくるようになります。

先述のとおりではありますが、本テキストは「**不動産や宅建の学習が好きになれる**」ことをコンセプトとしております。
本文の説明は、堅苦しい言い回しで淡々と説明するのではなく、ハトのセンセとウサギくんによる会話形式としてまとめました。そのため、法律関連の資格試験のテキストにはじめて触れるという方でも、わかりやすく柔らかい内容になっていることと思います。
ちなみに、ハトとウサギなのは保証協会のロゴマークがハトとウサギであることに起因しています。

日頃仕事が忙しく、なかなか勉強を進められない。分厚いテキストを前にしてどうもやる気がおきない。そんな方々にとって、本テキストが宅建や不動産はもとより、学習すること自体が好きになるきっかけとなれば幸いです。

有山あかね

目次

Chapter 1 権利関係

Chapter

2 宅建業法

Chapter

3 法令上の制限

column ちょっと一息コラム

Guidance 1 勉強方法のコツと手順

1 宅地建物取引士の試験って、どんな内容？

「宅地建物取引士」ですが、以前は宅地建物取引主任者という名称の資格でした。宅建業は衣食住の住という大切なものを扱っており、宅地建物取引主任者（現宅地建物取引士）は実際の取引においてはもちろん、世間的に見ても重要な役割を担っていることから、2015 年に宅地建物取引士へと士業にレベルアップしました。

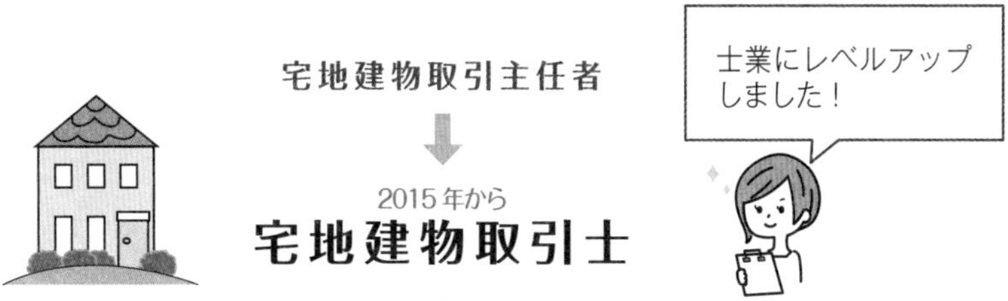
宅地建物取引主任者
2015 年から
宅地建物取引士
士業にレベルアップしました！

そしてレベルアップに伴い、試験内容も年々難化しています。難しくなったということには、しっかりと知識のある宅建士を世間に輩出しようという国の考えが反映されているともいえます。

ここで、本試験において実際にどのような問題が出題されるのか見てみましょう！

問題文の例

試験内容は四肢択一（ししたくいつ）の 50 問で、たとえば次のような問題文で出題されます。

宅地建物取引業法（以下「法」という。）における次の記述のうち正しいものはどれか。

あるいは

次の記述のうち民法の条文に規定されていないものはどれか。

これらは４つある選択肢の中から１つの正解を見つけ出す最もオーソドックスな問題です。大抵４つの肢のうち２つは、ある程度の基礎ができていれば、絶対これじゃないな～と切れる肢（あし）です。そして、残りの２つが絶妙な内容で、果たしてどちらが正解肢なのか悩むことになります。

このような、４つの中から正解肢をひとつだけ導き出せばいい問題だと「これかな～？」と、やや曖昧な知識で当てられることもあるのですが…近年は俗にいう**「個数問題」「組み合わせ問題」**の割合が増えています。

「個数問題」とは？

宅地建物取引業者が行う取引に関する次の記述のうち、宅地建物取引業法の規定によれば、誤っているものはいくつあるか。

「組み合わせ問題」とは？

都市計画法に関する次の記述のうち、正しいものの組合せはどれか。

先にあげたような個数問題、組み合わせ問題はちょー厄介。本試験で出てくると多くの受験生がつまずきます。何が厄介かというと、全ての記述が正しいのか誤っているのかを理解していないと正解肢が分からないのです。

独学者の人や、学習量が足りない人だと、

「いやー…正しいような気がするけど、どうなんだろうなあ」とか
「こんな決まりあったっけ？　間違っているような気もするけど、確信が持てない…」

というように、確実にこれは○、これは×と判断できずに、結局カンに頼って選択することになります。

宅建士資格試験が難しいと言われる要因のひとつに、この個数問題、組み合わせ問題の増加は大きく影響していると考えられます。

2　宅建試験に勝つ！　おすすめ攻略方法

宅地建物取引士の試験は、とにかく範囲が広く、法律の試験の中でも最も広く、浅く、様々な分野の知識が問われる試験です。

そのため試験に勝つためには、必ず押さえないといけないところは全力で、「ここはまあ、いっか！」という箇所は適度に、と緩急をつけて取り組むことが一番の近道です。

というのも、宅建試験の最初に登場する民法の分野は、とにかく膨大な範囲からちょこちょこと出題されます。この民法を完璧に解けるようにしよう！　と意気込むと範囲が広すぎて何年経っても終わりません。（後述する、重箱の隅タイプの人が陥りやすい罠のひとつです）

そこで、**宅建試験で戦える力をつけるためには絶対に守ってもらいたい大原則が２つあります。**

»大原則 01 Tips and Procedures for Studying

メインはとにかく業法！ 宅建業法はめざせ全勝！

宅建試験の内容は**「民法（権利関係）」「宅建業法」「法令上の制限」「税・その他」**に分けられます。もちろん、全ての分野が大切ですが、その中でも特に「**宅建業法**」に重点を置いて、テキストと過去問でしっかり対策をして、抜け漏れがないようにしてください。

というのも、宅建業法は民法（権利関係）と比べて条文数が少なくて、とっつきやすい内容が多いため、学習したら**それだけ得点につながりやすい**のです。また過去に出題された箇所が、何度も何度も繰り返し出題される傾向があります。

さらに、「**宅建業法**」は**50問中20問**とかなりのウエイトです。しっかりとここで得点すれば20 点GET！　仮に、少し難しい問題や凡ミスがあったとしても18 点は取れるかな？　と高得点を狙いやすい分野です。

宅建業法は努力がきちんと形になりやすい科目ですから、しっかりと時間とパワーをかけてもらいたいです。

これはあくまでも私がおすすめする学習方法ですので、たとえば民法が得意という方はもちろんお好きな方法で進めて頂いて結構です。ただし、これを守れば本試験で戦えるだけの力はつきますので、信じて進んで頂ければと思います！

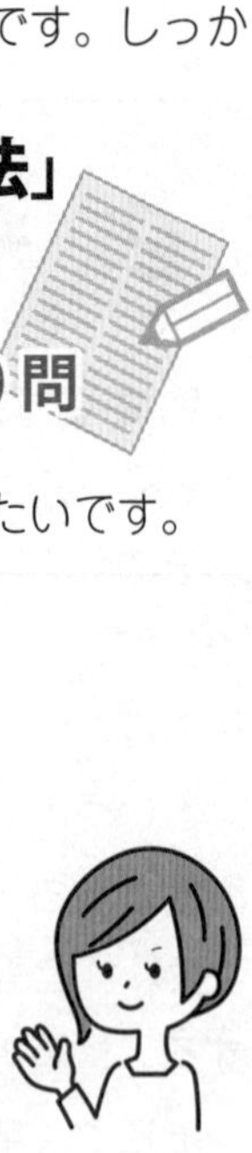

3 ほんとはテキストはなんでもいい？ インプットとアウトプットはこうする！

宅建試験合格には過去問が重要!

宅建に合格した人や、予備校の講師がよく言うフレーズがあります。

「過去問がとにかく大切」

「過去問さえちゃんとやっていれば合格できるよ！」

いやいや、過去問だけでイケるわけないでしょ～という方も多いと思いますが、人によっては本当に参考書などのインプット用の教材なしで、過去問のみで合格するなんてこともあるんです。

»大原則 02 Tips and Procedures for Studying

過去問を制す者が宅建を制す！

とも言われるほど、宅建試験の学習においては過去問が大切です。過去問をどれくらい丁寧に繰り返し解いたかで、勝敗が決まるといっても過言ではありません。

とはいえ、宅建に挑戦するぞ！ と決めてインプット用の教材もなしで、いきなり過去問に取り掛かっても、天才でもない限り、おそらく問題文で問われていることがなんなのかもわからないことでしょう。

みなさんはまず、宅建の内容がどのようなものなのかを理解・インプットしてから、過去問にチャレンジしていきましょう。しかし、このインプットをするときにどの教材を読めばいいのか悩む人もいるのではないでしょうか？

駅前の書店なんかを覗いてみると、細かな内容まで網羅できる分厚い参考書から、本書のように重要な箇所をぎゅっと凝縮して一冊にまとめられているものまで、さまざまな参考書が並んでいます。

もちろん本書をお手に取って頂き、合格のお手伝いをさせてもらえたら嬉しいですが、**正直インプット用の教材は、どの本でもいい**というのが私の持論です。

参考書の選び方は、**一番読みやすいな～これなら読めそうだな～と感じるもの**を選べばOK です！（情報が多い方がいいに決まっているという理由で、条文や判例などがあれこれ詰まった本を買うのは要注意。大抵最後まで読めずに途中で投げ出してしまいます）

📖 暗記にこだわらず、まずは大筋をつかむこと！

さて、参考書を決めたらまずは一度終わりまで読んでみましょう。最初は善意や悪意等といった法律用語に馴染みがないうえに、漢字も多くてなかなか読みにくいはず。でも、ここは踏ん張って、最後まで読みきりましょう。読みきれないよ～という方は、率直に申し上げますと受験するのはやめたほうがいいかもしれません…

受かる！　絶対、宅建士になる！　という決意があれば、どんなに学習が苦手なあなたでも必ず読みきれるはずです。自分のために、自分の将来のためにと思い、まずは１日５分だけでもいいですから、少しずつ読み進めて行きましょう。（もちろん、１日５分の学習で受かるほど簡単ではありませんが）

終わりまで読むことができたら、もう一度テキストの第１章に戻ってみてください。おそらく、ほとんどの内容を覚えてなくてショックを受けると思います。でも、そんなものです！　だって法律の難しい話や不動産のことなんて、これまで知らないことばかりだったのですから。あまり気にせずに、もう一周回しましょう。今度は不思議と読みやすく感じるはずですし、内容がすんなりと頭に入ってくるはずです。

また、テキストを読むときのポイントは、数字が出てきたから覚えなきゃ！　などと暗記にこだわらないこと。

例えば「区分所有法」の箇所では、過半数、4分の3以上や、「開発許可」の箇所の1,000㎡、3,000㎡、1ha（10,000㎡）など覚えた方が良さそうな数字がたくさん出てきます。

ですが、テキストを通して読んでいるときには、数字などは無理に覚えようとしなくて大丈夫です。「宅建の試験ではこんな内容が問われているんだ～」「宅建士は不動産の取引でこんな役割を求められているのか」と大筋を理解することに注力しましょう。

4　過去問は合格への特急券

過去問のおすすめ紙面は、左に問題・右に解説

参考書で大まかな内容を理解できたら、実際に過去問に挑戦してみましょう。過去問題集もさまざまな種類のものが出版されていますが、おすすめは見開きで**左側に問題、右側に解説**が載っていたり、次のページをめくると解説が載っているような、**1問解くごとに正解肢と解説を確認できるタイプのもの**です。解説が巻末にあるようなものでもいいのですが、すぐに解説を確認できる形式のほうが正解肢の確認もしやすく、学習がスムースに進みます。

過去問題集を選んだら、あとは解いていくのみ

過去問を解く際には1問ごとに必ず解説を確認しましょう。そして、正解の肢だけではなく、必ず全ての肢の解説を読んで、「この部分が誤って

いるからこの肢は誤っているんだな」や「この部分を変えたら正しい内容になるな」等というように、しっかりと分析をしてください。この、分析をするということが本当に大切です。**分析をしていく過程で、覚えなければならない数字や制限も自然と頭に入っていきます。**

ただ、過去問にチャレンジしていくと、テキストでは確かに読んだ覚えがあるけど正確に覚えてないものや、まったく知らない内容もたくさん出てきます。最初はなかなか正解が導き出せなくてモヤモヤしたり、過去問を解くのが辛いかもしれません。でも、それは成長痛といって誰もが感じること。

大丈夫です。1年分、2年分と挑戦していくうちに、「あ、この内容去年にも出題されていたな～」「35 条書面のこの内容って毎年出るんだなあ」と、解いたことがある、あるいは見たことがある問題が増えてきます。

最初の成長痛を乗り切れば、必ず本試験で戦える力がついてきます。しかも、だんだん知識が蓄積されてきて、過去問を解くのも楽しくなってくるものです。勉強を楽しめるようになってきたら、もう合格はすぐそこです！

5 ちょっとのミスが命取り …凡ミスを防ぐ問題の解き方

試験は2時間で 50 問、1 問を2分 24 秒で次々解いていかなければなりません。その上、緊張しちゃってなかなか問題の内容が入ってこない…なんて悲しい事態に陥る人も多数です。

誤っているものはどれか？　と問われているのに、正しいものを聞かれていると勘違いしてしまって、「肢1は絶対正しい！　正解はこれ！」とケアレスミスをしてしまうことも想定されます。そんな切ない凡ミスを防ぐために、実践してもらいたい問題の解き方についてお話しさせて頂きます。

ポイントは**問題文にマークをつけること**。どんな印でもいいです。ご自身が解きやすいようにしていただいて構いませんが、私の解き方を一例としてご紹介します。

正しいものはどれか？

正しいものに○を付けておく！

【問　22】　次の記述のうち、正しいものはどれか。

1　津波防災地域づくりに関する法律によれば、津波防護施設区域内において土地の掘削をしようとする者は、一定の場合を除き、津波防護施設管理者の許可を受けなければならない。

2　国土利用計画法によれば、市街化区域内の3,000㎡の土地を贈与により取得した者は、2週間以内に、都道府県知事（地方自治法に基づく指定都市にあっては、当該指定都市の長）に届け出なければならない。

3　景観法によれば、景観計画区域内において建築物の新築、増築、改築又は移転をした者は、工事着手後30日以内に、その旨を景観行政団体の長に届け出なければならない。

4　道路法によれば、道路の区域が決定された後道路の供用が開始されるまでの間であっても、道路管理者が当該区域についての土地に関する権原を取得する前であれば、道路管理者の許可を受けずに、当該区域内において工作物を新築することができる。

誤っているものはどれか？

【問　1】　代理に関する次の記述のうち、民法の規定及び判例によれば、誤っているものはどれか。

1　売買契約を締結する権限を与えられた代理人は、特段の事情がない限り、相手方からその売買契約を取り消す旨の意思表示を受領する権限を有する。

2　委　……　か、やむを得ない事由があるときにも、復代理人……

誤っているものに×を付けておく！

3　復代理人が委任事務を処理するに当たり金銭を受領し、これを代理人に引き渡したときは、特段の事情がない限り、代理人に対する受領物引渡義務は消滅するが、本人に対する受領物引渡義務は消滅しない。

4　夫婦の一方は、個別に代理権の授権がなくとも、日常家事に関する事項について、他の一方を代理して法律行為をすることができる。

6　やる気が出ない…そんなときは

おそらくみなさまは、日中は学校に通われていたり、お仕事をされていたり、家庭があって子育てや家事に追われていることと思います。

仕事や家事の隙間時間に学習を進めるのは思いのほか大変です。残業で遅くなっちゃった日なんかは、お風呂に入ってご飯食べたらなんにもやる気がしないですよね。勉強をしなければならないとは思うけど、どうしても参考書に手が伸びない。

そんなときは宅建士になった自分をイメージしてみましょう。

宅建士になると…

- **01** さすが国家資格！　転職や就職活動が有利になる
- **02** 業者にお勤めの人は…宅建士資格手当でお給料 UP
- **03** 宅建の学習内容は他の資格取得の足がかりになる

お給料 UP という点で言えば、私の知っている業者さんは1ヵ月に２万円～５万円の資格手当や、重要事項説明をするごとに 2,500 円の手当の加算等といった条件がありました。年収で考えると、これは大きいですよね。

また、宅建士の試験範囲は、マンション管理士・管理業務主任者・賃貸不動産経営管理士等とも共通点が多いため、宅建士資格試験に合格した後にそれらの学習を始めると、かなり効率よく進められます。

そして、どんなことにおいてもあてはまることですが、目標を達成することは素晴らしいことです。毎日が楽しく、充実しますし、こと宅建士になると、仕事面において環境がガラリと変わります。

宅建士になったあなたはもう昨日までのあなたではありません。立派な「不動産のプロ」なのです。

不動産購入を検討している友人や親戚の方々をサポートしてあげることもできますし、**「宅地建物取引士証」**を掲げて、より条件の良いところへ転職することも、現職で昇格することも夢ではありません。

今ちょっと踏ん張るだけで、来年の自分はもっと輝く…そんなふうに社会で活躍する自分をイメージして、ぜひ一緒に合格をめざして頑張っていきましょう。

Guidance 2 これさえできれば「合格」

宅建の試験範囲に取りかかる前に、ちょっとしたガイダンスにご参加ください。少しでも早く学習を始めたいと焦り気味の方も、あるいはいまいちモチベーションが高まらず気の乗らない方も、まずはこちらのガイダンスを読んで、じっくり考察してみることをおすすめします。

宅建は決して難しい資格試験ではありません。かといって、数週間程度の学習で合格できるほどやさしい試験でもありません。きちんと準備し、上手に本試験を受けてはじめて合格が見えてきます。つまりはきちんと対策を考え、しっかり実践できなければ何度受験しても結果は同じということです。

ここでは前者の「対策を考える」ことの意義と方策を紹介していきます。

指南 1 合格に必要な能力を科学する

初めて受験される方や多年度受験のリベンジャーの方々は本試験の時点で、あなたの能力になにかが足りなかった、または欠けてることによって合格できないのです。

不足あるいは欠落していた能力を考えるには、まず合格するために必要な能力とはなにかをじっくりと考察してみる必要があるでしょう。ここでは合格に必要な能力をいくつかあげてみます。

合格に必要な能力

- Ⓐ 基本理解力
- Ⓑ 暗記力
- Ⓒ 問題対応力
- Ⓓ 自己マネージメント力

この 4 つの能力が合格に必要ということは、これらが備わっていれば合格できる可能性が上がるということ。逆にいえば、このうちのどれかひとつ、あるいはいくつかが不足、欠落していたために合格できないという事態になることもあるということです。

指南 2 (A) 基本理解力が不足、欠落していた場合

(A) 基本理解力が足りなかった、あるいは欠けていた場合です。

基本理解力は、文字通り基本事項をどれくらい理解できているかを示しており、この能力はすべての土台ともいえます。

宅建の学習範囲を、**分野**（権利関係、宅建業法、法令上の制限等の主要分野）➡ **章**（ひとつの法律であったり、あるいはひとつの法律を内容ごとに大別(たいべつ)したもので本書のステージにあたります）➡ **項目**と細分化してみますと、分野全体の総合的な理解、章ごとの体系的な理解、項目ごとのポイント理解の 3 種が必要となり、それらの基本的な知識が求められます。

平たくいえば、この能力は“テキストを読んで書いてあることがわかること”であり、それは問題を解く際の大前提となります。

★ **基本理解力が・・・**

1 不足すると，不要な選択肢を消去できず，選択肢を絞り込めない

2 欠落すると，問題を正しく読み進められず，もはや，ヤマ勘に頼るしかない

問題文をしっかり理解する必要のある宅建試験を勝ち抜くためには、基本理解力は最低限まず必要な能力といえるでしょう。“分からなければ解けない”のは当然の話だからです。これは、冷静に問題文や文章を読むように心がけ、各セクションごとに知識を整理することで培われます。

指南 3 （B）暗記力が不足、欠落していた場合

そして、宅建試験においては（B）暗記力も大切な力のひとつです。でも、ここで言う暗記力とは、丸暗記できる力ではありません。簡単にいえば“テキストに書いてあったことが思い出せること”です。

［指南2］であげた基本的な理解力によって得た知識をどれくらい覚えているかを示し、本試験で時間内に落ち着いて答えを導き出すための力になりますが、基本理解力がある程度備わっていないと積み上げられない能力でもあります。丸暗記の非効率さを考えれば、まさに“理解なくして暗記なし”といえるでしょう。

さらに、宅建をあまりアカデミックに捉(とら)えすぎると、この能力が不足しがちになります。学習目標は、あくまでも本試験突破、つまり合格であるということを常に忘れないようにしましょう。

★ 暗記力が・・・

1 不足すると，思い込みで間違った選択肢を選びやすくイージーミスを招きやすい

2 欠落すると，法令上の制限や宅建業法等の数問ではまったく手が出ない

暗記学習は苦手意識を持ちやすく、それを「暗記力が弱い」という単なる才能の問題に置き換えたがるのは、あまり得策とはいえません。本書を用いた具体的な対処法は別項で後述しますので参考にして頂ければと思います。

指南 4 （C）問題対応力が不足、欠落していた場合

次は、（C）問題対応力が足りなかった、あるいは欠けていた場合です。

基本理解力と暗記力を正しく養成できれば、相当な知識量が備わっている状態にあります。基本理解力が上がり、それが暗記力によって知識として身に付いていれば、たとえば、重説に書かれている内容がわかるようになったり、簡単な法律相談だったら答えられるかもしれません。

しかし、それだけでは宅建試験には合格できません。知識があって暗記が十分でも、それを本試験でどう発揮すればよいのか、その術を知らない状態だからです。

そこで問題対応力が重要視されてきます。知識を答案用紙上で披露する行為は思った以上に難しく、まして筆記ではないマークシート形式の本試験では、ある種の特殊能力として、この能力が必要になるといってもいいでしょう。

★ 問題対応力が・・・

1 不足すると，出題意図を理解できずに，カン違いで失点しやすい

2 欠落すると，持っている知識をどう使えばよいかわからず，太刀打ちできない

問題対応力は“テキストに書いてあったことを使えること”にほかなりません。

また、問題対応力というものは、そのための専門的な学習でしか培(つちか)われず、基本理解力や暗記力の養成に多くの時間を割(さ)いたところで、自然と備わってくるものではありません。

指南 5 (D) 自己マネージメント力が不足、欠落していた場合

基本理解力、暗記力、問題対応力を、知識の量と質がものをいう純粋な知力とすれば、自己マネージメント力は少し趣(おもむき)が異なります。

自己マネージメント力とは、合格というゴールを設定して、そこから逆算したプランで学習を進める力や、本試験においては時間配分を間違えない力のことです。試験は 120 分、1 問を 2 ～ 3 分で解かなくてはなりません。しっかり集中を維持するため、とれるところは必ずとって、抜くところは抜いてと、自己マネジメントをする必要があるのです。

また、日頃の学習についていえば、自分のなかにもうひとりの“マネージャーとしての自分”を雇(やと)い、不安や自信喪失に陥りやすい日々を乗り切ろうという仕組みのことです。“上手に進めて、上手に本試験を受けること”が、この能力です。

★ 自己マネージメント力が・・・

1 不足すると，学習を完遂できず，自信を喪失して，本試験で実力を発揮できない

2 欠落すると，学習を継続できず，戦わずして負け戦と化してしまう

基本理解力、暗記力、問題対応力より過小評価しがちですが、重要度はそれらに勝るとも劣りません。自己マネージメント力なくして合格は困難なのです。

指南 6 つまり、これさえできれば合格できる

［指南２～５］を総合すると、合格のために必要な能力を下のようにいい換えられることがわかります。

合格に必要な能力をいい換えると…

- **01** テキストを読んで書いてあることがわかること
- **02** テキストに書いてあったことが思い出せること
- **03** テキストに書いてあったことを使えること
- **04** 上手に進めて、上手に本試験を受けること

こうしてみると、これらの能力も、至極当然な学習を順序立てて踏んでいくことで身に付ける、あたりまえの成果であるとわかります。そして、これらのあたりまえの過程を軽視したり、省（はぶ）いてしまってはせっかく努力したのに悲しい結果になってしまうことも。

とりあえず始めるのではなく、学習には何が大事でどう進めるのが良いのか、まずは作戦を練りましょう。

Guidance 3 あなたは何型？

～タイプ別宅建試験の落とし穴～

さて宅建の学習にあたり、注意して頂きたい落とし穴がいくつかあります。この落とし穴を知っていて避けられるか、うっかり落ちてしまい抜け出せなくなってしまうかで合格への道のりは大きく変わります。

不合格になりやすいパターンを6つにまとめてみましたので、ご自身はどのパターンに陥りやすいのか予めご確認頂ければと思います。

あなたは何型

- A テキスト最後まで読めない型
- B 専門家気取り法律オタク型
- C 入れっぱなしアウトプットできない型
- D お腹いたい…本番弱い型
- E 超細かい重箱のスミ型
- F まあイケるでしょ！ 丸腰型

このうちのひとつ、もしくはいくつかに当てはまるようでしたら要注意です。時間は有限ですから自分にあった正しい方法でしっかり合格を勝ち取りに行きましょう！

type A テキスト最後まで読めない型

このタイプの方は、そもそも宅建を受けるぞーという気合いが足りないか、学習に対する意識に問題がある人です。「合格したい」とか「合格しないと会社からつめられる」とかの強い理由や意志がない限り、とりあえずテキストは購入したけど、最後まで到達することすら出来ずに試験当日を迎えてしまいます。

A型の傾向

A型

1 学習量が足りないので知識が足りない

2 受験者としての意識がそもそも欠如してる

3 不合格・不勉強の責任を転移しがち

このタイプは、学習が進まないことを「仕事が忙しい～」「勉強する時間がとれない！」といって会社のせいにしたり、仕事のせいにする人が多いです…

本試験まで残り数週間になって、やっと「そろそろやらないとまずいかな～」と思っても、もう後の祭りです。また来年がんばってくださいね…

type B 専門家気取り法律オタク型

これはお勉強が好きなタイプにありがちなパターンです。宅建が法律関連の試験という事も関係していますが、民法のように学習を進めていくと面白さを感じやすい分野に、より多くの時間を使ってしまうようになります。反面、時間が足りず最低限頭に入れる必要がある情報に対しての対策が、全然できていない傾向があります。

B型の傾向

B型

1 民法を知って法律の専門家になったように思い込む

2 問題集よりテキストの方が面白い

3 業法等の他の分野をないがしろにする

もちろん、宅建の学習をする以上は合格が目的ですので民法をしっかり得点して合格点をとれるようであれば問題はないのですが、時間は有限です。宅建業法等の知識を入れてしっかり演習すれば取れる箇所をおざなりにしてしまう人が多いように思います。

type C 入れっぱなしアウトプットできない型

これは最も数が多いタイプ。不合格者の典型ともいえます。ただこのタイプの人たちは一度不合格になってしまっても「ああもっと過去問を解いておけばよかったな～」と自覚しやすいので救いがあります。

C型の傾向

C型

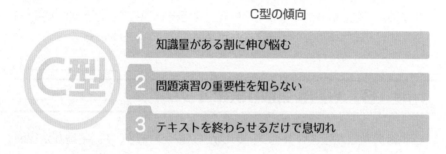

1. 知識量がある割に伸び悩む
2. 問題演習の重要性を知らない
3. テキストを終わらせるだけで息切れ

テキストを読むのは「テキストを読むこと」が目的ではありません。テキストから吸収した知識は問題を解くための武器です。テキストを読むのは「問題を解くため」と目的をしっかり意識して、日頃の学習を進めていきましょうね。

type D お腹いたい…本番弱い型

個人的には一番かわいそうなタイプがこれですが…自己マネジメントでなんとかしろと言われたところで、緊張しちゃったらどうにもならないですよね。

宅建の学習を進めていくと、思ったように理解が進まず、不安に苛(さいな)まれる夜が誰しも訪れます。それでも毎日学習した自分を信じて、落ち着いて挑(いど)んでほしいなと思います。

D型の傾向

1 ものすごいマイナス思考

2 ドキドキしちゃって直前期の対策ができない

3 試験（高校・大学受験も含む）に慣れていない

このタイプに当てはまりそうだな～という方は、少し前から模試などに挑戦して試験の空気に慣れておくのもいいかもしれません。きっといいことある、受かる～！　と、ときには気楽に、楽しく挑戦しましょう！

type E 超細かい重箱のスミ型

「質問なんですけど～」の質問がめちゃくちゃ細かいのがこのタイプの特徴です。細かいところまで気を配れるのはもちろん良いことではあるのですが、細かいところはバッチリで、頻出ポイントが抜けている人が意外に多いのが問題です。

E型の傾向

1 木を見て森を見ず

2 時間の使い方がヘタクソ、機能不全に陥りがち

3 気合い入れて六法全書とか買っちゃうパターン

宅建の合格を目指すのであれば六法全書は、ちょっと…いらないんじゃないかな…それを読んでる暇があったら１問でも多く過去問を解いてもらったほうが合格率はあがると思いますよ～。

type F まあイケるでしょ！　丸腰型

これは、最もマズいタイプです。宅建試験がどれくらいの難易度かを知らないため、申込をすれば受かるでしょ～くらいにしか考えていないのです。ただ、真剣に学習している人からしたら大変ありがたい存在でもあります。というのも、宅建試験は例年上位15％前後を合格させ、それ以下を落とす、いわば「落とす試験」ですから、この人たちが合格点を下げてくれているのです。

F型の傾向

F型

1. 宅建試験は「落とす試験」であることを知らない
2. 受けることに価値がある、結果より道筋が大切（意味不明）
3. 特に初学者

私の知っている某宅建業者さんでは、会社から「宅建絶対取れよ！」とせっつかれて営業マンが全員申込をしています。が、結果は毎年惨敗。まじめな顔をして「受けることに価値があるから、合否は関係ない」なんていう営業マンに出会ったことも…

きちんと対策を取って臨んでいる人からしたら有り難いものです。皆さんは宅建試験とはどのようなものかしっかりと理解した上で、合格を目指しましょう！

Guidance 4 本試験の傾向を知る

「わかったつもり」はわかってない！　間違った理解のまま、学習を進めていては本末転倒です。せっかく仕事後や休日の貴重な時間を費やして学習をするのであれば、必要な知識を最低限の時間と労力でゲットして、最短距離で合格を目指しましょう。そのためには宅建試験とはどのようなものなのかを知ることが最も大切です。

1. 宅建士試験の概要は？

宅建士試験の概要

受験資格	年齢、性別、学歴の制約はありません （誰でも受験できます）
実施機関	（財）不動産適正取引推進機構 詳細は http://www.retio.or.jp/ にて
試験実施日	例年 10 月の第３日曜日
出題形式	問題数は 50 問、四肢択一形式による筆記試験 ＊宅建業に従事している方で所定の講習を受講した方は 45 問（5 問免除）にて実施
試験時間	120 分
受験申込	例年７月から受験申込書の配布・受験の申込み
受験申込者数	約 22 万人～ 23 万人
受験者数	約 18 万人～ 20 万人
合格者数	約３万人
合格率	15％前後
合格点	35 点前後（50 問中）〈免除者は 30 点〉 ＊その年の問題の難易度による
合格発表	例年 11 月の最終水曜日、12 月の第１水曜日

2. 宅建試験の主な出題内容

もちろん年度によって多少の変動はありますが、概ね下記のような内容が出題されています。

宅建士試験の出題内容

分野の表現	具体的な法令	問題番号	出題数
権利関係編	民法･借地借家法･不動産登記法･建物の区分所有等に関する法律	問1～問14	14問
法令上の制限編	都市計画法･建築基準法･農地法･国土利用計画法・土地区画整理法・宅地造成等規制法など	問15～問22	8問
宅建業法編	宅地建物取引業法	問26～問45	20問
その他諸法令など	所得税・登録免許税・印紙税・不動産取得税・固定資産税など	問23～問24	2問
	地価公示法か不動産鑑定評価	問25	1問
	住宅金融支援機構・景品表示法・住宅着工統計など（免除科目）	問46～問50	5問
	宅地･建物の形質など（免除科目）		

注）宅地建物取引業に従事している方で、所定の講習課程（指定講習）を修了し、講習修了者証の交付を受けた方は、問46～問50の5問が免除され、全45問での試験実施となります。

出題数を見ますと、比較的難易度が高い権利関係に力をいれるよりも、とっつきやすい内容で、過去問を解けば解く程得点できるようになる宅建業法でがっつり得点した方がいいな～という作戦も見えてきますね。

というように、本試験について知ることは、合格への近道でもあります。

以上でおおよその傾向については、ご理解頂けましたでしょうか。

Guidance 5 本書の使い方

Step1
攻略のガイドラインでどんなことを学習するのかを確認しましょう

各セクションのはじめにある**「学習のポイント解説」**と**「イントロダクション」**を読んで出題傾向と対策をまずはチェックしましょう。

学習のポイント解説は必ず読もう！

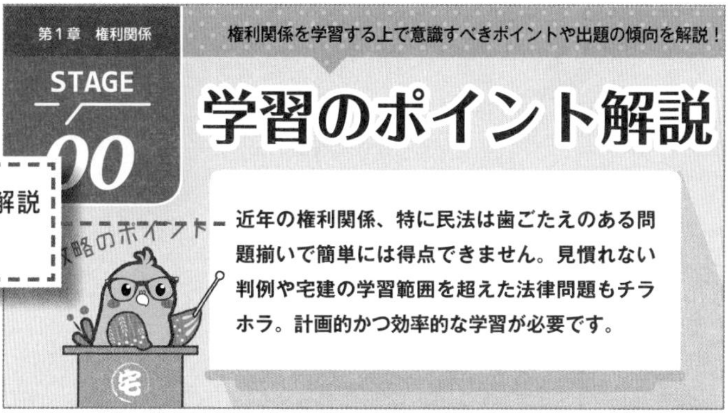
第1章　権利関係
権利関係を学習する上で意識すべきポイントや出題の傾向を解説！
STAGE
00
学習のポイント解説
攻略のポイント
近年の権利関係、特に民法は歯ごたえのある問題揃いで簡単には得点できません。見慣れない判例や宅建の学習範囲を超えた法律問題もチラホラ。計画的かつ効率的な学習が必要です。

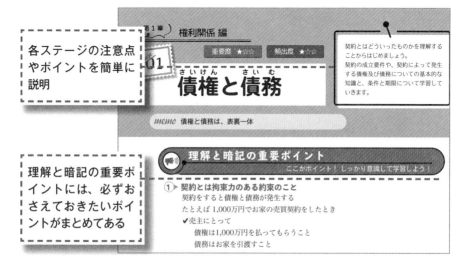

各ステージの注意点やポイントを簡単に説明

理解と暗記の重要ポイントには、必ずおさえておきたいポイントがまとめてある

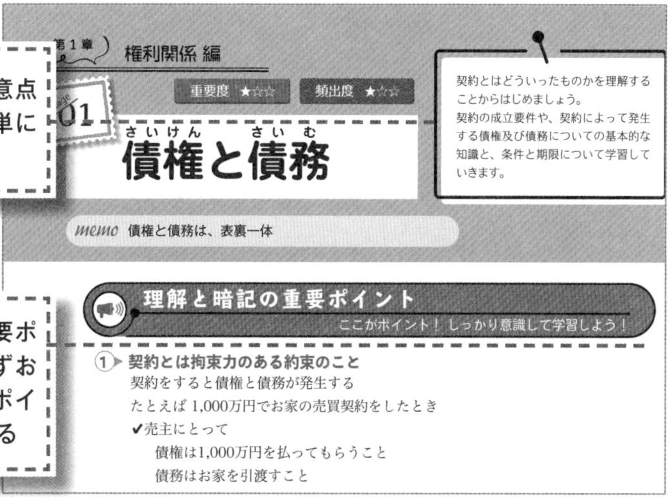
第1章
権利関係 編
重要度 ★☆☆
頻出度 ★☆☆
Stage 01
債権と債務
さいけん　さいむ
契約とはどういったものかを理解することからはじめましょう。
契約の成立要件や、契約によって発生する債権及び債務についての基本的な知識と、条件と期限について学習していきます。
memo 債権と債務は、表裏一体
理解と暗記の重要ポイント
ここがポイント！ しっかり意識して学習しよう！
① 契約とは拘束力のある約束のこと
契約をすると債権と債務が発生する
たとえば 1,000万円でお家の売買契約をしたとき
✔売主にとって
債権は1,000万円を払ってもらうこと
債務はお家を引渡すこと

Step2
会話形式の本文をご自身のペースで結構ですので読み進めましょう

「ハトの先生」と「ウサギくん」がフランクな会話形式で、各法における基礎知識や重要知識について説明してくれます。仕事の合間や通勤の電車の中等、スキマ時間を有効に使って学習を進めるようにしてください。

Part 1 **契約とはなにか**

契約とは簡単にいうと「法的な拘束力のある」約束のこと。
たとえばキミに私の家を 1,000 万円で売買するという契約をしたとしよう。

契約っていうのは両当事者の意思が合致することで発生するんですよね？

そうそう。だから今回の例だと…
私「この家を 1,000 万円で売るよ」
キミ「1,000 万円で買います」
という意思表示があったらその瞬間に契約成立。

Step3
学習した内容を理解できているか確認しましょう

本試験に出題される確率が高い重要な項目が**「理解と暗記の重要ポイント」**としてまとまっています。各ステージの内容を読み終えたら「理解と暗記の重要ポイント」を使用して、ご自身がどれくらいステージの内容を理解できたのか確認しましょう。

どの資格試験においてもいえることですが、学習のコツは一度立ち止まって自分の現状を知ること。たとえ「理解と暗記の重要ポイント」で復習をした際に、ほとんど理解できていなかったとしても、だめだ…と落ち込むのではなく、自分が理解できていなかった箇所がどこか明確になって良かったという観点で、プラスに考えるようにしてください。

理解と暗記の
重要ポイント

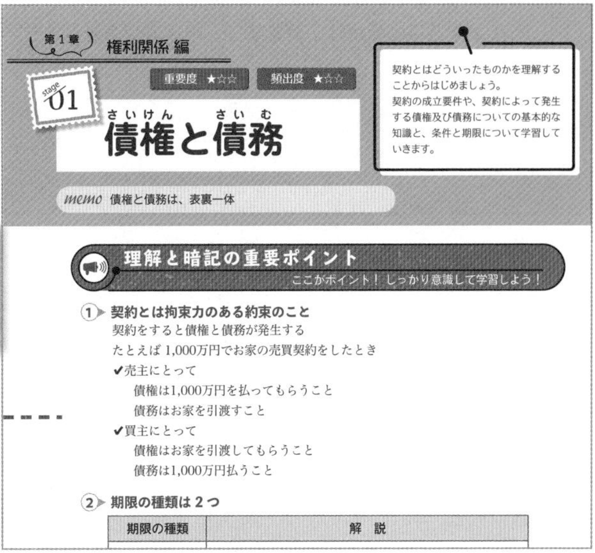
第１章　権利関係 編

stage 01

重要度 ★☆☆　頻出度 ★☆☆

債権（さいけん）と債務（さいむ）

契約とはどういったものかを理解することからはじめましょう。
契約の成立要件や、契約によって発生する債権及び債務についての基本的な知識と、条件と期限について学習していきます。

memo 債権と債務は、表裏一体

理解と暗記の重要ポイント
ここがポイント！ しっかり意識して学習しよう！

① 契約とは拘束力のある約束のこと
契約をすると債権と債務が発生する
たとえば 1,000万円でお家の売買契約をしたとき
✔売主にとって
債権は1,000万円を払ってもらうこと
債務はお家を引渡すこと
✔買主にとって
債権はお家を引渡してもらうこと
債務は1,000万円払うこと

② 期限の種類は２つ

期限の種類	解　説

Step4
あいまいなところがあったらそのままにしないこと！

　学習のポイントの中でもここが最も大切です。分厚いテキストを何冊も使ったり、六法全書等を用意して、あれもこれも手を出して勉強した気になるよりも、これと決めた一冊をしっかりと理解することのほうがずっと合格への近道です。テキストの中であいまいな部分があったら、そのまま放置せず、しっかりと内容を理解するまで向き合ってください。

　また、初めに申し上げますが、本書は初学者の方でも挫折せずに、続けられることを目的としておりますから、本書に記載の内容だけで満点を取ることは不可能です。そもそも宅建試験においては、満点を狙ってはいけません。というのも上位約 15%に食い込むことで合格できるのですから、あれもこれもと重箱の隅をつつくような学習方法はナンセンスです。

宅建試験受験ガイド

受験申込書の受付は７月末まで、申込書や必要書類も早めに入手すること。

試験概要	
指定試験機関	（財）不動産適正取引推進機構（試験部） 〒105-0001 東京都港区虎ノ門3-8-21（第33森ビル３階） 電話 03-3435-8111 ホームページ https://www.retio.or.jp/
受験資格	特に受験資格はなく誰でも受験できます。
試験日時	例年10月の第３日曜日に実施されます。 午後１時～３時（一部免除の受験生は午後１時10分～３時）
試験場所	受験申込みの際に各自指定し、後日試験会場の案内図を記載した受付表が交付されます。一度申し込んだら変更できません。
申込方法	
受験申込書の配布	７月上旬から申込み受付終了日まで、ホームページ（７月中旬まで）及び各都道府県の協力機関の指定する場所で無料で配布されます。
受験申込受付期間	インターネットは７月上～中旬、郵送は７月上～下旬です。
写真	６ヵ月以内に撮影したもので無帽、無背景。サイズは縦4.5cm×横3.5cmで裏面に受験地と受験者の氏名を記入します。
受験手数料	7,000円（変更される場合もあります）
合格発表	
発表の期日	例年は11月下旬～12月初旬
発表方法	合格者番号の掲示。合格者へは合格証書が送付されます。
試験形式	
試験時間	２時間（一部免除の受験生は１時間50分）
持ち物	受験票、筆記用具（ＢまたはＨＢ）、上履き（一部場所のみ）
出題方法	全50問。四肢択一のマークシート方式で行われます。
出題範囲	
出題内容	その年の４月１日現在に施行されている法令が対象となります。

※各情報とも発刊時点でのものにつき更新等がされる場合があります。

Chapter 1

権利関係

権利関係として本章では民法、借地借家法、区分所有法、不動産登記法の４つの法律を学習していきます。宅地建物取引士資格試験においては例年民法からの出題が 10 問、借地借家法が建物について１問、土地について１問で２問、区分所有法と不動産登記法がそれぞれ１問ずつの、トータル 14 問が本章の範囲から出題されます。権利関係における攻略法は、それぞれのルールを自分のことに置き換えて考えてみること。そして暗記に頼るのではなく、考え方でアプローチしていきましょう。尚、民法の原則は他の法律においても比較対象になりますから、知識の土台としてしっかりと定着させることが大切です。

権利関係を学習する上で意識すべきポイントや出題の傾向を解説！

STAGE 00 学習のポイント解説

近年の権利関係、特に民法は歯ごたえのある問題揃いで簡単には得点できません。見慣れない判例や宅建の学習範囲を超えた法律問題もチラホラ。計画的かつ効率的な学習が必要です。

1　民法は民（たみ）の法

民法は読んで字の通り民のための法律。**日常生活で起きるさまざまなトラブルを解決するために存在しています。**人と人がいるとどうしても揉め事は起こってしまうもの。友人やご近所、さらには家族まで…人々が穏やかに生活するために必要な基本的なルールが民法ともいえるでしょう。つまり、民法というものは実はとても身近な法律で、本当は理解しやすいものなのです。ですから「自分には民法なんて縁がないから…」や「民法ってなんとなく難しそうだなあ」と言ったマイナスな印象はぜひこの機会に払拭しましょう。

◎民法の歴史と大改正

2020年は歴史的な年となりました。約120年、大きな改正を経ることなく今日まできた民法が、大幅に改正されたのです。改正されたポイントは次のふたつ。

- **これまでのルールを変更してより現状にそぐわせるためのもの**
- **判例をベースに築かれてきた解釈を条文にすることで明文化するもの**

宅建試験では直近数年の改正点が出題される可能性は高く、実務における不動産取引においても影響を受ける箇所が多いため、しっかりと対策を取る必要があるでしょう。

また、民法はもともと明治時代に作られた法律です。今回の改正で、より理解しやすいように表現が改められた箇所もありますが、難しい言葉や表現が多く、条文にあたるだけではなかなか理解しづらいものです。

そこで、こと「宅地建物取引士資格試験に合格する！」という目標においては、条文をそのまま読んで理解しようとすることは絶対に避けるべきです。条文はもちろん大切。でも、条文の読み解き方をマスターするよりも、その条文の主旨やその考え方をくみ取って、民法を身近な存在としてとらえる癖をつけていきましょう。

◎民法は自分に当てはめて考えること

民法の規定を日常生活の権利関係に置き換えて考えてみたり、自分が当事者だったらどう感じるだろうとあてはめて考える能力が身についてくれば、事例問題…たとえば、AやBもしくは甲乙丙丁等の登場人物の関係を通して法律の理解を問う問題が増えつつある本試験の受験対策としてもばっちりです。なぜなら、事例問題攻略のコツは、複雑な権利関係をすっきりと整理することに尽きるからです。

本書では条文の中からその核となる部分だけを対話形式にしてまとめました。ちなみに、ここでいう核とは、もちろん本試験における頻出項目を意味します。本書に記載の内容はどれも基本的なことばかり。民法に付随して学習する借地借家法、区分所有法、不動産登記法などの権利関係全般に言えることですが、想像力を働かせながら身近な出来事として権利関係を捉えるようにしましょう。ひとつひとつの条文が、民のため、つまり私たちのための決まりごとだということが実感できれば、権利関係の基礎はすでに攻略したも同然です。

2 頻出（ひんしゅつ）項目の重点学習がカギ

新民法は（削除された条項もありますが、）1050条まで。さらに、判例も併せて考えますと、その範囲はあまりに膨大です。宅建の本試験で、これまで出題されてきた部分だけでも、そのすべてを勉強しようとしたら、何年経っても終わりが見えません。よって、**学習内容を厳選し、出題の可能性が高い項目から学んでいく方法が現実的**です。

せっかく仕事や家事の合間に苦労して学習時間を捻出するのです。その学習時間は優先順位に沿って使うべきであり、そのためには**どの項目に見切りをつけるか**も当然、知らなければなりません。

実はここが、合否の分かれ目となるのです。出題者の意図をある程度予想できれば学習の効率はもちろん向上します。「どうしてコレを重点的に勉強するんだろう」という問いに対して「学習する意味が大きいから＝本試験に出題される可能性が高いから」という明確な解答を常に持てるようにしましょう。

そうすることでテキストに書いてあることを丸暗記するような学習法と違って、すっきりと整理された使える知識が格段に増えてくることでしょう。

繰り返しにはなりますが、権利関係の学習を始めるにあたっては、何よりも出題者の意図を考えてみることが大切です。そのためには、宅建試験の目的に立ち返る必要があります。

3 37条書面が示す権利関係学習のポイント

ご存知のように宅建試験は正式名称を「宅地建物取引士資格試験」といい、宅建士の事務を行う上での知識の有無を問うことが目的です。ここでいう宅建士の事務とは次の３つです。

① 重要事項の説明

② 35 条書面への記名押印

③ 37 条書面への記名押印

要するに**宅建試験では①～③についての知識の有無が試される**ということで、言い替えると受験生にそれを聞くことが出題者の役目です。これは極論ですが、試験の目的に直接関わる①～③の内容を出題のメインに置かないような試験問題は不適当ということになります。

実はこの①～③については、すべて後ほど学習する宅建業法という法律によって規定されています。しかし、実際の試験は民法をはじめとした権利関係が50問中14問も占めています。試験の主たる目的である宅建業法は20問です。なぜ権利関係の問題が14問も出題されるのでしょうか。さらに追求すると、権利関係の諸法はなんのために学習するのでしょうか。

その答えは③の 37 条書面にあると考えられます。

37 条書面には多くの民法の規定が関わっており、宅建士の基本的な事務のひとつである 37 条書面を正しく理解するためには、正確な権利関係における知識が必要とされているのです。民法の規定と 37 条書面の記載事項を比較しながら、具体的に確認してみましょう。

37 条書面の記載事項に関係する民法の規定

民法の規定	37 条書面の記載事項 [ステージ 33 参照]
◎契約：意思表示・代理	◎契約の当事者について
◎売買契約・賃貸借契約・債権債務の発生	◎宅地建物を特定させるべき、所在番地等 ◎代金または交換差金の額並びに、その支払方法と時期
◎債権債務の発生	◎目的物の引渡し義務や代金支払い義務について、引渡し時期、支払い時期等
◎所有権等の物権・不動産登記法	◎売買契約・交換契約に限り所有権移転登記の申請時期
◎債権債務の消滅・債務不履行・手付	◎代金または交換差金以外の金銭の授受に関する定め◎契約の解除に関する定め
◎損害賠償	◎損害賠償の予定または違約金に関する定め
◎債務不履行・抵当権	◎代金等の斡旋にかかわる金銭の貸借が成立しないときの措置
◎危険負担・債務不履行	◎天災その他不可抗力による損害の負担に関する定め
◎契約不適合責任	◎不動産の契約不適合担保責任に関する定め
(◎税金：税法)	◎不動産に関する租税その他の公課の負担に関する定め

◎37 条書面を理解する

先の表のように 37 条書面にはこれほどまでに多くの民法の規定がベースとなっており、宅建士の事務においてはまず民法の理解が先決であることがわかります。

このように 37 条書面の記載内容を理解するということは**「宅建士を目指している今、どうして民法をはじめとした権利関係を学習するのか」**という学習意義を把握することにつながります。

一見ばらばらに見える３分野（権利関係、宅建業法、法令上の制限）が、実際は有機的に繋がっているということも、学習を進めていくと実感できると思います。さらに、学習の優先順位を知ることで、より出題されやすい項目を重点的に勉強できるようになり、学習効率も飛躍的にアップすることでしょう。

本書では以上のような考えに基づいて、権利関係における頻出項目を徹底的に絞り込み、法律系の資格の初学者の方にもわかりやすいように優しい言葉で解説を加えています。ですからステージごとに読み進めていくことで、自然と理解が進みます。

宅建業法の学習を終えたあとに時間があるようでしたら、自分が宅建士になったようなつもりで、37 条書面をはじめとした宅建業法の内容を意識しながら民法の規定を比較する形で整理してみてもいいかもしれません。最初に読んだときとは全く異なる視点で、権利関係について理解できるはずです。

4 神経質な学習はダメ、完全主義もダメ

権利関係は日常生活に置き換えて考えましょうと先程も申し上げましたが、そのために、他の２分野と比較すると勉強を面白く感じられる分野でもあります。ただ楽しく学習が進められる反面、理解しなければならないことも非常に多く、時間を要するのが特徴です。そのため学習が面白い、言い換えると、苦にならないからといって「自分は権利関係が得意みたいだ！」と誤解をして、いつの間にか学習計画の大部分を民法に割いてしまったり、分厚い専門書を購入してどうでもいいような細かいところにまでこだわってしまい、宅建士資格試験に合格するという本来の目的から遠く離れてしまうことも…

また、細かい疑問に遭遇したときには「まあいいか、そんなもんか」とある程度の諦めを持つことも肝心です。そうしないと、小さなことが気がかりになり、

結局そのまま先に進めなくなってしまうことも想定されます。

宅建試験に限らず言えることではありますが、受験の王道は**インプット→アウトプットの学習サイクルをいかに効率的に繰り返すことができるか**です。

民法の細かい規定に囚われてしまったり、出題とは直接的に関係のないような疑問点に道を阻まれて立ち往生することは絶対に避けましょう。

◎早期に学習を開始すること

権利関係は実際のところなかなかの曲者だと思います。深入りしすぎが原因でひとたび「木を見て森を見ず」病に感染してしまいますと、本試験までに完治しないことが想定されます。それどころか、切ないことに症状が悪化すると長期の闘病すらありえます。そんな悲しい事態にならないように、**できる限り早期に学習を開始して、可能であれば夏前に一度完成させることを目標に学習計画を組み立てる**ようにしてください。そして、夏以降は過去問を含む問題演習、つまりアウトプットを繰り返すことです。締めくくりとしましては、本試験の1ヵ月前頃に再度本書の権利関係を、今度は軽く見直して完成させましょう。

5 正解肢(せいかいし)を選べることが、理解したということ

「民法を知っている」と「民法を理解している」は似ているようで全くの別モノです。読んだことがある、聞いたことがあるなんていう学習レベルで本試験に挑んでも、四肢択一の試験問題で正解を導き出せるとはとても思えません。なぜなら、その程度の不確かな知識しかない人は出題者が仕掛けたひっかけ問題等の罠にまんまとはまりやすく「どの肢も読んだことあるなー…全部正解のように感じるな…」と、非常に残念な状態になるからです。

結論、迷った挙句の惜しい不正解も、マークシートにチェックすらしない白紙の不正解も、どちらも同じ不正解です。肝心なのは**「正解肢を導き出せる知識だけ」**と思って、それを身につけるための専門的な訓練を繰り返すべきです。

内容を理解できるまでインプットできたら、次は過去問にチャレンジ。間違えたらテキストに戻るなり、解説を読むなりして再度アウトプットへ…これを続ければ得点力アップを必ず実感できるはずです！

重要度 ★☆☆　頻出度 ★☆☆

stage 01

債権（さいけん）と債務（さいむ）

契約とはどういったものかを理解することからはじめましょう。
契約の成立要件や、契約によって発生する債権及び債務についての基本的な知識と、条件と期限について学習していきます。

memo 債権と債務は、表裏一体

理解と暗記の重要ポイント

ここがポイント！ しっかり意識して学習しよう！

① 契約とは拘束力のある約束のこと

契約をすると債権と債務が発生する

たとえば1,000万円でお家の売買契約をしたとき

✔売主にとって

　債権は1,000万円を払ってもらうこと

　債務はお家を引渡すこと

✔買主にとって

　債権はお家を引渡してもらうこと

　債務は1,000万円払うこと

② 期限の種類は２つ

期限の種類	解　説
① 確定期限（かくていきげん）	期日が決まっていて、確実にその日がくること （例）７月１日になったら土地を売る
② 不確定期限（ふかくていきげん）	いつになるかわからないけど、確実にその日はくること （例）祖母がなくなったら土地を売る

③ 条件の種類は２つ

条件の種類	解　説
① 停止条件（ていしじょうけん）	成就するかわからないけど成就したら効力発生 （例）大学に合格したら仕送りしてもらえる
② 解除条件（かいじょじょうけん）	成就するかわからないけど成就したら効力消滅 （例）留年したら仕送りがストップする

④ 債権は譲渡することができる

Part 0 意思の合致で契約成立！

私たちは毎日、さまざまな場面で買い物をしますよね。

たとえば、スーパーマーケットで食品を購入したり、ショッピングモールで洋服を買ったり…こういった買い物ですが、当然「売り手」と「買い手」が存在して「売りたい」「買いたい」というようにそれぞれの意思が合致することで成立しています。この買い物も、実は立派な契約なのです。

お互いの意思が合致してはじめて取引、つまり契約というものは成立します。そして契約が有効になると、それにともなって債権と債務が発生します。まずは契約における基本ルールを確認していきましょう。

Part 1 契約とはなにか

契約とは簡単にいうと「法的な拘束力のある」約束のこと。
たとえばキミに私の家を 1,000 万円で売買するという契約をしたとしよう。

契約っていうのは両当事者の意思が合致することで発生するんですよね？

そうそう。だから今回の例だと…
私「この家を 1,000 万円で売るよ」
キミ「1,000 万円で買います」
という意思表示があったらその瞬間に契約成立。

え？　契約書とか書いたりしないんですか？
契約っていうと、ハンコをたくさん押すイメージがあるけど。

うん、民法において契約というのは、契約書類は作らなくても成立するんだよ。「売りまーす」「買いまーす」と意思が合致したら、まさにその瞬間に契約は成立したというふうに考えるんだ。（522 条 1 項、555 条）

Part 2 債権と債務

ちなみに、契約をすると「何かをしてもらえる権利＝債権」と「何かをしなければならない義務＝債務」が発生するんだよ。
先の例に続いて、私の家をキミに1,000万円で譲るという契約について考えてみようか。

ボクの立場で考えてみると「家を引渡して」と要求できるのが債権で「1,000万円を払わなきゃいけない」のが債務ってことですか？

そのとおり。
私の立場で考えてみると「1,000万円払ってー」と言えるのが債権。
「家を引き渡さないといけない」のが債務だね。

ふーん、立場によっては債権は債務にとらえられるし、もう一方の債務も、立場によっては債権になるってことかあ。

Part 3 期　限

次は契約の期限について。
契約の効力を将来発生することが確実な事項に係らせるためにつけることも可能。つまり法律行為に始期や終期を設定できるんだ。(135条)

契約の効力をすぐには発生させないってことですか？

たとえば何月何日までに売りますとかって期日を決めたりすることもあるでしょ。そういったものを期限と言って、この期限には実は2種類あるんだよ。

期限の種類	解　説
① 確定期限（かくていきげん）	期日が決まっていて、確実にその日がくること (例) 7月1日になったら土地を売る
② 不確定期限（ふかくていきげん）	いつになるかわからないけど、確実にその日はくること (例) 祖母がなくなったら土地を売る

「私がハタチになったら…♡」は、誰しも二十歳の誕生日というのは決まっていて、確実にその日はやってくるから確定期限。
「ワシが死んだらお前に財産をやろう」は、必ずその時は訪れるけど、いつそのときが来るかわからないから不確定期限って感じかな？

うん。まあ、そんな感じかな。

Part 4 条　件

じゃあ「ボクが宅建に受かったら」というのはどうなのでしょう？今年受かるかどうかはまだ決まっていない、つまり、いつになるかわからないから不確定期限？

いや、キミが生きている間に宅建に受かるという確証はないじゃないか。そういうふうに実現するかどうかわからないことは期限とはいわずに条件というんだよ。（127条）

条件の種類	解　説
① 停止条件（ていしじょうけん）	成就するかわからないけど成就したら効力発生 （例）大学に合格したら仕送りしてもらえる
② 解除条件（かいじょじょうけん）	成就するかわからないけど成就したら効力消滅 （例）留年したら仕送りがストップする

では、「宅建に受かったらご褒美をあげよう」という契約をしたと仮定しよう。これは停止条件付き契約に該当する。
停止条件付き契約は、もちろん契約としては有効だから、「やっぱりやーめた」と理由なく気軽に解除することはできない。
だけど、条件の成否がわからないうちは、この契約には効力は発生していないというふうに考えるんだ。

宅建に受かってはじめてセンセに「ご褒美ちょうだい！」といえる権利が発生するってことですね？　よーし、試験勉強がんばります！

うん。でも、そのご褒美のことは、あくまでも例え話だけどね。

Part 5 債権譲渡（さいけんじょうと）

実は、債権というものは誰かに譲渡することができるんだ。例えばキミが私からお金を借りていたとしたら、債権者は私で債務者がキミ。この債権を誰かに譲渡することができるんだ。

ということは、債権譲渡が行われたらボクは、センセではなくその債権を手に入れた人に弁済していくことになるわけですね。

そのとおり。ただし、なんでもかんでも債権であれば譲渡できるわけではなく、債権を譲渡する際にもある一定のルールは存在する。（466条の6第1項、判例）

CHECK POINT 債権の譲渡性

- ✔債権は譲り渡すことができるが、その債権の性質がこれを許さないときはその限りではない。
- ✔当事者が債権の譲渡を禁止し、又は制限する旨の意思表示をしたときであっても、譲渡はその効力を妨げられない。
- ✔債権の譲渡はその意思表示の時に債権が現に発生していることを要しない。
- ✔債権が譲渡された場合において、その意思表示の時に債権が現に発生していないときは、譲受人はその発生した債権を当然に取得する。

ちなみに、債権を譲渡する人のことを譲渡人（ゆずりわたしにん）、債権をもらう人のことを譲受人（ゆずりうけにん）というよ。

でもセンセ、たとえばお金の貸し借りなんかだと、誰から借りるかという点も、借りる人からしたら重要だと思うんですけど…つまり、この人なら怖くないからという理由で、お金を借りたのに、ある日突然債権者が変わっていたら、債務者からするとちょっと困りませんか？

そういうこともあるだろうね。だから、当事者間においては譲渡を制限することも可能なんだ。でも、この譲渡制限があったにも関わらず譲渡がされてしまうことも。

債務者からすると、見ず知らずの譲受人に対しては履行したくないと思うこともありそうですよね。

そうだね。だから、債務者は譲渡制限の意思表示に基づいて履行を拒絶することもできるんだよ。ただし、その譲受人が譲渡制限について知っていたか否かで拒絶できるかどうかは異なる。(466条2項3項)

CHECK POINT 譲渡制限つきの債権が譲渡されたら

- ✔譲受人が善意無過失、善意軽過失 …… 履行を拒絶できない
- ✔譲受人が善意重過失、悪意 …………… 履行を拒絶できる

Part 6 債権譲渡の対抗要件(たいこうようけん)

債権が譲渡されたときに「今日から私が新しい債権者になりましたのでよろしく」なんて突然見ず知らずの人に言われたら、履行するのはなんだか不安じゃないですか？

知らない人にお金を返すのは確かに不安だよね。だから、債権の譲渡は債務者に通知をしないと、債務者や第三者等に対抗することができないんだよ。

CHECK POINT 債権譲渡を対抗するには

- ✔譲渡人が債務者に対して債権譲渡があった旨を通知し、又は債務者が承諾をしなければ、債権の譲渡は債務者や第三者には対抗することができない。
- ✔通知や承諾は、確定日付のある証書によってしなければ、債務者以外の第三者には対抗することができない。

つまり、債権者から通知をするか、債務者が承諾(しょうだく)するかのいずれかが必要ということですね。(467条1項)

確定日付のある証書

債務者への通知を郵便で行う場合	**内容証明郵便**
債務者がした承諾に確定日付を押す場合	**公証人役場で日付を押印**

Part 7 二重譲渡（にじゅうじょうと）

もしも、債権が二重譲渡（二人以上に同一の債権が譲渡されること）されたらどうなるだろ？

その場合の優劣は、先に債務者から承諾を得るか通知をした方が勝ち。この譲渡を債務者以外の第三者に対抗するためには、確定日付のある証書が必要なんだ。（467条2項）

確定日付のある証書

内容証明郵便	債務者への通知を郵便で行う場合※
公証人役場	債務者の承諾書等に確定日付を押す場合

※債務者への通知がどちらも確定日付のある証書だった場合は、日付の先後ではなく、到達の先後で決す

語句の意味をチェック

債権、債権者	契約の内容を実行するよう請求できる権利、その権利を持つ者
債務、債務者	契約の内容を実行しなければならない義務、その義務を持つ者
意思表示	一定の法律効果の発生を欲する意思を外部に対して表示する行為
当事者	私とあなた。売主と買主のように直接的に関係がある人のこと
履行	債務者等が約束していた内容を実現すること。債務を果たすこと

○×問題セレクション 1

解答・解説は 54 ページ左下

AとBとの間で、5ヵ月後に実施される試験にBが合格したときにはA所有の甲建物をBに贈与する旨を書面で約した。本件約定の後、Aの放火により甲建物が滅失し、その後にBが本件試験に合格した場合、AはBに対して損害賠償責任を負う。（平成30年）

column
ちょっと一息

高層住居誘導地区 ー芝浦アイランドー

高層住居誘導地区は都心に高層住居の建設をすることを目的として 1997 年に都市計画法によって制定された地区です。当時は都心部の地価も高騰した上に、子育てがしやすいという理由から郊外の住宅が人気でした。言い換えると、都心部に暮らす人が少なくなってしまったのです。そこで職住近接の都市環境を形成しようという趣旨のもと、都心部に暮らす人のために、この地区が制定されることになりました。

高層住居誘導地区は当然高層のマンションを建設することを想定していますから、指定ができるのは次の５つの地域に限られます。第一種住居地域、第二種住居地域、準住居地域、近隣商業地域、準工業地域。

とはいえ現在では、都心部で生活をする人の方が多く、都心回帰を目的としたこの地区をわざわざ指定する必要はないようにも思われます。実際のところ、この高層住居誘導地区は現状としては「東京都港区芝浦四丁目地区」と「東京都江東区東雲一丁目地区」の二か所しか指定がされていません。

ここでは「芝浦アイランド」に焦点をあててみます。最寄り駅はJRの田町駅と都営三田線の三田駅。駅から少し歩く、運河沿いの離れ小島のような立地に芝浦アイランドはあります。

芝浦アイランド内には、タワーマンション群がありますが、その中にはマンションの敷地が定期借地権のものも存在します。該当の物件は賃貸マンションとして運用されており、定期借家で賃貸されている状態です。

ちなみに、定期借地権というのは 1992 年に作られた借地権の一種。まだまだ新しい制度のため、定期借地権満了に伴うマンションの解体等の例がありません。

満了時にどのような流れとなるのか、何か不測のトラブルが発生しないか…かなり先の未来の話ですが、ちょっと気になる。パンドラの箱ともいえるのが「芝浦アイランドのタワーマンション群」なのでした。

stage 02

重要度 ★☆☆　頻出度 ★☆☆

弁済

弁済は、過去10年間に2回出題と出題率はそこまで高くありません。しかし、債権債務の消滅の原則としてしっかりと理解しておきたいのと、民法のベースとして他ステージにも通じることから、しっかり押さえたい項目です。

memo 約束は守るために、弁済は債務を消滅させるために

理解と暗記の重要ポイント

ここがポイント！ しっかり意識して学習しよう！

1. **弁済する場所は、特定物はその物がある場所、特定物以外は債権者の住所地**
2. **受取証書の交付と弁済は、同時履行の関係に立つ**
3. **債権証書の返還と弁済は、同時履行の関係に立たない**
4. **複数の債務に対する弁済は、債務者の利益が多いものから充当される**
   たとえば利息有りと無しなら有りから、利率が高いものと低いものなら高いほうから、担保有りと無しなら有りから

Part 0 ご利用は計画的に

契約したことをその内容通りに実行して、債務を消滅させることを「弁済」といいます。債権と債務のステージで学習したように、債務者は契約＝約束した内容をしっかり実行することが義務です。たとえば消費者金融からお金を借りたら、（利息をつけて）返すのが義務。一口に「弁済」といっても、返すときには返すときのルールというものがあるのです。

本ステージでは弁済における基本的なルールを確認していきましょう。

Part 1 一部弁済するとき

そうだなぁ、今回はキミがビットコイン等の投資で失敗してお金を借りたという例で考えてみようか。

なんかイヤな例ですね。別にいいですけど。

問1解答と解説　○　これは停止条件付贈与契約。建物をあげるのが惜しくなったのかAがまさかの放火。Aの責めに帰すべき事由で履行不能に陥ったわけですから、Aは損害賠償責任を負うことになります。

毎月安月給で働いているキミは一発逆転を狙って投資をするが、タイミングを見誤って大損してしまう。
そこで私に泣きついてお金を借りたとしよう。
キミは債務者ということになるから、債務を弁済しなければならないことになる。お金を返す、つまり債務を履行することを弁済というんだ。(473条)

もしそういった状況になったとしたら、一括での返済はできなくて、毎月の返済額なんてたかが知れていますよ。

そうだね…
こんなふうに債務の全部をまとめてではなく、一部分を少しずつ弁済することを一部弁済っていうんだよ。一部弁済の場合、弁済は費用→利息→元本の順序で充当されるから、なかなか減らないね。

あ、センセまさか、ボクからも利息を取るんですね。

そりゃあ、そうでしょ。タダで貸すなんてことはしないよ。

Part 2 複数の債務を一部弁済するとき

先の例に引き続き、キミはビットコインで大損をして、私からお金を借りたうえに今度はFXで…
前の借金もまだ弁済が終わっていないけど、追加で借りにきたとしよう。ビットコインの借金のときに利息を取るのかとごねられたので、優しい私は今回は特別に無利息で貸してあげたとする。

…それで？

キミのように複数の債務が弁済期にあるときは基本的には**複数の債務に対する弁済は、債務者の利益が多いものから充当される**というルールがあるよ。

債務者の利益が多いものというと、たとえばなんでしょう？

ビットコインのときの借金は利息アリで、今回の FX の借金は利息ナシ。そしたらさ、はやく返さないとどんどん利息が膨らんでいく利息アリの借金から弁済したほうが、キミのためにならないかい？

確かに利息ナシのものは、しばらく置いておいても、利息は増えないですもんね。

そんな感じで、より債務者のためになるように弁済を充当していこうっていう決まりだよ。

Part 3 弁済する場所

次は弁済する場所について。お金を返すというと実際のところは ATM を使って送金するようなイメージがあると思うけど、弁済をする場所についても実は基本となるルールがあるんだよ。
原則、弁済する場所は、特定物の場合はその物がある場所、特定物以外は債権者の住所地という決まり。

特定物と特定物以外？
聞き慣れない言葉だなぁ。ちなみにお金はどっちにあたりますか？

お金は不特定物の代表例！
一方の特定物はというと、住宅や土地が代表例かな。
だから、今回キミは私からお金、つまり不特定物を借りているということになるので、弁済は私の住所地で行うことになるね。

Part 4 同時履行（どうじりこう）の関係

ところでキミ、もし弁済をしたら「ちゃんと払ったぞ！」という証拠が欲しいとは思わない？

そりゃあそうですね、特にセンセは返してもらったこと忘れそうですもんね。

…「払った！」「払ってない！」と言い合いにならないように、弁済をした場合は「受取証書」という、確かにもらいましたという書面を債権者から交付してもらえることになっているんだ。

受取証書って具体的にはどんなものですか？

領収書なんかをお店でもらったことない？
あれも立派な受取証書だよ。
ちなみに**受取証書の交付と弁済は、同時履行の関係に立つ**よ。（533条）

…同時履行ってなんですか？

う〜ん、そうだな。
考えてみてほしいんだけど、何かの契約においてお互いが債権を持っているとしよう。
相手方がやらないといけないことを履行してないのに、それを棚に上げて「ちょっと〜早くやることやってよね、約束したじゃない」とか言われたらイヤじゃない？　相手方がしていないのに自分は履行しないといけないとなったらなんか不公平でしょ。

まあ、そのとおりですね。

同時履行っていうのはそういうことだよ。そんな不公平な状況に陥らないように、自分は履行の提供をしているのにも関わらず、もし相手方が債務の履行をしてくれないなら、自分も履行を拒めることになっている。

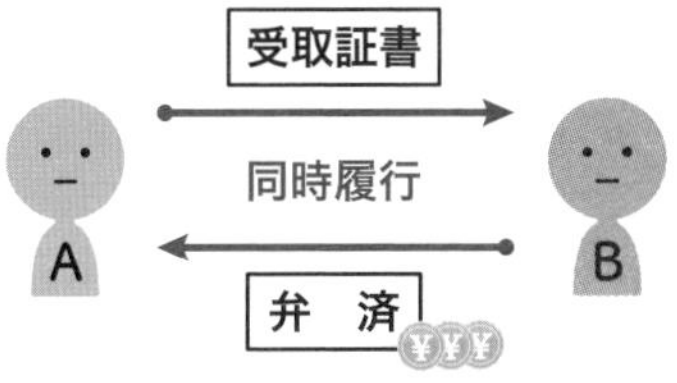

なるほど。つまり、ボクがセンセから借金をしたと仮定したら、センセが受取証書をくれないならお金は渡さなくていいってことですね。

そういうこと。ちなみに受取証書は、債権証書、つまり債権そのものを証明する書面とは別モノだよ。
債権証書とは、具体的には金銭消費貸借契約書等のこと。ちなみに**債権証書の返還と弁済は同時履行の関係に立たない**。弁済が先履行で、債権証書の返還は後履行ということになっている。

同時履行の抗弁権

認められる例	認められない例
弁済と受取証書の交付	弁済と債権証書の返還
契約の無効や取消による原状回復	建物明渡しと敷金返還請求

Part 5 債権の準占有者等（じゅんせんゆうしゃとう）

じゃあ、これも仮定の話だけど、誰かが私のカバンから領収書の束を盗んだとしよう。
盗人がその領収書を持ってあたかも私の代わりというふりをして、キミのところに集金にきたらどうする？

えっ…どうだろう。センセの名前が書いてある領収書を持ってるんですよね？
本当にセンセの代わりかと思って返しちゃうかもしれないなあ。

そんなふうに、受取証書を持参した人に弁済受領の権限があると過失なく信じたときは、弁済した人は保護されることになっている。(478条)
そいつに払ったあとに、真の債権者にも弁済しないといけないとなったらすっからかんになっちゃってかわいそうでしょ。

へー。なるほどね。
でも、そうすると真の債権者こそ弁済してもらえなくてかわいそうじゃないですか？　債権者は泣き寝入り？

ううん、その場合は真の債権者はそいつ（債権の準占有者）に対してオトシマエ（不当利得の返還請求）をつけるから…
泣き寝入りにはならないかな。

オトシマエっすか。

Part 6 第三者弁済

弁済は原則として債務者がするものだけど、債務者ではなく第三者が弁済をすることもある。

そんなことあるかな？

ほら、たとえば息子が借金をしていて、見るに見かねたお父さんが弁済するとか…そういうこともあるでしょ。でも、誰でも弁済ができるかというとそうではない。債務者の意思に反する場合には、原則として利害関係のない第三者は弁済ができないんだ。

ということは利害関係のある第三者と認められる人は、債務者が反対していたとしても弁済できるということですね。

そういうこと。ちなみに単なる親や兄弟等は、利害関係のない第三者となる。

CHECK POINT 利害関係のある第三者

- ✔被担保債務（ひたんぽさいむ）の弁済における保証人や連帯保証人
- ✔被担保債務の弁済における物上保証人
- ✔被担保債務の弁済における抵当不動産の第三取得者
- ✔地代の支払い債務における借地上の建物の賃借人等…等

Part 7 弁済による代位

第三者が弁済をした場合には、債務者に対して求償権を行使することができる。

代わりに弁済してやった分を返せ！　ってことですね。

そのとおり。そしてその弁済をした第三者は求償権を確保するために、債権者に代位することができるんだ。

CHECK POINT 任意代位と法定代位

✔ **任意代位**

正当な利益を有しない者が債権者に代位すること（単なる親や兄弟、友人等）

✔ **法定代位**

正当な利益を有する者が債権者に代位すること（保証人、抵当不動産の第三取得者、借地上の建物の賃借人等）

弁済による代位は、任意代位も法定代位も債権者の承諾は不要。でも、任意代位の場合、弁済者が代位したことを債務者や第三者に対抗するためには、**債権者への通知又は債務者の承諾が必要**となるんだよ。（467条、500条）

つまり、正当な利益を有する者による場合には、弁済によって債権者に当然に代位するってことですね。

押さえておきたい！
重要まとめ

- **債権証書の返還と弁済は同時履行の関係に立たず、受取証書の交付と弁済が同時履行の関係に立つ**
- **利害関係のない第三者は、原則として債務者の承諾なく第三者弁済ができない**

語句の意味をチェック

利息	貸借したお金等に対して発生する対価のこと
元本	利益を生み出す元になる財産やお金のこと
受取証書	弁済を確かに受けましたという書面のこと。領収書やレシートなど
債権証書	金銭消費貸借契約書など債権があることを証する書面のこと
同時履行	双方が対価的な債務を負担していること 賃貸借の「目的物を貸す」と「賃料を払う」が代表例
準占有者	ホントは債権者ではないのに、まるで債権者のような外観の人のこと
物上保証人（ぶつじょうほしょうにん）	他人の債務を自己の財産で保証する人のこと
求償権	法律上の理由による財産の減少について特定の者に返還を求める権利のこと

○×問題セレクション２

解答・解説は次ページ左下

Ａが土地所有者Ｂから土地を賃借し、Ｂの代理人と称して借賃の請求をしてきた無権限者に対し債務を弁済した場合、その者に弁済受領権限があるかのような外観があり、Ａがその権限があることについて善意、かつ、無過失であるときは、その弁済は有効である。（平成 17 年）

stage 03

重要度 ★★☆　頻出度 ★★☆

詐欺（さぎ）と強迫（きょうはく）

だまされたり、おどされたりした結果下した意思表示について考えていきます。取消しをする際の善意の第三者との関係性をしっかり理解することがポイントです。

memo 約束は守るために、弁済は債務を消滅させるために

理解と暗記の重要ポイント

ここがポイント！ しっかり意識して学習しよう！

1. **詐欺や強迫による契約は原則として有効となる**
2. **詐欺や強迫による意思表示は取消しできる**
3. **強迫による取消しは取消し前に登場した善意の第三者にも対抗できる**
4. **詐欺による取消しは取消し前に登場した善意無過失の第三者には対抗できない**

Part 0 お前、この土地ほしいよな!?

契約というものは売主の「売ります」と買主の「買います」という意思表示が合致して成立するものです。では、その意思表示に何かしらの問題が存在した場合はどうでしょうか？

ここでいう問題とはすなわち、欠陥のこと。つまり、その意思表示をするにあたり、だまされていたり、強迫されていたりした場合です。たとえば「お宅の隣にゴミ焼却場ができるらしいね」なんて、口のうまい詐欺師にそそのかされたら、すっかり信じ込んで「じゃあ売ります」となることもあるでしょう。あるいは強面の人に「この土地を買わないと…夜道が怖いね〜」なんて言われたりして…そのような意思表示の場合は、取り消すことができます。本ステージでは、そういった詐欺や強迫による意思表示について学んでいきましょう。

Part 1 詐欺・強迫による意思表示

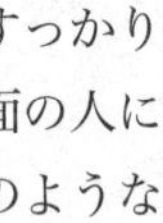

不動産の取引に限らず、どんな世界にも危ない人はいる。
詐欺師にだまされたり、そっちの筋の人におどされたことが理由で意思表示や契約をしてしまった場合について考えてみよう。

問２解答と解説　○　そのとおり。この無権限者とは債権の準占有者等のことですが、その人に受領する権限がないことにつき善意無過失で弁済をしてしまったのなら債務者を保護してあげましょうということになっている。

たとえば、詐欺だったら「お宅の隣にゴミ焼却場ができるそうですから、値下がり前に売ってしまうのがいいですよ」とか？

そうそう。
強迫だったら「売らないと…夜道は怖いよね…」とか「東京湾の底にはお友達がたくさんいていいね…」とか…

そんなこと言われたら怖くて契約しちゃいそうですね。
でも、後から冷静になると、きっとその契約をなかったことにしたくなるはずだけど…こういう契約ってそもそも有効なんだろうか？

詐欺や強迫を受けた結果、契約を締結してしまった場合は、その契約自体は有効と考えるよ。

え、だまされたりおどされたりした結果、結んだ契約も有効なんですか？　被害者がなんだかかわいそう。

ほら、契約は意思表示の合致で成立するから…だまされたり、おどされたりした結果であっても「売りたい」等という意思表示そのものは確かにあって、契約は有効だったものとみなすんだ。
とはいえ、だまされたりおどされたりした人は確かにかわいそうだから、**契約自体は有効だけど「取消し」ができる**ことになっているよ。(96条１項）契約が取り消されると、はじめから契約はなかったことと扱われて、契約の当事者は契約前の原状に回復する義務、すなわち原状回復義務を負うんだ。(121条の２第１項)

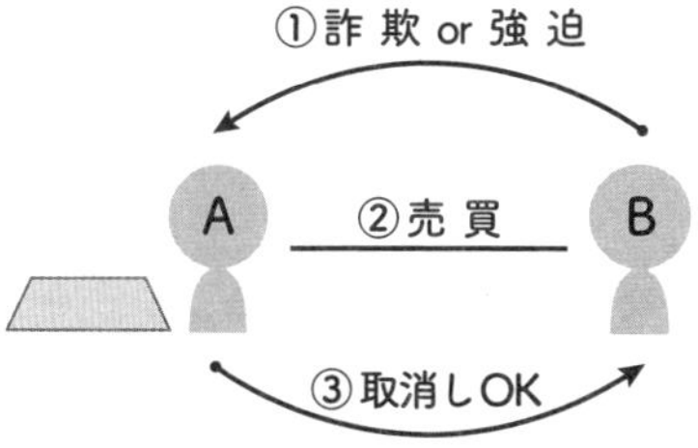

なるほど。契約自体が有効か無効かでいえば有効だけど、取消しをしてなかったことにできるんですね。

ちなみに原状回復義務は同時履行の関係に立つよ。(533条類推適用、判例)

Part 2 強迫と第三者

でも、その取消しをする前に、詐欺師や強迫した人から第三者に売られてしまっていたらどうなりますか？

第三者が登場すると、詐欺と強迫によって結果が異なるので注意。まずは強迫から確認していこう。そうだな…強迫を受けて自分が持っている土地を売却してしまったと仮定しようか。こんな状態だね(下図)。

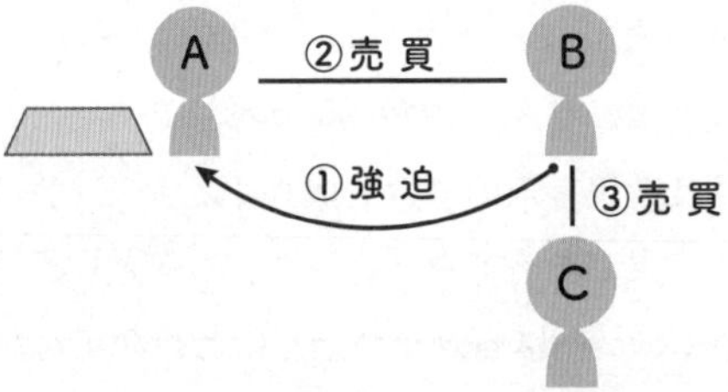

強迫を受けて土地を売った人には、落ち度はない。
おどされて怖い思いをしたうえに、物理的被害まで被(こうむ)って不憫(ふびん)なので**強迫による意思表示は、取消し前に登場した第三者が善意でも悪意でも取消しを対抗できる。**

センセ、善意と悪意って？　いい人と悪い人って意味？

善意というのは「ある事情を単に知らないこと」で、悪意というのは「ある事情を単に知っていること」を意味する。
いい人とか悪い人ってことではないんだ。

善　意	単にある事情を知らないこと
悪　意	単にある事情を知っていること

つまり、強迫の場合は第三者が、強迫があったことを知ってようが知らなかろうが、その第三者に対して取消しを対抗できるってこと。

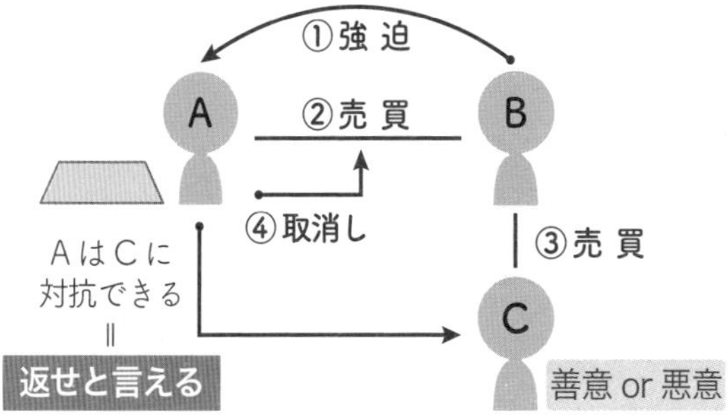

Part 3 詐欺と第三者

詐欺の被害者は、言い方は悪いかもしれないけど、だまされる奴もマヌケというか、落ち度があるんじゃないの～？ と考えられる。そのため、**詐欺による意思表示は、取消し前に登場した第三者が善意無過失のときには取消しを対抗できない。**（96条3項）

善意無過失って、善意であるうえに過失もないってこと？

そのとおり。ある事情について知らず、知らないことについて落ち度がないことを善意無過失というんだ。

善意無過失	事情を知らないことにつき落ち度がないこと
善意有過失	事情を知らないことにつき落ち度があること

悪意・善意有過失の第三者に対する取消し

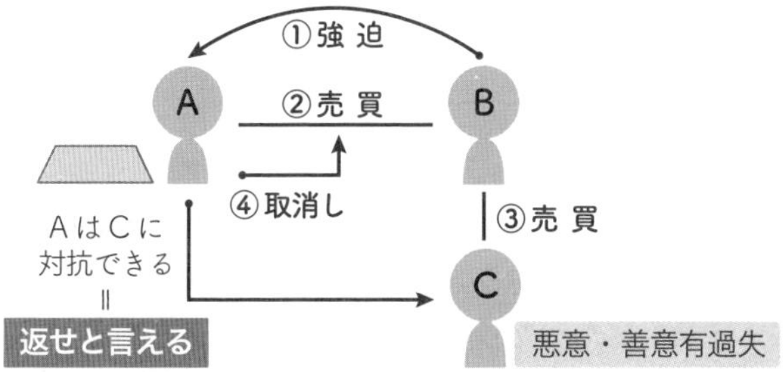

善意無過失の第三者に対する取消し

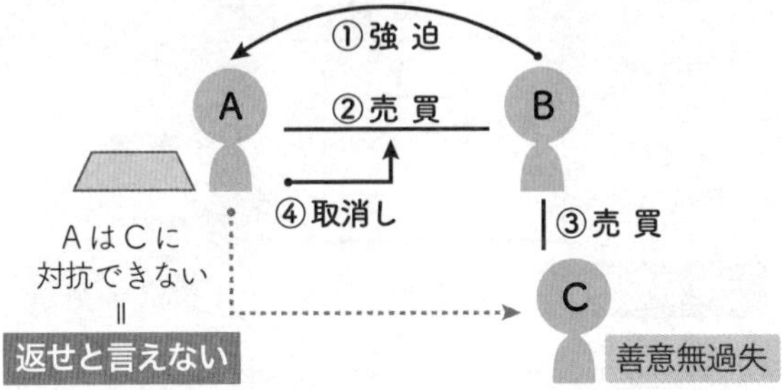

相手方が善意無過失か、悪意もしくは善意有過失かによって取消しできるかどうかが決まるんですね。

Part 4 第三者による強迫・詐欺

詐欺の被害者は「あいつにだまされて売っちゃったの…本来、この土地はボクのものだから返して～」という主張が、常に通用するわけじゃないってことですね。
じゃあ、第三者から詐欺や強迫を受けた結果、契約をしてしまった場合はどうなるんだろう？

その場合も同じさ。**強迫の場合は相手方が善意であっても悪意であっても取消しができる。**

相手方に対する取消し［強迫］

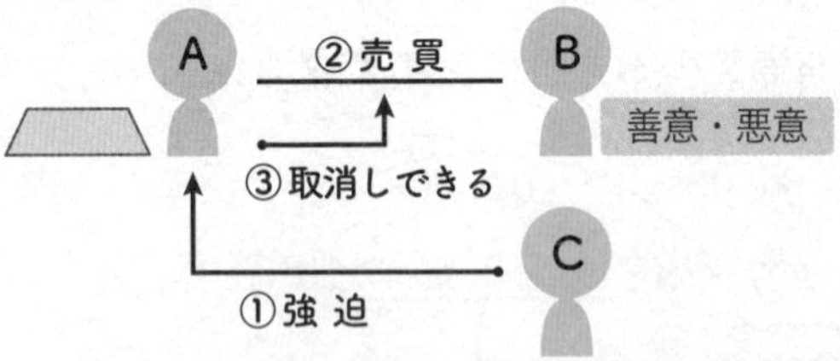

そして、**詐欺の場合は相手方が悪意か、善意有過失のときでないと取消しできない。**（96条2項）詐欺を受けるということは、少なからず注意不足だったり、責任があるケースもあるから、詐欺の被害者と善意無過失の相手方だったら、相手方を保護するよ。

悪意・善意有過失の相手方に対する取消し［詐欺］

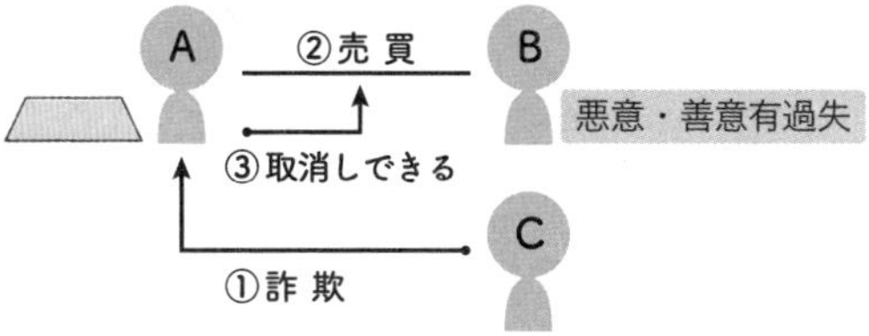

善意無過失の相手方に対する取消し［詐欺］

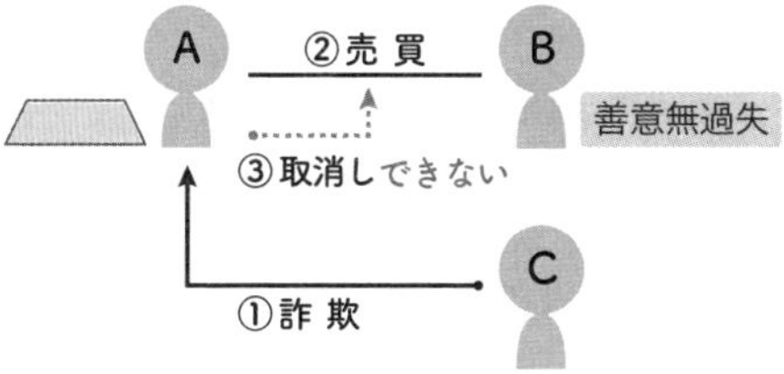

なるほど。第三者からの強迫によって、意思表示をした場合は、相手方が善意でも悪意でも取消しできるけど、詐欺の場合は相手方が善意無過失だと取り消すことができない、ってことだね。

語句の意味をチェック

詐欺（さぎ）	だまして他人に損害を与えること 「隣にゴミ焼却場ができる」「近くに地下鉄の駅ができる」等
強迫（きょうはく）	おどして他人に損害を与えること 「富士の樹海に入ったらきっと見つからないだろうね…」「売らないと、どうなるかわかっているよね？」等
善意（ぜんい）	ある事情や事実を単に知らないこと
悪意（あくい）	ある事情や事実を単に知っていること

○×問題セレクション3

解答・解説は次ページ左下

BがEに甲土地を転売した後に、AがBの強迫を理由にAB間の売買契約を取消した場合には、EがBによる強迫につき知らなかったときであっても、AはEから甲土地を取戻すことができる。（平成23年）

stage 04

重要度 ★★☆　頻出度 ★★☆

虚偽表示

虚偽表示は「通謀虚偽表示」「通謀して」「仮装譲渡」等の言い回しで出題されます。第三者や転得者が登場した場合には結論が異なるため特に注意が必要です。

memo 売ったふり?　口裏合わせはいかんでしょ

理解と暗記の重要ポイント

ここがポイント！ しっかり意識して学習しよう！

1. **虚偽表示による契約は原則として無効となる**
2. **虚偽表示の無効は善意の第三者には対抗できない**
3. **虚偽表示の無効は第三者が善意の場合は転得者には対抗できず、第三者が悪意の場合は転得者も悪意だと対抗でき、善意だと対抗できない**

Part 0 売ったふりと買ったふり？

本ステージでは問題のある意思表示のひとつ、通謀虚偽表示について学習していきます。通謀虚偽表示は仮装譲渡等とも表現されますが、相手方と示し合わせて嘘をつくことです。

たとえば借金取りから、保有している不動産の差し押さえを受けそうな人が、友人と口裏を合わせて売却したふうに見せかけて、所有権を友人に移し、財産隠しをするようなケースが該当します。この通謀虚偽表示は、本来売買契約が成立するための「売ります」と「買います」という意思表示が存在しないわけですから、原則として無効です。しかしながら、その虚偽表示に第三者が登場すると…通謀虚偽表示においては、第三者や転得者に善意の人がいるか否かを読み解くことがポイントです。

Part 1 虚偽表示による売買

通謀虚偽表示というのは、相手方と示し合わせて（通謀して）嘘（虚偽）の意思表示をすること。

それって、誰かと口裏を合わせて嘘をつくってことですね。
それってどんなメリットがあってするんだろう？

問３解答と解説　○　強迫された人はかわいそうな人。だから取消し前に現れた第三者に対して取消しを主張してOKでしたよね。相手方が善意であっても取消しを対抗できます。

兄貴分Aと弟分Bのケース

おいB。
お前さ、オレが借金取りに追われているのを知っているだろ？

あー…Aさん、全然返してないっすもんね。

さすがに、ちょっとまずくてよ…このままいくと、オレの持っている土地が差し押さえられる可能性があるんだよな。だからさ、お前、オレの土地を買ったことにしてくれないかな？

ん？　アニキの土地をくれるんですか？

いや、あげないよ。あげないけど、登記だけちょっとの間お前に移して、買ったふりしてってこと！　そしたら借金取りもオレが財産を持っていないと思ってあきらめてくれるだろ。

あーなるほど。そういうことですね。いいですよ！

…と、こんなふうに借金取りから逃れるために売ったふり、買ったふりをするのが虚偽表示。

つまり、差し押さえをくらわないために、譲渡したふりをするってことですね。嘘をついて悪い人たちだな…

虚偽表示は偽の意思表示をしているわけだから、これを有効と認めるわけにはいかない。だから、**虚偽表示による契約は原則として無効になる**んだよ。(94条1項)

Part 2 虚偽表示と第三者

でも、虚偽表示の取引を信じて、その相手方とさらに取引した第三者がいたらどうなるんだろう？　もし虚偽表示が無効となると、その第三者が困りませんか？

そうだね。だから、**虚偽表示の無効は善意の第三者には対抗できない**というルールがあるんだよ。つまり、次の図の関係性だとAはCにその土地を返せとは言えないということ。(94条2項)

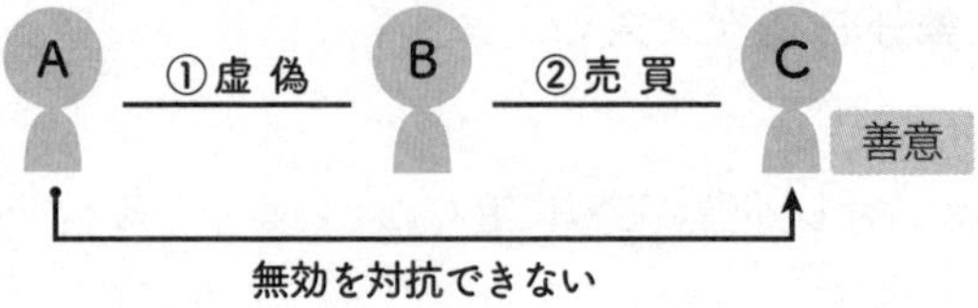

善意の第三者だと無効であることを対抗できないってことは、虚偽表示について悪意だったら、対抗できるんですよね。

そのとおり。悪意の第三者ってことは、虚偽表示であったことを知っているわけだから、別に保護してあげる必要もないでしょ。ちなみに、第三者は善意でありさえすれば保護される。つまり、過失の有無は問わないよ。

Part 3 虚偽表示と転得者

さらに、虚偽表示については転得者が登場したケースについても考える必要がある。たとえばその土地が、悪意のCからDに転売されたらどうなると思う？

うーん、転得者が善意なら無効は対抗できなくて、転得者が悪意なら対抗できるかな？

そのとおり。たとえ第三者が悪意だったとしても、転得者が善意だったら、Aは虚偽表示の無効を転得者Dに対抗することはできない。（判例）

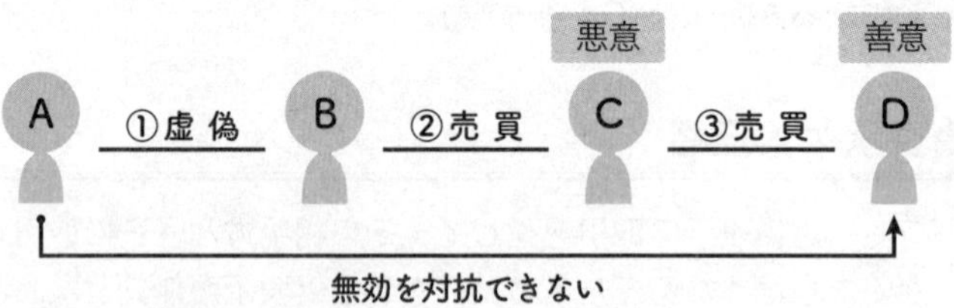

じゃあ、第三者Cは善意だけど、転得者Dが悪意だという場合はどうなりますか？

その場合は、転得者が善意だろうが悪意だろうが、転得者の勝ち。善意の第三者が現れた時点で、その第三者のものになっていると考えられるから、たとえ転得者が悪意だったとしてもＡは転得者Ｄに返せとはいえないんだ。（判例）

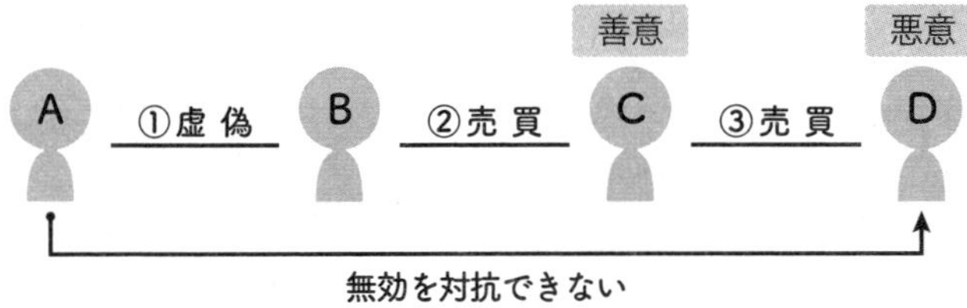

ふーん。なんだか転得者が悪意なんだったら、返せといえそうな気がするけど…

ほら、善意のＣは、悪意のＤとの間で売買をしているということは、すなわち売主と買主という立場でしょ。
だからもしＡがＤに対抗できるようになると、売主のＣに対してＤが売主としての責任を追及してくる可能性がある。そうすると善意のＣがかわいそうだから、Ｃの立場を保護するためにこのように判断されるんだよ。

語句の意味をチェック

虚偽表示	示し合わせて嘘の意思表示をすること
通謀	２人以上で示し合わせること
転得者	第三者から売買等によって目的物を取得した人のこと

○×問題セレクション4

解答・解説は次ページ左下

Ａは、その所有する甲土地を譲渡する意思がないのに、Ｂと通謀して、Ａを売主、Ｂを買主とする甲土地の仮装の売買契約を締結した。その後、甲土地がＢから悪意のＣへ、Ｃから善意のＤへと譲渡された場合、ＡはＡＢ間の売買契約の無効をＤに主張することができない。（平成27年）

stage 05

重要度 ★★★　頻出度 ★★★

錯誤（さくご）

民法改正によって錯誤は無効から取消しへとルールが変更になりました。
錯誤をした人に重過失があるのか否かを読み分けることがポイントです。

memo 軽過失に重過失… カン違いにも程度があります！

理解と暗記の重要ポイント

ここがポイント！ しっかり意識して学習しよう！

1. **表示の錯誤は表意者に重大な過失がなければ原則として取消しができる**
2. **錯誤による取消しは善意無過失の第三者には対抗することができない**
3. **動機の錯誤はその動機が表示されている場合には取消しができる**

Part 0　カン違いして売っちゃった…その契約取消しできるの？

たとえば、土地をたくさん所有している大地主さんが、日当たりの悪いジメジメとした甲地を売却しようとしています。ところが、その大地主さんはうっかりカン違いをしてしまい、甲地を売ったつもりが、実際には甲地に隣接する日当たりが良い乙地を売ってしまいました。このように売り物自体を間違えてしまったり、売買代金を間違えてしまったり、法律行為の重要な部分にカン違いがあることを表示の錯誤といいます。

さらに錯誤にはもう一種類、動機の錯誤というものも。動機の錯誤は、たとえば「この土地の近くに新駅ができるらしい。新駅ができたら値上がりするだろう」と思って土地を購入した人がいました。ところが実際のところ新駅はただの噂で…というように、意思表示をする動機にカン違いがあった状態のことを意味します。本ステージでは表示の錯誤と動機の錯誤について重要ポイントを確認していきます。

Part 1　表示の錯誤

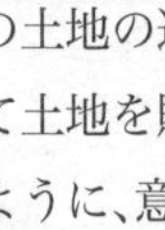

錯誤というのは簡単にいうとカン違いのこと。たとえばＡさんとＢさんの間で乙という土地の売買契約を締結したとしよう。ところが、売主のＡさんはとんでもないカン違いをしていて、本当に売りたかったのは乙地じゃなくて甲地だったらどうなると思う？

問４解答と解説　○　第三者が悪意だったとしても、第三者からの転得者であるＤが善意だったらＡはAB間の売買契約が仮装譲渡だったことによる無効を主張することはできません。

うーん、どうなるといっても、買主のＢさんは乙地が欲しかったんですよね？　そのままじゃないのかな…

こういった法律行為の中でも重要な部分にカン違いがあることを表示の錯誤といったりする。
そして、**表示の錯誤は表意者に重大な過失がなければ原則として取消しができる**んだ。

民法 95 条 1 項柱書・同項 1 号

錯誤による意思表示は、その錯誤が法律行為の目的及び取引上の社会通念に照らして重要なものであるときは、取り消すことができる。

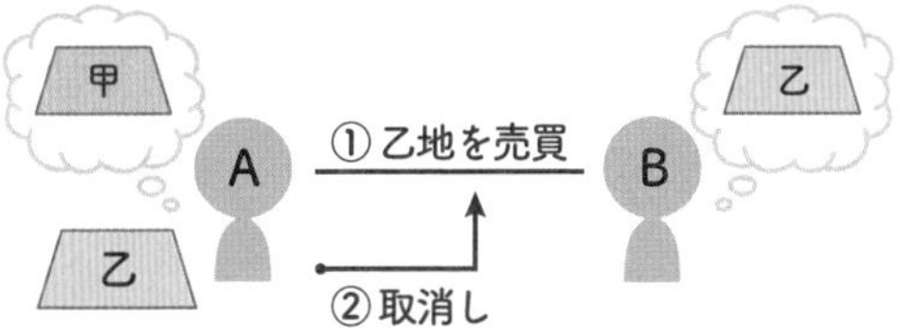

センセ、重大な過失というのは、具体的にはどういうことですか？

過失というのは注意不足だったり、そうなった原因に責任があったりすること。そんな過失にもレベルがあって、たとえば『隣あっている甲地と乙地を間違えてしまった』…だったら軽過失の可能性が高いけど、『東京都の土地と神奈川県の土地を間違えた』という錯誤だったら？　そんな遠くの土地を取り違えるなんて重過失と判断される可能性が高いよね。

善意軽過失（ぜんいけいかしつ）	事情を知らないことにつき軽度の過失があること
善意重過失（ぜんいじゅうかしつ）	事情を知らないことにつき重大な過失があること

ふーん。でも、カン違いの結果取消しOKとなると、なんだか相手方のＢが気の毒だけどな…

まあ、相手方からしたらちょっと気の毒だよね。だから表意者に大きな過失があった場合には、取消しはできないことにしているんだよ。ただ、重過失による錯誤であったとしても、次のふたつの場合には取消しが可能。(95条3項1号2号)

CHECK POINT
重過失でも取消しができるとき

- ✔相手方が表意者に錯誤があることにつき悪意、もしくは善意重過失だったとき
- ✔相手方が表意者と同一の錯誤に陥っていたとき

同一の錯誤に陥っていたというと、甲土地が目的物になっていたけど、売主も買主も乙土地と表示していたなんてケースかな。

そんな感じだね。

Part 2 第三者との関係

ちなみに、第三者が登場したときのことも考えていこう。もし錯誤による意思表示の結果、土地の売買が行われて、そこに第三者が登場した場合には、その**第三者が善意無過失だと、錯誤による取消しは対抗できない**んだ。

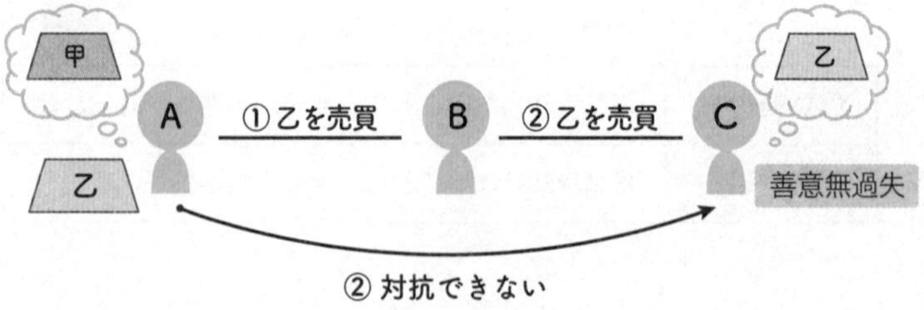

Part 3 動機の錯誤

今度は、錯誤は錯誤でも、動機の錯誤について。動機の錯誤はたとえば「新駅ができるから地価があがるだろう」と思って買ったけど、実際は新駅はできず地価も高騰しなかった…というように、その意思表示をした理由にカン違いがあったとき。

値上がりすると思って買ったのに、上がらなかったからって取消しできちゃうんですか？

いやいや、そんなに世の中は甘くないよ…でも、その意思表示をするにあたり、動機を相手方に表示していたなんて場合は別。**法律行為の基礎とした事情（＝動機）が表示されていたら、取消しができる**んだ。

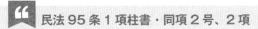

民法 95 条 1 項柱書・同項 2 号、2 項

動機（法律行為の基礎とした事情）が表示されている場合には、動機の錯誤による意思表示を取り消すことができる。

相手方に「新駅ができて地価が上がるから買うんだ」ということを伝えていれば取り消せるってことですね。

そのとおり。ちなみに表示には言葉や文章などで伝える明示的表示（めいじてきひょうじ）と、しぐさ等で伝える
があるけど、どちらにせよ表示をしていたと認められればOK。
ただし、表示の錯誤と同様に、第三者が動機の錯誤につき善意無過失だった場合は取り消せないよ。

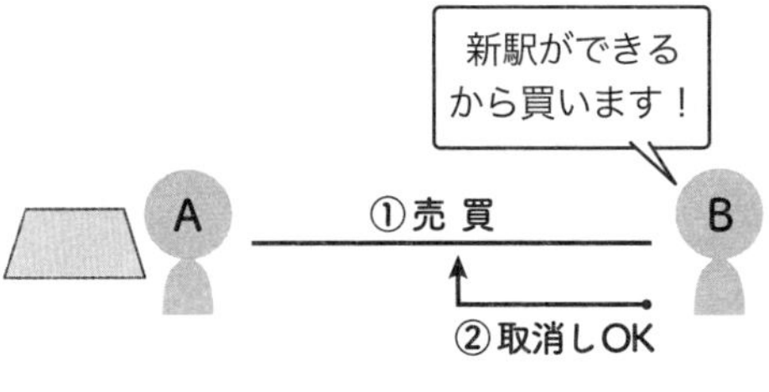

押さえておきたい！
重要まとめ

- **錯誤は「無効」ではなく「取消し」の対象となる**
- **錯誤による意思表示は、その錯誤が法律行為の目的及び取引上の社会通念に照らして重要なものであるときは、取り消すことができる**
- **動機の錯誤は、相手方に表示されていた場合に取り消すことができる**

語句の意味をチェック

錯　誤	カン違いや誤解があること
要　素	売買契約等の法律行為の中でも重要な部分のこと 売買の相手方や、目的物、金額等のこと
動　機	意思表示をする理由や原因のこと
善意軽過失	事情を知らないことにつき不注意等の過失があるが、その程度が低いこと 隣り合う土地を間違えて売買してしまった等
善意重過失	事情を知らないことにつき不注意等の過失があり、その程度が高いこと 東京都の土地と神奈川県の土地を間違えて売買してしまった等

○×問題セレクション5

解答・解説は78ページ左下

AがBに甲土地を売却し、Bが所有権移転登記を備えたが、Aの売却の意思表示に要素の錯誤があり、そのことにつきAに重大な過失があったとしても、AはBに対して、錯誤による当該意思表示の取消しを主張して、甲土地の返還を請求することができる。（令和元年）

column
ちょっと一息

定期借地権のマンションについて ー全棟賃貸マンションー

定期借地権の上に建てられた全棟賃貸のマンションが、多く見受けられるようになりました。定期借地権ということは期間満了したらその賃貸マンションは取り壊して、更地にして土地を返還するということです。つまり、そのタイミングで借主を退去させるということが、定期借地権の上に立つ全棟賃貸マンションのポイントであることは間違いありません。

そのことが理由で定期借地権の賃貸マンションには、ひとつ大きな特徴があります。それは、契約の種類が定期建物賃貸借契約になっていること。

将来取り壊しをして返還するためにはそのタイミングで全入居者に退去してもらう必要がありますから、もし普通建物賃貸借契約で貸し出してしまうと、入居者とのトラブルになる可能性も。定期建物賃貸借契約ですと、契約期間満了で退去してもらうことが可能ですし、更新という概念がございませんから貸主としても安心です。

とはいえ、取り壊しは遠い将来…賃貸住宅はできれば長く借りてもらって、空室期間を少なくしたいものです。そのため、定期借家は定期借家でも、ニュータイプの定期借家契約が近年は人気を博しています。

このニュータイプ、宅建業界では「再契約可能型定期借家契約」なんて言われたりもしますが、図面等の資料には「定期借家契約（再契約相談可）」等と記載されています。再契約可能型…要するに、2年なら2年、3年なら3年の定期借家契約を結び、期間満了時に借主がそのまま住み続けたいという意思表示をした場合は、再度新しい定期借家契約を結びなおすということです。普通借家契約でいうところの更新ですが、契約自体は一度終わり、新しい契約を結んでいるので再契約ということです。

普通借家契約よりも定期借家契約のほうが借主保護は弱まりますから、貸主からするとうれしい契約形態であるといえるでしょう。都心部の分譲マンションの一室の賃貸借ではすでに広がりつつありますが、今後はこのニュータイプでの賃貸は増えていくことが想定されます。

stage 06

重要度 ★☆☆　頻出度 ★★☆

その他問題のある意思表示

心裡留保（しんりりゅうほ）も公序良俗に反する意思表示も頻出ではありませんが、内容もシンプルですから一通り確認しておきましょう。

memo オトコの夢？　愛人契約は無効です！

理解と暗記の重要ポイント

ここがポイント！ しっかり意識して学習しよう！

1. **公序良俗に反する意思表示は例外なく無効**
2. **心裡留保による意思表示は相手方が悪意や善意有過失の場合は無効、善意無過失の場合は有効**
3. **心裡留保による意思表示の無効は善意の第三者には対抗できない**

Part 0　そんな契約は許しません！

契約というものは当事者同士の意思の合致で成立です。そして民法では契約自由の原則といって、契約内容については自由に決めていいことになっています。とはいえ「ワシはもう老い先短い。最後の思い出作りに、月 100 万円でワシの愛人になってくれ…」（とか言いながら、こういうおじいちゃんはいつまで経ってもピンピンしている）や「なあ…この金で、あいつを殺してきてくんねえかな…」等という、人の道に背くような契約内容を OK とするわけにはいきません。当然、こういった公序良俗（こうじょりょうぞく）に反するような契約や意思表示は無効です。

本ステージではこういった公序良俗に反するものや心裡留保によるもの等、問題のある意思表示について取り上げます。

Part 1　公序良俗に反する意思表示

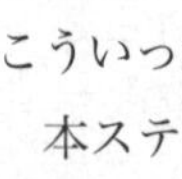

今度は、テレビドラマや映画なんかでありがちな愛人契約とか、殺人契約といったものについて。こういった契約は、公序良俗に反する契約といわれる。**公序良俗に反する意思表示は例外なく無効**になるよ。（90 条）

問５解答と解説　×　重大な過失があったら、原則として錯誤による取消しを主張することができません。例外的に相手方の B が同様の錯誤に陥っていたり、A の錯誤について悪意や善意重過失だった場合はできますが…

たしかにそれを認めてしまったら、大変な世の中になってしまいそうですね。

うん。契約ってもし相手方が債務を履行してくれない場合は裁判によって請求することができるんだけど、もし殺人契約が有効ってことになったら、それについても裁判所に泣きつけることになっちゃうでしょ。

確かに、裁判官が「キミ、契約どおりにしないとだめじゃないか。早く殺してきなさい」なんて言うわけがないですもんね。

Part 2 心裡留保（しんりりゅうほ）による意思表示

次は心裡留保による意思表示について。心裡留保っていうのは冗談のこと。「オレの土地を 100 万円で売ってやるよ～」などと、行きつけの飲み屋さんで、いっつもホラ吹いている人がいたとしよう。この人のように自分の真意ではないことを知りながらする意思表示のことを心裡留保というんだよ。

センセ、その「100 万円で売ってやるよ～」の結果、買いたいという人が現れて契約が成立したらどうなるんですか？　ただの冗談なんですよね？　無効かな？

いや、心裡留保による意思表示は原則として有効。（93 条 1 項）だけど、相手方が心裡留保につきどんな状態だったかによって無効となる場合もあるんだ。**相手方が悪意や善意有過失だった場合は契約は無効になり、相手方が善意無過失だったら有効になる**んだよ。（93 条 1 項但書）

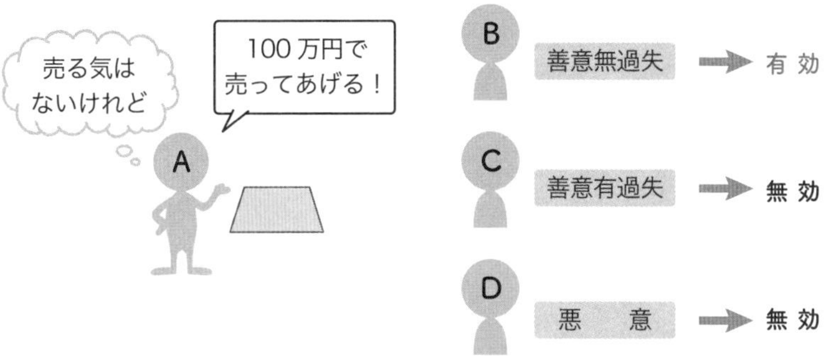

冗談を真に受けるほうも、ちょっと落ち度があると考えられるから、悪意だったり善意有過失だと無効ということですね。では、心裡留保による契約等に、第三者が登場したらどうなりますか？

第三者が現れた場合は、その**第三者が心裡留保につき善意だったら無効を主張できない**よ。（93条2項）ポイントは第三者が善意でありさえすればいいということ。たとえ第三者が善意有過失であったとしても保護されるんだ。

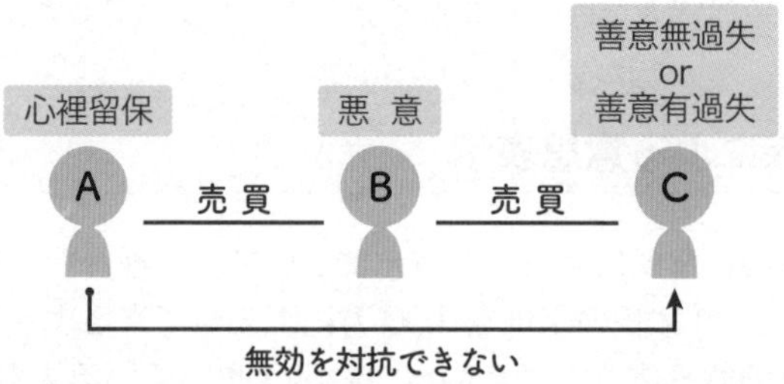

語句の意味をチェック

公序良俗	公の秩序や善良な風俗のこと秩序を保つための常識的なこと
心裡留保	心で思っていることと、表現することが食い違うこと

○×問題セレクション 6

解答・解説は 82 ページ左下

Aは A 所有の甲土地を「1,000 万円で売却する」という意思表示を行ったが当該意思表示はあの真意ではなく、B もその旨を知っていた。この場合、B が「1,000 万円で購入する」という意思表示をすれば、A B 間の売買契約は有効に成立する。（平成 19 年）

column
ちょっと一息

○○権設定者と○○権者

抵当権設定者（ていとうけんせっていしゃ）と抵当権者、借地権設定者（しゃくちけんせっていしゃ）と借地権者…普段使わない言葉ですから、誰が設定者で誰が権者になるのか混乱することがあるはずです。今回は、この○○権設定者と○○権者が、理解しやすくなる考え方についてお話ししたいと思います。

まず、抵当権においては「抵当権設定者」が借金等をしている人、つまり、被担保債権における債務者のことで、「抵当権者」は融資をしている銀行等の被担保債権における債権者です。

次に、借地権について確認しましょう。借地権においては、借地権設定者はその土地を持っている地主さん等、つまりはその土地の所有者です。借地権者はその土地に建物を建てて使用する権利がある人、つまり借主の立場にあたりますね。

抵当権においてはお金を貸している人は「権者」で、借地権においては土地を貸している人は「設定者」…同じ設定者でも、どうも立ち位置が異なりますから、なかなか理解が難しいはずです。

この○○権設定者と○○権者を、正しく理解するためにはあるイメージを持つことをおすすめします。それは○○権設定者ときたら、土地や建物等を「どうぞ、使ってください」というように相手方に提供しているというイメージ。まずは抵当権から具体的に考えてみましょう。抵当権設定者はある債権の担保として土地や建物を「債務が果たせなくなったら、どうぞ、競売にかけてください」と差し出しています。また、借地権の場合では、借地権設定者は自分の土地を「どうぞ、建物を建てる目的で使ってくださいね」というように、その土地を借りて使う人に差し出している状態です。

このように、言葉だけだとなかなかわかりにくい○○権設定者と○○権者という呼び方ですが、○○権設定者は土地等を差し出しているイメージで考えると、抵当権でも借地権でも、理解しやすくなりますのでおすすめです。問題やテキストで混乱したときは、ぜひこのイメージをもって冷静に考えて頂ければと思います。

stage 07

重要度 ★★★　頻出度 ★★★

制限行為能力者（せいげんこういのうりょくしゃ）

制限行為能力者はいわば社会的に保護する必要がある人たち。特に未成年者は宅建業法においてもよく登場してきますからしっかりチェックしましょう。

memo 未成年者と大ボケ、小ボケ、まだらボケ…？

理解と暗記の重要ポイント

ここがポイント！ しっかり意識して学習しよう！

1. **意思無能力者がした行為は無効**
2. **制限行為能力者が単独でした行為は取消しの対象**
3. **成年後見人には同意権がなく、成年被後見人がした行為は成年後見人の同意を得てしたものでも取消しの対象**
4. **営業の許可を受けた未成年者は大人扱い**

Part 0 保護者の同意をもらってきてね

これまで問題のある意思表示について学習してきましたが、今度は意思表示をする人自身に問題があるケースについて。民法はかわいそうな人を守ってあげるという趣旨の法律。ですから、未成年者や、判断能力が不十分な人たちは制限行為能力者と呼ばれ、制限行為能力者は保護の対象となっています。

具体的には、保護者の同意なく制限行為能力者の行った意思表示は取消しの対象とすることで、保護を図っています。この制限行為能力者は未成年者をはじめとし、そのほかは、判断能力がどれくらい備わっているのかという基準で３種類に分類されます。保護が厚い順に、成年被後見人、被保佐人、被補助人です。

本ステージでは、それぞれが単独で行った行為の効力と、各保護者の権利について確認していきます。

問６解答と解説　×　心裡留保について、相手方が悪意や善意有過失だった場合には心裡留保による意思表示は無効となります。

Part 1 意思無能力者（いしむのうりょくしゃ）

たとえば新橋駅前のSL広場の前でべろんべろんに酔っぱらっているおじさん。ああいう状態の人のことは民法では意思無能力者と呼ぶ。あとは、赤ちゃんなんかも意思無能力者に該当する。
そして、**意思無能力者がした行為は無効になる**んだよ。（3条の2）

無効ということは、その意思表示や契約は成立しないってことですか？

そのとおり。だって、べろんべろんに酔っぱらってたら、契約の内容は無論、自分が契約したことすら覚えてない可能性あるでしょ（笑）

Part 2 制限行為能力者（せいげんこういのうりょくしゃ）

経済的な判断をする能力が低い者が契約を結んだ場合は「取消し」の対象になる。
それは誰かというと、制限行為能力者のこと。制限行為能力者は判断能力が不十分だから、親や後見人等の法定代理人によるサポートが必要なんだ。制限行為能力者には次の種類があるんだ。（5条）

制限行為能力者の種類

	どのような人か	単独で行った行為の効力	保護者	取消権者
未成年者	18歳未満の者	〈原則〉取り消すことができる 〈例外〉次の行為は取り消すことができない ① 法定代理人の同意を得た行為 ② 単に権利を得、又は、義務を免れる行為 ③ 処分を許された財産の処分（おこづかい等） ④ 法定代理人に許可された営業に関する行為	・法定代理人（親権者）又は ・未成年後見人	・本人 ・親権者 ・未成年後見人
成年被後見人	精神上の障害により事理を弁識する能力を欠く常況にある者 ＋ 後見開始の審判	〈原則〉取り消すことができる 〈例外〉日用品の購入その他日常生活に関する行為については取り消すことができない	・成年後見人	・本人 ・成年後見人

被保佐人	精神上の障害により事理を弁識する能力が著しく不十分な者 ＋ 保佐開始の審判	〈原則〉取り消すことができない 〈例外〉次の重要な行為は取り消すことができる ① 借金・保証・元本の領収 ② 不動産・重要な財産の売買 ③ 土地５年超、建物３年超の賃貸借 ④ 新築・増改築・大修繕の依頼等	・保佐人	・本　人 ・保佐人
被補助人	精神上の障害により事理を弁識する能力が不十分な者 ＋ 補助開始の審判	〈原則〉取り消すことができない 〈例外〉家庭裁判所が定める「特定の法律行為」は、取り消すことができる	・補助人	・本　人 ・補助人

上記の制限行為能力者が単独でした行為は取消しができるんですね。
ちなみに、法定代理人によるサポートって？

サポート、つまりは補助のことだよ。制限行為能力者は自分で物事を判断する力が不十分な人だから、自立を求めるのは難しい。だから保護者に対して一定の権限を与えることによって制限行為能力者の法律行為のサポートをできるようにしているんだ。

保護者の権限

	未成年者の法定代理人（親権者・未成年後見人）	成年後見人	保佐人	補助人
保護の対象	未成年者	成年被後見人	被保佐人	被補助人
同意権	○	×	○	△
追認権	○	○	○	△
取消権	○	○	○	△
代理権	○	○	△	△

○…権利あり　×…権利なし　△…付与にあたり家庭裁判所の審判が必要

ちなみに同意とは「あの車を買いたいんだけど」「うん、買ってきていいよ」と事前にOKを出すこと。
追認とは「この車を買ってきちゃった」「そっか～買っちゃったのか。まあいいよ」と事後にOKを出すこと。

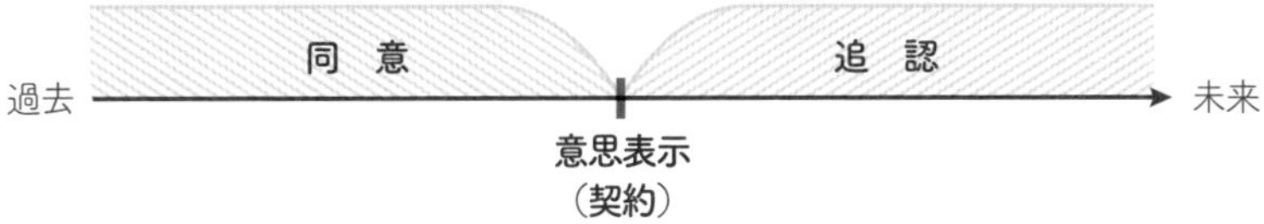

Part 3 成年被後見人（せいねんひこうけんにん）

センセ、成年後見人には同意権がないんですか？

成年被後見人とは事理を弁識する能力を欠く常況にある者で家庭裁判所による後見開始の審判を受けた者のこと。（7 条）だから、「あの 100 万円の車を買いたいんだけど…」「いいよ。買っておいで」って同意を得ていたとしても、必ずしもその内容通りに手続きをしてこられるとは限らないでしょ。100 万円の軽自動車を買うはずだったのに、1,000 万円のスポーツカーを買って来てしまう可能性もある…

だから、成年後見人には同意権がないんですね。

そもそも成年後見人には同意権がないから、**成年被後見人のした行為は成年後見人の同意を得てした行為であっても取消し可能**ってこと。この取消しは、単に物をもらうだけの行為であったとしても対象となるんだよ。
とはいえ、日用品の購入その他日常生活に関する行為はさすがに取り消すことはできないけどね。（9 条）

Part 4 被保佐人（ひほさにん）

次に被保佐人について。被保佐人っていうのは精神上の障害によって、事理弁識の能力が著しく不十分な者で家庭裁判所による保佐開始の審判を受けた者のこと。（11 条）
普通に生活をする分には 1 人で問題ないけど、何か大きな買い物や法律行為をしようというときにはサポートが必要な状態。
保護者である保佐人には同意権はあるんだけど、でも、何から何まで同意をもらってというわけじゃなくて、重要な法律行為について同意が必要なんだ。

被保佐人が取り消せる行為

1	元本を領収したり、担保に入れること
2	借金をしたり、保証人になること
3	不動産の売買、重要な財産の売買
4	訴訟（裁判）をすること
5	贈与したり、和解をすること
6	相続を承認または放棄すること、遺産分割をすること
7	贈与または遺贈を受けることを断ったり、不利な条件付きで贈与または遺贈を受けること
8	建物の新築・改築・大修繕を頼むこと
9	土地について５年、建物について３年を超える賃貸借契約をすること
10	前各号に掲げる行為を制限行為能力者の法定代理人としてすること
11	その他、家庭裁判所が決めた行為

ということは、保佐人の同意がない被保佐人の行為は、ある一定の行為に限って取り消せるということですね。

Part 5 被補助人（ひほじょにん）

被補助人は精神上の障害により事理を弁識する能力が不十分である者で、家庭裁判所の補助開始の審判を受けた者のこと。（15条）被保佐人と同じように、1人で問題なく生活も送れるし、お仕事をしている人も多いんだけど、判断能力が不十分だから、ある特定の行為をするときには保護者のサポートを受けられるようになっている。

ある特定の行為って？

それは一概にいえない。というのも、被補助人ごとにそれぞれ生活環境や保護が必要となる点が異なるから、家庭裁判所で補助開始の審判を受ける際に、保護者である補助人にどんな権利を与えるかを決めるんだ。具体的には先述の重要な法律行為の中から選択されることになる。

なるほど。被補助人ごとに、ケースバイケースってことですね。

そういうこと。そして、被補助人は成年被後見人や被保佐人と違って、補助開始の審判を受けるには、本人の同意が必要だよ。周りが被補助人にしたほうが…と思っていたとしても、本人が「ワシはまだまだしゃっきりしてるぞ」と認めないのであれば、補助開始することができない。（15条2項）

Part 6 未成年者（みせいねんしゃ）

未成年者とは18歳未満の者のこと。（4条）保護者は親御さん等の法定代理人。原則として未成年者が単独でした行為は取消しの対象になり、保護者が同意をした行為は取り消しができない。（5条1項、2項）ただし、法定代理人から許可された営業に関する行為においては大人扱いするよ。

法定代理人から許可された営業に関する行為って具体的にはどんな状態ですか？

そうだな。たとえば法定代理人、つまり親御さんから「自分で頑張ってみなさい」と許可をもらって行う宅建業とか、洋服の仕入れや販売業とか。営業の許可をもらった業務の範囲内で、その未成年者は成年者として扱われることになるよ。（6条）

なるほど。つまり**営業の許可を受けると大人扱いされる**ってことですね。（6条）

営業の許可	成年代理人から営業の許可を受けた未成年者は、その営業の範囲内では成年者と同一の行為能力を有する。

大人扱いということは、法定代理人の同意もいらないからね。別の表現をすると、未成年者であることを理由とした取消しはできないということ。

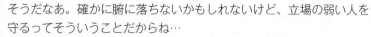

Part 7 相手方の保護

これで、制限行為能力者のサポートの意味はわかったかな。

うーん。サポートしてあげようという趣旨については理解できたんですけど…
制限行為能力者と取引をした相手方からしたらどうも腑に落ちないのでは？　契約してから何年も経って「制限行為能力者だったからやっぱり取消し～！」なんて言われたら、もしボクが相手方の立場だったらイヤだなあ。

そうだなあ。確かに腑に落ちないかもしれないけど、立場の弱い人を守るってそういうことだからね…
あと、取消しについてはいつまでも自由にできるわけじゃない。詐欺や強迫についても同様だけど、取消権は追認ができるときから5年もしくは行為のときから20年のどちらか早くきた時点で消滅する。（126条）

追認ができるときというと、たとえば未成年者の場合はその未成年者が成人してから5年とかってこと？

そう、そのとおり。ちなみに「追認します」と表示すること以外にも、追認権のある人が次のことをすると法定追認といって追認したものとみなされる。(125条)

法定追認事項

	具体例
① 全部または一部の履行	目的物の引渡しや代金の支払いなど
② 履行の請求	保護者が代金の請求をする
③ 更改(こうかい)	代金債務を借金に改める
④ 担保の供与	代金債務に保証人をたてる
⑤ 取り消すことができる行為によって取得した権利の全部または一部の譲渡	未成年者が取得してきた土地を転売する
⑥ 強制執行	代金債務を回収するため強制執行の手続きをとる

とはいえ、5年もそわそわしながら待つなんて相手方がちょっとかわいそうだと思わない?
相手方には、制限行為能力者側に対して「契約どーするの? 追認? 取消し?」というふうに、1ヵ月以上の期間を定めてどうするか決めるように催告する権利が与えられているんだよ。(20条)

どうするか返事をもらえるように促せるってことですね!
ちなみに、その催告ってのは誰に対してすればいいんですか?

うん、原則として、法定代理人などの保護者に対してするんだけど、被保佐人と被補助人に対しては、「保護者に同意をもらってくるように」と本人に直接催告することができる。

	誰に催告するか	催告に対し確答がない場合
未成年者・成年被後見人	法定代理人	追認とみなされる
被保佐人・被補助人	保佐人・補助人	追認とみなされる
	本　人	取消しとみなされる
現在は行為能力者となった、かつての制限行為能力者	本　人	追認とみなされる

催告をしたけど確答をもらえない…なんて場合は、原則として追認したものとみなす。
ただし、被保佐人と被補助人、つまり本人に対して催告した場合は別。この人たちはわりと判断能力はあるとはいえ、やっぱり制限行為能力者でしょ。きちんと保護者に伝達できる保証もないから、もしも確答がなかったら取り消したものとみなされるよ。

押さえておきたい！

重要まとめ

- **未成年者は、法定代理人から営業の許可を受けると、許可された営業に関する行為については大人扱いされる**
- **成年後見人には同意権がないため、事前に同意を得てした行為も取消しの対象となる**

語句の意味をチェック

未成年者	２０歳未満の者のこと
成年擬制	未成年者が婚姻すると成年に達した者とみなすこと
成年被後見人	精神上の障害により事理を弁識する能力を欠く常況にある者で、家庭裁判所より後見開始の審判を受けた者のこと
被保佐人	精神上の障害により事理を弁識する能力が著しく不十分であるとして、家庭裁判所から保佐開始の審判を受けた者のこと
被補助人	精神上の障害により事理を弁識する能力が不十分であるとして、家庭裁判所から補助開始の審判を受けた者のこと
元本（がんぽん）	利息を生じさせる元となる資金のこと
元金（がんきん）	利息等を含まない貸借した金銭そのもののこと
遺贈（いぞう）	遺言によって法定相続人以外の人に財産等を贈ること
賃貸借契約（ちんたいしゃくけいやく）	物を貸して使用収益させることを約束し、相手方はその対価として賃料を支払う契約のこと

○×問題セレクション７

解答・解説は次ページ左下

古着の仕入販売に関する営業を許された未成年者は、成年者と同一の行為能力を有するので、法定代理人の同意を得ないで、自己が居住するために建物を第三者から購入したとしても、その法定代理人は当該売買契約を取り消すことができない。(平成 28 年)

重要度 ★★☆　頻出度 ★★☆

stage 08

債務不履行（さいむふりこう）

債務不履行については、
① いつ債務不履行に陥るのか
② 陥ったらどうなるのか
この２点について考えること。

memo 債務不履行は履行不能と履行遅滞の2種類

理解と暗記の重要ポイント

ここがポイント！ しっかり意識して学習しよう！

1. **決めていた履行期を過ぎても履行しないのが履行遅滞（りこうちたい）**
2. **履行遅滞は相当期間定めて履行を催告し、それでもダメなら契約解除できる**
3. **履行が不可能になった状態が履行不能**
4. **履行不能は催告を要せずただちに契約解除できる**
5. **損害賠償額は、あらかじめ予定をすることができる**

Part 0 約束とは果たすもの。だけど…

契約というものは人と人とのお約束ごとですから、もちろんしっかりと契約内容は履行して、債務は果たさなければなりません。

でも現実には債務を履行できない、つまり契約の内容を実行できないという場合もありますよね…この債務を履行できない状態のことを「債務不履行（さいむふりこう）」といいます。債務不履行は大きく分けて「履行不能（りこうふのう）」と「履行遅滞（りこうちたい）」に分けられます。

履行不能は、どんなに待っても履行することができない状態のこと、たとえば売買契約を結んで引き渡さないといけない建物が火事で滅失してしまった場合等。

一方の履行遅滞は、資金繰りが予定通りに進まなくて売買代金の支払いが遅れてしまった…というような場合です。これは、履行不能と違い少しの期間待ってあげれば履行が可能になることが想定されますよね。

本ステージでは債務不履行に陥るとどうなるのかと、履行不能と履行遅滞における対処の違いについて確認していきましょう。

問７解答と解説　×　確かに営業の許可をもらった未成年者はオトナ扱いだけど…あくまでもその営業の範囲内でのみ。自己の住居を購入したことに関しては、ただの未成年者ですから、取消しが可能です。

Part 1 遅れちゃうのが履行遅滞（りこうちたい）

そうだなあ、キミが女の子と神保町駅で13時に待ち合わせしていたと仮定しようか。
キミはちょっと早めに駅について待っていたんだけど、13時になっても彼女が来ない。債務不履行っていうのはこういう状態。
もし彼女が来なかったらキミはどうするかな？

うーん、まず電話かライン（メール）を送ってみるかなぁ。

じゃあ彼女からこんなラインが返ってきたとしよう。
「ごめーん、まだ家…何を着たらいいか悩んじゃって。」
で、服の写真がポンポン送られてくる。
「このスカートかパンツ、どっちがいいかな？」
…どう思う？

どうって…
「どっちでもいいから、待ってるんだし、はやく来てよ」
としか言いようがないですよ。

そうだよね。こんなふうに債務者の故意や過失によって、いつまでにと**決めていた履行期を過ぎても履行しないのが「履行遅滞」**だよ。

CHECK POINT 履行遅滞となる時期

✔ **確定期限の場合（例）〇〇年〇月〇日に引き渡す**

期限が到来した時

✔ **不確定期限の場合（例）父親が死んだら引き渡す**

その期限の到来した後に履行の請求を受けた時又はその期限の到来したことを知った時のいずれか早い時

✔ **期限の定めのない場合（例）引渡し時期を特に定めなかった場合**

債務者が債権者から履行の請求を受けた時

履行遅滞の場合は「早く履行してね」と相当の期間を定めて催告して、それでも相手が履行してくれなかったら契約を解除できるんだ。(412条)

言い換えると、**履行遅滞の場合は催告してもダメなら契約解除できる**ってことですね。

あ、当然だけど、自分も履行の提供をしていないと相手に履行遅滞だ！とは言えないよ。 また、この履行遅滞が、**債務者の責めに帰すべきものだった場合は損害賠償請求ができる。**(415条)

Part 2 もうムリなのが履行不能（りこうふのう）

先と同じ例でいこうか。君は女の子と明日の13時に神保町駅で待ち合わせをしていたとしよう。そしたら、直前になってこんな連絡がきた。「ごめんなさい、日付を勘違いしてしまっていて、今海外旅行に来ているの…」

ちょっと、むっとしますけど、来られないのであればしょうがないので、約束はなしですね。

そうだよね。
こんなふうに履行が不可能になる状態を履行不能といって、履行不能の場合には債権者は催告をせずにただちに契約を解除できる。

民法412条の2第1項

債務の履行が契約その他の債務の発生原因及び取引上の社会通念に照らして不能であるときは、債権者は、その債務の履行を請求することができない。

たとえば家の売買契約等で、その契約を締結するよりも前に目的物である建物が滅失していたなんて場合についても考えてみよう。こういうのを原始的不能という。

契約する前から、つまり、そもそも売り物が存在しなかったわけだから、原始的不能（げんしてきふのう）ってことですね。

この原始的不能になった場合には、買主は履行不能を理由として契約の解除ができる。さらに、もしも履行不能に陥ったのが**売主の責任であると認められると、売主に対して債務不履行による損害賠償請求もできる**んだ。

民法415条

債務者がその債務の本旨に従った履行をしないとき又は債務の履行が不能であるときは、債権者は、これによって生じた損害の賠償を請求することができる。ただし、その債務の不履行が契約その他の債務の発生原因及び取引上の社会通念に照らして債務者の責めに帰することができない事由であるときは、この限りでない。

Part 3 損害賠償額（そんがいばいしょうがく）の予定

債務不履行があると、相手方、つまり債権者はなんらかの損害を被る可能性が高い。もしも債務不履行があって、損害賠償請求をするとなると、債権者は実際にいくら損をしたか証明しないといけないんだ。先の例でいくと、遅れてくる彼女を待つのに、駅前で突っ立っているわけにもいかないから喫茶店とかに入るでしょ。

もし損害賠償請求をするとなったら、そのときのお茶代とかの領収書が必要ってことですか？

そうそう。
ただ、実際の不動産における取引なんかだと、この損害額の証明って結構手間だから、事前に債務不履行があったらいくら払うというように**損害賠償額をあらかじめ予定することができる。**(420条1項)
ちなみに、違約金についても民法においては損害賠償額の予定と推定する。(420条3項)

ということは「もし債務不履行があった場合は損害賠償額として1,000万円を支払うこと」等と定めておけるってことですか？

そういうこと。また損害賠償額の予定がなされていても、それとは別に債権者から履行の請求や契約解除をすることはできるよ。(420条2項)

実損額の証明等の手間隙を考えたら、予定しておくのが良さそうですね。

ただし、これには一点注意すべきことがある。
いくらと予定したのであれば、実際の損害額がそれより多かった、もしくは少なかったとしても増減できないんだ。
たとえ裁判所に「ほんとはもっと損をしたんだ！」や、「こんなに損害は出ていないはず！」等と泣きついても予定は予定。
損害賠償額の予定が公序良俗違反や信義則に反すると判断されない限りは、原則として、１円たりとも変更されることはないんだよ。

Part 4 危険負担（きけんふたん）

ここまで、債務不履行が「履行遅滞」と、「履行不能」に分けられるということを確認してきたけど、今度は履行不能に陥った際の反対給付について考えていこう。

反対給付というと？

そうだな。たとえばＡＢ間で建物の売買契約があったとしよう。売主であるＡさんは建物の引渡しという債務を負っている。
一方買主のＢさんは売買代金を支払うという債務がある。
この目的物の引渡しと代金の支払いが反対給付の代表例だね。

建物の売買だったら、建物の引渡しと代金の支払い、どちらもないとダメですもんね。

ちなみにこの建物の売買契約を締結したあと、物件の引渡し前に建物が落雷を原因とする火災で滅失したらどうなると思う？

滅失ということは、燃えてなくなっちゃったんですよね…うーん、ボクが買主Ｂさんの立場だったら、建物がもらえない以上お金は払いたくないけど。

買主だったらそう考えるのが普通だよね。
だから民法では引渡し前に目的物が滅失してしまった場合には売主が危険負担をする、つまりリスクを負うことになっている。

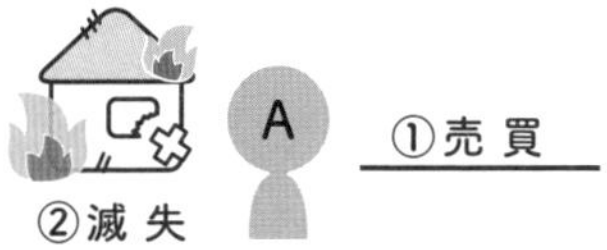

A … 引渡し債務 → 履行不能
B … 代金支払債務→ 拒絶OK！

民法536条
当事者双方の責めに帰することができない事由によって債務を履行することができなくなったときには、債権者は反対給付の履行を拒むことができる。

つまり、買主は売買代金の支払い債務の履行を拒絶できるということですね。

そのとおり。
ちなみに目的物が滅失したということは履行不能に陥っているわけだから買主は契約解除が可能。
契約を解除すれば代金支払い債務はなくなるわけだから、今回の反対給付の履行拒絶は解除前に、もしも売主から売買代金の支払いを求められたら…という話だね。

Part 5 とっても厳しい金銭債務

代金の支払いや借金の返済等といった金銭債務については、履行不能はなく、あるのは履行遅滞のみ。

うーん。お金がなくなっちゃったら履行不能になりそうだけど…

ほら、世の中にはお金はたくさんあるわけでしょ。だから、どこかから調達してくれば履行できると考えるんだ。
また、金銭債務は、災害等の不可抗力が理由であったとしても履行遅滞の責任を負わなければならない。

金銭債務はとっても厳しいってことですね。

そういうこと。そして、金銭債務において損害が発生した場合には、債権者は実損額を証明しなくても賠償請求ができるんだ。

押さえておきたい！
重要まとめ

- **金銭債務は不可抗力をもって抗弁とすることはできない**
- **金銭債務において損害を受けた場合には実損額を証明せず賠償請求ができる**

語句の意味をチェック

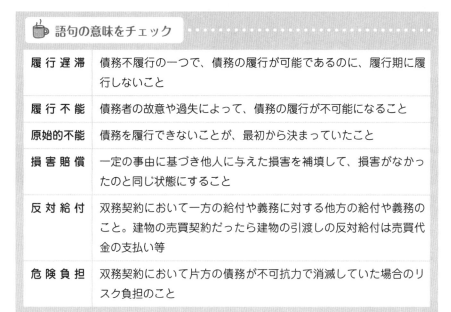

履行遅滞	債務不履行の一つで、債務の履行が可能であるのに、履行期に履行しないこと
履行不能	債務者の故意や過失によって、債務の履行が不可能になること
原始的不能	債務を履行できないことが、最初から決まっていたこと
損害賠償	一定の事由に基づき他人に与えた損害を補填して、損害がなかったのと同じ状態にすること
反対給付	双務契約において一方の給付や義務に対する他方の給付や義務のこと。建物の売買契約だったら建物の引渡しの反対給付は売買代金の支払い等
危険負担	双務契約において片方の債務が不可抗力で消滅していた場合のリスク負担のこと

○×問題セレクション８

解答・解説は次ページ左下

A所有の家屋につき、Aを売主、Bを買主とする売買契約が成立した場合、家屋の所有権移転登記が完了し、引渡し期日が過ぎたのに、Aがその引渡しをしないでいたところ、その家屋が類焼によって滅失した場合、Bは、契約を解除することができる。

stage 09

重要度 ★★☆　頻出度 ★☆☆

解除と手付解除

（かいじょとてつけかいじょ）

解除とは契約を白紙に戻すこと。解除は解除でも、債務不履行による解除と手付による解除を混同しないように要注意！　手付解除ができる要件についてはしっかりおさえておきましょう。

memo 手付金でサヨナラ、買主は放棄、売主は倍返し

理解と暗記の重要ポイント

ここがポイント！ しっかり意識して学習しよう！

解　除

1. **解除は契約の当事者の意思表示によって契約をはじめからなかったことにすること**
2. **解除による原状回復は同時履行の関係に立つ**
3. **第三者が登記を備えたときは原状回復できない**

手付解除

4. **買主からキャンセルをしたい場合は手付金を放棄すれば契約を解除できる**
5. **売主からキャンセルをしたい場合は手付金を倍返しすれば契約を解除できる**
6. **売主から手付解除をするときには現実に提供しなければ解除できない**

Part 0 解除は解除でも…

債務不履行による解除と、手付による解除は、同じ「解除」ではあるものの全くの別モノ。債務不履行があったことによる解除では、債権者側は債務不履行によって損害を被っていますから損害賠償請求が可能です。債務者は約束を果たさなかったのですから、請求されても当然です。一方、手付による解除では、相手方が履行に着手するまで…等の条件こそありますが、買主は手付を放棄することで、売主は手付倍額を償還することで解除が可能です。

手付による解除の場合は、解除された相手側は間違いなくショックを受けるでしょうし、損害を被ってしまったかもしれませんが損害賠償はできないルールです。手付解除については宅建業法の規定にも深く関連がありますから、深い理解が求められます。

問８解答と解説　○　Ａが引渡しをしないでいたら、燃えちゃったんだって。売主の履行遅滞に陥っている間に滅失した場合は、Ａすなわち売主の責任となり、Ｂは契約を解除できます。

Part 1 解　除

取消しと似た言葉で解除というものもあるよ。雰囲気は似ていても全く違うから要注意。まずは解除の意味から確認しよう。
解除は契約の当事者の意思表示によって契約をはじめからなかったことにすること。

「取消し」は契約の成立前、成立時になんらかの問題があったときに契約をなかったことにすることでしたよね。
「解除」は契約の成立や、意思表示には問題がなかったけど、その後なんらかの理由で契約を取りやめたときってことですか？

そのとおり。契約がはじめからなかったことになるという点は一緒なんだけどね。
ちなみに、履行遅滞による解除の場合は「はやく履行してー」というように、一定期間を定めて催告をすることが求められる。

民法 541 条

当事者の一方がその債務を履行しない場合において、相手方が相当の期間を定めてその履行の催告をし、その期間内に履行がないときは、相手方は、契約の解除をすることができる。

つまり、履行遅滞があって少し遅れたからといってすぐに解除はできないってことですね？

そういうことになるね。ちなみにもう履行がムリ…という履行不能の場合には、催告なんていらずに、すぐに解除が可能だよ。

民法 542 条1項柱書・同項1号

債務の全部の履行が不能であるときは、債権者は催告をすることなく、直ちに契約の解除をすることができる。

まあ、いくら待ったところで履行ができないものはムリですもんね。

契約を解除するとなったら、契約前の状態に戻さないといけないから、取消しでも解除でも、原状回復義務が発生する。そして、**解除による原状回復義務は同時履行の関係に立つ**んだ。
もし、物件の引渡しを受けていたならその物件と使用料を、お金を受け取っていた場合は利息をつけて相手方に返さないといけないよ。

使用料？？？

お金の貸し借りで発生する利息と同じような考え方だよ。運用の利益とかいうんだけど。金銭に関する原状回復では、「受け取っていたお金が手元にあった期間に、運用できたはず…さぞ増やしたことだろう。」
という理由から、契約解除でお金を返すとなったらその間の利息もつけるんだ。

へぇ。つまり、建物の引渡しを受けていて解除となったら、利息のような形で使用料も発生するってことですね。

そのとおり！　物件についても考え方は同様。契約が解除となると赤の他人の建物なり土地なりを使っていたってことになるでしょ。
だから、だれかのものを使わせてもらっていたんだから、当然、使用料も…ってこと。

なるほど。そしたら、解除となったらその原状回復義務とやらをお互いが果たして終了ですか？
突然一方の気が変わって、「やっぱりや一めた」で解除されちゃったとなると、原状回復をして終了だと相手としては納得いかないんじゃないかな。

そりゃあ納得いかないだろうね。
解除をする場合は、つまり債務不履行になるわけだから、それに基づく損害賠償請求ができるよ。（545条）

Part 2 解除と第三者

センセ、たとえば、解除する前に転売が行われて第三者が登場していたらどうなるんでしょう？

解除の場合は、登記があるかどうかが問題になるんだよ。
もし第三者が所有権の移転登記まで受けていたとすると、その人の権利を侵害してまで原状回復ってのはちょっと…ということ。
ちなみにこの場合は、第三者が善意か悪意かは関係ないよ。（545条1項但書）

登記がある方の勝ちってことですよね？
解除をしたときにまだ第三者まで登記が行ってないのであれば第三者にも対抗できると。
解除後に第三者に売られちゃったなんて場合はどうですか？

その場合も登記がある人の勝ち。いずれにしろ**第三者が登記を備えたときは原状回復できない。**（判例）もし解除のときに買主のところに登記が移っているんだったら、解除を原因として登記を回復するのが先か、第三者に登記が移るのが先か…

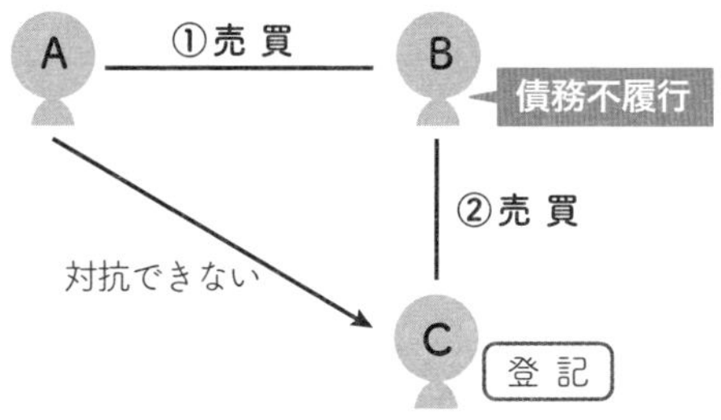

わー売主であるAからしたらドキドキですね…

Part 3 手付解除

手付金というのは、不動産の売買契約をするときに買主から売主へ交付するお金のこと。
手付にはいくつか種類があるんだけど、宅地建物取引士の試験で手付と出たら、解約手付という性質のものだと思って良いよ。

手付の性質

証約手付	契約を締結した証拠にする趣旨で支払われる手付 →全ての手付に共通の性質である。
違約手付	買主が代金を支払わないようなときに違約罰として没収する趣旨で支払われる手付 →債務不履行があった場合、売主などは手付金とは無関係に損害賠償請求できる。
損害賠償額の予定としての手付	買主が代金を支払わないようなときに、損害賠償額を手付の額に制限する趣旨で支払われる手付 →債務不履行があった場合、買主などは手付金を没収され売主などは手付金の倍額を損害賠償金として交付する。
解約手付	相手方の債務不履行がない場合でも、手付の金額だけの損失を覚悟すれば契約を解除できるという趣旨で支払われる手付 →買主は手付を放棄し、売主はその倍額を現実に提供して契約の解除をすることができる。

解約手付の交付があると一体どうなるんですか？

解約手付を交付していると、もしも契約をやめたくなったときにその手付によって解除をすることができるんだよ。
買主からキャンセルをしたい場合は手付金を放棄すれば契約を解除できる。一方、**売主からキャンセルをしたい場合は手付金を倍返し**ね。

では、もし手付金が 100 万円だったら、買主は売主に渡していた手付を諦めて解除。売主は 200 万円を買主に渡すことで、契約をなかったことにするってことですか？

そうだね。手付解除のポイントは、手付解除をされたことによる損害賠償請求はできないということ。

へぇ。債務不履行と同じ解除なのに、損害賠償請求できないんですね。

うん、その代わりってわけじゃないけど、相手方は手付と同額のお金がもらえるからね。
ただ、手付解除っていうのは言い換えると自己都合によるキャンセルだから、相手方が履行に着手しちゃったらもう解除できないことになっているよ。

相手に労力をかけているのに、そこでやっぱりやめたは人としてナシでしょってことかな。

ちなみに**売主から手付解除をするときには**「手付倍返しで解除するのでよろしく」と伝えるだけではダメで、きちんと**現実に提供しなければ解除できない**点に注意。

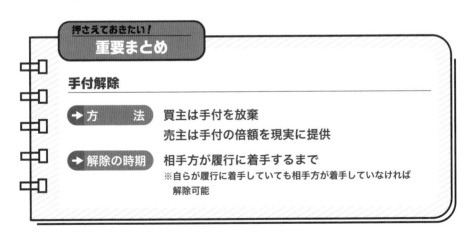

押さえておきたい！

重要まとめ

手付解除

➔方　法　**買主は手付を放棄**
売主は手付の倍額を現実に提供

➔解除の時期　**相手方が履行に着手するまで**
※自らが履行に着手していても相手方が着手していなければ解除可能

語句の意味をチェック

原状回復義務（げんじょうかいふくぎむ）	契約が解除された場合、契約前の状態に戻す義務のこと。これは同時履行の関係に立つ
対抗要件	権利があることを第三者に主張するための法律的な要件のこと
手付金	契約をするときに買主から売主へ交付するお金のこと。宅建試験においては手付と出たら解約手付と考えてOK
解約手付	契約をやめたくなったときに買主からは放棄して、売主からは手付額の倍額返還で契約を解除できる性質の手付金のこと

○×問題セレクション 9

解答・解説は 108 ページ左下

買主が手付を交付した後、契約に基づいて中間金の支払いを済ませた場合でも、契約に別段の定めがなく、売主が履行に着手していなければ、買主は、手付を放棄して、当該契約を解除することができる。（平成４年）

練習問題

買主Aと売主Bとの間で建物の売買契約を締結し、AはBに手付を交付したが、その手付は解約手付である旨約定した。この場合、民法の規定及び判例によれば、次の記述のうち正しいものはどれか。

1 手付の額が売買代金の額に比べて僅少である場合には、本件約定は、効力を有しない。

2 Aが、売買代金の一部を支払う等売買契約の履行に着手した場合は、Bが履行に着手していないときでも、Aは、本件約定に基づき手付を放棄して売買契約を解除することができない。

3 Aが本件約定に基づき売買契約を解除した場合で、Aに債務不履行はなかったが、Bが手付の額を超える額の損害を受けたことを立証できるとき、Bは、その損害全部の賠償を請求することができる。

4 Bが本件約定に基づき売買契約を解除する場合は、Bは、Aに対して、単に口頭で手付の額の倍額を償還することを告げて受領を催告するだけでは足りず、これを現実に提供しなければならない。

解答・解説

1× 手付金が安くても、何の問題もなし。手付についての約定はそのまま有効です。

2× 相手方が履行に着手すると、もはや手付解除はできなくなるけど…Bはまだ履行に着手していないとありますから、Aは手付解除可能です。

3× 手付解除をされたときに、それによって損害が発生したとしても、損害賠償請求をすることはできません。

4○ 売主が手付解除をするときには、口頭で告げるだけではなく、手付の倍額を現実に提供しなければなりません。口頭だけだと、きちんと払われるのか買主側としては不安だからです。

stage 10

重要度 ★★★　頻出度 ★★★

代理（だいり）

その代理行為の効果が一体誰に帰属するのか、つまり誰のために行われているのかという観点を持ちましょう。誰のための代理行為なのかがわかれば、責任の所在についても自然と読み取れるようになります。

memo 誰かのために何かをするなら、きちんとしないといかんでしょ

理解と暗記の重要ポイント

ここがポイント！ しっかり意識して学習しよう！

1 代理人がした契約や意思表示などの効果は本人に帰属する

2 代理の要件

① 代理人に代理権が発生していること
② 顕名をすること
③ 代理行為が行われること

3 代理権が消滅するとき

① 本人が…死亡・破産したとき
② 代理人が…死亡・破産・後見開始したとき
③ 契約が終了したとき

4 双方代理や自己契約は原則として無権代理行為となる

5 本人の追認と相手方の取消しは、どちらか早いもの勝ち

6 無権代理の相手方ができること

① 相手方の善意悪意問わず……催告権
② 相手方が善意のとき…………取消権
③ 相手方が善意無過失のとき…履行の請求、損害賠償請求
④ 相手方が善意無過失＋本人に一定の責任があるとき…表見代理の成立

7 表見代理の責任は本人が取る

Part 0 代わりにお願いします！

「これ代わりにやっといてくれない？」「しょうがないな～」と本人の代わりに他人が何かをしてくれることってよくありますよね。法律行為におけるこれを「代理行為」といいます。代理や代理人という言葉自体は皆さんも日常生活の中で聞

問9解答と解説　○　手付解除ができなくなるのは契約が完了したときと、相手方が履行に着手したとき。ご本人は履行に着手していますが、相手方である売主は着手していないため、手付解除は可能です。

いた事があるのではないでしょうか？

法律上は「これ代わりにお願い〜」とお願いをする人のことを「本人」といい、本人の代わりに法律行為を行う人のことを「代理人」といいます。代理人が本人のためにしてあげる行為のことは「代理行為」です。

この代理行為が成立するためにはまず本人が「代わりにやってほしい」という依頼をすることが必要で、この依頼によって代理人に与えられた権利を「代理権」と呼びます。この代理制度におけるポイントは、代理人が本人のためにしてあげたことの効力は、直接本人に帰属（きぞく）するということです。

Part 1 代理の要件

たとえば私がキミに「私の土地を売ってきてくれ！」というように依頼したとしよう。

え、センセ、土地を持っているんですか？

…持ってないけど、たとえばの話！
そうすると、頼んだ私は「本人」頼まれたキミが「代理人」でキミが契約をまとめてきた買主が「相手方」ということになる。こういった約束に基づく代理を任意代理といって、未成年者の両親のように法律によって認められている代理を法定代理というよ。

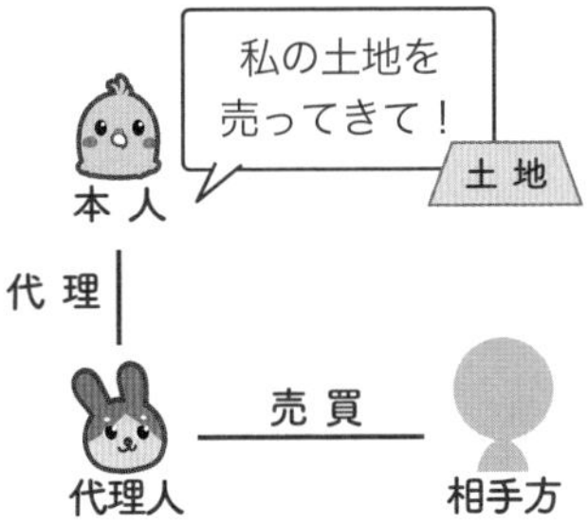

買ってくれる人を探して、頑張って契約をまとめてきたのはキミだけど、この売買契約は誰と誰の間でしたことになると思う？

本人であるセンセと相手方なんじゃないですか？
だって、ボクはセンセの代理人なんでしょ。

そう、そのとおり。
実際に契約をするのは代理人でも、その**代理人がした契約や意思表示などの効果は本人に帰属する**んだよ。（99条1項）

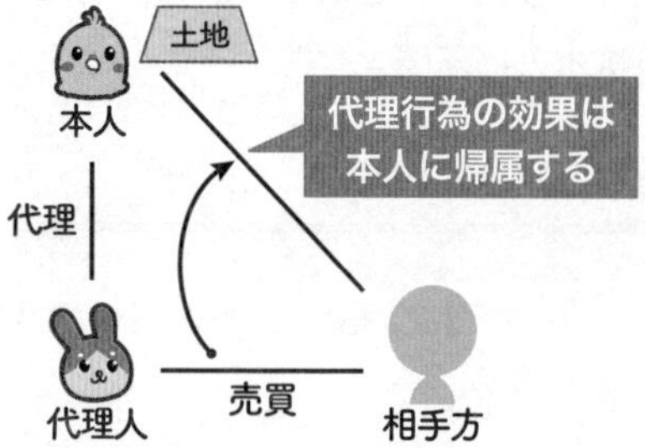

ただし、次の三つの要件を満たしていなければ、代理人がきちんと代理行為をやったことにはならないんだ。

CHECK POINT

任意代理の要件

① 代理人に代理権が発生していること
② 顕名をすること（自分は本人の代理人であるということを示すこと）
③ 代理行為が行われること

このどれか一つでも欠けてしまうと、相手方からすると「わたしの契約相手は一体誰なんだろう？」と混乱する恐れがある。
だから先述の三つが揃ってはじめて、代理人が行った代理行為の効果や責任のすべては本人に及ぶということになっている。

三つが揃ってないと、もしかしたら相手方は、代理人との間で契約したと思っちゃう可能性があるってことですね。

あと、代理権は一度お願いするとずっと続くわけじゃなく、いつかは終わりが来るという点もポイントだね。
代理権が消滅する事由は次の通り。

CHECK POINT

任意代理権が消滅するとき

重要

✔本人が …… 死亡、破産したとき
✔代理人が … 死亡、破産、後見開始したとき

	死亡	破産	後見開始
本　人	○	○	×
代理人	○	○	○

○…消滅、×…消滅しない

✔代理契約が終了したとき

Part 2 代理の要件 ―顕名―

代理行為をするときには本人の代理で来たことを伝えないといけないんですよね。では、もしボクが「センセの代理で来ました」というふうに顕名するのを忘れてしまったら、一体どうなるんですか？

うーん、相手方からするとキミのことを売主だと思って契約したことになって、キミと相手方との間で売買契約が成立したものと見なされてしまう。
ただし、相手方がキミは私の代理人であるということにつき、善意無過失だったのなら…の話だけどね。

善意無過失ってことは、事情を知らず、そのことにつき過失もないってことですよね？

そうだね。キミが代理人であることを知っていた…言い換えると悪意だったとか、知らなかったことに過失があった、つまり善意有過失だったなんて場合は、顕名があったというふうにみなされる。
要するに、本人と代理人の間で契約が成立したことになるんだよ。（100条）

Part 3 意思表示

代理人がだまされてしまったら

代理をお願いしたものの、キミはちょっと抜けているところがあるからなあ。
だまされて安く売ってこないか不安だなあ…

そんなこというならそもそもボクに頼まなきゃいいじゃないですか…
でも、もし代理人が悪い人にだまされたりして意思表示をしちゃったらどうなるんでしょうか。

その場合は、**「本人」が取消しできる**んだ。

だまされたのは本人じゃなくて代理人ですよね？
代理人が取消しするんじゃないんですか？

うん、代理人ではなくて本人だよ。だって、結局その意思表示で損をする可能性があるのは代理行為の効果が帰属する本人だから。
ただし、詐欺の場合は、だまされる代理人がちょっと抜けてるんじゃないのってことで、相手方が善意無過失のときは取り消せないけどね。

代理人が相手方をだましたら

では、それこそたとえばの話ですが、ボクがものすごいペテン師で、相手方をだまして契約をまとめてきたらどうなるんでしょうか。

代理人が相手方をだまして契約したなんて場合は、たとえ本人がそのことについて善意だったとしても、だまされた相手方は取消しができるよ。

たしかに善意であろうが、だますようなヤバイやつを代理人にした本人にも責任がありそうですからね。

そうそう、キミを代理人として選んだ私は見る目がなかったよねということ。

Part 4 双方代理・自己契約

また、双方代理についても原則として NG だよ。

双方代理…？

うん。たとえば売買において、売主の代理人もしながら買主の代理人もするなんてことを双方代理という。
買主は「安く買いたい」売主は「高く売りたい」という気持ちがあるから、どちらも代理をすると矛盾するでしょ。

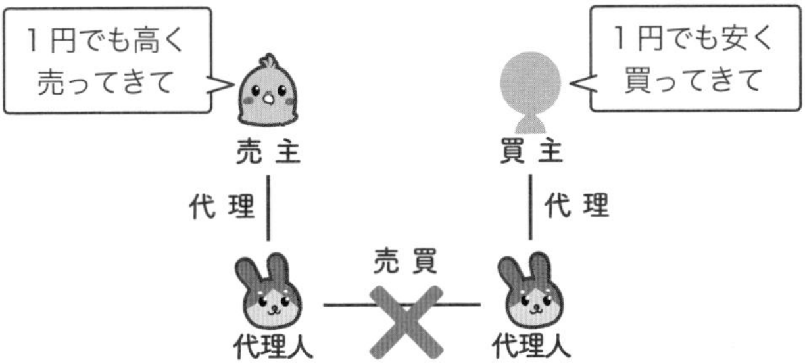

確かに、どちらかの希望を優先させちゃうかもしれないな。

そうなんだよ。だから、**双方代理は原則として無権代理行為となる。**でも両当事者が良いよ！と事前に承諾をしていれば、話は別だけどね。
あとは**自己契約も原則として無権代理行為となる。**自己契約というのは先の例でいくと、代理権をもらったはいいものの、自分を買主として契約をまとめてくるということ。（108 条 1 項本文）

それを OK にしちゃうと代理人の都合の良いように契約内容を設定されちゃいそうですもんね。

もちろん、自己契約であったとしても、本人からあらかじめ許諾（もしくは追認）をもらった場合には本人に効果は帰属するけどね。

Part 5 代理権（だいりけん）は濫用（らんよう）しちゃだめ

今度は、代理権自体はきちんと与えられているものの、その権利が濫用されたときについて考えてみよう。代理人が自分の利益を図るために、もしくは第三者の利益を図るために、代理行為をした場合はどうなると思う？

えっ…どう考えてもまずいでしょ。だって自己契約も、自分に都合のいいようにできてしまうからダメだったんですよね。代理権濫用も当然ダメじゃないですか。

そのとおり。でも、今回のようなケースでは代理行為は行われて相手方もいるわけだから、相手方についても保護してあげるべきか否か考えないといけない。だから、相手方が代理人の「利益を図るため」という目的につき善意無過失だった場合には有効な代理行為だったとみなすことになっている。

有効な代理行為ということは本人との間で契約の効果が帰属するってことですね。本人もなんだか気の毒だけど。

ほら、本人はさ、そんな不誠実な人を代理人に選んだことに責任が少しはあるでしょ。ちなみに、相手方が目的につき善意有過失、あるいは悪意だった場合はこの代理行為は無権代理行為だとみなされるよ。

民法第 107 条
代理人が自己又は第三者の利益を図る目的で代理権の範囲内の行為をした場合において、相手方がその目的を知り、又は知ることができたときは、その行為は、代理権を有しないものがした行為とみなす。

Part 6 無権代理（むけんだいり）

あとさ、これって当然なんじゃないのって思うかもしれないけど本人から代理権を与えられていないのにした代理行為は、有効には成立しないからね。

頼まれていないのに代理人として動く人なんているんですか？

たとえば、土地を買いたいという人からおいしい話を持ちかけられたから、代理人のふりをして、とりあえず売買契約をまとめておいて、あとから地主に交渉しよう…なんて人も、世の中にはいるんだよ。こういった代理権がないにも関わらず行われたものは無権代理というんだ。

ふーん。無権代理が行われると一体どうなるんですか？　まさか、本人に効果が帰属してしまって、売主として土地を手放さないといけない…？

そんなわけないでしょ！　いくら「ボクは〇〇さんの代理人です！」といったところで、代理権がない以上、その行為の効果や責任は本人には及ばない。

無権代理行為は、本人に対して効力なしってことですね。(113条1項)
そうすると無権代理人がしたことは、無権代理人自身が責任を取らないといけないですね?

そのとおり。ま、当然といえば当然だけどね。

Part 7 無権代理行為の催告と追認

無権代理人が意外といい仕事をして、高値で売買契約を締結してきたなんて場合はどうですか。
本人が「えっそんなに高値で売れたの? 勝手に売ったのはアレだけど…意外とやるな!」となったときも、効果は本人には帰属しないで無権代理人が責任を負うことになりますか?

その場合は、本人は追認をすればいいよ。
追認すると無権代理人がしてきた代理行為は、契約の時から有効な代理行為があったことになるんだ。

へぇ。ちなみに追認は誰に対してすればいいんですか? 無権代理人に? それとも相手方に?

相手方でも無権代理人でもどちらでもOK。
ただし相手方に伝えておかないと、相手方に対しては「追認したよー」ということを対抗できない。
というのも、相手方が無権代理だったことにつき善意だったときには、相手方は取消しができることになっているんだ。

確かに、無権代理だったことを後から知ったら「あいつ無権代理人だったのか。本人が追認してくれるかもわからないしな~」と不安で取消したくもなりますもんね。

だから、本人はもし追認するんだったら相手方に「追認しますので」と伝えておかないと、その間に不安に思った相手方に取消しをされてしまう恐れがある。(115条本文)

追認は契約を有効にする効力があって、取消しは契約をなかったことにする効力があるわけだから、どちらか早いもの勝ちってことですよね？

そうそう、そのとおり。**本人の追認と相手方の取消しは、どちらか早いもの勝ち。**
また、相手方は追認を待つか、取り消すかの二択しかないとすると、かわいそうだから、他にもできることがいくつかあるよ。

無権代理の相手方ができること

	どんなときに	内　容
催　　告	相手方の善意悪意を問わず	相手方は相当期間定めて「追認するの？ しないの？」と本人に催告できる。 本人からの確答がないと追認拒絶とみなされる。（114条）
取　消　し	相手方が善意のとき	相手方は契約を取り消すことができる。 ただし、本人が追認をするともはや取消しはできない。（115条）
履行請求 損害賠償請求	相手方が善意無過失もしくは、相手方に過失はあるが、無権代理人が悪意のとき	相手方は無権代理人に対して、相手方の選択によって履行の請求や損害賠償請求ができる。（117条）
表見代理（ひょうけんだいり）	相手方が善意無過失のとき	本人が無権代理人に代理権を付与していた場合、代理人が権限外の行為をした場合、代理権が消滅した場合、本人が責任を負う。 （109条、110条、112条）

Part 8 表見代理（ひょうけんだいり）

表見代理というのは完全な代理権がなかった場合でも、有効な代理行為として本人に責任が発生すること。具体的には無権代理行為が行われたけど、実はその責任が本人にもあって、かつ相手方が善意無過失だったときに成立する。（109条、110条、112条）

CHECK POINT 表見代理の成立要件 重要

① 代理権がないのに代理権授受の表示がなされていた（授権表示の表見代理）

例：本人から無権代理人へ白紙委任状を渡していた

② 代理権の権限外だった（権限外行為の表見代理）

例：貸借の代理権を与えたのに代理人が売買契約をまとめてきた

③ 代理権が消滅していた（代理権消滅後の表見代理）

例：代理人が破産手続き開始の決定を受けていた

④ 上記①②③のいずれか＋相手方が善意無過失であること

えっ、ということは、たとえば「代理人さん、この建物を誰かに貸してきてよ」って本人がお願いしたのにも関わらず、代理人が「売ってきました！」なんてちゃらんぽらんなことをした場合にも、本人は責任を負うってことですか？

うん。だって、自分の代理として誰かにお願いをするわけだから、そんないい加減なことをする人ではなくて、きちんとした人にお願いしないと。選任において本人にも責任があったよね…というふうに考えられるんだ。

Part 9 代理人の代理人

代理人は本人の代わりに動く人だけど、もしも代理人がなにかの事情で動けなくなってしまったらどうするかな？

動けなくなるって、たとえば代理人がインフルエンザにかかってしまったり？

そういうこともあるかもね。そんな場合には復代理人を立てることができるんだ。復代理人はいわば代理人の代理人。

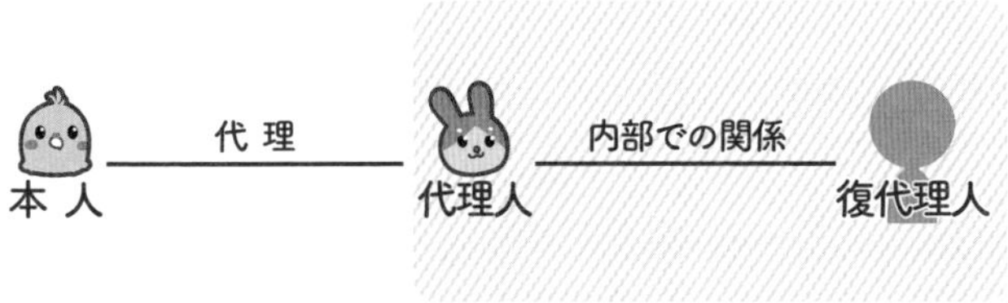

注意すべき点は復代理人が選任されても代理人はお役御免とはならず、そのまま代理人の立場であるということ。
そしてこの復代理人を選定するためには、次の二つのうち、いずれか一つの要件を満たす必要がある。(104 条)

CHECK POINT 復代理人の選任に必要な要件 重要

- ✔本人の許諾があること、または
- ✔やむを得ない事情があること

本人から「いいよ」と許諾をもらっているか、どうしても動けない…などの止むを得ない事情のどちらかひとつがあればいいってことですね。

そのとおり。
ちなみに、もしも復代理人が頼まれていた内容をきちんと遂行できなかった場合には、本人と代理人との関係は債務不履行のルールで解決するよ。

じゃあ、本人が債権者で代理人は債務者とみなすってことですね。
でも、もし復代理人を選ぶときに本人が選んでいたらどうなるんだろう？
その結果、本人が選んだ復代理人がきちんと仕事をこなさなかったときでも、代理人は債務不履行責任を負うの？

本人が復代理を選任、指名した場合であっても、代理人には債務者としての債務不履行責任はある。
でも、債権者である本人が指名した復代理人のせいで債務不履行は起こったわけだから、そのときは、過失相殺の問題になるんだよ。

語句の意味をチェック

代　　理	本人の代わりに何かを処理すること
双方代理	両当事者の代理人になって代理行為を行うこと
自己契約	代理人が自らを相手方として代理行為を行うこと
濫　　用	ある権利などをみだりに用いること
復代理人	代理人の代わりに代理行為を行う人のこと 代理人のピンチヒッターのようなもの
無権代理	代理権を与えられていないのに代理人のように振る舞うこと
表見代理	無権代理人にまるでホントの代理人のような外観があると認められること

○×問題セレクション 10

解答・解説は 122 ページ左下

B が売主 A の代理人であると同時に買主 D の代理人として AD 間で売買契約を締結しても、あらかじめ、A 及び D の承諾を受けていれば、この売買契約は有効である。（平成 22 年）

練習問題

ＡがＢに対して、Ａ所有の甲土地を売却する代理権を令和２年７月１日に授与した場合に関する次の記述のうち、民法の規定及び判例によれば、正しいものはどれか。

1　Ｂが自己又は第三者の利益を図る目的で、Ａの代理人として甲土地をＤに売却した場合、Ｄがその目的を知り、又は知ることができたときは、Ｂの代理行為は無権代理とみなされる。

2　ＢがＣの代理人も引き受け、ＡＣ双方の代理人として甲土地に係るＡＣ間の売買契約を締結した場合、Ａに損害が発生しなければ、Ｂの代理行為は無権代理とはみなされない。

3　ＡがＢに授与した代理権が消滅した後、ＢがＡの代理人と称して、甲土地をＥに売却した場合、ＡがＥに対して甲土地を引き渡す責任を負うことはない。

4　Ｂが、Ａから代理権を授与されていないＡ所有の乙土地の売却につき、Ａの代理人としてＦと売買契約を締結した場合、ＡがＦに対して追認の意思表示をすれば、Ｂの代理行為は追認の時からＡに対して効力を生ずる。

解答・解説

1○　自己の利益や第三者の利益を図る目的で代理行為を行うことを代理権の濫用といいますが、この場合、相手方がその目的について悪意又は善意有過失の場合には無権代理とみなされることになります。

2×　双方代理は原則として無権代理行為とみなされる。Ａに損害があろうがなかろうが、本人があらかじめ許諾をしていない以上は無権代理行為となるのでした。

3×　代理権が消滅したあとの代理行為で、相手方が善意無過失の場合には表見代理が成立することになります。つまり、ＡとＥの間の売買契約については有効に成立していると判断することができますね。

4×　越権代理ということですから、これは無権代理となるわけですが、無権代理行為は本人が追認することも可能でしたよね。

stage 11

重要度 ★★☆　頻出度 ★★☆

時効（じこう）

時効は取得時効と消滅時効の二種類があります。それぞれの成立要件を整理することが大切。細かい内容もありますが、ここは成立要件までしっかりインプットしましょう！

memo 権利のうえに眠る者は保護しない

理解と暗記の重要ポイント

ここがポイント！ しっかり意識して学習しよう！

1 取得時効の成立要件

① 所有の意思があること（自分のものだと思うこと）

② 平穏かつ公然に占有を継続すること

2 占有開始時に善意無過失なら10年、善意有過失・悪意なら20年で取得時効は完成する

3 請求権のような通常の債権は行使できる時から10年間、生命や身体の侵害による損害賠償の請求権は行使できる時から20年間行使しないと消滅時効は完成する

4 権利を行使できることを知った時から5年間行使しない場合も時効で消滅する

5 消滅時効の起算点（いつから時効が進行するか）

① 確定期限のある債務…期限到来時

② 不確定期限のある債務…期限到来時

③ 期限の定めのない債務…債権が成立した時

6 時効の更新事由

① 裁判上の請求

② 承 認

③ 差押え、仮差押え、仮処分

問10解答と解説 ○ 双方代理は両当事者の利益相反になることから原則として禁止です。ただし、両当事者が良いと承諾しているのであれば、双方代理をしても問題ないですよね。

Part 0 時間の経過で権利が消える？ もらえる？

時効とは一定期間経つことによって、法律関係の効力に変化が生じること。権利を取得できる「取得時効」と、持っていた権利を喪失する「消滅時効」のふたつがあります。取得時効は、たとえば他人の土地を所有の意思を持って占有し、一定期間が経過すると、なんとその土地の所有権をゲットできるのです。もとの所有者には気の毒なように思えますが、他人に占有されていることに長期間そのことに気が付かないということは、その土地の所有権がなくなったとしても困らないでしょ？ というふうにも考えられます。消滅時効についても同じことがいえます。たとえば借金を取り立てられる権利があるにも関わらず、一定期間相手方に請求もせず、取り立てるつもりがないのなら、もう返してもらわなくてもいいでしょ？ と考えられてしまいます。つまり、「権利の上に眠る者は保護しない」という考えが原則にあるのです。本ステージでは取得時効と消滅時効、ふたつの時効についてそれぞれ要件をみていきましょう。

Part 1 時効の種類

ずっと昔にやっちゃったあれこれを白状するときなんかに、もう時効だと思うから話すけど…ってよく言わない？

そんなに懺悔(ざんげ)することもないので、ボクは言わないですけど…センセはよく言うんですか。

…本題に入るけど。時効ってのは、時の経過によって法律関係の効力に変化が生じること。
ある権利をゲットできる時効のことを取得時効、持っていたある権利を失うような時効のことを消滅時効というんだよ。

Part 2 取得時効(しゅとくじこう)

まずは取得時効からみていこう！
他人が持っている土地や建物などに長いこと居座っているとゲットできるというのが取得時効の代表例。
でも、単に居座っていればいいわけじゃなくて、下の要件を満たした状態でないといけないんだ。（162条）

CHECK POINT 取得時効の成立要件

① 所有の意思を持っていること

賃借権に基づいて占拠していても時効は成立しない

② 平穏かつ公然に占有を継続すること

でも、そもそも、他の人の土地を所有の意思を持って占有するって…そんなことあります？

いや、意外とあるんじゃないかな。
たとえば、キミが100㎡の土地を購入して家を建てたとする。
当然、購入したものだから、自分のものだと思って暮らしているわけなんだけど、キミが購入した100㎡のうちの20㎡は実はお隣さんの土地だった…とか。で、キミもお隣さんもそれに気付かずに、平穏かつ公然に時は流れていくというわけ。

なるほど。そうすると、ボクは善意無過失でお隣さんの土地を所有の意思を持って、平穏かつ公然と占有しているってことですね。
この取得時効というのは何年間占有を続ければ成立するんですか？

それは、占有開始時に善意無過失だったか、悪意もしくは善意有過失だったかによって異なるんだ。
具体的には**占有開始時に善意無過失なら10年、善意有過失・悪意なら20年で取得時効は完成する**よ。

取得時効の占有継続期間

占有開始時に善意無過失	10年
占有開始時に善意有過失・悪意	20年

ちなみに占有開始時に善意だったけど、占有から数年たってお隣さんの土地が混じってたことに気づいちゃった、つまり悪意になっちゃったなんて場合も、20年にならずに10年のままという点は注意だね。

占有開始時の状態で判断ってことですね。
でも所有者からしたらショックだろうな、だれかに時効で取られちゃうなんて。

たしかに、ショックかどうかで言ったらちょーショックだろうけどさ。
見方を変えると、その所有者は10年、ないしは20年間もだれかが占拠していることに気づかなかったわけでしょ？
「権利の上に眠るものは保護しない」っていう考え方のもと、そんなに長い間、気にも止めなかったなら、いらないんじゃないの～？　ってことで、使いたい人にあげましょうということになってるんだよ。

Part 3 目的物をだれかに貸したら？

センセ、ボクがその土地をだれかに貸したらどうなるんでしょう。
ボクが占有をやめてしまったので、時効の進行はリセット？

人に物を貸すというのがどういう状態か考えてみるといいよ。
ふつうは自分の物だと思っていなきゃ誰かに貸したりしないでしょ？
だから、だれかに賃貸している間もキミの占有状態は続いてて、取得時効は淡々と進んでいるということになるんだ。（162条、182条）

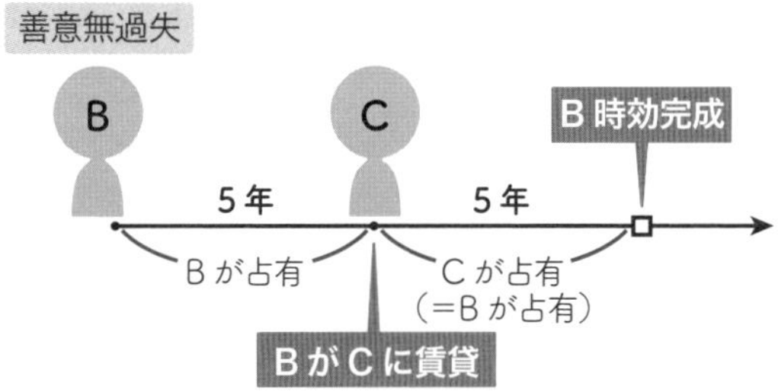

Part 4 目的物をだれかに売ったら？

じゃあ、ボクが善意無過失で何年か継続して占有をしていたんだけど、途中でだれかに売却しちゃったらどうなるんでしょうか。

その場合は購入した人は、自己の占有のみを主張するか、前主の占有期間や立場を承継して主張することができるんだ。（187 条 1 項）
そうだなあ、たとえば、他人の土地であることに悪意の私に売ったということにしようか。

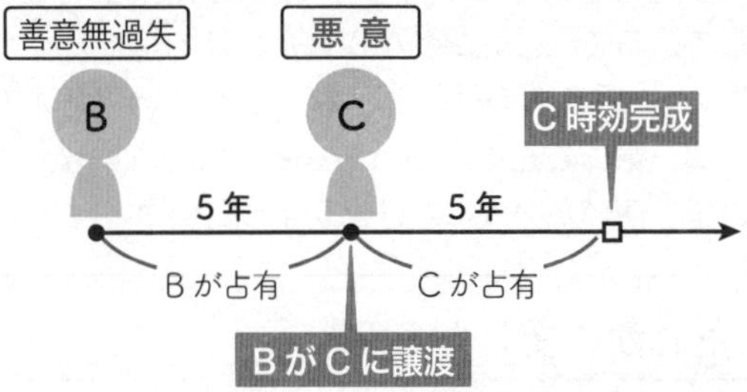

私は悪意だから原則ルールでいくと、自分が占有を開始したときから 20 年間がんばらないと目的物をゲットできない。
でも、キミの善意無過失で 8 年間占有していたという立場を承継できるとすると、あと 2 年間がんばれば取得時効が完成して土地の所有権を取得することができる。

ふーん。たとえ譲渡された人が悪意だったとしても善意無過失で占有していたという立場を引き継げるんですね。

Part 5 消滅時効（しょうめつじこう）

もう一方の時効は持っていた権利や義務などが消える、消滅時効ですね。たとえば、お金を返さないで逃げ続けると完成するんですよね？

うーん、確かに代表例としてはお金の請求権かもね。
請求権のような通常の債権は行使できる時から10年間行使しないと消滅時効は完成するんだよ。
また、債権者が**権利を行使できることを知った時から5年間行使しない場合も時効で消滅**するよ。

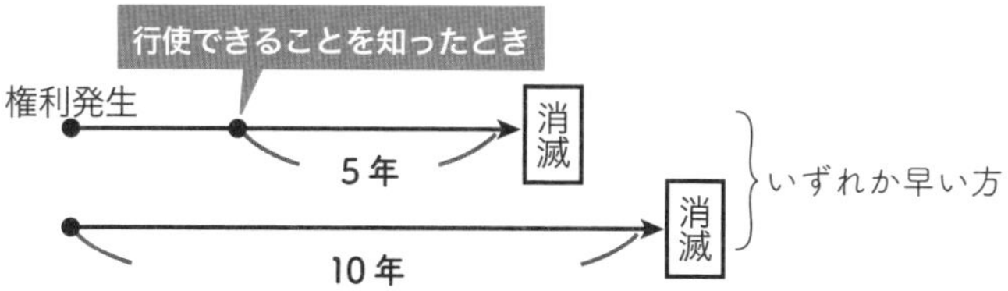

民法166条1項1号、2号

債権は、債権者が権利を行使することができることを知った時から5年間行使しないとき、又は、権利を行使することができる時から10年間行使しないときには、時効によって消滅する。

また、種類によっては10年より短い時効期間のものもあるんだけど、確定判決で確定した権利、裁判上の和解・調停等によって確定した権利の消滅時効の期間は10年間となるよ。（169条）

裁判で権利を確認したわけだから、権利の力を強めて10年間に伸びるわけだね。

CHECK POINT 消滅時効の対象となる権利と時効期間

- ✔ 債権者が権利を行使できることを知った時から5年
- ✔ 権利を行使できる時から10年
- ✔ 債権又は所有権以外の財産権は権利を行使できるときから20年
- ✔ 生命や身体の侵害による損害賠償請求権は権利を行使できる時から20年
- ✔ 確定判決で確定した権利、裁判上の和解・調停等によって確定した権利はその時から10年

Part 6 消滅時効はいつからスタート？

ところで、センセ、取得時効は占有開始時からよーいドンでしたよね？消滅時効だといつから数えればいいのかな。

それはね、「カネ払え～」というように請求できるようになったときが起算点になるよ。たとえばキミが私にお金を借りていたとして「10月16日に返します～ (>_<)」なんて約束していたとする。そうすると私は10月16日になって「カネ返せ～」って請求できるようになるわけだから、つまり、そこから進行することになるね。

消滅時効の起算点（いつから時効が進行するか）

確定期限のある債務 例：2021年10月16日に引き渡す	期限到来時
不確定期限のある債務 例：父が死亡したら引き渡す	期限到来時
期限の定めのない債務	債権が成立した時

Part 7 時効進行を止めるには

ボクがもしセンセからお金を借りたら、返さずに逃げ続ければ消滅時効が完成して払わなくてよくなるんですね？

うーん、そんなに簡単に時効は成立しないと思うけどな～。
というのも、次に挙げるあることをすれば、時効の進行をストップさせて、カウントをゼロに戻すことができるんだよ。
この時効へのカウントをゼロに戻すことを時効の更新という。（147条２項）

CHECK POINT 時効の更新事由

① 裁判上の請求

裁判上の請求だけでは時効は更新されず、確定判決が出てはじめて時効は更新される（裁判が終了したときから10年になる）

② 差押・仮差押・仮処分

③ 承　認

「必ず返します」などと認めるほか「今手持ちが1,000円しかないのですが、これだけまずは返します」など一部履行すること

つまり、債権者はその時効のカウントをゼロに戻すことをすればいいってことですね。

そうだね。あと、時効のカウントをゼロに戻す更新のほか、一定期間時効の完成を待ってくれる完成猶予というものもあるからどんなものが該当するかチェックしておこう。（147条１項）

時効の完成猶予

① 裁判中

係争中には時効の完成が猶予されて、確定判決がでると時効は更新する
また確定することなく裁判が終了した場合にはその時から６ヵ月を経過するまでの間は完成が猶予される

② 催　告

内容証明郵便などで裁判外の請求をすること
催告した時から６ヵ月経過するまでは時効の完成が猶予される

③ 協議を行う旨の合意

当事者間で弁済にむけて協議をしましょうと合意をしている状態

（1）合意があったときから１年
（2）合意によって定めた協議期間
（3）協議続行拒絶通知から６ヵ月間（通知は書面ですること）

以上のいずれか早い期間は時効の完成が猶予される

協議を行う旨の合意ということは、話し合いをしましょうって状態のことですね。

うん、話し合いをするということは建設的な状態であると考えられるから、その間は時効が完成しないように猶予しましょうってこと。もしも、ことが順調に進まなくて猶予期間が終わってしまうという場合には、この合意を再度することで、猶予期間を伸ばすことができるよ。
ただし、伸ばせるとはいえ限度があって、本来時効が完成するはずだったときから最長でも5年まで。

民法第 151 条2項

時効の完成が猶予されている間に再度合意がされた場合は、時効の完成が猶予される。ただし、その効力は、時効の完成が猶予されなかったとすれば時効が完成すべき時から通じて５年を超えることができない。

また、時効の更新事由の③承認についてだけど、もしも債務者が時効が完成したということを知らずに「きちんと払いますから～」なんて言って承認しちゃったら、そのときも時効の援用はできなくなるという判例があるよ。ちょっとマヌケだけどね（笑）

えー、せっかく時効になってたのに、気付かず認めちゃったってことですか。なんだか残念な人だなぁ。

語句の意味をチェック

取得時効	時間の経過によってある権利などを取得できること
消滅時効	一定の時間行使されなかった権利が消えてなくなること
占　　有	ある物や権利を自分の支配下におくこと
請　　求	相手に対して「やって」と要求すること
承　　認	それが事実であると認めること
催　　告	裁判外の請求のこと 内容証明郵便などで支払いの請求をすることなど
更　　新	時効の進行がリセットされて、カウントがゼロに戻ること
猶　　予	法律で定められたある一定の期間は、時効の完成をさせないこと

○×問題セレクション 11

解答・解説は次ページ左下

AのDに対する債権について、Dが消滅時効の完成後にAに対して債務を承認した場合には、Dが時効完成の事実を知らなかったとしても、Dは完成した消滅時効を援用することはできない。（平成 17 年）

重要度 ★★☆ 頻出度 ★★☆

stage 12

物権変動（ぶっけんへんどう）

物権変動では、対抗要件を備えているのが誰なのかを読み取る力が求められます。問題を解くときに、登場人物が2人以上いる場合は必ず図を書くクセをつけましょう。

memo 契約の先後は関係なし、二重譲渡は登記で決す

理解と暗記の重要ポイント

ここがポイント！ しっかり意識して学習しよう！

1. **当事者間では登記がなくても所有権を主張できる**
2. **第三者への対抗要件は、契約の先後ではなく登記の有無**
3. **無権利者、不法占拠者、背信的悪意者には登記がなくても対抗できる**
4. **時効完成前に登場した第三者には、登記がなくても対抗できる**
5. **時効完成後に登場した第三者には、登記がなければ対抗できない**
6. **取消し前に登場した第三者には原則として登記がなくても対抗できる**
   詐欺による取消しは善意無過失の第三者には対抗できない
7. **取消し後に登場した第三者には登記がなければ対抗できない**
8. **解除前、解除後に登場した第三者には登記がなければ対抗できない**

Part 0 登記が早い者が勝ち？

ものを支配できる権利のことを物権といいます。具体的には、所有権や、誰かの土地のうえを使える地上権、債権の担保として設定される抵当権等が代表的です。物権について考えるときに、問題となるのが、その権利は誰のものなのか、ということです。

たとえば、土地の売買契約があると、土地の所有権＝物権は契約成立の瞬間、買主に移転します。当事者、つまり売主と買主の間では、所有権移転登記をしなくても当然、所有権を主張できますね。それでは、売主が重ねて第三者とその土地の売買契約を締結しちゃったなんて場合にはどうなるのでしょうか？

1つの土地に対してなんと買主が2人もいるという状態です。こういった状態を「二重譲渡」と呼びますが、二重譲渡になったときに、第三者に対して自分の

問11解答と解説 ○ 消滅時効が完成していたというのに承認しちゃったというD。承認をすると時効の利益を放棄したものとみなされてしまい、もはや消滅時効の援用はできなくなります。判例より。（最高裁昭和41年4月20日）

所有権を主張するにはどうすればいいのでしょうか？　土地に自分の名前を書いて、自分のものと主張する？　…現実的に難しいですね。

第三者に対して自己の所有権等の権利を主張するには、登記が必要というルールになっています。

この章では主に物権を他の人に対抗する方法について勉強していきましょう。

Part 1 当事者間では登記は不要

センセ、登記ってどんなものなんですか？

「登記」と不動産業界で言われるのは、一般的には所有権の登記のことを指す。
そうだな、キミが私から建物を購入したと仮定しようか。
まだ登記は私の名義のままなんだけど、当然キミと私は契約の当事者だからさ、登記がキミの名義になっていなくてもキミは私に対して自分のものですと言えるでしょ。つまり**当事者間では登記がなくても所有権を主張できる**んだ。

そりゃあ当然そうですよね。だってセンセから買ったんだから。

Part 2 第三者が登場したら

ところが、キミへ所有権移転登記をする前に、他の人が私の前に現れて、「あの建物売っちゃったんですか…私ならもっと高値で購入したのに…」なんて言ってきたとする。
私は現金な人間だから、当然のようにその人にも重ねて建物を売ってしまうだろう。
キミとその人に対して重ねて売ってしまった、つまり二重譲渡という状態だ。どうなると思う？

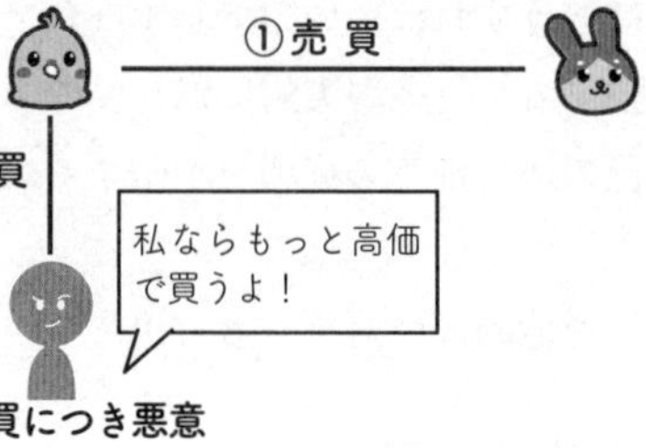

えっ。どうなるとか言われても、買ったのはボクのほうが早かったわけだし…ボクのものになるんじゃないですか？

いやいや、実はそうはいかないんだよ。
二重譲渡の状態になってしまったときは、契約の先後は関係なくて、どちらが先に登記をしたかで勝敗が決まるんだ。
あと後から現れた第三者が、二重譲渡になってしまうということについて善意か悪意かは問題にならない。**第三者への対抗要件は、契約の先後ではなく登記の有無**ってこと。(177 条)

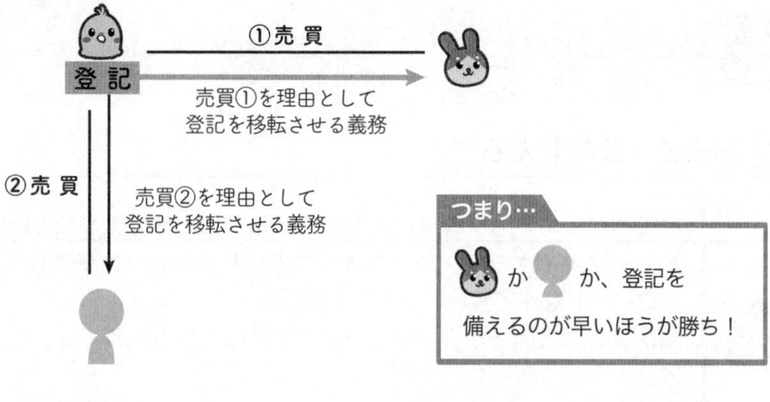

つまり第三者がボクより先に登記をしたら、たとえボクの方が先に契約してたとしてもその人の勝ちってことですね…
というか、他の人に売ったりしないでくださいよ！

まあ、まあ、たとえばの話じゃないか。

Part 3 登記がなくても対抗できるのは

次はこんなケースについて考えてみよう。
私はキミと建物の売買契約を締結したものの、移転登記前に死亡してしまう。そして、私の相続人がそういった事情を知らずに、相続してしまったら、この土地の権利は一体誰が主張できるのか。

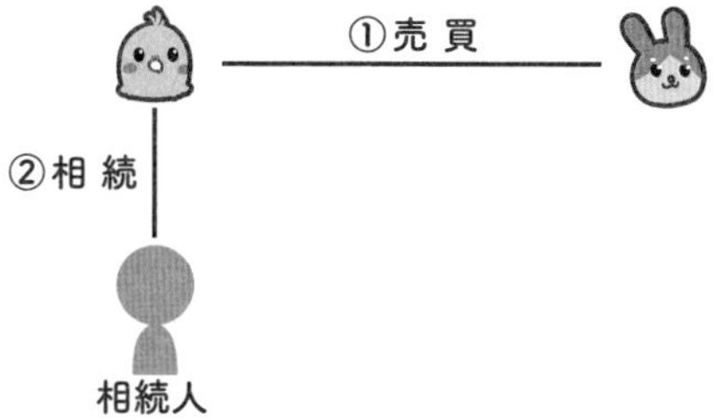

相続人は、被相続人の権利や義務をそのまま引き継いだものと考えるから、この場合には登記がなくてもキミは相続人に権利を主張することができるんだ。(896条)

つまり、相続人の場合には当事者の関係に立つということですね。

そういうこと。では、こんなケースはどうかな？

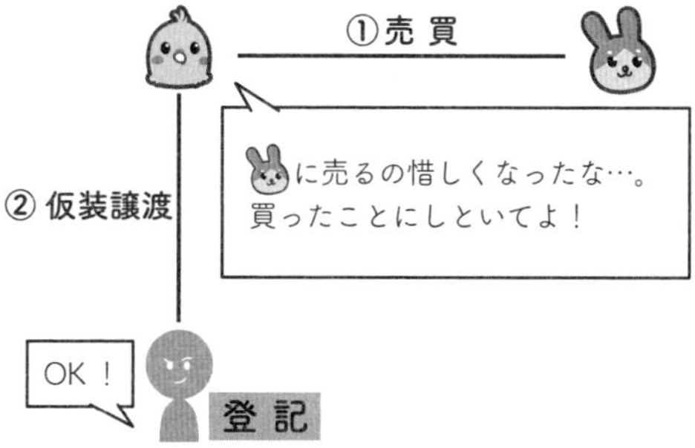

二重譲渡は登記で勝負が決まるから、知人に登記を移しておけば、キミに建物も取られず安心。
そして、ほとぼりが冷めた頃に知人から返してもらおうという算段。どうなると思う？

どうなるもこうなるも…ボクからしたらショックですけど。でもそんなのが通用していいんですか？
そもそも仮装譲渡（かそうじょうと）（通謀虚偽表示（つうぼうきょぎひょうじ））は、問題のある意思表示だから無効なんじゃなかったっけ。

そのとおり！　よく覚えているね。虚偽表示は無効だから、たとえ私が知人に登記を移していたとしてもその知人は無権利者ということになる。無権利者を守ってやる必要はないから、知人対キミだと登記があろうがなかろうがキミの勝ちだよ。

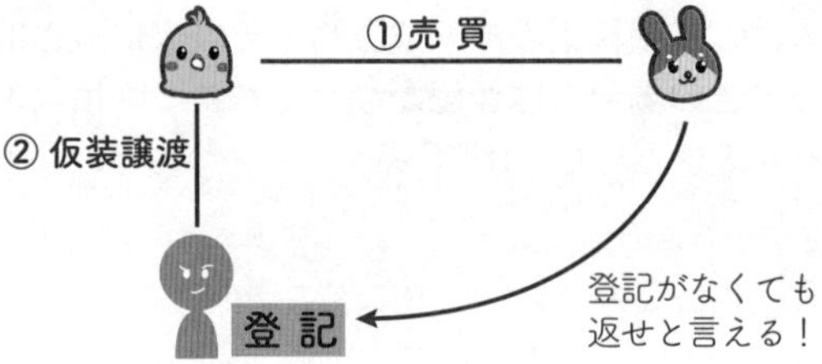

こういった通謀虚偽表示による無権利者のように、次のような人たちには登記がなくても対抗できるよ。

CHECK POINT　登記がなくても対抗できる人たち

① 売　主

② 売主の相続人

③ 無権利者

通謀虚偽表示によって登記をゲットした人等

④ 不法占拠者(ふほうせんきょしゃ)

勝手に住み着いた人、勝手に占拠している人等

⑤ 背信的悪意者(はいしんてきあくいしゃ)

おどして登記を妨げたりするワルい奴、悪徳司法書士等

嘘をついたり、人の利益を侵害するような悪いような人たちには、登記なんかなくても勝てるってことですね。

そういうこと。背信的悪意者が登記を得たとしても、未登記の買主は対抗することができるんだ。

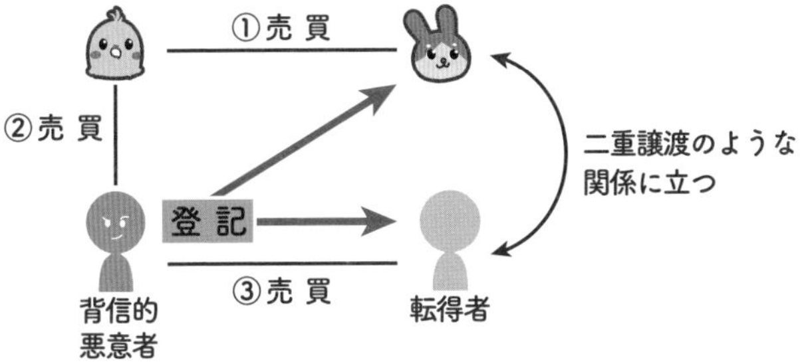

では、背信的悪意者からの転得者が現れたらどうなるだろうか？

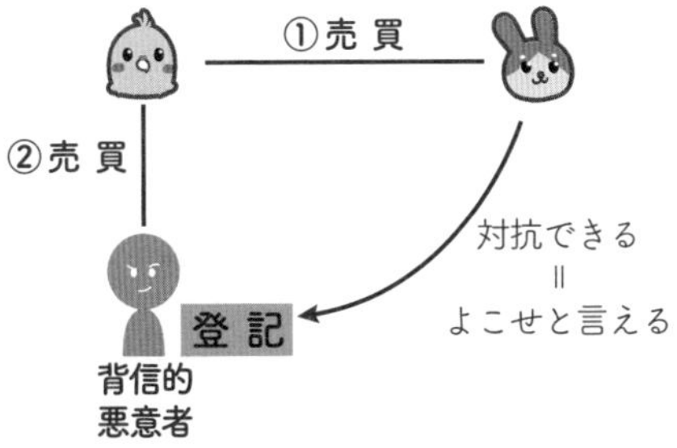

背信的悪意者に対しては登記がなくても対抗できるけど…転得者っていうと、背信的悪意者から売買なんかで買い受けたひとですよね。うーん、どうなんだろう。

これは、二重譲渡と同じような関係になっていると考えられて、転得者が登記を得たか否かで判断するんだ。もちろん、転得者自身が背信的悪意者と評価される場合には、登記がなくても転得者に対抗できるけどね。（判例）

なんだかパズルみたいで難しいですね。

Part 4 登記と時効の関係

また、登記がなくても対抗できるという点で考えると、時効が完成した場合も登記なしで対抗できるよね。

元の所有者に対して「取得時効が完成したからもうオレのものだ」って言えるってことですね？

そうそう。時効による取得者は当然、時効完成時には登記がないはずだからね。
あと時効完成前に元の所有者が別の人に登記を移しちゃったというような場合も同様。

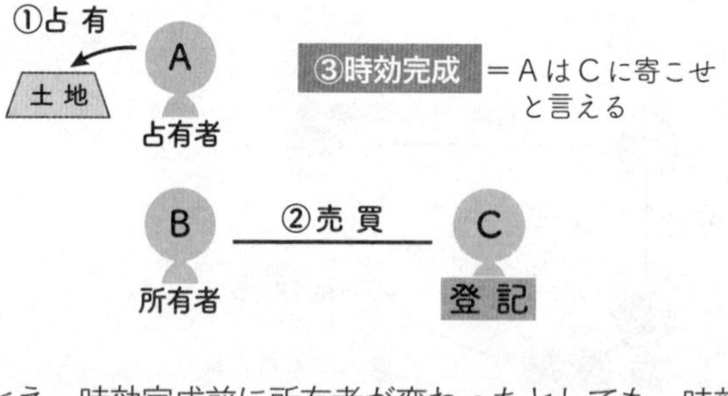

たとえ、時効完成前に所有者が変わったとしても、時効による取得者はそのときの持ち主に対して「時効完成したのでよろしく」と登記なしで対抗できる。

つまり、**時効完成前に登場した第三者には、登記がなくても対抗できる**んだ。
時効完成前に第三者が登場し、その後時効が完成したときの権利の流れはこんな感じになる。

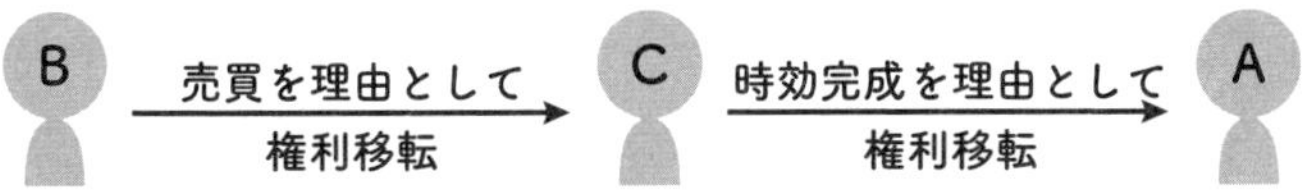

なるほど。
じゃあセンセ、時効が完成したあとに、取得時効が完成したことにつき善意の元所有者Bが、第三者に売っちゃった場合はどうなりますか？

うーん、そうなると時効取得者か第三者か、どっちが先に登記を備えるかで勝敗が決まることになるなあ。
せっかく頑張って占有を続けて取得時効が完成したんだったら、さっさと自分のものですよ～と登記を移してもらわないと。
ゆったり構えてたせいで、元の所有者から第三者へ売られちゃったわけでしょ。

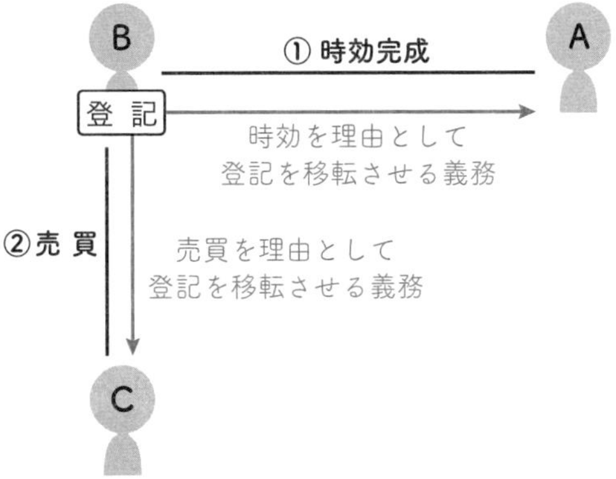

つまり二重譲渡と同じような状態に陥ったと考えられるから、**時効完成後に登場した第三者には、登記がないと対抗できない**んだよ。

Part 5 登記と取消しの関係

センセ、登記が対抗力になるのはわかったんですけど、これって詐欺や強迫の取消しにおいてはどうなるんでしょう。
取消し前に第三者が現れて、登記がそっちに移っていても取り返せるんですか？

取消し前に登場した第三者には原則として登記がなくても対抗できるよ。
もちろん、詐欺の場合は、「だまされるキミにも落ち度があったでしょ～」ということで第三者が善意無過失だったら対抗できないけどね。

取消しをした後に第三者が登場したらどうなります？
たとえば「詐欺を受けた！　取消しだー！」となった直後で、詐欺師が「ばれてしまったか…登記を回復されてしまう前に他の奴に売っちゃおう」なんて思って第三者に売ってしまうなんてこともありそうじゃないですか。

うーん、取消しをしたあとに第三者が登場しちゃった場合は、対抗関係なんていうんだけど、先に登記をゲットした方が勝ちってことになっているんだよね。その際、第三者は善意か悪意かは問わない。
つまり、**取消し後に登場した第三者には登記がないと対抗できない**んだ。（判例）

そうなんですか。
取消しをしたのに物件を取戻せないとなるとかわいそうですね。

かわいそうだけどさ、取消しをしたら一刻も早く登記を戻すよう手続きしないとだめでしょ。それをのんびりしているから、その隙に第三者が登場しちゃうんだよ。
取消しを原因として登記を元の所有者に戻すか、売買を原因として後から登場した第三者に移すか…という、いわば二重譲渡のような関係になっているとイメージすればいいよ。

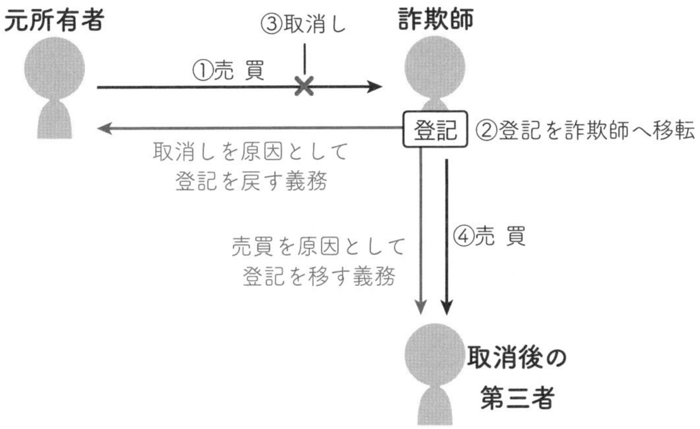

これは詐欺だけでなく、強迫による取消しや錯誤による取消しなどの場合でも同様だよ。

さっさと登記を取戻す手続きをしないで、のんびりしていた人にも責任があると考えるんですね。

Part 6 登記と解除の関係

解除する前に転売が行われて第三者が登場した場合についても考えてみよう。
解除の場合は、登記があることが対抗要件だったよね。
もし第三者が所有権の移転登記まで受けていたとすると、その人の権利を侵害してまで原状回復ってのはできないことになっている。

解除後に第三者が登場したときも登記の有無でしたよね？

うん、契約を解除したあとに第三者が登場した場合、先に登記を備えた人が勝ちということになっている。
これも取消しと同じような理由だけど、解除をしたんだったらすぐに登記は回復しないといけないでしょ。
うかうかしてるから第三者が登場しちゃうわけだから、取消しと同じように二重譲渡のような関係になっているということ。

ふーん、所有権の登記は任意ではあるけど、大切なんだなぁ。

取消し・解除・時効と登記

場　面	結　論
① 取消し前の第三者	詐欺：善意かつ無過失の第三者に対抗できない
② 取消し後の第三者	先に登記した者が勝つ
③ 解除前の第三者	第三者は登記があれば勝つ
④ 解除後の第三者	先に登記した者が勝つ
⑤ 時効完成前の第三者	時効取得した者が勝つ
⑥ 時効完成後の第三者	先に登記した者が勝つ

語句の意味をチェック

登記	権利などを公に示すために公開された帳簿に情報を載せること
二重譲渡	ある同一の権利等を２人に譲渡すること
不法占拠者	他人の土地や家等を勝手に自分の支配下におく人のこと
背信的悪意者（はいしんてきあくいしゃ）	嫌がらせをしたり、悪だくみをしている人のこと 悪い奴は保護されないのが原則
無権利者	権利がないにも関わらず登記を得て登記簿上の所有権を得た者のこと 無権利者から所有権移転登記を受けた第三者も無権利者扱いとなる

○×問題セレクション12

解答・解説は 144 ページ左下

Ａが甲土地をＢに売却する前にＣにも売却していた場合、Ｃは所有権移転登記を備えていなくても、Ｂに対して甲土地の所有権を主張することができる。（平成28年）

練習問題

AがA所有の甲土地をBに売却した場合に関する次の記述のうち、民法の規定及び判例によれば、正しいものはどれか。

1 Aが甲土地をBに売却する前にCにも売却していた場合、Cは所有権移転登記を備えていなくても、Bに対して甲土地の所有権を主張することができる。

2 AがBの詐欺を理由に甲土地の売却の意思表示を取り消しても、取消しより前にBが甲土地をDに売却し、Dが所有権移転登記を備えた場合には、DがBの詐欺の事実を知っていたか否かにかかわらず、AはDに対して甲土地の所有権を主張することができない。

3 Aから甲土地を購入したBは、所有権移転登記を備えていなかった。Eがこれに乗じてBに高値で売りつけて利益を得る目的でAから甲土地を購入し所有権移転登記を備えた場合、EはBに対して甲土地の所有権を主張することができない。

4 AB間の売買契約が、Bの意思表示の動機に錯誤があって締結されたものである場合、Bが所有権移転登記を備えていても、AはBの錯誤を理由にAB間の売買契約を取り消すことができる。

解答・解説

1× AがBとCに二重譲渡したという内容ですが、二重譲渡は登記の先後で優劣が決まります。ですからたとえCが先に契約をしていたとしても、登記がなければBに対して所有権を主張することはできません。

2× 詐欺を理由とする取消しは、善意無過失の第三者には対抗できません。つまり、悪意や善意有過失の第三者には対抗が可能ということ。ということは、「詐欺の事実を知っていたか否かにかかわらず」というところが誤りです。

3○ 「Bが登記を備えていないのに乗じ、Bに高値で売りつけて利益を得る目的」というのは背信的悪意者の代表例ですね。背信的悪意者はたとえ登記を得ていたとしても、Bに対して所有権を主張することはできません。

4× 錯誤による取消しを主張できるのは、原則として錯誤による意思表示をしたご本人。ですから、表意者ではないAが錯誤を理由とする取消しをすることはできません。

stage 13

重要度 ★★☆　頻出度 ★★☆

共有（きょうゆう）

共有とはだれかと一緒に建物等を所有すること。共有物に対する行為には、単独でできるものと、過半数もしくは全員の賛成が必要なものがあります。どんな行為がそれに当たるのかをおさえていきましょう。

memo 「共有」で仲良しこよしも今のうち

理解と暗記の重要ポイント

ここがポイント！ しっかり意識して学習しよう！

1. **共有物の保存は、単独（１人）で行える**
2. **共有物の管理は、持分価格の過半数の同意が必要**
3. **共有物の変更・処分は、全員の同意が必要**
4. **自己の持分は単独で処分できる**
5. **持分を放棄したとき、相続人なくして死亡したときは他の共有者が承継する**
6. **共有物の分割はいつでもできる**
7. **共有物の分割禁止の特約は、５年以内**

Part 0 民法は「共有」が大キライ

ひとつのものや権利を数人で所有することを法律では「共有」といいます。1人では金銭的な負担が大きくて、とてもじゃないけど購入できないようなものでも、数人でお金を出し合えば購入しやすくなりますよね。

でも、人間関係というものにはトラブルはつきもの…せっかくみんなでお金を出し合って仲良く「共有」していても、しっかりとしたルールを決めておかなければ、不平等が生じて、結果として仲違いしてしまうことも。そのような理由から、民法としては共有という不安定な関係はできるだけ解消してほしいというスタンスです。共有ならではのルールについて確認していきましょう。

問 12 解答と解説　×　ＡはＢとＣのふたりに重ねて売っちゃった、つまり二重譲渡状態です。この場合の対抗要件は登記でしたよね。Ｃは契約が先であろうがなんだろうが、登記がなければＢに対抗することはできません。

Part 1 共有するってどういう状態

センセ、共有って言葉の意味はなんとなくわかるんですけど、実際はどんな状態ですか。

そうだなあ、友だち４人で同額を出しあって別荘を購入したと仮定しよう。４人で楽しく別荘でバカンス。
こんなふうにひとつのものを数人が共同して所有することを共有というよ。

友人と別荘を共有というのはなかなか楽しそうですね。
ただ、誰が年に何日使う～とか決まってないと揉めそうじゃないですか？

そりゃあ、決まってないとまずいだろうね。
共有には持分というのがあって、その持分に応じて共有物の全部を使って良いというルールがあるんだ。（249条）
持分っていうのは共有物の権利の割合のことなんだけど、これは原則として、合意で決めることになっている。ただ、もし取り決めをしないんだったら持分はみんな平等と推定するよ。（250条）

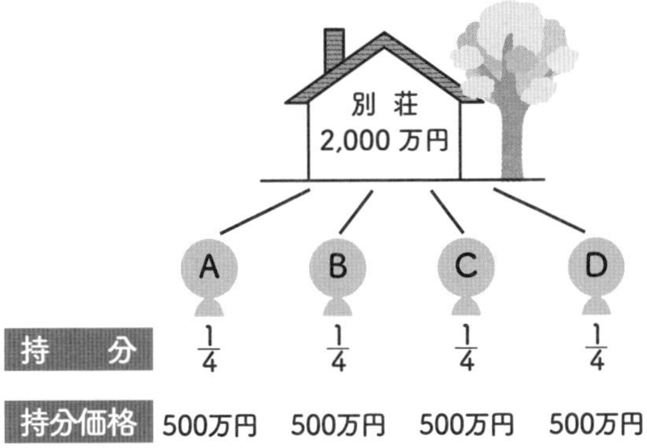

持分に応じて使用となると、たとえば４人が平等に共有していると、年に３ヵ月ずつ使うというような感じかな？

そうそう。そんな感じで仲良く使っていくことになるね。

Part 2 共有物を保存改良するとき

共有物は修繕をしたり売却するときにも一定のルールがあるんだよ。どんな行為をするかによって単独でできるものと、過半数や全員の同意がないとできないものに分かれているのがポイントだね。

単独というと誰かが、１人で勝手にできるってことですよね？
一体、どんなことだろ…

たとえば、友達みんなで共有していた別荘が台風の被害にあって壁が剥がれてしまったとしようか。
そのまま放っておくとリスやネズミなんかの動物が入り込んで住み着いちゃうこともあるし、物件の傷みが進むから、当然、修繕をしようとなるでしょ？
こういった修繕は保存行為と言って、**共有物の保存は単独（１人）で行える。**（252条但書）

確かに、放っておくと大変なことになってしまいますしね。

次に管理行為。共有物を他の人に貸したり、その賃貸借契約を解除したり、また、その共有物の利用者を決めることなんかを、ここでは狭義で管理と言う。
この**管理行為については持分の過半数の賛成が必要**というルール。（252条本文）

過半数ってことは半分ジャストでは足りず、半分より多くなければならないってことですよね。

うん、そのとおり。ちなみに、民主主義の基本は過半数だよね。
最後は全員の同意が必要なものについて。たとえば、建替えをしたり増改築をするといった「大ごと」については、全員の賛成がないとダメ。当然お金もたくさんかかるわけだから全員賛成していないと厳しいでしょという考え方。

そうですね。急に、増築したから、１人1,000万円ずつ…と言われても困っちゃう。

あと共有物を売却しちゃおうという場合もこの変更行為に該当するよ。

共有物の変更や処分は全員の同意が必要ってことですね。(251 条)

Part 3 共有物を売っちゃうとき

共有物全部を処分というケース

ちなみに売却しようとなった場合についてより詳しく考えてみようか。たとえば別荘を第三者に譲渡するとなると、共有者はみんなその別荘を使えなくなっちゃうでしょ。

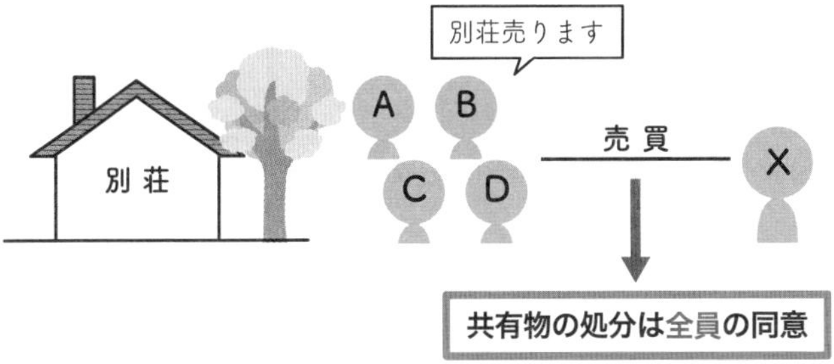

共有物の売却は変更行為に該当するから、**共有物の全部を処分するときには、共有者全員の同意が必要**ということになっている。

確かにそうですよね。知らぬ間に別荘が売り払われてしまっていて、使えなくなったらショックだもんなぁ。

自己の持分だけを処分というケース

売却となると別荘を手放すことになるけど、こんなケースも想定される。

「ずっと友だち～！　ずっと共有！」と言ってはいたけど、別荘の共有から自分だけ抜けたい…と思う人が現れた。

ありそうですね。金銭的に苦しくなったり、仕事が忙しくなったり…あとは、友だちじゃなくなったり…

きっと、あるよね。こんなふうに誰かが共有関係から外れたい、つまり自分の持分を処分したいと思ったら、実は勝手に処分することができるんだ。
自己の持分は単独で処分できるということだね。

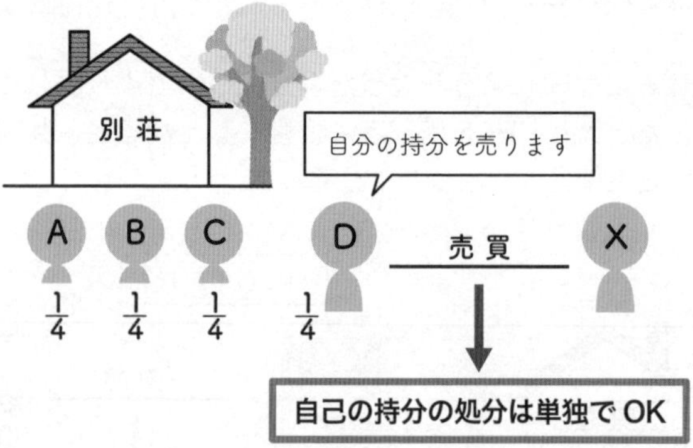

え、他のみんなに同意をもらわずに勝手に処分していいんですか？

うん、自己の持分であれば単独でどこの誰だかわからないおじさんに売っちゃってもいい。久しぶりに別荘の共有者みんなで集まろうか～となったときにみんなびっくり。なぜか知らないおじさんがいる。

それ、問題があるような気がするのですが。人間関係的に…

まあ、実際そんなことしたら、大変だよね。
「だれかと別荘の共有なんて、おじさん嬉しいな～～」
と、おじさんだけとっても楽しそう。

うわあ…

共有物の管理等

		具 体 例	どうやって
共有物全体	保存行為	・共有物の修繕を頼むこと ・不法占拠者へ明渡しを請求すること	単独でできる
	管理行為	・共有物の賃貸借契約を解除すること ・共有物の利用者を決めること	各共有者の持分価格の過半数の賛成でできる
	変更行為（処分）	・共有物を第三者に売り渡すこと ・共有建物の建替え・増改築	共有者の全員の同意が必要
持分	処　分	・持分の売却 ・持分に抵当権を設定	単独でできる

Part 4 さよならの仕方。共有物の分割

共有ってひとつのものをみんなで所有するわけだから、どうしても不安定な状態になりやすい。たとえば、友人同士で所有していたとすると些細なことで揉めたりすることもあるかもしれない。そしたら共有関係もやっぱり、危機的状況に陥る。
だから、民法では共有関係はあんまり好ましくないと考えられていて、共有物の分割はいつでもできることになっている。

民法は共有が嫌いなんですね。共有物の分割というと？

現物分割といって実際に共有していたものを分ける方法か、共有物を第三者に売却してその代金を分ける方法がある。裁判所が共有物を競売にかけるよう命じることもあるね。
もしくは、共有者の誰かにお金持ちがいるんだったら、そいつが買い取ったことにして、他の人に精算するか。
ただ、現物分割は土地なんかでは用いることができるけど、今回の例のような別荘だとちょっと厳しいかな…（258条）

確かに「あんたはリビングで、私がお風呂と寝室ね～」と切って分けるワケにもいかないですもんね。

共有物の分割請求

✔ 各共有者はいつでも共有物の分割請求ができる

現物分割	共有物そのものを分割する方法
代金分割	共有物を売却して代金を分割する方法
価格賠償	共有者一人の単独所有とし他の共有者に価格を支払う方法

Part 5 ずっと友達？　分割禁止の契約

ただ、ずっと友達だから、ずっと共有なんて言うんだったら、共有者が５年を超えない期間内は共有物の分割をしない旨の契約を結ぶことができる。（256条１項但書）
５年後に、まだ仲良しこよしなんだったら、また５年以内で分割禁止の特約を更新すればいい。（256条２項）

永遠になんて確証はないから、まずは５年以内の区切りを設けて試してみたら？　ということですね。

Part 6 共有者が相続人なく死んじゃったら

もしもの話ですけど、共有している人の誰かが死んじゃったらどうなります？

…そうだなあ、相続人がいればその人が持分を相続するんだけど。
もし相続人もいなくて、特別縁故者へ受け継がれることもない場合には、他の共有者に持分が振り分けられるよ。

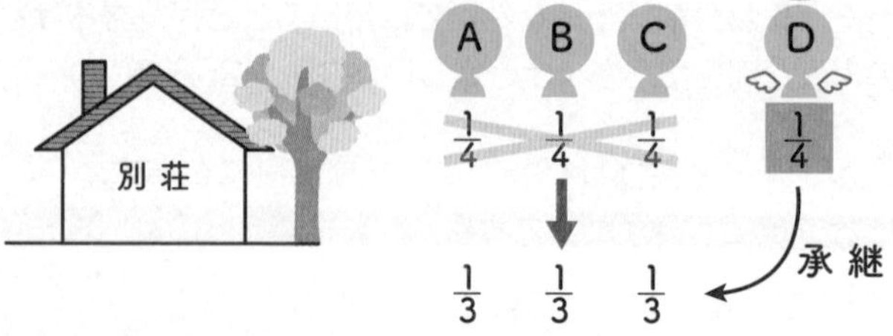

もう使わないからと、持分を放棄したときも同じ。**持分を放棄したとき、相続人なくして死亡したときは他の共有者が承継**するんだ。(255条)

他の共有者の持分が増えるんですね。

押さえておきたい！

重要まとめ

- **共有物そのものの売却は共有物の処分行為に該当し全員の同意が必要**
- **共有物の自己の持分を売却する場合は、他の共有者の同意なく単独でできる**
- **分割禁止の契約は５年を超えない期間内で**

語句の意味をチェック

共　有	ひとつの物や権利を複数人で持つこと
保存行為	財産等の価値が下がらないように維持する行為のこと
管理行為	財産等を利用したり、価値が上がるように改良したりする行為のこと
持　分	ひとつの物や財産を共有している場合の各個人の権利の割合のこと

○×問題セレクション13

解答・解説は154ページ左下

A、B及びCが、持分を各３分の１とする甲土地を共有している場合、Aがその持分を放棄した場合には、その持分は所有者のない不動産として、国庫に帰属する。

練習問題

共有に関する次の記述のうち、民法の規定及び判例によれば、誤っているものはどれか。

1 各共有者は、いつでも共有物の分割を請求することができるが、5年を超えない期間内であれば、分割をしない旨の契約をすることができる。

2 共有物である現物の分割請求が裁判所になされた場合において、分割によってその価格を著しく減少させるおそれがあるときは、裁判所は共有物の競売を命じることができる。

3 各共有者は、共有物の不法占拠者に対し、妨害排除の請求を単独で行うことができる。

4 他の共有者との協議に基づかないで、自己の持分に基づいて1人で現に共有物全部を占有する共有者に対し、他の共有者は単独で自己に対する共有物の明渡しを請求することができる。

解答・解説

1○ ずっと仲良しこよしということでしたら、5年を超えない期間で分割禁止の特約を結ぶことも可能です。

2○ 分割すると、それぞれが小さな小さな土地になってしまう等のケースでは、裁判所が共有物の競売を命じることも。

3○ 不法占拠者への妨害排除請求は、保存行為に該当しますから単独でOKです。

4× 共有物は話し合いに基づいて仲良く使うこと。ですが、協議に基づかないで単独で共有物全部を占有している共有者に対して、当然に明渡せと言えるわけではありません。

column
ちょっと一息

定期借地権のマンションについて ー分譲マンションー

分譲、賃貸ともに、敷地利用権が定期借地権のマンションが近年増えつつあります。定期借地権ということは50年以上の契約で決められた期間が経過して契約期間が満了になると、そのマンションは取り壊して、土地は更地にして所有者に返還しなければなりません。

分譲マンションの場合は、将来的に取り壊しになるということと、土地の所有権がないことから相場よりも若干リーズナブルな価格での販売が行われますので、物件によっては抽選になる程の人気です。また、取り壊しというと所有するという観点では一見するとマイナスに取られてしまいがちですが、実は別の観点ではプラスの側面も…

まずは費用面で考えます。たとえば修繕積立金。取り壊しが決定しているマンションでしたら、一般の分譲マンションと比較しても修繕積立金は低く抑えることが可能です。

次は相続という観点で見てみましょう。マンションの場合、築年数が経っているものは、修繕積立金等の費用が多くかかることも想定されますので、資産ではなく負債のような性質になってしまうこともありますから、子どもたちに継がせたくないというひとも。また相続争いで誰のものに…と子どもたちが大変な騒ぎになることを避けたいというひともいるでしょう。

定期借地権のマンションの場合は、終わりが決まっているため、子どもたちに負担をかけたくないという想いをかなえるという点では、プラスの見方ができますね。

近年では都心部の高級タワーマンションでも70年等の定期借地権を敷地利用権としたもの等も増えてきており、従来の「所有する」マンションから「長期で借りる」というマンションへ、分譲マンションのあり方やマンションを所有することに対する認識が、今後は少しずつ変わっていくのかもしれません。

stage 14

重要度 ★★☆　頻出度 ★★☆

抵当権（ていとうけん）

抵当権はある権利の担保としての役割があります。言葉の意味をしっかり理解しながら読み解いていきましょう。抵当権設定登記がどのような役目を果たしているかを常に考えること。

memo 抵当権は「物・権利」による保証

理解と暗記の重要ポイント

ここがポイント！ しっかり意識して学習しよう！

1. **目的物が滅失したときは物上代位ができる**
2. **法定地上権が成立する条件**
3. **更地に抵当権設定後建物が建てられた場合は一括競売ができる**
4. **抵当権の順位は、登記の前後による**
5. **後順位がいる場合、先順位の利息は最後の2年分に限定される**
6. **根抵当権はある一定の範囲内にある不特定の債権に対して極度額まで担保する**

Part 0 金がほしけりゃ担保（たんぽ）を出しな

借金返済等の債務が履行されない場合に備えて、「換金できる価値のあるもの＝担保」を債務者に用意させて、いざというときにそれを換金できる権利を担保物権といいます。着物や時計などの身の回りのものを質屋さんに預けて、お金を借りるということもこれに該当します。また、身近な例ですと夢の一戸建てや、分譲マンションの一室を購入しようというとき、途方もない長い年数で住宅ローンを組む人なんかも、実は銀行に担保を提供しています。

では、この住宅ローンにおける担保とは一体なんでしょうか。もちろん、融資の対象となっている「建物や土地」です。でも質屋さんのように担保であるお家をそのまま預けてしまうとなると、せっかく購入した住宅に住めなくなってしまいますよね。そこで登場したのが抵当権です。抵当権ですと質権とは異なり、抵当権設定者が抵当権の対象となっている土地や建物を使用しながら借金ができるのです。本ステージではこの抵当権についてみていきます。

問13解答と解説　×　共有している誰かが持分を放棄したときは、ほかの共有者が持分を承継します。国庫（国のもの）に帰属するわけがないでしょ。

Part 1 抵当権はどんなもの？

債権者平等の原則といって、債権には優劣はない。とはいえ、債権者としては優先して弁済を受けたいと思うもの。
そこで、抵当権を設定し登記を受けることで、抵当権の目的物を競売にかけて優先弁済を受けられるようにするんだ。

お金を貸している側のために抵当権はあるってことですね。

抵当権の目的物にできるのは次の通り。（369条2項）

CHECK POINT 抵当権の目的物

不動産（土地、建物）　地上権　永小作権

たとえばローンを組んで建物を買ったとして、その建物に抵当権をつけられたらどうなりますか？そのまま使える？

もちろん、抵当権がついたまま使用できるよ。
もし抵当権を設定されたら債務を弁済するまでその家が使えないとなると、誰もローンを組んで家を買ったりしなくなるでしょ。

CHECK POINT 目的物の使用、収益、処分

- ✔ 抵当権設定者は、抵当権者の同意がなくとも目的物を自由に使用、収益、処分することができる
- ✔ 抵当権設定者が通常の利用方法を逸脱して滅失、損傷等の行為を行う場合は、抵当権者は妨害排除請求ができる

ちなみにお金を貸して抵当権を持っている人、つまり銀行などは「抵当権者」、お金を借りて自分の土地や建物を担保として提供している人のことを「抵当権設定者」という。

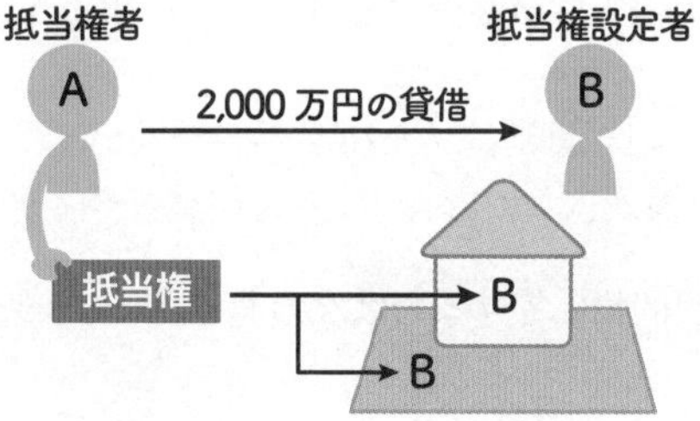

また、誰かの債務を担保するために、第三者が自分の土地や建物に抵当権を設定することもできる。

えっと、どういうことですか？　自分は借金をしていないけど、土地や建物の担保を提供するってこと？

そのとおり。
たとえば子供が会社を起こして資金繰りをするときに、親御さんが子供の債務を保証するため、自分の土地を担保として提供するようなケース。債務者ではないのに、抵当権だけ設定する人のことを、物の上で保証する人、つまり「物上保証人（ぶつじょうほしょうにん）」というふうに呼ぶよ。

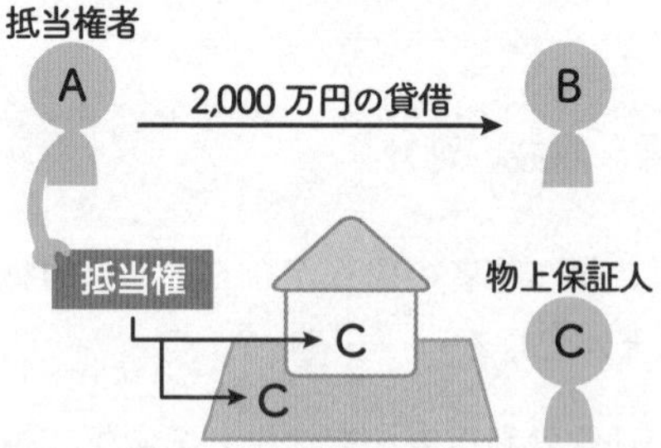

Part 2 抵当権と被担保債務は一心同体

センセ。つまり、抵当権はなにかの債務を保証するようなものってことですよね。
もしも弁済できなくなったときのためにつけているものだから。

そうだね。だから抵当権はその担保している債務、言い換えると「被担保債務」と一心同体なんだよ。
もし被担保債権が成立しなかった場合は抵当権も成立しないし、弁済がおわった！　となれば被担保債権は消滅するわけだから、それに従って抵当権も消滅する。

確かにお金返し終わったのに抵当権だけ残ってたらびっくりですよね。

このように、被担保債権に付き従うことを「付従性」という。
また、被担保債権が誰か別の人に売られて移転すると、抵当権もいっしょに移転して、新しく被担保債権の債権者になった人が抵当権者になる。これは「随伴性」（移転の付従性）というよ。

ふーん、付従性があり随伴性があるというのが、抵当権の性質ってわけですね。

Part 3 もし抵当目的物が燃えちゃったら

じゃあ、建物に抵当権をつけているとして、それが火事でなくなっちゃったらどうなるんですか？

火事は怖いよね…もしその建物に火災保険がかけられていたら、**目的物が滅失したときは物上代位ができる**んだよ。（372条、304条）
（このことから住宅ローンを組むとなると、実務においてはまず間違いなく、火災保険に加入することになります）

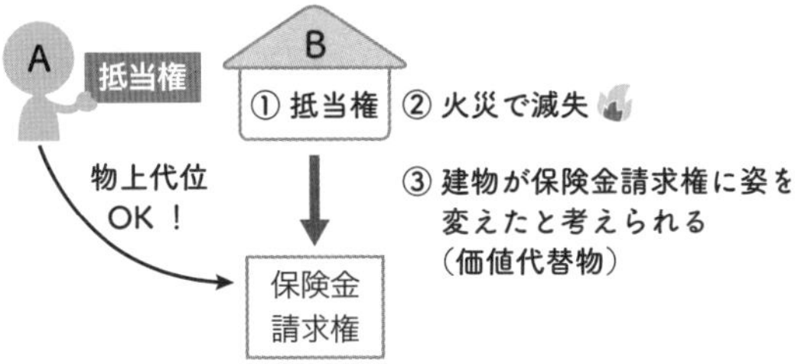

物上代位ってなんですか。

物上代位というのは、抵当権等の担保物権が保険金請求権等の価値代替物に効力を及ぼすこと。
火事で建物がなくなってしまうと、建物の価値はゼロになってしまったように見えるけど…でも実際は火災保険の「保険金請求権」という権利に変身していると考えられて、その請求権にも抵当権が効力を及ぼすんだ。

つまり物上代位することによってその保険金をもらえるということですね！

まあ、そうなんだけど。一点注意しなければならないことがあって、物上代位は保険金請求権のように、「〇〇権」という状態であるうちに差し押さえなければならないんだ。
つまり、保険金として抵当権設定者に支払われたあとだと、もはや物上代位はできない。

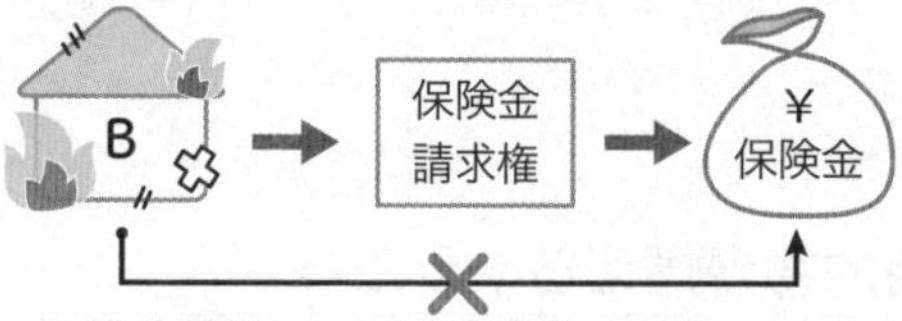

お金に姿を変えると物上代位はできない

Part 4 抵当権が実行されるとき

抵当権は万が一のときのためのものでしたよね。
その万が一…という状態になると、どうなるんでしょうか。

そうなると債権を回収するために抵当権を実行することになる。
抵当権が実行されると抵当権設定者（所有者など）の意思に反していても、競売にかけられてその土地もしくは建物は誰かのものになってしまうんだよ。

なんだか、もめそうな感じがしますね～

まぁ、「競売実行の結果、他の人のものになりましたので出てって」と言われて「わかりました！」とすんなり出ていく抵当権設定者は、あんまりいないだろうね…（実際、なかなか出ていってくれない）
抵当権が実行されると当然、所有権が他の人に移るわけだけど、この際にも注意なければならないポイントがいくつかある。

法定地上権が成立するケース

まずは、抵当権設定時に土地のうえに建物が存在して、抵当権が実行された結果それぞれの所有者が異なってしまった場合。
たとえば土地付き建物を持っていた人が借金をするにあたって土地にだけ抵当権を設定したと仮定しよう。

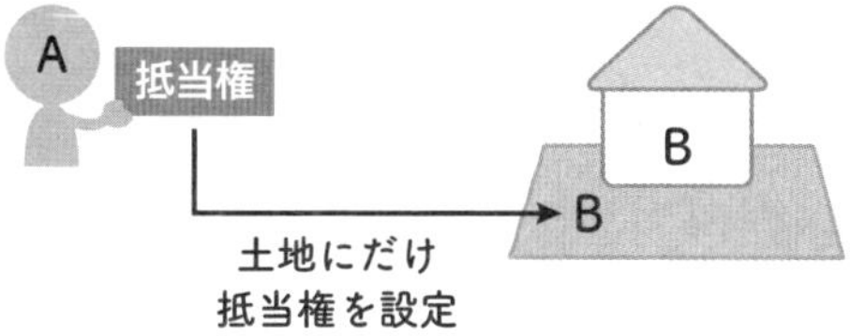

借金が返せなくなって抵当権が実行されてしまうとどうなると思う？

えっと…競売にかけられるのは抵当権がついている土地だけになるのかな？　そうするとやっぱり土地だけ売られて、建物はそのまま今の所有者が使い続ける？

そのとおり。抵当権が実行されると土地の所有者だけ変わって建物の所有者はそのままという状態になる。
この場合、土地を利用する権限がないことになってしまうと、建物の所有者はそれを壊して更地にして出ていかないといけなくなっちゃう。
でも、それだと建物の所有者がかわいそうだし、経済的な観点でも建物を壊すのは勿体ないから法定地上権が成立するんだ。（388条）

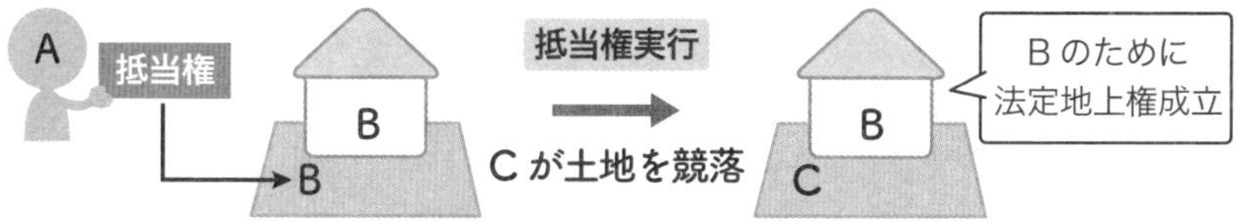

法定地上権の成立要件

1	抵当権設定時に、土地の上に建物が存在していること →建物について登記がされている必要はない →設定後に建物が滅失し、同様の建物が再築された場合でもよい
2	抵当権設定時に、土地と建物の所有者が同一人であること →設定後にどちらかが譲渡され、他の人の所有になった場合でもよい
3	土地と建物のどちらか、もしくは両方に抵当権が設定されること
4	抵当権が実行された結果、土地と建物の所有者が別々になること

つまり、抵当権を設定するときに土地のうえに建物がないと法定地上権は成立しないんですね。
ということは更地の状態で土地に抵当権を設定して、そのあと建物を建てたってケースだと適用なしですか？

先にあげた法定地上権の成立要件を満たしていれば、土地についていた抵当権が実行されると、土地と建物の所有者は別々になるけど…抵当権設定時に更地だったのなら、たとえ競売時に建物があろうが、法定地上権は成立しない。

つまり建物の所有者はその建物に住み続けることができないってことですね？

そうだね…でも、法定地上権が成立しないからその建物を壊して更地の状態にして競売をしようとなると、それは抵当権設定者としても大変だし、せっかく建っている建物を壊してしまうのも勿体ない。
だから、**更地に抵当権を設定後、建物が建てられた場合には一括競売ができる**んだ。（389 条）

一括競売？
もしかして土地と建物を一括して競売ということですか？

そう。土地についていた抵当権を実行するときに、その上に建っている建物も一緒に売っちゃって OK ということ。
でも抵当権がついているのはあくまでも土地だから、優先弁済を受けられるのは土地の代金についてのみ。建物の代金は本来の建物の所有者にあげるんだ。（389 条 1 項但書）

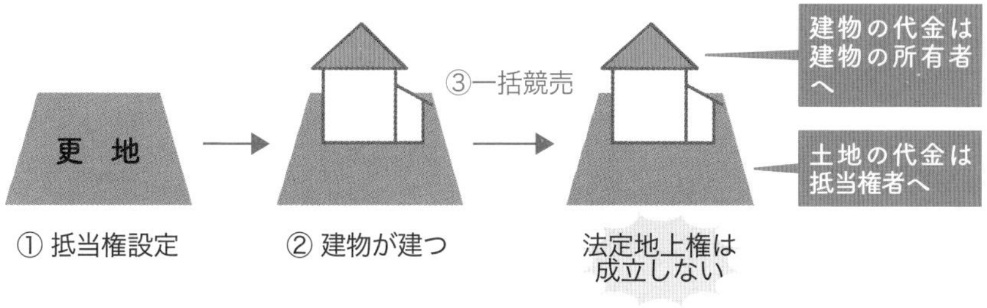

抵当権がついていない建物まで競売にかけられるのはかわいそうに思えるけれど、建物の代金をもらえるならなんとなく納得かなあ…

ま、抵当権設定者の気持ちになってみると、まず納得はしないだろうけどね（笑）

Part 5 抵当権が何個もついていたら

たとえば、ボクが複数人から借金をして、債権者の全員が、ボクの持ってる土地に抵当権をつけたいとなったらどうなりますか。

抵当権はひとつの土地や建物に２つ以上設定することが可能だから、好きなだけ設定すればいいんじゃない。
とはいえ、**抵当権の順位は登記の先後による**から、後順位の人は競売にかけても弁済を受けられる保証はないけれど…

えっと…では、次のように３つの抵当権を設定した状態で抵当権が実行されると？

抵当権	**抵当権**	**抵当権**
① 第一順位	② 第二順位	③ 第三順位
被担保債権：3,000 万円	被担保債権：2,000 万円	被担保債権：1,000 万円

↓

土地　競落価格
4,000 万円

ほんとは利息についても優先弁済の対象になっているんだけど、一旦それについては除いて考えてみようか。
まず第一順位の人はまるまる3,000万円を優先的に弁済してもらえる。この時点で土地の代金は残り1,000万円だね。
次に第二順位の抵当権。ほんとは2,000万円弁済を受けたいところだけど、代金は残り1,000万円だから、全額は回収できず泣く泣く1,000万円を受け取る。
最後に第三順位の抵当権だけど、もはや競売によって発生したお金は1円も残っていないから、ドンマイ…第三順位の人は1円ももらえないのでした。

なるほど。後から抵当権を設定しようとするのであれば、先順位の被担保債権がいくらなのかも計算する必要がありますね。

では次に、利息について考えてみようか。
元本（借りたお金の額）は全額について優先弁済を受けられるんだけど、利息については一定のルールがあるんだよ。
もし後順位の抵当権者がいないんだったら利息についても全額優先弁済を受けられるけれど、**後順位がいる場合は先順位の利息は最後の2年分に限定される**んだ。（375条）

利息は最終的にいくら位になるのか、後順位抵当権者が事前に把握できないですもんね。

先順位の人が、あんまりいっぱい利息を持っていっちゃうと、後順位の人が回収しきれなくなっちゃう恐れがあるからね。

Part 6 根抵当権（ねていとうけん）

今度は根抵当権について。たとえばキミがなにかの商売をしていて、仕入れをするときや大きな取引をするときに毎回、銀行から融資を受けているとしよう。融資をうけるたびに抵当権で保証するとなると、いちいち抵当権をつけて、返済したら抵当権を消して…

なんだか、手間がかかって大変そうですね。

手間もかかるし、登記をするときには登録免許税がかかるから、費用の面でもマイナス。だから、そんなケースのために根抵当権があるんだ。**根抵当権はある一定の範囲内にある不特定の債権に対して極度額まで担保する**抵当権のこと。（398条の2第1項）

難しい言い回しですね…具体的には、根抵当権はどんな債権を担保するの？？

そうだなあ。キミが時計屋さんを営んでいると仮定しようか。
「時計の仕入れをするときに受ける融資を被担保債権の範囲として、極度額は5,000万円まで。」というふうに予めルールを決めて根抵当権を設定する。そうすると時計の仕入れをするときに受ける融資は5,000万円までであれば、何個でもその根抵当権で保証されるんだよ。

イメージでいうと根抵当権は器みたいなものかな？　5,000万円まで入る器にぽんぽん被担保債権を入れていくような…

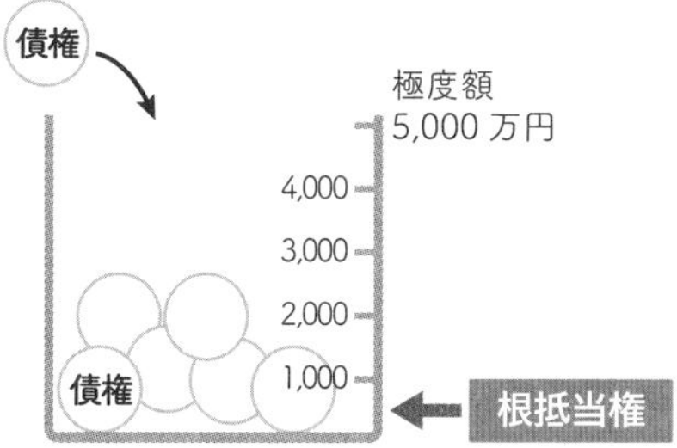

まさにそんな感じだね！
根抵当権は将来的に発生する債権もまとめて担保するような性質だから、どこかでもうやめよう…となったら元本の確定というのをするんだよ。元本の確定をすると最終的にどの債権を担保するのかが確定して、それ以降に発生した債権はもう根抵当権の対象にはならなくなるんだ。

極度額（きょくどがく）	担保する金額の上限額のこと。後順位抵当権者等の利害関係を有する者の承諾があれば額を変更できる
元本確定（がんぽんかくてい）	根抵当権により担保される債権を決定すること。元本確定後の債権は根抵当の対象とならない

ちなみにその元本の確定というのはどうやってするんですか？

元本確定期日が定められているのであれば、その期日に元本は確定する。もし期日を定めていないのであれば、請求によって確定するんだ。根抵当権設定者は根抵当権設定時から３年経過したら請求できて、請求から２週間経過したら確定。一方、根抵当権者はいつでも請求ができ、かつ請求したときに確定するんだよ。

へえ、根抵当権設定者と根抵当権者でルールが違うんですね。

そうだね。ちなみに、最初に決める根抵当権についての内容は元本の確定前なら変更可能。さらに極度額については元本の確定をしたあとでも変更することができるんだよ。

極度額ってことは器の大きさってことですよね？　元本確定前に保証したい債権が増えたりして、器を大きくするのはわかるけど、元本を確定したあとに極度額を変える必要なんてあるのかな？

たとえば極度額が 5,000 万円のときに被担保債権が 4,900 万円だったら？　極度額ぎりぎりまできていると、債権者からすると利息をとりっぱぐれる可能性があるでしょ。だから元本確定後にも変更することはあるよ。

でも、極度額を変更するときには、もし利害関係人がいるんだったら、その人の承諾がいる。利害関係人というのはたとえば、後順位の抵当権者とかね。

なるほど。後順位の抵当権者からすると先順位の根抵当権の極度額が増えると、自分の取り分が減る恐れがあるもんなあ。

そのとおりだね！　根抵当権の特徴をまとめておこう。

CHECK POINT 根抵当権の性質

① 付従性・随伴性なし

元本確定前に根抵当権者より債権を取得した者は、その債権について根抵当権を行使することができない。（398条の7第1項前段）

② 極度額までは利息等も全額優先弁済の対象となる

確定した元本、利息、その他定期金及び債務の不履行によって発生した損害の全部につき極度額を限度として担保される。

Part 7 抵当不動産の第三取得者

抵当権がついた不動産を購入した人のことを第三取得者という。第三取得者は抵当不動産を買い受けてしまったことで、図らずも物上保証人のような立場になってしまうわけだけど…もし抵当権実行となると、せっかく買った不動産を競売によって失うことにもなる。

せっかく買った不動産が誰かの債務不履行の結果、競売にかけられてしまったらかわいそうですね。

だから、抵当不動産の第三取得者には所有権を守るために次の手段が与えられているんだよ。

抵当不動産の第三取得者ができること

第三者弁済

抵当不動産の第三取得者が債務者の代わりに弁済すること。第三取得者は債務者に求償ができるが、きちんと回収できるかは…

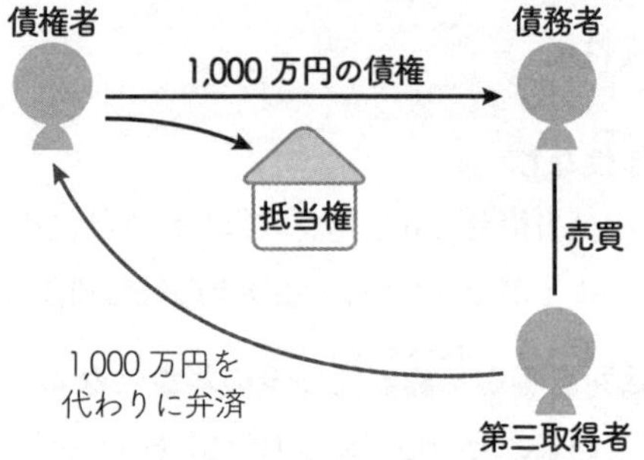

代価弁済（だいかべんさい）

抵当権者から抵当権を消滅させる代わりに、抵当不動産の売買代金を抵当権者に払うよう請求をうけ､その請求に応じて抵当権者に支払いをすること。(378 条)

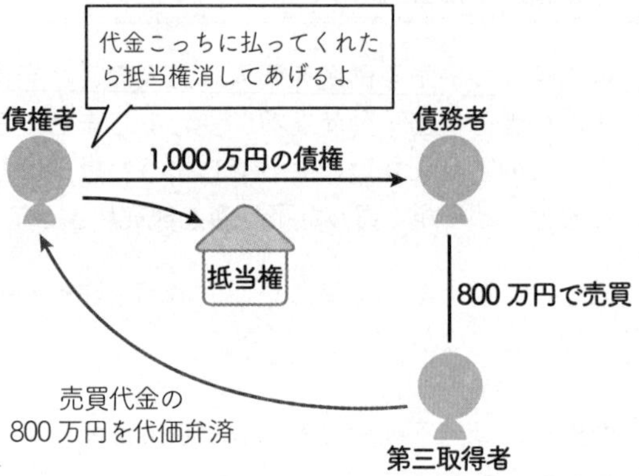

抵当権消滅請求（ていとうけんしょうめつせいきゅう）

第三取得者から○○円を払うので抵当権を消してくださいと、一定額を指定して抵当権を消滅させるよう請求すること。(379 条)

抵当権者がその金額では納得できない場合には、抵当権消滅請求の通知を受けてから 2 ヵ月以内に抵当権を実行しなければならない。(384 条)

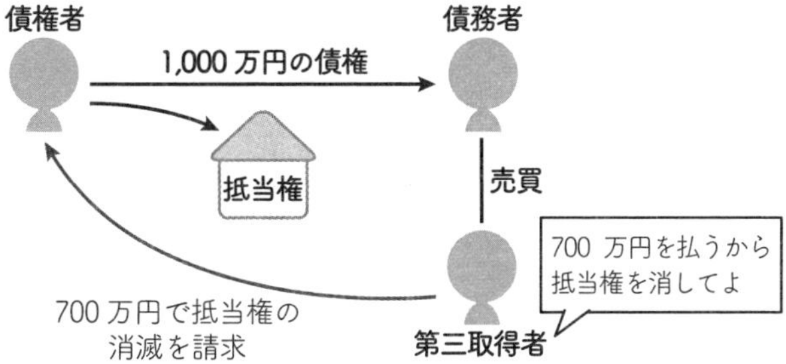

自ら競落

競売にかけられた場合に、第三取得者は自ら競落することができる。(390 条)

語句の意味をチェック

担保	債務不履行［ステージ8］に備え、債務の弁済を確保する手段として、債権者に提供されるもののこと
抵当権	ある債権の担保として土地や建物等につける権利のこと。なにかあったときにその物を売って売買代金から優先的に弁済を受けることができる
質権	債権の担保として質権設定者から物を受け取って預かること
付従性	主たる債務が成立しなければ、保証債務も成立しないということ
随伴性	主たる債務の債権者が代われば保証債務の債権者も代わるということ
物上代位	担保債権の目的物が滅失して、所有者が火災保険金等の請求権を取得した場合に、債権者がこの権利を代わりに行使できること ※所有者がこの権利を行使した後には、代位できない
法定地上権	抵当権の実行された場合に、法律の規定により、当然に生ずる地上権のこと
更地	建物等が建築されていない土地のこと。一般に建物があるよりも、更地の方が利用用途が広く価格が高くなる

○×問題セレクション 14

解答・解説は 170 ページ左下

土地に抵当権が設定された後に抵当地に建物が築造されたときは、一定の場合を除き、抵当権者は土地とともに建物を競売することができるが、その優先権は土地の代価についてのみ行使することができる。(平成 27 年)

練習問題

Aが所有する甲土地上にBが乙建物を建築して所有権を登記していたところ、AがBから乙建物を買い取り、その後、Aが甲土地にCのために抵当権を設定し登記した。この場合の法定地上権に関する次の記述のうち、民法の規定及び判例によれば、誤っているものはどれか。

1 Aが乙建物の登記をA名義に移転する前に甲土地に抵当権を設定登記していた場合、甲土地の抵当権が実行されたとしても、乙建物のために法定地上権は成立しない。

2 Aが乙建物を取り壊して更地にしてから甲土地に抵当権を設定登記し、その後にAが甲土地上に丙建物を建築していた場合、甲土地の抵当権が実行されたとしても、丙建物のために法定地上権は成立しない。

3 Aが甲土地に抵当権を設定登記するのと同時に乙建物にもCのために共同抵当権を設定登記した後、乙建物を取り壊して丙建物を建築し、丙建物にCのために抵当権を設定しないまま甲土地の抵当権が実行された場合、丙建物のために法定地上権は成立しない。

4 Aが甲土地に抵当権を設定登記した後、乙建物をDに譲渡した場合、甲土地の抵当権が実行されると、乙建物のために法定地上権が成立する。

解答・解説

1× 登記名義を移転する前…という所で、所有者が同一かどうかで悩んだはず。Aは乙建物について所有権移転登記はしていないけど、Bから買い取った段階ですでに所有権はAにあると考える。つまり土地と建物の所有者はどちらもAだったので、法定地上権は成立するのでした。

2○ 抵当権設定時に更地だったんでしょ？　更地に抵当権を設定してその後建物が建てられても、その建物のために法定地上権は成立しません。

3○ 共同抵当権とはひとつの債権のために複数の不動産につけられる抵当権のこと。乙建物にはCの抵当権は確かについていたけど…一度取り壊したときに更地に抵当権がついている状態になっているので、そのまま丙建物に共同抵当権をつけずに競売したんだったら、法定地上権は成立しないと考えます。ご参考まで。

4○ 乙建物をDに譲渡したあとで、抵当権実行の結果土地の所有者が変わったというケース。抵当権設定時に建物が建っているので乙建物のために法定地上権は成立します。

重要度 ★★★　頻出度 ★★☆

stage 15

保証と連帯保証

ほしょう　れんたいほしょう

保証債務の基本的な性質は抵当権と同じですが、保証と連帯保証の違いをおさえることが重要。絶対効と相対効が学習のポイントです。

memo 保証契約とは「人」による保証のこと

理解と暗記の重要ポイント

ここがポイント！ しっかり意識して学習しよう！

① **保証人に生じた事由の絶対効と相対効**
絶対効…相殺、履行
相対効…時効、免除、請求、混同、更改等

② **連帯保証人に生じた事由の絶対効と相対効**
絶対効…相殺、履行、混同、更改
相対効…時効、免除、請求等

③ **保証契約は債権者と保証人との間で書面（もしくは磁気的記録）によってする**

④ **保証債務には付従性と随伴性の性質がある**

⑤ **保証人には催告の抗弁権、検索の抗弁権、分別の利益がある**

⑥ **連帯保証人には催告の抗弁権、検索の抗弁権、分別の利益がない**

Part 0 連帯保証人にはなるべからず？

前のステージで学習したように抵当権はある債権を保証するために土地や建物などを担保とし、いざというときにその土地や建物を競売にかけることで債権の回収を図るというものでした。では、人による保証をすることはできるのでしょうか。人によって債権の保証をする場合には、その保証をする人のことを保証人といいます。この保証人は、主たる債務者が万が一、弁済できなくなったときに、代わりに弁済する、いわばピンチヒッター的な存在です。

そして、さらに厳しい保証の形として、連帯保証というものもあります。連帯保証をする人のことは連帯保証人と呼ばれますが、この連帯保証人はピンチヒッターというよりも、自分が債務者となるのとほぼ同等の、つまりは主たる債務者と同じくらいの責任を負います。

問 14 解答と解説　○　抵当権が設定されたあとにその土地に建物が築造されたんだって。抵当権者は土地といっしょにその建物を競売にかけて OK でしたよね。でも一括競売の場合は、抵当権者が優先権を有するのは抵当権のついている土地の代金についてのみ。

本ステージでは保証契約と連帯保証契約におけるルールと、試験対策という観点からそれぞれの絶対効についてまとめます。

Part 1 保証人ってどんな人

保証人ってあまりなりたくないというイメージがあります…

そうだね、保証人はその名の通り、誰かの債務を保証する人のことだからね。
万が一、主たる債務者が夜逃げしたり、債務を履行できなくなると代わりに履行しないといけないんだから、これは大変なことだよ。
だから**保証契約は債権者と保証人との間で書面（もしくは磁気的記録）によってしなければ効力を生じない**んだ。（446条2項、3項）

債権者と保証人との間で保証契約は締結するんですね。
「名前だけ貸してくれればいいから！ 何も迷惑かけないから保証人になってくれないかな～！」
というように債務者が保証人に頼み込むイメージがありますけど。

それは、主たる債務者と保証人との間の保証委託契約で、保証人になりますっていう契約とは別モノ。そして、保証契約は債権者と保証人との間でする契約だから、債務者と保証人による保証委託契約はなくても問題なし。

つまり債権者は、債務者の意思にかかわらず、保証人との保証契約ができるってことですね。

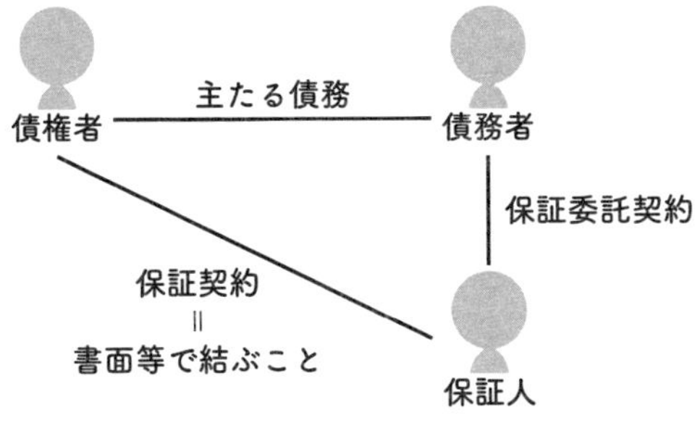

そして、主たる債務者が保証人を立てる義務を負う場合には、行為能力者であり、弁済の資力を有する者でなければならないよ。つまり、判断能力があってきちんとお金を払える人にしてねということ。(450条)

保証人の資格

- 主たる債務者が保証人を立てる義務を負う場合には、保証人は次の条件を満たす者でなければならない
  ① 行為能力者
  ② 弁済の資力を有する者
- 保証人が②の条件を欠くに至った場合には、債権者は保証人を代えるよう請求できる
- 上記要件は債権者が保証人を指名した場合にはあてはまらない

Part 2 保証債務ってどんな性質

抵当権と同じだけど、ある債務を保証しているわけだから、保証債務は当然その債務と一心同体。**保証債務には付従性と随伴性の性質があるんだ。**
債務が消えれば保証債務も消えるのを付従性といって、債務が移転すれば保証債務も移転するのを随伴性というよ。
主たる債務が弁済等によって軽くなったなら保証債務も軽くなるし、主たる債務の時効が請求や履行によって完成猶予や更新にかかったら、保証債務にも影響を及ぼす。

そうすると、もし主たる債務者が同一の債権者から追加融資を受けたりしてその債務が重くなったらどうだろう。やっぱり付従性だから保証人は、増えた分についても保証しないといけないのかな？

うーん、付従性・随伴性ルールから考えるとそうなりそうだけど、保証人にしてみるとそれはさすがに勘弁してほしいでしょ。
主たる債務が加重されても、保証債務は加重されないよ。(448条2項)
あ、でも元の借金の利息が膨らんだなんて場合は影響するけどね。
利息については、借金の保証人になる段階である程度予見できるはずだからね。

なるほど。ちなみに、保証契約は付従性ということは、表現を変えると、主たる債務に生じた事由は保証債務にも影響するってことですよね。たとえば主たる債務に時効が完成したら、保証人は時効を援用して保証債務をなくすことができるといったように。では、逆の場合にはどうなるんだろう？

逆っていうと、保証債務に生じた事由が主たる債務に影響を及ぼすかってこと？　それについては、基本的には影響を及ぼさないよ。保証債務に対して生じた事由は原則として主たる債務には影響を与えないんだ。このように主たる債務者に影響を及ぼさないことを相対効というよ。

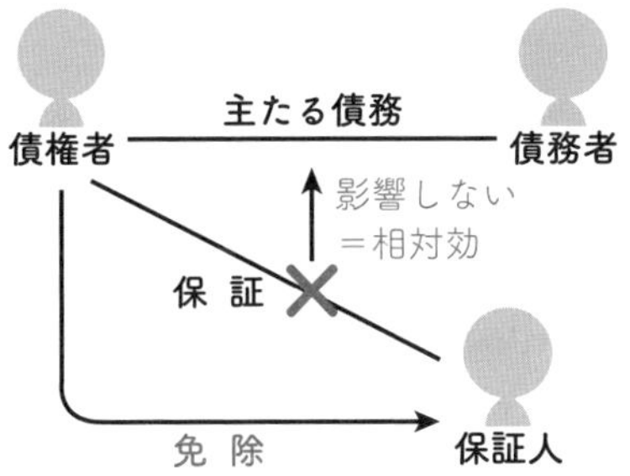

確かに、債権者が「保証契約はもう免除してあげましょう」なんていって、保証債務を免除されたからといって、主たる債務も免除されて消えるかというと、そんなわけないですもんね。

そのとおり。でも、例外的に、保証債務に対して生じた事由が主たる債務に影響を及ぼすものもあるんだ。**主たる債務にも影響を及ぼすことは絶対効という**よ。

保証の絶対効

履 行	契約で決められていた約束を実際に行うこと、約束を果たすこと
相 殺	持っている債権で債務を打ち消すこと

履行や相殺ということは、主たる債務がたとえば金銭債務だとすると、保証人が主たる債務者の代わりに返済してあげたってことですよね？

そうそう、代わりに返してあげると、当然元の借金も消滅するか軽くなるでしょ。
当たり前っちゃ当たり前なんだけど、絶対効なんて呼び方をすると難しく感じるよね。

Part 3 保証人はピンチヒッターなので…

保証人にはさらに特殊な性質がある。
補充性というんだけど、保証人は主たる債務者のピンチヒッターのようなもの。
だから、債権者が主たる債務者に催告もせずに保証人に請求した場合には、「まずはあいつに言え」と支払いを拒むことができるんだ。
これを催告の抗弁権というよ。(452 条本文)

でも輩みたいな人が来たら怖くないですか？　そんなこと言える勇気がないなあ…

キミが言えるかどうかは知らないけど（笑）こういう権利がありますよって話。
さらに、債権者が主たる債務者に催告をした後でも、保証人は主たる債務者に弁済の資力があり、かつ執行が容易であることを証明することで、債権者に対して、まずは主たる債務者の財産について執行させることができるんだ。これを検索の抗弁権という。(453 条)

保証人ができること

催告の抗弁権	まずは主たる債務者に言って！
検索の抗弁権	主たる債務者は財産を持ってる。

また、保証人は何も 1 人とは限らない。
たとえば主たる債務が 2,000 万円あったとして、その借金に 2 人の保証人がついているとしよう。
そういう場合は、それぞれの保証人は 1,000 万円ずつの保証をしているというふうに考えるんだよ。

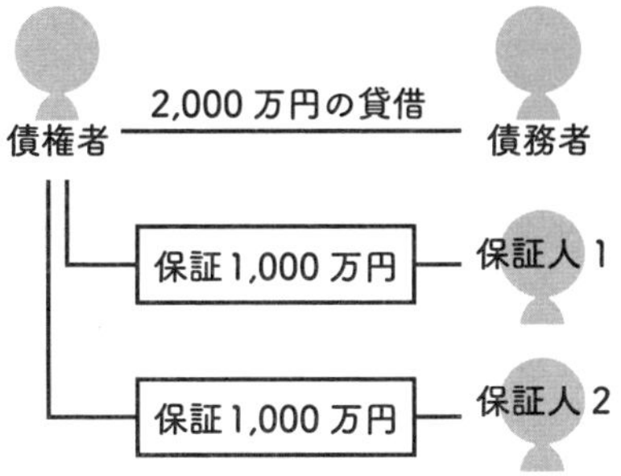

「分別の利益」っていうんだけど債務の額を保証人の頭数で割ったぶんだけを保証すればいいってこと。

保証人には催告の抗弁権、検索の抗弁権と分別の利益があるんですね。

Part 4 事業資金を個人が保証するとき

事業のための資金を借りるといった事業用の資金融資を、一個人が保証しようという場合には特別ルールがある。

事業用ということは会社等が借入をするときに、誰か個人が保証するってことですね。どうして事業用だと特別ルールがあるんですか？

ほら、個人が借入をするのと、会社が事業用の資金の融資を受けるのでは額も多くなることが想定されるしリスクも全く違うでしょ。だから、より保証人を保護しましょうということで特殊なルールがあるんだよ。

CHECK POINT

事業用資金の個人保証特別ルール

「契約締結前に公正証書にて意思表示をすること」

だ　れ　が：個人で保証人になろうとする人が（例外：主たる債務者である会社の役員や従事している配偶者等は除く）

いつまでに：契約締結前１ヵ月以内に

な　に　を：保証意思があることを記した公正証書を作成すること

第465条の6

事業のために負担した貸金等債務を主たる債務とする保証契約又は主たる債務の範囲に事業のために負担する貸金等債務が含まれる根保証契約は、その契約の締結に先立ち、その締結の日前１カ月以内に作成された公正証書で保証人になろうとする者が保証債務を履行する意思を表示していなければ、その効力を生じない。

Part 5 連帯保証（れんたいほしょう）

保証人と連帯保証人は違うものですよね？
くくりとしては同じ保証人みたいだけど。

全く違うよ！　主たる債務者と同じくらいの責任を負うから本当に大変なことなんだ。
どんな美女に頼み込まれても、連帯保証人にはなってはいけないよ。

…具体的にはどう違うんだろう？

連帯保証人には「まずあいつに言って」「あいつ財産持ってるから」という催告の抗弁権と検索の抗弁権がない。
だから債権者が主たる債務者に催告せずに連帯保証人に請求した場合でも、履行しなければならないんだ。（454条）
さらに連帯保証人が何人いたとしても、分別の利益もない。つまり連帯保証人全員が全額について保証していることになる。（判例）

わーそれはちょっと、いやですね。
連帯保証人には催告の抗弁権、検索の抗弁権、分別の利益がないんですね。

また、連帯でない保証、つまり一般保証の場合には、履行や相殺といった主たる債務が消滅するようなことが絶対効だったけど、連帯保証になるとさらに絶対効となるものが増えるんだ。

連帯保証の絶対効

履行	契約で決められていた約束を実際に行うこと、約束を果たすこと
相殺	持っている債権で債務を打ち消すこと
更改	「1,000万円払う代わりに車を差し上げます」 というように契約内容を変更すること
混同	相続等の理由によって債権者と債務者が同じ人になること

連帯保証人と債権者との間に更改、相殺及び混同があったときは、主たる債務者にもその効果が及ぶということだよ。

上記のもの以外が連帯保証人に対して生じた場合は相対効ってことだね？

そのとおり。相対効の代表例も確認しておこうか。

連帯保証の相対効の代表例

承認	債務を負っていることを認めたり、一部返済したりすること
履行の請求	裁判をおこして、債務の履行を求めること
免除	「もう払わなくていいよ」と債務をなしにすること
時効完成	時間の経過によって、債務が消えること

Part 6 個人根保証の極度額

最後は個人が保証人となる根保証契約について。根保証というとなんだか聞きなれないと思うけど、具体例を挙げるのであれば建物の賃貸借契約における連帯保証人。賃貸借契約の連帯保証人になると、賃料債権についてはもちろんだけど、遅延損害金等の違約金や退去したあとの原状回復費用なんかについてもまるっと保証することになる。

うわあ、そしたら万が一賃借人が夜逃げしたら、保証人はかなりの額の債務を負う可能性がありますね…

そうだね。
こういった一定の取引から発生する、現在から将来において発生する可能性のある債務をまとめて保証することを根保証というんだけど、やっぱり保証人にとってはリスキー。
だから、個人による根保証は書面や電磁的方法を用いて極度額を定めなければ無効となるんだ。

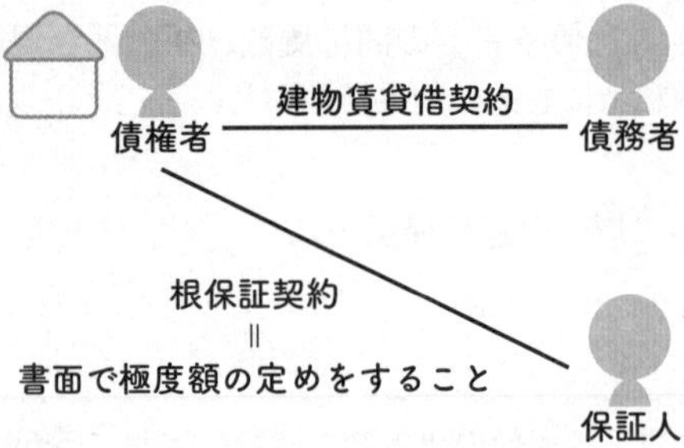

極度額というと、いくらまで保証するってことですか？

そのとおり。たとえば賃料の10ヵ月相当額等というように、万が一のときに保証人がいくらまで保証しなければならないのか明確にすることで保証人の保護を図っているんだよ。

民法 465 条の2第2項
一定の範囲に属する不特定の債務を主たる債務とする保証契約であって、個人の保証人は極度額を定めなければ無効である。

これはあくまで個人保証のときの話だから、保証会社等の法人が保証するときは極度額の設定は無くてもかまわないよ。

Part 7 情報の提供

債務者から「迷惑かけないから保証人になって～」とお願いをされて保証人となった人からすると、その主たる債務の返済状況がどうなっているのかはとっても気になるところ。
だから、保証委託契約に基づく保証人は債権者に対して次の情報を提供してもらうことができる。

CHECK POINT 主たる債務の履行状況に関する情報

- ✔ 主たる債務の元本及び主たる債務に関する利息、違約金、損害賠償等についての不履行の有無
- ✔ これらの残額及びそのうち、すでに弁済期が到来しているものの額

つまり、保証人から請求を受けたら債権者は履行の状況についての情報を提供しなければならないってことですね。

民法458条の2

保証人が主たる債務者の委託を受けて保証をした場合において、保証人の請求があったときは、債権者は、保証人に対し、遅滞なく、主たる債務の元本及び主たる債務に関する利息、違約金、損害賠償その他その債務に従たる全てのものについての不履行の有無並びにこれらの残額及びそのうち弁済期が到来しているものの額に関する情報を提供しなければならない。

また、主たる債務者がたとえば毎月の返済を怠った結果、期限の利益を喪失した場合、つまり、一括返済を求められる状況に陥った場合には、債権者はその旨を保証人に対して通知しなければならないよ。

一括返済となると、保証人の生活にも影響を及ぼす恐れがあるからってことですね。

民法458条の3

1. 主たる債務者が期限の利益を有する場合において、その利益を喪失したときは、債権者は、保証人に対し、その利益の喪失を知った時から二箇月以内に、その旨を通知しなければならない。
2. 前項の期間内に同項の通知をしなかったときは、債権者は、保証人に対し、主たる債務者が期限の利益を喪失した時から同項の通知を現にするまでに生じた遅延損害金（期限の利益を喪失しなかったとしても生ずべきものを除く。）に係る保証債務の履行を請求することができない。
3. 前二項の規定は、保証人が法人である場合には、適用しない。

押さえておきたい！

重要まとめ

- **保証の絶対効は「履行」と「相殺」**
- **連帯保証の絶対効は「履行」「相殺」「混同」「更改」**

語句の意味をチェック

保証債務	債務者が債務を履行しない場合に、債務者に代わって履行することを約束した者（保証人）が負担する債務のこと。債権者と保証人との書面による契約によって生じる
連帯保証	保証人が主債務者と連帯して債務を負担する保証契約のこと
時効	時効［ステージ 11 参照］
保証人	債務者が債務を履行しない場合に、債務者に代わって自らがその債務を負担することを約束した者のこと
主債務者	保証対象となるもともとの債務を有する債務者のこと。主たる債務者ともいう
根保証	継続的に生じる特定の債権を保証すること 建物の賃貸借契約の連帯保証人など
極度額	根抵当権により担保することができる債権の合計額の限度のこと

○×問題セレクション 15

解答・解説は次ページ左下

保証人となるべき者が、口頭で明確に特定の債務につき保証する旨の意思表示を債権者に対してすれば、その保証契約は有効に成立する。（平成 22 年）

重要度 ★★☆　頻出度 ★★☆

stage 16

連帯債務（れんたいさいむ）

連帯債務者の１人に生じた事由が、連帯関係にある人にどのように影響を及ぼすのかを整理しておきましょう。

memo ひとつの債務をみんなで仲良く負担します

理解と暗記の重要ポイント

ここがポイント！ しっかり意識して学習しよう！

① **連帯債務者の１人に生じた事由は原則として相対効**

② **連帯債務者間の絶対効は履行、相殺、混同、更改**

③ **債権者は全ての連帯債務者に対して同時に全額の請求ができる**

Part 0 いっしょに債務を負いましょう

債権があるところには当然債務もありますが、債権と債務には実にさまざまな形があります。

ひとつの債権や債務を持つことができるのは決して１人ではありません。たとえば友人とお金を出し合って購入した別荘を、誰か第三者に賃貸するとなると、共有者全員がその賃料債権における債権者になり得ますし、反対に、ひとつのものやお金を複数人で借りたりすると、そのひとつの債務を複数人で負担していることになります。

こういった関係のことを連帯関係といいますが、本ステージは複数人で債務を負担している状態、つまり連帯債務関係におけるルールについて確認していきます。そして、試験対策という観点からは絶対効についてまずは理解することが先決です。前ステージの保証・連帯保証と併せてしっかりと知識の整理をしておきましょう。

問 15 解答と解説　×　保証契約をするということは単にリスクを負うということ。そんなリスキーな契約は口頭だけだとトラブルも多いため、保証契約は書面でしなければ効力が生じないことになっています。

Part 1 連帯債務ってどんな状態？

連帯債務というのは、当事者間の約束や意思表示等によって、ひとつの債務を複数人で負担するような状態のこと。

ひとつの債務を何人かで持つってことですよね。そんなことあるのかな？

意外と身近なところにあるんじゃないかな。会社の同僚や友だちとランチを食べにいったときのお会計なんかも連帯債務の代表例だよ。たとえば3人で行って、みんなが1,000円のランチを頼んだら、お会計は合計で3,000円。もしも、個別会計お断りのお店だったら、だれかがとりあえず3,000円まとめて払っておくでしょ。

あー、なるほど。よくありますね。

そうだね。このように連帯債務の場合は、債権者は連帯債務者みんなに対して同時に全額の請求ができるよ。

民法　436条

数人が連帯して債務を負担するときは、債権者は、その連帯債務者の1人に対し、又は同時に全ての連帯債務者に対し、全部又は一部の履行を請求することができる。

先の例でいうとレストランの店員さんが「お会計は3,000円です」というように、全員に請求できる。そのうち、誰でもいいから払える人が全額払って～ってこと。

でも、それぞれが食べたのは1,000円のランチだから、本来負担しないといけないのは1,000円ですよね？

うん。そういった個人が負担すべき割合のことを負担部分というんだけど、負担部分についての取り決めとか、清算については債務者間で勝手にやって～という感じかな。債権者からしたら、知ったこっちゃないでしょ。

レストランのお会計でいうと、清算についてはお店を出てから仲間内でやってねってことですね。

そんな感じだね。

CHECK POINT 連帯債務の性質

- ✔ 債権者は連帯債務者の1人又は数人に対して同時又は順次に全部又は一部を自由に請求できる
- ✔ 債務を弁済した連帯債務者は他の連帯債務者に対して負担部分を求償できる

Part 2 連帯債務と無効や取消し

たとえば連帯債務者の 1 人が法律行為の要素にカン違いがあって、要素の錯誤による取消しをしたと仮定しよう。

連帯債務者のうちの 1 人に取消しや無効があると、その人は連帯債務関係から離脱することになりますよね。
では、その場合、他の連帯債務者はどうなるんでしょうか？

連帯債務者の 1 人に対する取消しや無効は他の連帯債務者には影響しないんだよ。だから、その人が離脱しても、債務はそのまま全額が残るし、他の人は連帯債務者のまま。

> **民法 第433条**
> 連帯債務者の1人について法律行為の無効又は取消しの原因があっても、他の連帯債務者の債務は、その効力を妨げられない。

Part 3 連帯債務者同士の影響

次は連帯債務者間の関係性について考えていこう。連帯債務者の1人に生じた事由については原則として相対効。つまり、連帯債務者の1人に生じた事由は原則として影響を及ぼさないよ。

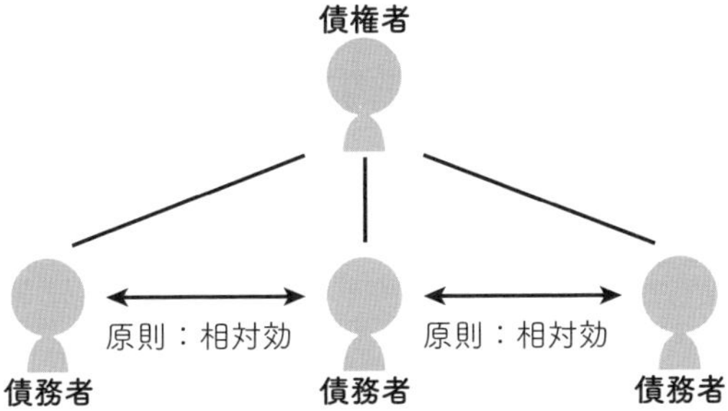

ただし、次の事由については他の連帯債務者にも影響を及ぼすよ。

連帯債務の絶対効

履　行	契約で決められていた約束を実際に行うこと、約束を果たすこと
相　殺	持っている別の債権で債務を打ち消すこと
混　同	相続等の理由によって債権者と債務者が同じ人になること
更　改	「1,000万円払う代わりに車を差し上げます」 というように契約内容を変更すること

では、上記以外のものが連帯債務者の１人に生じた場合には、相対効、つまり他の連帯債務者には影響がないってことですね。

連帯債務の相対効の代表例

承　　認	債務を負っていることを認めること
請　　求	裁判上で払えということ
免　　除	債務者に対して債権者が「キミは可愛いから特別に払わなくていいよ～」等ということ
時　　効	時間の経過によって債権・債務が消滅すること

Part 4 連帯債務と請求

では、基本的な内容がわかったところで、次は連帯債務における履行の請求について確認していこう。請求は相対効。だれか１人だけに対して請求をしたとしても、他の債務者に対して請求をしたことにはならないんだ。

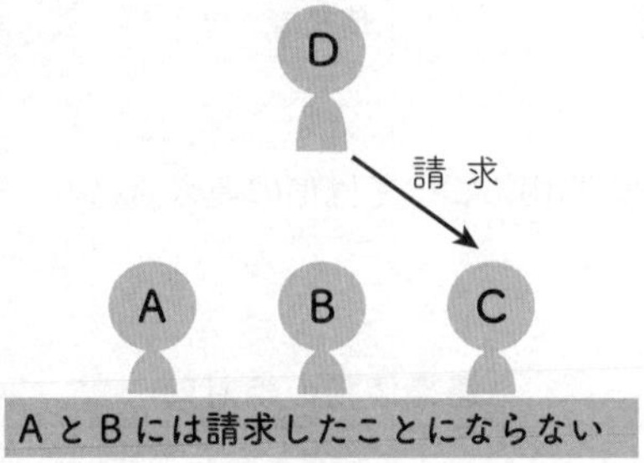

ということは請求は時効の更新事由のひとつだから、Ｃはこの請求によって時効が更新されるけど、残りのＡとＢについては請求の効果は及ばないから、時効も更新しないってことですよね？

そのとおり。請求によって全員の債務の時効を更新させるためには、連帯債務者全員に対して請求をしないといけないね。

Part 5 連帯債務と相殺

次は絶対効である相殺について細かく見ていこう。相殺というのは持っている債権で他の債権を打ち消すこと。
相殺は絶対効だから、誰か 1 人が相殺をすると他の連帯債務者の債務も消滅するよ。

民法　第 439 条第 1 項
連帯債務者の 1 人が債権者に対して債権を有する場合に、その連帯債務者が相殺を援用したときは、債権は全ての連帯債務者の利益のために消滅する。

D から ABC が連帯して 3,000 万円を借りた場合

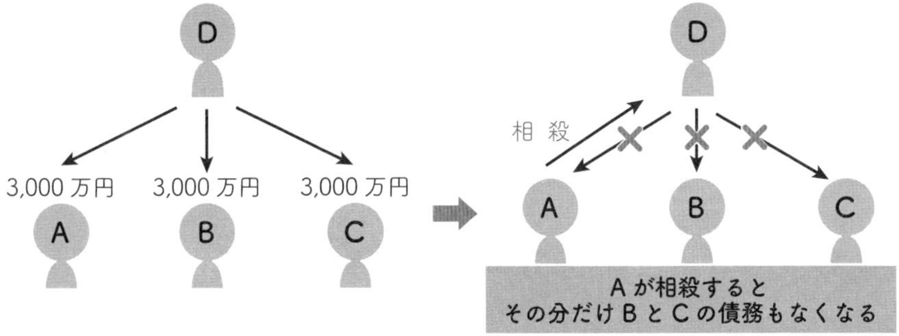

ちなみに A が債務すべてを相殺すると、A はほかの連帯債務者の負担部分まで弁済したのと同じような状態になるわけだから、B と C に対して求償ができる。
では、A が相殺できる債権を持っているにも関わらず、なかなか相殺しないと、他の連帯債務者はどうなると思う？

うーん、相殺できる債権はあくまでも A のものだから、ご本人が相殺しないのであればどうにもならないんじゃないかな？

そうだね。相殺できる状況であったとしてもその債権は、あくまでも A のものだから、ほかの連帯債務者が勝手に相殺したり、どうこうしたりはできない。
でも、他の連帯債務者は、A が相殺しない場合に、債務者から履行請求を受けたら、A の負担部分については履行を拒絶できるんだ。

BCは、Aの負担部分1,000万円については履行拒絶OK

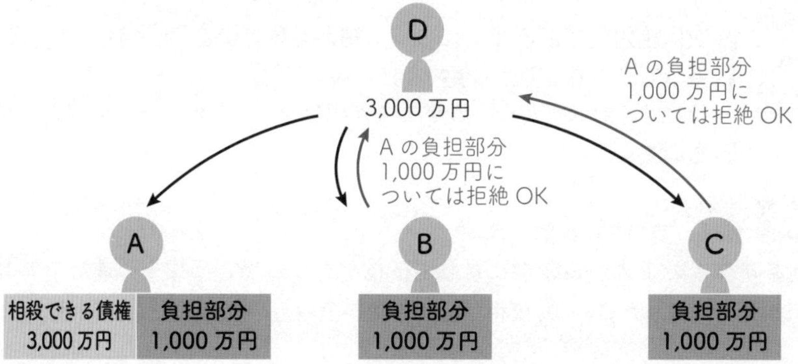

へえ、ということはDから3,000万円の履行の請求をうけたとしても、Aの負担部分である1,000万円分については払わなくていいってことですね。

民法　第439条第2項

相殺できる債権を持つ連帯債務者が、その相殺をしない間は、その連帯債務者の負担部分の限度において、他の連帯債務者は、債権者に対して債務の履行を拒絶することができる。

Part 6 連帯債務と免除と時効

次は連帯債務における免除や時効の効果について考えていこう。
こんな連帯債務だったと仮定する。

DからABCが連帯して3,000万円を借りた場合

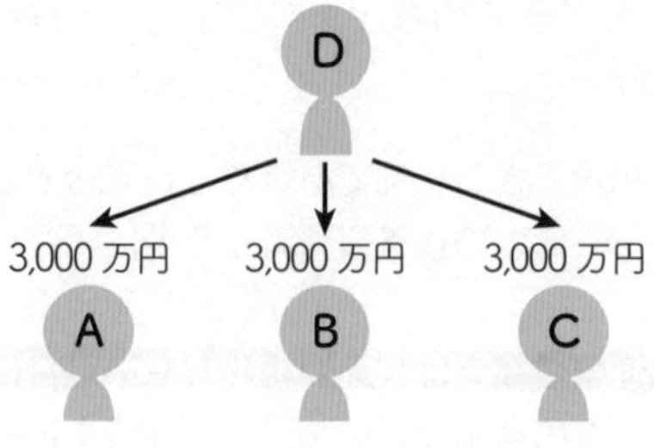

連帯債務者の１人に対して債権者が「キミはかわいいから特別に払わなくていいよ」というような状態が免除。免除されると、その連帯債務者はもはや「払って～」と債権者から請求を受けることはなくなる。でも、免除は相対効だから、他の債務者はそのまま債務すべてを負っていることになる。

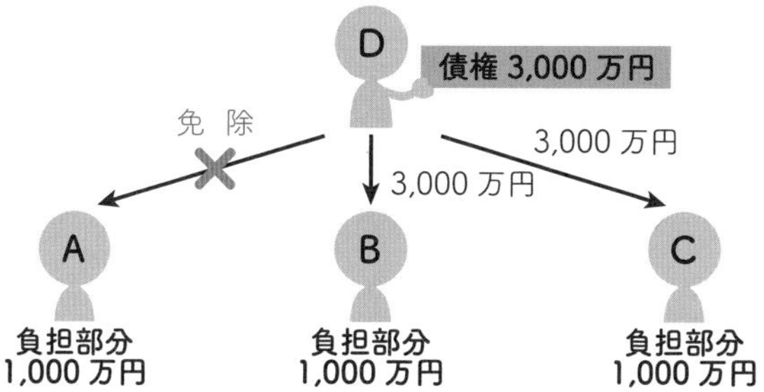

それって、他の連帯債務者からすると「Aだけずるい～」となりませんか？

そうなるだろうね。だから、誰か１人が免除されたとしても、その免除は連帯債務者間においては相対効ということにして、連帯債務者間の求償関係は残ることにしているんだ。つまり、たとえばCが債権者Dから請求を受けて3,000万円を弁済（履行）したら、CはBにはもちろん、免除されているAに対しても負担部分を求償できるってこと。

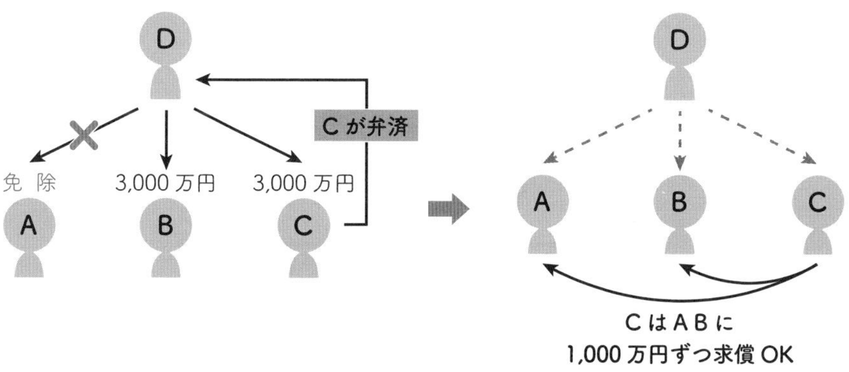

なるほど。つまり免除を受けたAはあくまでも債権者から「払って～」と言われることはなくなるけど、負担部分についてはそのまま求償関係が続いているってことですね。

そのとおり。時効の場合も同様で、連帯債務者の 1 人について時効が完成しても、連帯債務者間の求償関係には影響を及ぼさない。

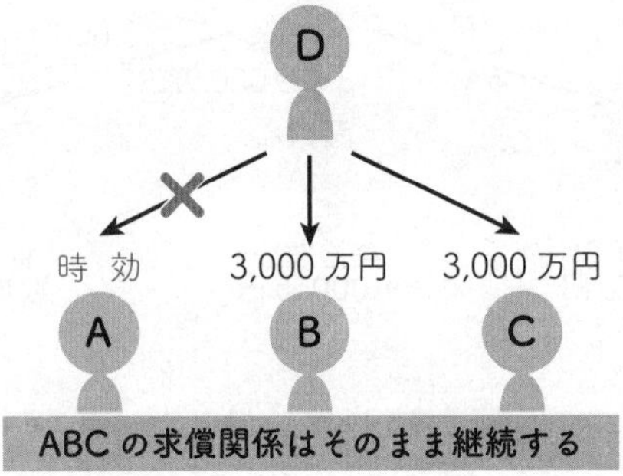

つまり、たとえ債権者から免除を受けたり、時効が完成したとしても、他の連帯債務者との求償関係は残っているってことですね。

民法　第 445 条

連帯債務者の 1 人に対して債務の免除がされ、又は連帯債務者の 1 人のために時効が完成した場合においても、他の連帯債務者は、その 1 人の連帯債務者に対して求償権を行使することができる。

保証・連帯保証・連帯債務の絶対効

咳が出ちゃってごめんなさい

「ソー　リー　コン　コン」

相殺　履行　混同　更改

・保証はソーリー（相殺と履行）
・連帯保証と連帯債務はソーリーコンコン（相殺、履行、混同、更改）

押さえておきたい！
重要まとめ

- 連帯債務の絶対効は「履行」「相殺」「混同」「更改」
- 「時効」や「免除」などにより支払い義務がなくなっても、連帯債務者間の求償関係は継続される

語句の意味をチェック

連帯	二人以上の者が共同して債務を負ったり、責任を負う状態のこと
負担部分	連帯債務関係で、連帯債務者間で個々が責任を負うべき債務の割合のこと
求償（きゅうしょう）	代わりに債務を履行した人がその肩代わりした分を債務者等に請求すること

○×問題セレクション16

解答・解説は次ページ左下

A、B、Cの3人がDに対して900万円の連帯債務を負っており、Aが、Dに対する債務と、Dに対して有する200万円の債権を対当額で相殺する旨の意思表示をDにした場合、B及びCのDに対する連帯債務も200万円が消滅する。

stage 17

重要度 ★★☆　頻出度 ★★☆

契約不適合責任（けいやくふてきごうせきにん）

売買の目的物について瑕疵が存在した場合の売主の担保責任について。まずは種類・品質などの不適合の具体例を知ったうえで、買主が取れる責任の追求方法についておさえましょう。

memo 契約の内容はキチンと履行しなきゃいけません

理解と暗記の重要ポイント

ここがポイント！ しっかり意識して学習しよう！

①▶ 契約に適合しない状態とは

・全部他人物売買
・一部他人物売買
・地上権などの権利が付着
・先取特権、質権、抵当権などの権利が付着
・数量が不足
・目的物そのものに欠陥・瑕疵

②▶ 買主は債務不履行に基づき解除と損害賠償請求ができる

③▶ 買主は目的物の修補や代替物の引渡しなどの追完請求ができる

④▶ 買主は不適合の程度に応じて代金減額請求ができる

Part 0 売主はちゃんとしたものを売らないと

物を売って、その代金を相手方からもらうということは、見方を変えるとその代金に見合うものを相手方に提供するという義務を負っているということになります。

では、その目的物に瑕疵（欠陥のこと）があった場合はどうでしょうか？たとえば目的物に抵当権や地上権が付着していたり、100㎡の土地を買ったはずが測量してみたら80㎡しかなかったり、あるいは建物の大黒柱にシロアリがいたり…こういった種類や品質、数量に関して契約の内容に適合しないときには、売主がその責任を負うことになります。本ステージでは、そのような契約に適合しないという問題が発生した際の責任の取り方について詳しく扱います。

問16解答と解説　○　相殺は連帯債務間の絶対効ですから、Ａが相殺した分についてはＢとＣの連帯債務も消滅します。そしてＡは負担割合に応じてＢとＣに対して求償できるようになります。

Part 1 欠陥の種類

買ったものに何か欠陥があったときのことについて考えてみよう。たとえば、キミが購入した時計がきちんと動かなかったらどうする？

そうですね。そのお店に行って取り替えてもらうか、もし品切れだったら返金してもらうかな…

そうだよね。うまく動作しないのであれば、その時計は完全ではないことになるんだから、当然売主になんとか責任をとってもらいたいよね。このように引き渡された目的物が契約の内容に適合していないときに売主が負う責任のことを、契約不適合責任というよ。

ふーん。契約不適合責任って、一体どういったものが該当するんだろう？

そうだな～、契約不適合責任は目的物に不具合があった場合に追及できるんだけど、具体的にはこんなケースが該当するかな。

全部他人物売買

例：AB 間の売買の目的物である土地の全てが C の所有物で権利の移転ができない場合
(全部他人物売買は債務不履行の一般原則で処理)

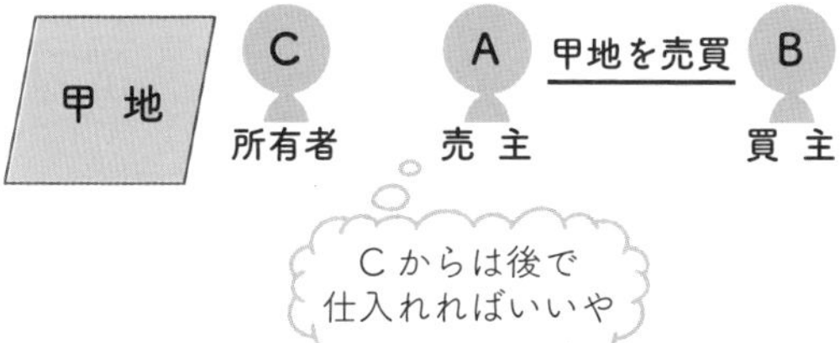

一部他人物売買

例：AB 間の売買の目的物である土地の一部が C の所有物だった場合

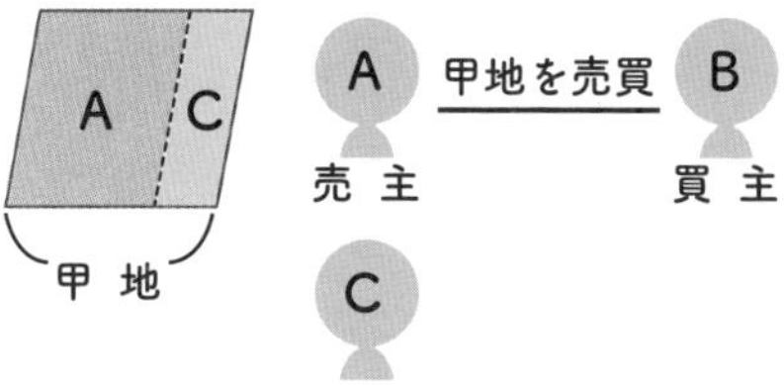

0章 はじめに
1章 権利関係
2章 宅建業法
3章 法令上の制限

地上権等の権利が付着

例：AB 間の売買の目的物である土地に C のための地上権があった場合

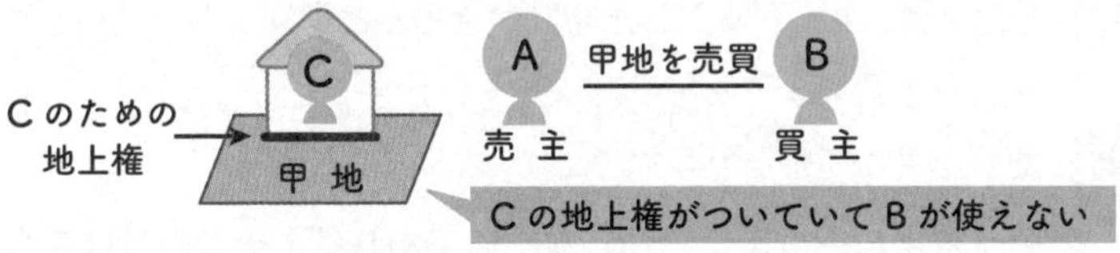

先取り特権、質権、抵当権等の権利が付着

例：AB 間の売買の目的物である建物に A の C に対する金銭債務を担保する C 名義の抵当権がついていた場合

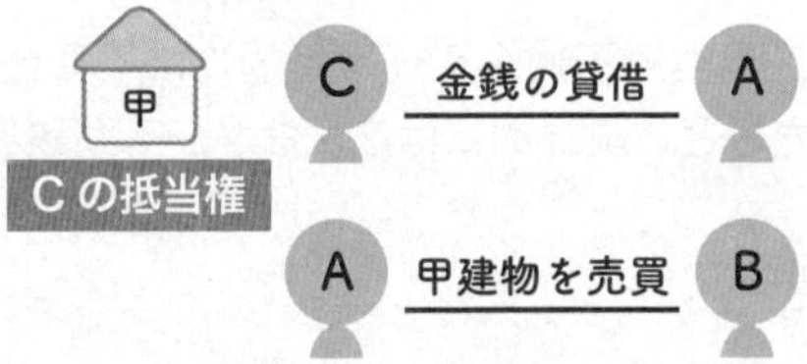

数量が不足

例：100㎡の土地の売買をしたところ測量したら 80㎡しかなかった場合

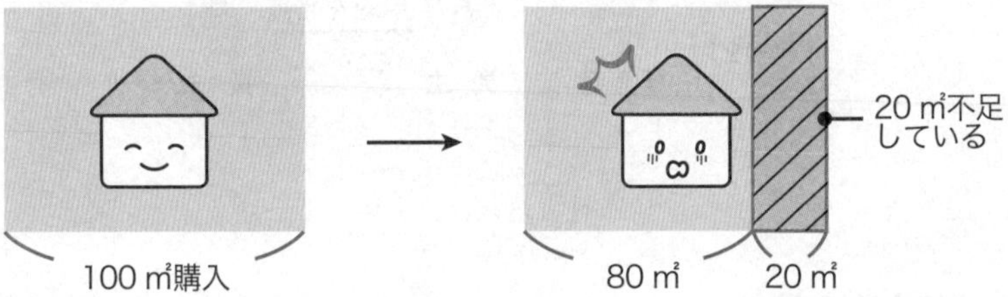

目的物そのものの欠陥・瑕疵

例：柱にシロアリが発生していた、あるいは、雨漏り等があった場合

一口に不具合といっても、いろいろなものがあるんですね。ちなみに他人物売買とありますけど、そもそも他人のものって売買できるの？

うん。民法のルールは、この世に存在するものであれば、他人のものであっても売買の目的物にできることになっている。とはいえ、その後仕入れて、買主に引渡しができなかった場合には売主としての責任を負うことになるけどね。

Part 2 責任の追及方法

目的物に不具合があって、契約の内容と相違があるという場合に売主は契約不適合責任を負うということですが、売主には過失がなくても責任を負わされるの？

うん。売主の帰責事由がなかったとしても、売主は責任を追わなければならないよ。もっとも、その不適合が買主のせいで発生したなんて場合は例外だけどね。

ふーん。売主は無過失責任ってことですね。ちなみに、その責任の取り方は具体的にはどうするんですか？

何も責任の取り方はひとつじゃない。どのように責任を取るのか確認していこう。ただし全部他人物売買についてはこのうち、解除権と損害賠償請求権だけが適用となるよ。

契約解除

買主は債務不履行に基づく解除権を行使できる

- **履行遅滞の場合　→　催告による解除**
- **履行不能の場合　→　無催告解除**

※軽微な不具合（債務不履行）の場合には解除できない

損害賠償請求

買主は債務不履行に基づく損害賠償請求権を行使できる

- **売主の過失（帰責事由）が必要**
- **損害賠償の範囲は履行利益となる**

※履行利益とは、その契約が不具合なく履行されていれば、その目的物の利用や転売等によって発生していたと想定される利益についても請求できるということ

> **民法　564条（民法541条、542条）**
> 目的物に契約不適合がある場合には債務不履行による解除及び損害賠償請求ができる。

追完請求

買主は目的物の修補、代替物の引渡し又は不足分の引渡しを請求できる

・**買主に過失（帰責事由）がある場合には請求は不可**

・**全部他人物売買には適用されない**

> **民法　第562条、562条2項**
> 目的物に契約不適合がある場合には、目的物の修補、代替物の引渡しまたは不足分の引渡しによる履行の追完を請求することができる。
> ただし契約不適合が買主の責めに帰すべき事由によるものであるときは追完請求できない。

代金減額請求

買主は不適合の程度に応じて代金の減額を請求できる

・**追完が可能なものであれば、まずは催告をすること**

・**催告をしても追完がなされないことが減額請求できる要件**

・**買主に過失（帰責事由）がある場合には請求は不可**

・**全部他人物売買には適用されない**

> **民法　第563条、563条3項**
> 目的物に契約不適合がある場合おいて、買主が相当の期間を定めて履行の追完の催告をし、その期間内に履行の追完がないときは、買主はその不適合の程度に応じて代金の減額を請求することができる。
> ただし契約不適合が買主の責めに帰すべき事由によるものであるときは代金減額請求できない。

つまり買主は、契約の目的物に不具合があったときには解除、損害賠償請求、追完請求と代金減額請求ができるってことですね。

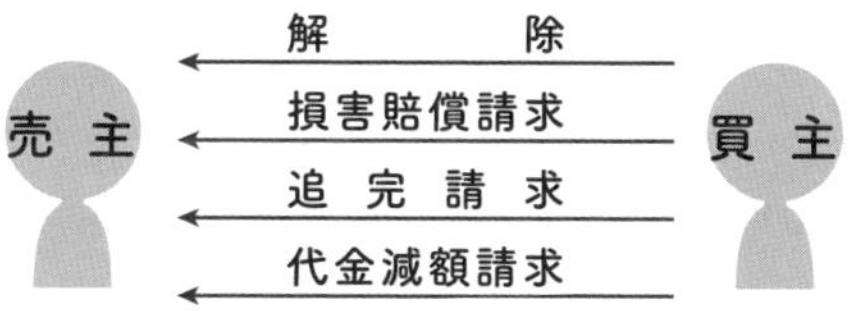

そういうこと。代金減額請求は履行の追完請求をしても履行されない場合にできるという点は確認しておこう。

Part 3 種類または品質に関する通知期間の制限

契約の目的物に瑕疵がある場合については具体例をいくつか挙げたけど、目的物が契約したものと種類が違ったという場合と、目的物の品質そのものに不具合があったという場合には、その責任の追及に、ある期間制限がつくんだ。

期間の制限というと、いつまでに責任を追及しなきゃだめ…っていう消滅時効みたいなものですか？

うん。でも、請求することまでは求められていなくて、あくまでも通知における期間の制限。
種類または品質について不適合があったときは、その契約不適合を知った時から１年以内にその旨を買主に通知しなければならないんだ。

民法　第566条

買主が種類又は品質に関する契約不適合を知った時から１年以内にその旨を売主に通知しないときは、買主は、その不適合を理由として、履行の追完の請求、代金の減額の請求、損害賠償の請求及び契約の解除をすることができない。

ということは、例えばシロアリがいたことを知ったら、その発見した時から１年以内に売主にシロアリがいたということを通知しないと責任追及できなくなっちゃうということですね。

そのとおり。つまり、１年以内に通知さえしていれば責任追及そのものは１年以内にしなくてもいいんだけど…でも、その責任を追及できる権利というのも、当然だけど一般の消滅時効の対象になるから、一定期間債権を行使しないと消滅時効が完成してなくなっちゃうという点も注意だね。

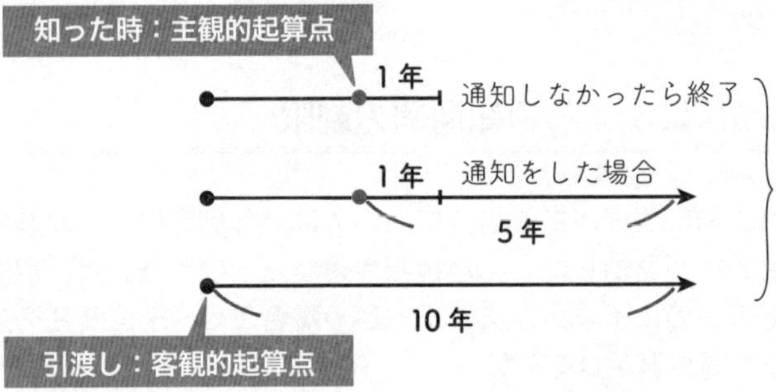

Part 4 抵当権等における費用の償還請求

売買の目的物になっていた建物や土地に抵当権等がついていた場合、その目的物の買主は所有権を失うリスクがある。そのリスクを回避するためには第三者弁済をしたり、抵当権消滅請求をしたりして、所有権を保存するんだけど…

それって、買主が所有権を保存するために費用を支出しているってことになりますね。

そう。だから、抵当権等が付着している等の権利の不適合があった場合に、所有権を保存するためにかかった費用については、売主に償還請求をすることができるんだ。

民法 第570条

買い受けた不動産について契約の内容に適合しない先取特権、質権又は抵当権が存していた場合において、買主が費用を支出してその不動産の所有権を保存したときは、買主は、売主に対し、その費用の償還を請求することができる。

押さえておきたい！

重要まとめ

- **契約不適合責任は売主に帰責性がなくても発生する**
- **代金減額請求は履行の追完請求をしてそれでも追完されない場合にできる**

語句の意味をチェック

瑕疵（かし）	本来あるべき品質を備えていないこと。キズや欠点があること
地上権	物権のひとつで、他人の土地の上で暮らしたり、使用したりできる権利のこと。一般にこれがついている土地は価格が下落する
無過失責任	その人に故意や過失がなくても、責任を負わなければならないこと

○×問題セレクション17

解答・解説は202ページ左下

Aを売主、Bを買主とする甲土地の売買契約が締結された場合、Bが、甲土地がCの所有物であることを知りながら本件契約を締結した場合、Aが甲土地の所有権を取得してBに移転することができないときは、BはAに対して、損害賠償を請求することができない。

練習問題

Ａを売主、Ｂを買主とする甲土地の売買契約（以下この問において「本件契約」という。）が締結された場合の売主の担保責任に関する次の記述のうち、民法の規定及び判例によれば、誤っているものはどれか。（法改正により選択肢１、３、４を修正している）

1　Ｂが、甲土地がＣの所有物であることを知りながら本件契約を締結した場合でも、Ａが甲土地の所有権を取得してＢに移転することができないときは、ＢはＡに対して、損害賠償を請求することができる。

2　Ｂが、甲土地がＣの所有物であることを知りながら本件契約を締結した場合、Ａが甲土地の所有権を取得してＢに移転することができないときは、Ｂは、本件契約を解除することができる。

3　Ａ所有の甲土地が抵当権の目的となっており、抵当権の存在を前提に売買代金が廉価であったなどの場合でも、当該抵当権が実行されれば、Ｂは、直ちに契約を解除することができる。

4　Ａ所有の甲土地が抵当権の目的となっているが、当該抵当権の存在が契約内容に適合しないと認められる場合、Ｂは、当該契約を解除することができる。

解答・解説

他人の権利を売買したり、抵当権が存在していたりと、そういう事例ばかり勉強していると、「世の中、なんでもないふつうの売買契約ってあるのかな」と変なふうに思ってしまいそう（笑）

1○ 他人の権利を売買の目的としたときは、売主は、その権利を取得して買主に移転する義務を負う。「甲土地の所有権を取得してBに移転することができない」となるとAの債務不履行となり、Bは契約の解除や損害賠償を請求することができる。

2○ そうそう。選択肢1の解説にもあるとおり、Bは契約の解除や損害賠償を請求することができる。

3× 「抵当権の存在を前提に売買代金が廉価であった」とあるので、抵当権が存在していたとしても「契約内容に適合しない」とはいえないかな。なので、抵当権が実行されたとしても、ある意味、予想されたことでもあるので、直ちに解除とはならない。

4○ 「当該抵当権の存在が契約内容に適合しない」とあるので、買主は売主に担保責任を追及することができる。契約を解除することも可能となる。

stage 18

重要度 ★★☆　頻出度 ★☆☆

請負(うけおい)・委任(いにん)

それぞれの契約の特徴を把握すれば、誰がどんなときに損害を賠償すべきか自然と浮かびあがってくることでしょう。本試験においては頻出ではありませんが、基本を知っていればある程度対応可能です。

memo 委任は一生懸命さ、請負は成果が大切

理解と暗記の重要ポイント

ここがポイント！ しっかり意識して学習しよう！

①▶ 原則無償（つまりはタダ）でお願いするのが委任契約

②▶ 請負契約ではその完成した目的物の引渡しと報酬の支払いは同時履行の関係に立つ

③▶ 注文者には解除権があり、完成前であれば損害賠償をして契約を解除できる

Part 0 過程が大事？ 結果が全て？

「信頼できるお前だからこそ頼むんだ」と言われたら、なんだか断りにくいのが人というものですが、委任契約はある意味、人と人との信頼関係のもとで成立する契約です。

原則として、無償で依頼された仕事をこなすことになりますが、委任契約に求められるのはいかに一生懸命に仕事をしてくれるかということ。

たとえ、結果が期待していたものでなかったとしても、ベストを尽くしてくれたということが大切なのです。

一方、請負契約は仕事の成果が求められます。よく営業の会社なんかでは営業マンにハッパをかけるために「数字は人格」とか「結果が全て」なんていう怖いところもありますが、請負契約こそ、営業マンのように結果が全てと言っても過言ではありません。

請負契約の代表例は大工さんに家の建築を依頼すること。当然、求められるのは、設計図通りの安心して暮らせる建物です。「一生懸命頑張ったけど…ちょっと設計図と違っちゃった」ではマズいですよね？

宅建試験においては頻出ではありませんが、内容の違いはしっかりと理解しましょう。

問17解答と解説　×全部他人物売買は債務不履行の問題として扱います。解除権と損害賠償請求権は適用されますから誤り。ただし、損害賠償請求は、売主の帰責事由がなければできません。

Part 1 委任契約

委任契約ってのはお互いの信頼関係のもとに成り立つもの。たとえば…「キミにお願いしたいことがあるんだけど…」「センセの頼みなら任せてください！」等といったように、損得抜きで法律行為をお願いすること。（643条）
依頼する人を委任者、依頼を受ける人を受任者といって、受任者は特約がなければ委任者に報酬を請求することができない。（648条）

つまり、委任は原則ボランティアということですね。

なお、委任の報酬については成果完成型と履行割合型に分類されるんだ。（648条、648条の2）

成果完成型	報酬は委任内容の事務処理の成果に対して支払われる。成果が引渡しを要する場合は引渡しと報酬の支払いは同時履行の関係に立つ
履行割合型	報酬は成果の有無にかかわらず委任事務の履行そのものの対価として支払われる。委任事務の履行後、または期間によって報酬を定めた場合には期間経過後に報酬は支払われる

ちなみに委任契約は次のような事由があると終了するよ。（653条）

委任契約の終了原因

	死亡	後見開始	破産	契約解除
委任者	終了する	終了しない	終了する	終了する
受任者	終了する	終了する	終了する	終了する

委任者、つまり頼んだ人が後見開始しても終了しないんですか？

うん。これはなぜかというと、ちゃんと判断能力があるときになにかを依頼してたんなら、最後までやってあげたほうが依頼人のためだと考えられるから。

なるほど。後見開始前の意思を尊重してあげるんですね。

そういうこと。でも、受任者、つまり頼まれた側が成年被後見人になったときには、当然終了するからね。
だって、安心して任せておけないでしょ。

Part 2 請負契約

次は請負について。大工さんに「お家を建てて」と依頼するのが請負契約の代表例かな。
大工さんといえば、この前、宮大工さんが作ったという家にお邪魔したらすごかった。釘を一本も使っていないんだって。
その家の庭にある鯉のぼりのサイズもすごい。一匹で5メートルくらいあって——

——センセ、鯉のぼりの話はともかく、請負契約ってどんな性質のものですか？

請負契約ってのは、大工さん、つまり請負人が「立派なお家を建てます」と約束し依頼した人、つまり注文者が「お家ができたら報酬を払います」と約束すること。
お家が完成するまでは原則、報酬は支払わなくていいんだけど、**請負契約ではその完成した目的物の引渡しと報酬の支払いは同時履行の関係に立つ**よ。(633条、634条)

つまり、先ほどの話だと、宮大工さんが完成させたお家を引渡すのと、依頼した人の報酬の支払いは同時履行の関係にあるということですね。

そういうことだね。
請負の**注文者には解除権が与えられていて**、途中で諸般の事情があり家を建てる必要がなくなったような場合には、請負人の仕事が**完成前であれば損害賠償をして契約を解除できる**ことになっている。(641条)
さらに完成後であっても、たとえば契約不適合があって目的が達成できないような場合には、契約を解除することが可能。

そのほかにも、目的物に問題があった場合には、注文者は次のことを請負人に請求することができるんだ。

CHECK POINT 請負契約の不適合責任の追求 重要

① 履行追完請求（りこうついかんせいきゅう）

修理してという修補請求など

ただし瑕疵が重要か否かに関わらず修補に過分の費用がかかる場合は不可

② 報酬減額請求（ほうしゅうげんがくせいきゅう）

「こんな出来では報酬は満額払えない」と減額を求めること

③ 損害賠償請求（そんがいばいしょうせいきゅう）

④ 契約解除

※③④は債務不履行の規定に基づく

請負人はきちんとしたものを作るという債務を負っているわけですから、注文者はそれに対する責任追及ができるということですね。

語句の意味をチェック

委任契約	信頼関係のもとに原則無償で法律行為をお願いすること
請負契約	「ある物を作って」というようにお願いすること 目的物が完成した時点で対価として報酬が支給される
解除権	一方的な意思表示によって契約を解除できる権利のこと
履行追完	目的物が契約の内容に適合していないときに、修補などを請求すること

○×問題セレクション 18

解答・解説は次ページ左下

委任契約が委任者の死亡により終了した場合、受任者は、委任者の相続人から終了についての承諾を得るときまで、委任事務を処理する義務を負う。（平成 18 年）

stage 19

重要度 ★★☆　頻出度 ★★☆

ふほうこうい 不法行為

まず不法行為というものがどんな行為なのか、損害賠償がどのような場合に発生するのかをおさえましょう。
誰が損害を賠償すべきなのかを整理しながら読み解くことが大切です。

memo 責任を負うのは、なにも加害者だけとは限らない

理解と暗記の重要ポイント

ここがポイント！ しっかり意識して学習しよう！

1. **故意や過失があって他人に損害を与えてしまうことを不法行為という**
2. **損害賠償債務は不法行為があったときから履行遅滞になる**
3. **不法行為の損害賠償請求権は、損害と加害者を知ったときから３年、不法行為のときから 20 年で時効**
4. **仕事中の不法行為は、被用者（ひようしゃ）と使用者が一緒に責任を負う**
5. **工作物の不法行為は、まず占有者、次に所有者が責任を負う**
6. **共同不法行為は、加担した人みんなで連帯して責任を負う**

共同不法行為　たとえば、複数人で誰かをボコボコに殴ったら殴った人みんなで責任を負う

Part 0 いったいぜんたい、誰が悪いの？

これまでにも学習してきた債権と債務ですが、これはなにも契約によってのみ発生するわけではありません。

たとえば、交通事故等の不法行為によって、突然発生してしまうこともあるのです。ちなみに「不法行為」とは、誰かに損害を及ぼしてしまうようなことをいいます。そして、損害を与えてしまった人のことは「加害者」といい、被害を被ってしまった人のことは「被害者」といいます。

不法行為によって発生する債権と債務の内容は、簡単にいうと損害賠償を請求する権利とそれを支払う義務のことです。通常では、加害者がこの債務を負うことになりますが、ときには加害者以外が負うケースも。

本ステージでは不法行為と、それによって発生する債権と債務について確認していきます。

問 18 解答と解説　×　委任者が死亡したときは、その瞬間に委任契約は終了します。相続人から承諾をもらうまで義務を負うというような決まりはありません。

Part 1 不法行為とは

車で人をひいてしまった…というような**故意や過失によって違法な行為を行いそれによって他人に損害を与えてしまうことを不法行為というよ**。(709条)
被害者は加害者に対してその不法行為による損害を賠償するように請求できるんだ。

ひかれた人からすると痛いし、場合によっては仕事も休まないといけなくなるし、たまったもんじゃないですもんね。

そうだよね。この不法行為によって発生した損害賠償債務は、契約で発生したんじゃなくて、不法行為によってポンッと発生しちゃったものだから、「いつまでにやる」という期限が決まっていない。
じゃあ、いつから履行遅滞になるかというと、これは損害が発生した瞬間から履行遅滞に陥るものと考えるんだよ。(判例)

へー、被害者が加害者に対して「どーしてくれるんだ！」って請求したときからじゃないんですね。

そのとおり。被害者が請求をするまでもなく**不法行為があったときから履行遅滞になる**。その結果どんどん利息も膨らんでいくんだよ。
ちなみに、**不法行為による損害賠償請求権は被害者が、損害と加害者の両方を知ったときから3年間行使しないと時効で消滅**。
損害と加害者のどちらもを知りながら請求しないってことは賠償金はいらないんじゃないの？　ってこと。
また、**不法行為のときから20年経過しても時効になる**。

民法　第724条

不法行為による損害賠償の請求権は、被害者又はその法定代理人が損害及び加害者を知った時から3年間行使しないときと、不法行為の時から20年間行使しないときは、時効によって消滅する。

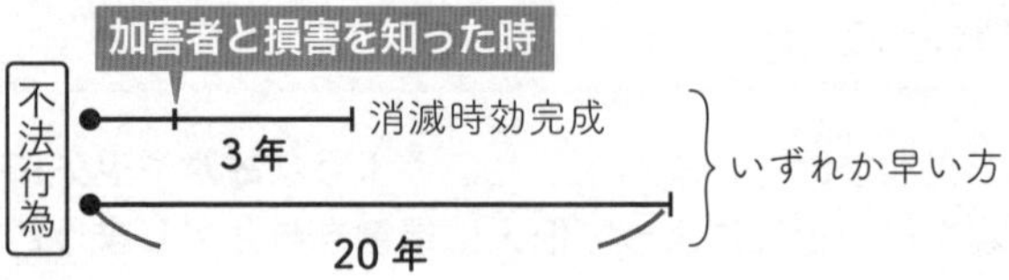

時効ということだから、もちろん時効の更新や完成猶予のルールも適用されるよ。

Part 2 営業車で事故をおこしたら…使用者責任

実は、世の中には不動産会社はコンビニと同じくらいあるんだよ。
新しくできた会社はすぐに大半が消え、また新しくできては消え…それだけたくさんの業者があると、中には大変な会社も存在する。
とある会社は夜も帰れず休みも取れずに、営業マンは毎日、毎日、午前様。
そこの営業マンはある日、疲れがたまっていたのか営業車を運転中にふと居眠りをしてしまい、次の瞬間には…○○不動産と素敵なロゴ付きの営業車で事故を起こしてしまったんだ。
(実話。当然、そんな会社は淘汰されていったのでした…)

わー…現代版コワい話ですね。

営業中に事故を起こしてしまうと、当然居眠り運転をした人は加害者だから責任がある。だけど、それだけじゃなくて、その勤め先の会社にも使用者責任というものがあって、被害者に対する賠償義務を負うんだよ。
つまり、**仕事中の不法行為は、被用者と使用者が一緒に責任を負う**んだ。(715条1項)

被害者は加害者である従業員に対しても、その勤め先の会社に対しても損害賠償請求ができるってことですね?

うん。使用者と被用者の両方に対して、同時に全額請求することができるよ。まあ、使用者か被用者だったら、使用者のほうが資産をたくさん持っているだろうから、使用者に請求した方がゲットしやすいと思うけどね。

使用者が損害賠償債務を負担してくれたら、被用者は負わなくてよいってことですね？

いや…そうはならないケースが多いよ。全額会社が払ってくれてあとはお説教で終了…ならそれはいい会社だけど、賠償した会社は従業員に対して「お前の不注意で事故になったのだから金返せ！」と求償することができる。（715条3項）

とはいえ、賠償額全額というとさすがに従業員がかわいそうじゃないですか？

だから、求償するのは信義則上相当と認められる限度で認められることになる。（判例）
ちなみに、被用者が負う損害賠償債務と使用者が負う損害賠償債務は連帯債務関係に立っていると考えられるんだ。（いわゆる不真正連帯債務）
つまり、連帯債務における求償権の行使ができるということだね。

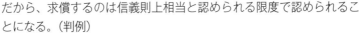

Part 3 壁が剥がれて通行人に直撃したら…工作物の不法行為

これはたとえ話だけど、〇〇不動産が借りていたオフィスの外壁が剥落して、通行人に怪我をさせてしまったらどうなると思う？

う一ん、ボクが通行人だったらまず〇〇不動産に文句を言いにいくかな…

そうだよね。まず、最初に損害賠償の責任を負うのはそこを借りて使用していた占有者、つまり〇〇不動産。
でも、占有者は損害が発生しないように必要な注意をしていたなんて場合は、占有者は責任を逃れて、所有者が責任を負うことになるよ。
所有者は無過失責任といって、たとえ自分に過失や故意がなくても責任を取らないといけないんだよ。（717条3項）

	損害賠償責任を負う順番	損害発生を防止するために必要な注意をしていたとき
占有者	一次的	責任を負わない（過失責任）
所有者	二次的（占有者が責任を負わないとき）	責任を負う（無過失責任）

工作物の不法行為はまず占有者、次に所有者が責任を負うんですね。ちなみに損害発生を防止するために必要な注意ってたとえば？

そうだな～占有者の立場で考えてみようか。外壁を見てあれ？　なんか剥がれてるな？　と気づけるような状態だったら、所有者に対して「オーナーさん、外壁が剥がれ落ちそうですけど」と伝えたりしていれば、必要な注意を払っていたというふうに判断されるかな。もちろんケースバイケースだけどね。

Part 4 複数人で殴ったら…共同不法行為

複数人でだれかに暴行を加えたなんて場合は共同不法行為という。**共同不法行為は加担した人みんなで連帯して責任を負う**ことになるよ。（719条1項）

負担する損害賠償額はどうなるんですか？
そういう暴行事件って大体、主犯格と取り巻きみたいな感じで役割分担があるでしょ。
連帯ってことは過失の割合が違っていても、みんな同じ責任を負うんですか？

うん。被害者は加害者全員に対して同時に全額の請求ができるよ。
「俺は後ろから羽交い締めしてただけで殴ってないから…」
「あいつは6発も殴ったけど、俺は1発殴っただけ…」
とか言っても、そんなの、被害者からしたら関係ないでしょ（笑）

押さえておきたい！
重要まとめ

- **使用者責任において使用者は被用者に対して求償ができるが、求償できるのは信義則上相当と認められる限度まで**
- **工作物の不法行為はまずは占有者が責任を負い、占有者が免責されたら所有者が責任を負う**

語句の意味をチェック

加害者	他人や他人の物等に対して危害を加えた人のこと
被害者	他人から犯罪により害を受けた人のこと
不法行為	他人の権利や利益を違法に侵害すること
使用者	（宅建試験においては）会社など、人を雇って使う側のこと
被用者	雇われて、使われる側のこと
使用者責任	被用者がその会社の事業のために誰かに損害を与えてしまった際に、使用者も責任を負わなければならないということ
工作物	建築物などの人工的に作られたもののこと。門や堀、看板なども工作物のひとつ

○×問題セレクション19

解答・解説は次ページ左下

Aに雇用されているBが、勤務中にA所有の乗用車を運転し、営業活動のため得意先に向かっている途中で交通事故を起こし、歩いていたCに危害を加えた場合、Aの使用者責任が認められてCに対して損害を賠償したときは、AはBに対して求償することができるので、Bに資力があれば、最終的にはAはCに対して賠償した損害額の全額を常にBから回収することができる。

stage 20

重要度 ★★☆　頻出度 ★★★

相続（そうぞく）

誰が相続人になれるのかを知ることが第一段階です。そのうえで各ポジションの法定相続分や相続の種類を理解していきましょう。問題を解くときには、混乱してケアレスミスをしないためにも家系図を書きましょう。

memo 血で血を洗う相続問題　相続人は誰？　いくらもらえるの？

理解と暗記の重要ポイント

ここがポイント！ しっかり意識して学習しよう！

①▶ 法定相続分は配偶者＋もう一種類

・子供がいれば配偶者と子供で相続

配偶者1/2　子供1/2

・子供がいなければ配偶者と直系尊属で相続

配偶者2/3　直系尊属1/3

・どちらもいないなら配偶者と兄弟姉妹

配偶者3/4　兄弟姉妹1/4

②▶ 相続人が放棄したときには、代襲相続は発生しない

代襲相続が認められるケース

① 相続開始前に子が死亡していたとき

② 子が親殺し等の相続欠格に該当したとき

③ 子が親に虐待等をして廃除されていたとき

③▶ 限定承認・放棄は相続人になったことを知った時から３ヵ月以内に行う

④▶ 限定承認は、必ず相続人全員でしなければならない

⑤▶ 遺留分の割合は、直系尊属のみが相続人である場合とそれ以外の場合で異なる

〔原則〕被相続人の財産の２分の１

〔直系尊属のみのとき〕被相続人の財産の３分の１

⑥▶ 遺留分は、配偶者、子供、直系尊属にはあって兄弟姉妹にはない

⑦▶ 遺留分の放棄は、相続開始前でもできる

問 19 解答と解説　×　確かに使用者は被用者に対して求償ができるけど、金額ではなくて、信義則上相当と認められる程度でしたよね。ということで×。

Part 0 なに？　愛人？　私の取り分はキッチリもらいますからね！

たとえ被相続人に莫大な遺産がなかったとしても、ごくふつうの一般家庭だったとしても、何かとギスギスするのが相続というイベントです。相続が発生した際に争いにならぬように、民法では、誰が相続人になるのかと、相続分の割合を規定しています。

また、遺言書に「ワシの遺産は全部愛人にあげることとする♡」なんて書かれていたことが発覚した日には、それはもう大変な騒ぎです。そんな衝撃的な遺言が残されていたときに、遺族が路頭に迷わないよう民法は、本来の相続人に対して遺留分侵害額請求権という権利を与えています。学習の取りかかりとして、まずは、基本となる法定相続人と法定相続分についてきちんとインプットすること。そして、遺留分等の細かなルールを確認していくことが重要です。そして、おおよその知識が入ったら、問題演習で家系図を書く練習を積んでいきましょう。

Part 1 遺言（いごん）

遺言というものは、いわばその人の最後の意思表示。
「ワシが死んだら愛人のA子に全てをあげますのでヨロシク」
というような遺言書が出てきたら、大変な騒ぎになるだろう。

ヨロシクって…そんな愛人に全てをあげるというような遺言もありなんですか？

うん。ありかなしかで言ったらあり。そんな遺言でも有効となるよ。
では、A子にあげるという遺言が見つかって騒然としてるときになんと今度は別のタンスから
「ワシが死んだら銀座のB子に全てをあげます」
という遺言書も出てきちゃったら？　どうなるかな？

…相当なおじいさんですね。
A子にあげるという遺言とB子にあげるという遺言で、それぞれ内容が異なりますね…どうするんだろ。

この場合は、一番新しく作成された遺言書が有効になるんだ。たとえば、A子にあげる遺言が2021年に作られたもので、B子のものが2019年に作られたものだったら、B子についての遺言は撤回したものとみなされるよ。（1022条）

おじいさん、きっとＢ子と別れてからＡ子とお付き合いしたんだろうなあ…

Part 2 法定相続分（ほうていそうぞくぶん）

相続が発生すると、誰に、どれだけというのが問題になる。被相続人のプラスもマイナスも含めて、遺産は相続されるのが原則。
「愛人のＡ子に全額あげます！」というような遺言があれば話は別だけど、遺言がない場合は法定相続分というものが定められていてそれに従って相続人が決まるんだ。(887条、889条、890条)

ドラマや映画でも、ここが最もモメるところですよね。

確かに…
法定相続人と法定相続分は次の通り。

CHECK POINT 法定相続人と法定相続分

✔ 配偶者（法律上婚姻している夫や妻）＋もう一種類の人々

・子がいれば配偶者と子で相続

配偶者1/2　子1/2

・子がいなければ配偶者と直系尊属で相続

配偶者2/3　直系尊属1/3

・子も直系尊属もいないなら配偶者と兄弟姉妹

配偶者3/4　兄弟姉妹1/4

ちなみに直系尊属（ちょっけいそんぞく）というのは、お父さんお母さんやお祖父さんお祖母さんのように、家系図でいうと上にいる人たちのこと。

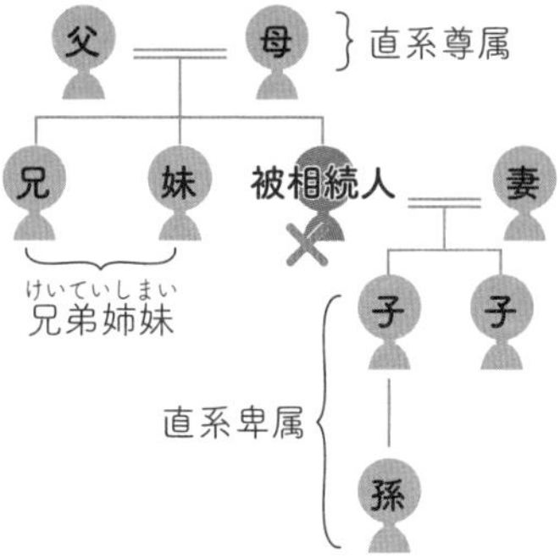

子というと胎児や非嫡出子、養子等も含まれるんだけど、相続分はみんな平等。非嫡出子だからといって半分になることはないよ。また兄弟姉妹の場合には、片親が異なることもあるけれど、この場合には相続分は他の者の２分の１となるんだ。

相続分

相 続 人	相 続 分	注意事項
配偶者と子が相続人の場合	配偶者 →２分の１ 子 →２分の１	子（嫡出子・非嫡出子・胎児・養子も含む）の相続分は平等
配偶者と直系尊属が相続人の場合	配偶者 →３分の２ 直系尊属 →３分の１	直系尊属の相続分は平等
配偶者と兄弟姉妹が相続人の場合	配偶者 →４分の３ 兄弟姉妹 →４分の１	①兄弟姉妹の相続分は平等 ②片親の違う兄弟姉妹は他の者の２分の１

Part 3 代襲相続（だいしゅうそうぞく）

配偶者と子が相続人に該当するときに、子が被相続人よりも前に死亡しているなんてケースだと、どうなりますか？

子が死亡していた場合には、もし孫がいるんだったら子の相続分は孫が代わって相続することになるよ。

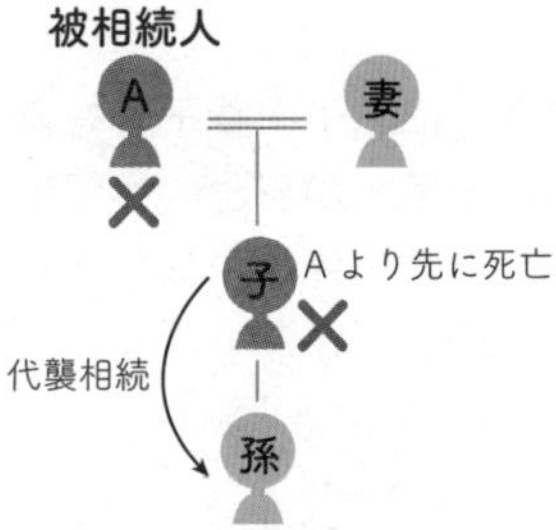

これを代襲相続というんだけど、代襲相続が認められるのは次の通り。（887条2項3項）

CHECK POINT 代襲相続が認められるケース

① 相続開始前に子が死亡していたとき

② 相続欠格事由に該当したとき

（財産目当てに親や親族を殺害、遺言書の偽造等の行為を行うと当然に欠格する）

③ 被相続人により廃除されたとき

（被相続人に対する虐待、重大な侮辱、著しい非行等により被相続人が家庭裁判所に請求することで廃除される）

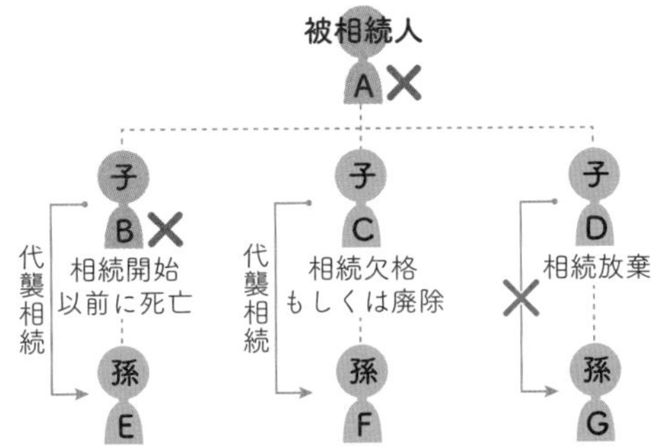

あれ？　ということは**相続人が放棄をした場合には代襲相続は発生しない**んですね？

うん、相続放棄では、代襲相続しないというのは、誰が相続人になるかという点では大きなポイントになるね。

Part 4 相続の承認と放棄

また、相続と一口に言ってもプラスの財産だけとは限らない。
たとえば町工場の社長が死んじゃって、いざ相続となったら工場の運営のために借金まみれだったことが発覚したり。

借金があるのであれば…できれば相続はしたくないなぁ。

そうだよね。その場合は「放棄」か「限定承認」という方法をとればいいよ。
まずは「放棄」から。放棄をすればプラスの財産もマイナスの財産も相続しないことになる。
次の「限定承認」っていうのは、プラスの分でマイナスを清算して、もしプラスが残るようだったらその残りだけをもらう…というふうにできる方法。
これらふたつの方法は、相続があったことを知ったときから３ヵ月以内に家庭裁判所へ申述しなければならない。もしも３ヵ月以内にしなかったら「単純承認」といって、プラスもマイナスも全て相続したことになってしまうんだ。

へー。話を聞く限りでは、限定承認がなかなか便利そうですけど。

うーん、まあ実社会では、相続するしないの段階でいくらのプラスがあって、いくらのマイナスがあるかはハッキリしてるから、実際のところはほとんど使われないけどね。
あと、**限定承認は必ず相続人全員でしなければならない**という点がちょっと厄介だね。

もし奥さんが「あの人がした借金ですもの…ちゃんと相続して返していきたいわ」なんて言い出して単純承認するんだったら、もはや他の相続人は限定承認を選べない。ってことですね（笑）

CHECK POINT

相続の承認と放棄

✔ **単純承認**

プラスの財産もマイナスの財産もすべて相続するということ

✔ **限定承認**

プラスでマイナスを清算して、プラスが残った場合のみ相続するということ

※限定承認は相続人全員でしなければならない

✔ **相続放棄**

相続権自体を放棄すること。放棄するとはじめから相続人ではなかったとみなされる

Part 5 遺留分（いりゅうぶん）

「ワシが死んだらＡ子に全部あげますのでヨロシク」
という衝撃的な遺言書が発見されたら当然、奥さんと子供たちはびっくり。

でも、遺言としてはたとえ法定相続人にとってショックな内容であったとしても有効なんですよね？

そう、遺言は有効。だから奥さんはきっと、「すべて愛人のところへ行ってしまったら、これからどう生活していけばいいのだろうか」と途方にくれてしまうはず。
それではあまりにかわいそうなので、民法で遺言によっても侵害されない相続分を定めてあるんだよ。
この侵害されない相続分のことを「遺留分」なんていう。遺留分は遺族の生活を守ってあげようという趣旨のもの。だから、**遺留分は配偶者、子、直系尊属にはあって兄弟姉妹にはない**よ。兄弟姉妹なんて、成人したら生計を同一にすることはほぼないし、半分他人みたいなもんでしょ。遺留分の割合は以下のとおり。

遺留分の計算方法

遺留分の総額	原　則	被相続人の財産の２分の１
	直系尊属のみが相続人の場合	被相続人の財産の３分の１
各相続人の遺留分	上記の総額に各相続人の法定相続分を乗じたもの	

半分他人かどうかは人それぞれだと思うけど…確かに兄弟はそれぞれ大人になったら独立しますもんね。

ちなみに、愛人にあげるっていう遺言自体は有効だから、遺留分があるにしろ一旦は全て愛人のもとに行ってしまう。
だから、奥さんは遺留分を取戻したいなら、愛人に対して
「私は正妻だから遺留分というものがあるのよ。その分はきっちり返してもらいますから」
と請求することになる。この請求のことを遺留分侵害額請求というんだよ。（1042条）

そうすると、被相続人の財産の２分の１が取り戻せるんだね。

そう。ただ、この請求は財産そのものではなく、その侵害されている額に相当する分を金銭で請求することができるんだ。

ちなみに、奥さんが、別に遺留分なんていらないわ…なんていう場合は？

もし奥さんが、愛人とケンカしてまであんな人の財産なんかいらないと思うんだったら遺留分放棄だね。
また、もし相続開始前に奥さんが、愛人にあげるという遺言があることを知ってしまって、かつ「あの人の気持ちを尊重しよう…」というんだったら、相続開始前に放棄もできるよ。

へぇー、**遺留分は、相続開始前に放棄できる**んですね。

そのとおり。でも勘違いしないでもらいたいのが、遺留分については相続開始前に放棄ができるけど、相続権自体については開始前に放棄することはできないんだ。

相続の放棄は、被相続人が亡くなって相続開始してからでないとできないってことですね。

うん。また、相続の放棄と遺留分の放棄は全く別物だからね。たとえ奥さんが事前に遺留分の放棄をしていたとしても、いざ被相続人が亡くなって、愛人への遺言が取消されていたなんて場合には、当然、相続権はそのまま奥さんにある。愛人への遺留分を放棄していたからといって相続自体を放棄したことにはならないよ。

押さえておきたい！

重要まとめ

- **限定承認は共同相続人全員でしなければならない**
- **相続放棄は相続開始前にはできず、遺留分の放棄は相続開始前にできる**

語句の意味をチェック

代襲相続	推定相続人である子または兄弟姉妹が、相続の開始以前に死亡したとき等に、その者の子がその者に代わって相続すること
遺　言	被相続人の死後の財産処分を定めた遺書のこと。相続権のない者に相続させたい等の場合に使われることが多い。遺言には、自筆証書遺言、公正証書遺言、秘密証書遺言、の方式がある
遺留分	一定の相続人が受けることを保証するために、遺産について法律上必ず留保されなければならないとされる一定割合のこと
減殺請求（げんさいせいきゅう）	相続に際して遺留分を有する相続人が、遺留分を侵害する遺贈または贈与について、自らの遺留分を保全するために必要な限度で、その効力を否定すること

○×問題セレクション 20

解答・解説は次ページ左下

A が B から事業のために 1,000 万円を借り入れている場合、A が死亡し、唯一の相続人である F が相続の単純承認をすると、F が B に対する借入金債務の存在を知らなかったとしても、F は当該借入金債務を相続する。

重要度 ★★★　頻出度 ★★★

stage 21

賃貸借(ちんたいしゃく)

民法における賃貸借の概念についてです。賃貸借契約にはどのような権利と義務があるのかをまずは理解しましょう。借地借家法との比較対象になりますから、細かい部分についてもおさえていきましょう。

memo 貸した人には貸主の権利、借りた人には借主の権利

理解と暗記の重要ポイント

ここがポイント！しっかり意識して学習しよう！

1. **賃貸借の目的物を修繕するのにかかる費用が必要費**
2. **賃貸借の目的物をグレードアップするのにかかる費用が有益費**
3. **民法における賃貸借契約は最短期間の制限なし、最長期間は50年まで**
4. **期間の定めのない賃貸借の猶予期間**
   〔土地〕1年後
   〔建物〕3ヵ月後
   〔動産〕1日後
5. **賃借人である立場を第三者に対抗するには賃借権の登記が必要**

Part 0 借主の暮らしを守る借地借家法

賃貸借契約とは賃料を払って物を借りる契約のことです。身近なものでみると、レンタカーやレンタサイクル、DVDやCDのレンタルショップのサービス等、これらも賃貸借の一種です。

民法における賃貸借では借主と貸主の立場は対等だと考えられますから、契約自由の原則が適用されます。契約期間の制限も基本的にはなく、最長期間の制限を除けば、たとえばCDの賃貸借をするときには「一日レンタル」「当日返却」も、もちろんOK。当事者間で好きな契約をして良いことになっています。

でも、賃貸借の目的物が土地や建物ではどうでしょうか。土地や建物は誰かの住まいにも関係していると考えられますから、契約自由の原則に基づいて内容は自由に決められるし、貸主と借主は対等…では、ちょっと具合が悪いかも…

そこで建物や土地の一定の賃貸借においては民法の規定だけでなく、借地借家法という特別法による規定も適用し、借主を保護することになっています。まずは民法における賃貸借についてみていきましょう。

問20解答と解説　○　そのとおり。相続人のFからしたら寝耳に水かもしれないけれど、単純承認っていうのは全部引き受けますってことだから、マイナスの遺産である借入金債務も当然相続してしまいます。

Part 1 賃貸借ってどんな状態？

賃貸借というのは当事者の一方がある物の使用及び収益を相手にさせることを約束して、相手方はこれの対価として賃料を払って目的物の引渡しを受けること。(601条)

アパートやマンションの一室等を借りるときの契約も賃貸借契約ですよね？

そうだね。ただ、建物や土地の賃貸借契約には借地借家法という法律が適用されることもあるのは念頭においておこう。民法で賃貸借における基本ルールが定められていて、土地や建物の賃貸借における特別ルールが借地借家法で規定されているんだ。

CHECK POINT 賃貸借契約のルール

- ✔ 使用収益の対価として賃料が発生する
- ✔ 賃貸借契約終了時には原状回復義務がある
- ✔ 通常損耗(つうじょうそんもう)の補修費は賃料に含まれている

センセ、通常損耗って？

そうだな～たとえばだけど、ポスターを貼っていた部分だけお日様焼けしなくて白浮きしちゃうとか、冷蔵庫の裏側が電気焼けといって黒く変色するとか…

普通に使っていれば劣化してしまうことだから、それの補修費は賃料に含まれているものと考えて、借主には請求しないでねってことですね。

原則としてはそうだね。ただし、特約で通常損耗における補修費も賃借人の負担とすることも可能ではあるよ。

Part 2 賃貸借の存続期間と更新

民法における賃貸借契約は最短期間の制限なし。契約自由の原則だから基本的には自由に決められる。
期間については短い分にはどれだけ短くても良いとされていて、たとえば都心部に最近増えているレンタサイクルなんかだと、1時間単位で借りられたりするよね。また、CDのレンタルだと1泊プランで翌朝の営業時間までに専用の返却ポストへ返却とかもあるでしょ。
ただし、最短期間については制限がなくても、**最長期間については50年まで**という制約があるんだよ。

民法　604条
賃貸借の存続期間は50年を超えることができない。契約でこれより長い期間を定めたときであっても、その期間は50年とする。

へー。でも、CDを50年借りるってあんまりなさそうですけどね。

そうだね。CDはなくても、たとえば平置きの青空駐車場を作る目的で土地を借りる場合はどうかな。平置きの青空駐車場を作る目的で土地を借りる場合には、借地借家法ではなく民法の規定が適用される。つまり、その契約期間は最長で50年。
もちろん、期間が満了したら貸主と借主の間で「引き続きよろしく」というように合意による更新は可能だよ。
期間は満了したんだけどそのまま借主が使い続けていて、貸主も特に文句を言わないという場合にも、自動的に更新される。

では、期間を定めないで貸借していた場合はどうなりますか？

その場合は更新という概念はないから、賃貸借をやめたくなったときに申入れをしましょうという考え方。
契約をやめたくなった場合は各当事者はいつでも解約申し入れができる。解約申入れから一定の期間が経過することによって契約は終了するんだ。

賃貸借の存続期間等（民法の規定）

契約期間	最長期間	50年
	最短期間	制限なし
更新・解約申入れ	期間の定めがある場合	① 原則として、期間満了によって終了する。ただし、更新することができる。 ② 期間満了後に賃借人が賃借物の使用・収益を継続し、賃貸人がこれを知りながら異議を述べない場合、契約を更新したものと推定される（黙示の更新）。 →この場合、各当事者は、解約申入れができる。
	期間の定めがない場合	当事者は、いつでも解約の申入れができる。この場合、解約の申入れの日から ① 土地の賃貸借の場合：1年 ② 建物の賃貸借の場合：3ヶ月 を経過することによって終了する。

Part 3 必要費と有益費

賃貸借契約は賃貸人と賃借人との間の契約。
賃貸人は賃料をもらう権利とちゃんとした状態で物を貸す義務を持っていて、一方の賃借人は物を貸してもらう権利と賃料を払う義務を持っているよ。

債権と債務が表裏一体ということですね。ちなみに「ちゃんとした状態で貸す」というと？

簡単にいうと、もしも故障したら賃貸人の負担で直してねってこと。
賃貸マンションなんかで良くあるのが、お風呂の追焚き機能が壊れた〜とかのトラブルだね。
賃貸人は賃料をもらう代わりにちゃんと使える状態にしといてあげないといけないという義務を負っているから、壊れたら修繕しなければならない。

ということは、壊れたら賃貸人に言えば直してくれるってことですね。

そのとおり。この**賃貸借の目的物を修繕するのにかかる費用を「必要費」という**よ。もし賃貸人の代わりに賃借人が必要費を立て替えたなんて場合はすぐに返してもらえる。

CHECK POINT 借主が自ら修繕できるケース

① 借主が貸主に修繕が必要である旨を通知するか、貸主が修繕が必要なことを知ったにもかかわらず、貸主が相当な期間内に修繕をしてくれない場合

② 急迫の事情がある場合（台風で窓ガラスが破損した場合等）

つまり、貸主がなかなか直してくれないか、台風で屋根が飛んじゃってすぐに直さないといけない…などの差し迫った事情があるときでないと借主が勝手に直してはいけないということですね。

そうだけど、見方を変えると上記のケースに該当すれば借主は自らが修繕をする権利があるってことでもあるね。なかなか直してくれない貸主も世の中にはいるだろうからね。

民法607条の2

賃借物の修繕が必要である場合において、次に掲げるときは、賃借人は、その修繕をすることができる。

一　賃借人が賃貸人に修繕が必要である旨を通知し、又は賃貸人がその旨を知ったにもかかわらず、賃貸人が相当の期間内に必要な修繕をしなかった場合。

二　急迫（差し迫った）の事情がある場合。

さらに、「有益費（ゆうえきひ）」っていうのもあって、これは賃借人が和室を洋室にリノベーションした！　なんてときの費用のこと。

つまり、**賃貸借の目的物をグレードアップするのにかかる費用を「有益費」という**ってことですね。

この有益費は賃貸人にすぐに出してもらえるかというとそうではない。退去時にその工事の結果、価値が増加しているとき限定で、工事にかかった費用か、増加した価値の額のどちらかを、賃貸人の選択で返してもらえることになっているんだよ。

どうして必要費と違って有益費は工事をしたときに、すぐに請求できないんですか？

必要費の場合は、賃貸人はキチンとした状態で貸してあげる義務を負っている…つまり、修理にかかる費用を賃貸人が負担する義務があると考えられる。だけど、元から和室だった部屋を洋室にリノベーションするのはどう思う？　別に和室でもちゃんと生活できるし何の問題もないでしょ。
だから有益費は必要費と違ってすぐに請求できないんだよ。

賃貸人・賃借人の権利義務

	賃貸人の権利義務	賃借人の権利義務
修　繕	義務：修繕をしなければならない	義務：保存行為を受け入れなければならない
修　繕	権利：目的物の保存に必要な行為を賃借人の意思に反しても行うことができる	権利：修繕を賃貸人に請求することができる
必要費	必要費を支払う義務	必要費を賃貸人に直ちに返せと請求する権利
有益費	有益費を償還する義務（支出された費用、または増加した価格のどちらかを貸主が選択できる）	賃貸借契約終了時に目的物の価格の増加が存在している限り、有益費を賃貸人に償還請求できる

Part 4 一部滅失等の賃料減額と解除

たとえば、建物の賃貸借をしていたときに、その建物の一部が漏水とか床が抜けたりして使用できなくなったらどうなると思う？　あるいは一部が落雷で燃えて滅失しちゃったら？

え…もしボクが借主だったら、貸主にすぐに直してもらいたいなと思いますが、一部分であっても修理してもらうまで使えなくなるとすると、困っちゃいますよね。

そうだよね。それに賃貸借という契約は、賃貸人と賃借人との間での契約で、賃貸人は「ちゃんとした状態で貸す」という義務があるわけだから、もしも目的物の一部が滅失した、あるいは一定期間使用できなくなったなんてときには、賃料はそれに応じて減額されるというルールもある。

確かに借主の立場からすると、滅失した分は賃料を安くしてもらいたいですもんね。

うん、しかもこの減額は借主から減額請求をしなくても、滅失があったということでその割合に応じて、当然に賃料は減額されると考えられるんだ。ただし、この賃料の減額は、目的物の滅失等の損傷が借主の過失ではないとき限定。借主の過失で滅失したなんて場合は、反対に借主の責任で直さないといけないでしょ。

民法611条1項

賃借物の一部が滅失その他の事由により使用及び収益をすることができなくなった場合において、それが賃借人の責めに帰することができない事由によるものであるときは、賃料は、その使用及び収益をすることができなくなった部分の割合に応じて、減額される。

センセ。もし一部が使えなくなってしまったことによって、その建物を借りている目的が達成できなくなった場合はどうなんだろう？賃料減額してもらうより、契約をやめたいってときもありますよね？

そうだね…たとえば建物の１階が浸水して使い物にならなくなり、２階部分だけでは暮らしていけない…なんて場合には、契約を解除することも可能だよ。

民法611条2項

賃借物の一部が滅失その他の事由により使用及び収益をすることができなくなった場合において、残存する部分のみでは賃借人が賃借をした目的を達することができないときは、賃借人は、契約の解除をすることができる。

この解除は、たとえ滅失等が借主の責めに帰すべき事由であったときでも可能という点は要注意。

つまり、借主が原因で建物の1階が浸水してしまって使い物にならなくなったとしても、借主は解除できるってこと？

そういうこと。なんだか図々しいような感じもするけど、借りている目的を達成することができなくなった以上は、その契約を存続させるのも生産性がないから､解除できるものとされるんだ。もっとも、借主の過失で滅失等があったなら、当然その責任を負って、修繕にかかる費用や損害は借主が負担することになるけどね。

Part 5 借りているという立場を第三者に対抗するには

たとえば先の例のように、平置き駐車場を運営するために土地を借りていたなんてケース。
その土地が第三者に売却されて所有者が変わった場合等に、**賃借人である立場を第三者に対抗するには賃借権の登記が必要。（605条）**

へえ、賃借権も登記ができるんだ。

賃借権も、もちろん登記可能だよ。でも、賃借権の登記は所有者と共同で手続きしないといけないから､実際のところは滅多にできないけどね。

どうして実際のところは滅多にできないんですか？　登記した方が第三者に対抗できて良さそうなのに。

土地の所有者からしたら賃借権の登記をさせると、もし売るとなったときに「オーナーチェンジ物件」（誰かに貸している状態で売られる物件、収益用として投資家が購入する）としてじゃないと募集が出せなくなっちゃう。
そうすると､実際に自分でその土地に建物を建てて使いたいという「実需」のニーズを漏らしてしまい、結果として市場性が下がる。こんな理由から、所有者が嫌がって賃借権の登記はさせてもらえないのが実情。

なんか難しいな…まあ机上の理論と現実は異なりますよね。

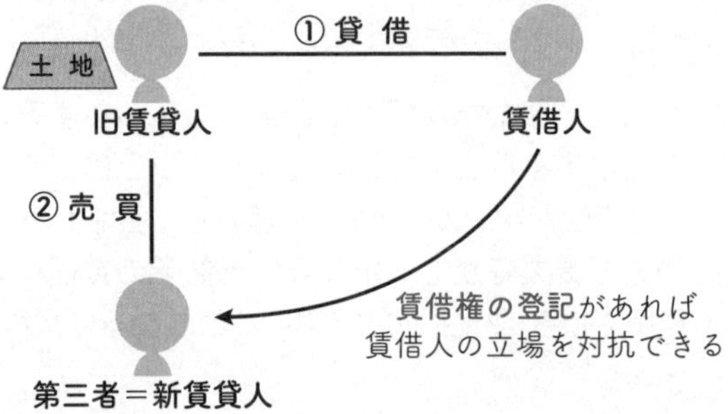

Part 6 転貸借（てんたいしゃく）、サブリースについて

また賃貸借においては、又貸しをしたときのことも考えないといけない。

又貸し？　自分が借りているものを他の人に貸すってことですか？

そう、そのとおり。転がして貸すということで転貸借というのだけど、関係性としては次のようになる。

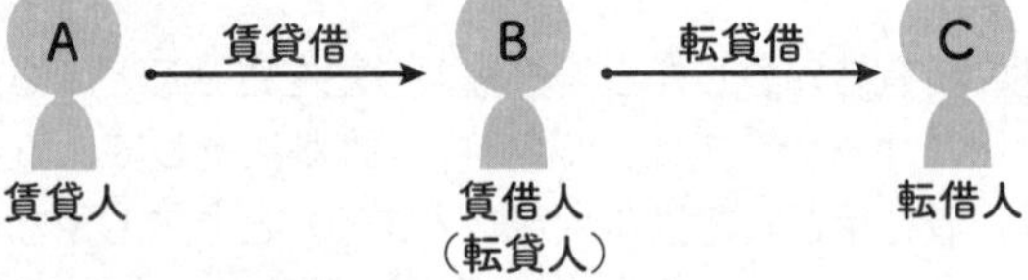

元の所有者で最初に貸す人のことを賃貸人、借りた物件を自分では使用せずに又貸しする人のことを賃借人もしくは転貸人といい、転貸人から物件を借りている人のことを転借人なんてふうにいうよ。

センセ、そもそも人から借りたものを別の人に貸してもいいんですか？

うん。でも転貸をするためには賃貸人の承諾が必要なんだ。
勝手にどこの馬の骨かもわからない人に、自分の大切な資産を又貸しされてたら困るでしょ。
だから、賃貸人の了承もない状態で勝手に転貸借が行われたなんてときには、背信的行為があったとみなされて、賃貸人は契約を解除することができるんだ。(612条)

背信的行為ということは、貸主との信頼関係が壊れてしまったら貸主は解除できるということですね。

でも、たとえば離婚して戻るところがない妹に短期的に貸してあげたなんて場合は、背信的行為があったとはいえない可能性もある。**背信的行為と認めるに足りない特段の事情があるときは、賃貸人は賃貸借契約を解除することができない**んだ。(判例)

Part 7 敷金（しききん）ってどんなもの？

次は賃貸借における敷金について確認していこう。敷金というのは、万が一賃借人がお金を払えなくなった時などのために貸主が預かっておくお金のこと。(622条の2第1項かっこ書)

マンションを借りる時なんかによく目にしますよね。敷金礼金はそれぞれ何ヵ月ずつ…なんて感じで。

そうだね。ちなみに礼金は、権利金ともいうけど貸主に交付されて返還されないお金のこと。一方の敷金は、契約終了後に残った債務を清算したらきちんと返還されるよ。とはいえ、賃貸人が負っている「敷金の返還債務」と、賃借人が負っている「建物の明渡し債務」は同時履行の関係に立たない。

同時履行の関係ではないということは、せーの！　で同時に履行するのではなくて、どちらかの履行が先で、どちらかが後ってことですよね？

そのとおり。建物の明渡しが先履行で、敷金の返還債務は後履行というルール。敷金からは室内の破損などの損害も敷金から精算することがあるから、そうしないと、建物の利用状況等がわからなくて、敷金をいくら返還すればいいか計算ができないでしょ。

Part 8 敷金の権利と義務

敷金は賃貸人が預かっておくものだけど…もしも賃貸借の期間内に賃貸借の目的物である建物が売却されて、所有者が変わったらどうなるかな？実務においては、こういうのをオーナーチェンジといったりするけど。

建物の所有者が変わるということは、基本的には賃貸人は新しい所有者になるのかな？そうしたら、敷金も、新しい所有者のところに移りそうだけど。

そのとおり！建物の売買などが行われて所有者が代わり、賃貸人の地位が承継されたときには、それに伴って敷金の権利義務も新しい賃貸人に承継されるんだ。（605条の２第４項）

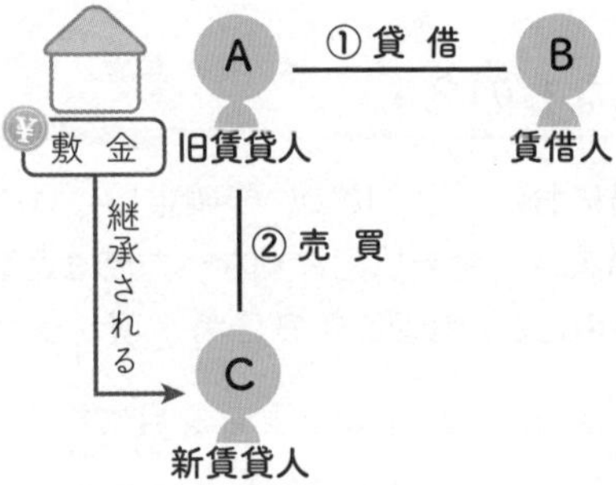

では、センセ、貸主の立場ではなく借主の立場が承継されたときはどうなりますか？

賃借人の立場を誰かにあげる（売却）するのは賃借権の譲渡なんていうけど、この場合は賃貸人の立場が承継された場合とは異なり、敷金に関する権利義務は、新しい賃借人には承継されないよ。

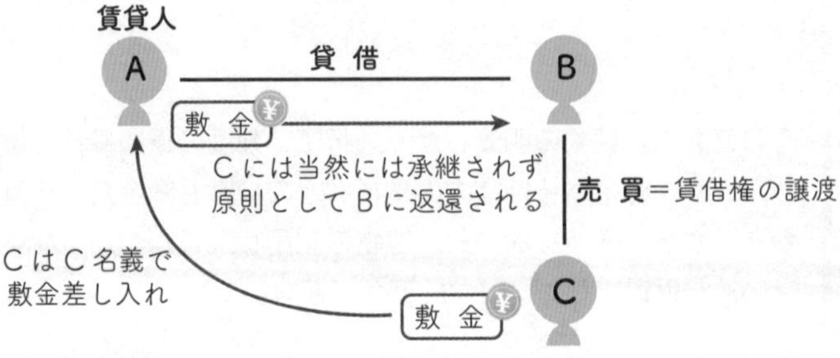

だって、旧賃借人のＢからしたら、いま賃貸人に預けている敷金は元はと言えば自分のお財布から出したものなんだから、賃借人の立場でなくなった以上は返して欲しいでしょ。
だから、Ｂの敷金はＢが取戻して、新しい賃借人のＣが、自分のお財布から新たに敷金を預け入れるんだ。(622条の２第１項２号、判例)

押さえておきたい！
重要まとめ

敷金の権利と義務のまとめ

- **賃貸人の地位が承継されたら敷金も承継される**
- **賃借人の地位が承継されても原則として敷金は承継されない**

語句の意味をチェック

賃貸借	賃料を払って物を借りること
必要費	賃貸借の目的物を修繕するのにかかる費用のこと
有益費	賃貸借の目的物の価値を増加させるためにかかる費用のこと
修繕	傷んだり、悪くなったところをつくろい直すこと
敷金	契約時に貸主が預かるお金のこと。もし借主に債務不履行があれば、貸主はこれから差し引くことができる
礼金	建物の賃貸借契約を締結する際に借主から貸主へ支払われ、返還されない金銭のこと
権利金	借地権などの権利を設定することへの対価として貸主に支払われる金銭のこと

○×問題セレクション 21

解答・解説は次ページ左下

Ａが所有している甲土地を平置きの駐車場用地として利用しようとするＢに貸す場合、ＡＢ間の土地賃貸借契約の期間は、ＡＢ間で60年と合意すればそのとおり有効である。

stage 22

重要度 ★★★　頻出度 ★★★

借地借家法（しゃくちしゃっかほう）

わー！ なんか年数がたくさん出てくる～！ と苦手意識を持たないこと。インプット・アウトプット共に、借地借家法が誰の味方をしている法律なのかを念頭において進めていきましょう。

memo 借地借家法はかわいそうな借主の味方

理解と暗記の重要ポイント

ここがポイント！ しっかり意識して学習しよう！

借　家

①▶ **最長期間の制限はなし**

②▶ **１年未満の賃貸借契約を結んだ場合には期間の定めがない賃貸借契約を結んだことになる**

③▶ **賃料を増額しない特約は有効だけど、賃料を減額しない特約は無効**

④▶ **貸主側からの更新拒絶には正当事由が必要**

⑤▶ **法定更新**

① 期間満了の1年前から6ヵ月前までの間に、更新拒絶の通知がなければ更新される

② 賃貸人が正当事由ある更新拒絶の通知をした場合でも、賃借人が期間満了後も建物の使用を継続しているときは、賃貸人が遅滞なく意義を述べなければ更新される

⑥▶ **期間の定めのない賃貸借の猶予期間**

貸主…６ヵ月経過で終了※要正当事由

借主…３ヵ月経過で終了

⑦▶ **造作買取請求権を排除する特約は有効**

⑧▶ **建物賃借権の第三者への対抗要件は物件の引渡し**

⑨▶ **定期借家契約は更新がなく期間満了で終了する賃貸借契約**

借　地

⑩▶ **借地権の当初の存続期間は 30 年以上**

⑪▶ **更新１回目は 20 年以上、２回目以降は 10 年以上の存続期間**

問 21 解答と解説　×　平置きの青空駐車場は民法の規定が適用。民法における賃貸借は最短期間の制限はないけど最長期間は MAX で 50 年まででしたよね。

⑫ 借地上の建物の滅失と再築

〔当初の存続期間中の建物滅失〕

築造についての借地権設定者の承諾あり ………………　（存続期間）延長する

築造についての借地権設定者の承諾なし ……………　（存続期間）延長しない

〔更新後の建物滅失〕

築造についての借地権設定者の承諾あり ………………　（存続期間）延長する

築造についての借地権設定者の承諾なし ………………………………　築造不可

⑬ 建物賃借権の対抗要件は賃借人名義の建物登記

⑭ 定期借地権は公正証書による等書面によって契約しなければならない

⑮ 事業用定期借地権は公正証書によって契約しなければならない

Part 0 借主を守る借地借家法

建物を所有する目的で、賃料を支払って地主さんから土地を借りたり、地上権といって、他人が所有している土地を使用する権利を設定したりすることを、まとめて「借地権」といいます。そして、借地契約における地主さんは「借地権設定者」と呼ばれ、土地を貸してもらって使用する人は「借地権者」です。

さて、借地権設定者と借地権者では一体どちらが立場は強いでしょうか？当然、土地を所有している借地権設定者のほうが力関係では上だと考えられます。借地権設定者の都合で出てけと急に土地を追い出されてしまったら、借地権者、つまり賃借人はせっかく建てて暮らしていたお家に住めなくなってしまいます。

また、これは建物の貸借においても同様です。急に賃貸人から「契約を終了するから３ヵ月後には出て行って」と言われて追い出されてしまったら、場合によっては家なき子になってしまい、借主は途方に暮れてしまうことでしょう。

そんな立場の弱い借地権者のために存在するのが借地借家法という法律なのです。

Part 1 借家における借地借家法の規定

まず建物の賃貸借においては賃借人の立場を保護するために、原則、借地借家法を適用するんだ。（1 条）あ、一時使用として借りたことが明らかな場合やタダで貸借する使用貸借といった場合には、民法の規定が適用されるけどね。（40 条）

一時的に建物を借りるってどんなケースだろう？

そうだなあ。たとえば2、3日コテージを借りるときや、選挙用の事務所としてオフィスを借りるときなんかは、一時使用であることが明らかだよね。

CHECK POINT 借地借家法の適用範囲

- ✔ 建物の賃貸借は原則として借地借家法の規定を適用する
- ✔ 一時使用目的、使用貸借の場合には借地借家法は適用されない

借地借家法は存続期間についても民法とは異なる規定があるんだ。民法においては賃貸借の上限は 50 年と決められているけど、**借地借家法は最長期間の制限はなし。**

借主が長く借りられるということはそれだけ賃借人保護になるという考え方から、長い分にはいくらでもどうぞ！　ってことかな。

そうだね。最短期間についても特段制限はないんだけど、もし**1 年未満の賃貸借契約を結んだ場合には期間の定めがない賃貸借契約を結んだことになる**んだよ。（29 条 1 項）また、賃料についての定めもあって、**賃料を増額しない特約は有効だけど、減額しない特約は無効。**（32 条）

減額しない特約は賃借人にとって不利だけど、増額しないのは賃借人にとって有利だからですね。

Part 2 期間の定めがある契約について

契約期間を決めると当然終わりが来るでしょ。
その期間が満了する1年前から6ヵ月前までの間に貸主借主双方が期間満了のときに、「もう終わりにしようか？」「そうね…」というように更新拒絶の通知っていうものを発しなければ、契約は自動的に更新されていく。（26条）こういうのを法定更新と言う。
ちなみに**賃貸人からの更新拒絶には正当事由が必要**なんだ。（28条）

正当事由が必要…そもそも正当事由って何ですか？

貸主・借主のどちらがよりその建物を必要としているか、貸主から立退料は出るのかや、ふたりのこれまでの関係性（賃貸借の従前の経過）はどうだったかしら等々…諸々を総合的に考慮して判断するのが正当事由。まあ、正当事由はなかなか認められない。

なるほど。借主が簡単に追い出されないように保護しているんですね。

正当事由の内容（6条）

①	賃貸人及び賃借人が建物の使用を必要とする内容
②	建物の賃貸借に関する従前（これまで）の経過
③	建物の利用状況や建物の現況
④	賃貸人が提供する財産上の給付の申出

また、賃貸人が正当事由のある通知をして、期間満了しても、そのまま賃借人が素知らぬ顔してその建物を使い続けていて、賃貸人もそれに遅滞なく文句を言わないなんて場合も法定更新される。
たとえば、期間満了しても居座り続ける賃借人は、呑気にお庭で洗濯物をぱたぱた。そこに通りかかった賃貸人は、賃借人が出ていかないことに文句を言うでもなく、ひとこと「おはよう～今日は洗濯日和でよく乾きそうね～」
とかそんなイメージ。

賃貸人から更新拒絶の通知をしといて、そんなことあるのか疑問ですが…賃貸人が異議を述べないのなら、使いたい賃借人にそのまま使わせてあげたほうがいいですもんね。

法定更新されるとき

法定更新①	期間満了の１年前から６ヵ月前までの間に、更新拒絶の通知をがなければ更新される ※賃貸人による更新拒絶の通知には「正当事由」が必要。 正当事由の有無は、賃貸人と賃借人が建物の使用を必要とする事情や、賃貸借の従前の経過、建物の利用状況・現況、賃貸人による立ち退き料支払いの申し出の有無を総合的に考慮して判断される。
法定更新②	正当事由ある更新拒絶の通知をした場合でも、賃借人が期間満了後も建物の使用を継続しているときは、賃貸人が遅滞なく意義を述べなければ更新される

Part 3 期間の定めのない契約について

期間の定めをしていない賃貸借契約の場合は、ここで終了という区切りがないから、解約の申入れで終了する。
賃借人から「もうサヨナラしましょ…」というときには正当事由は不要で、民法の原則的なルール通り、解約の申入れから３ヵ月が経過するとおしまい。

あ、もしかして、賃貸人からのサヨナラにはやっぱり正当事由が必要ですか？

察しがいいね！　期間の定めのない契約においても賃貸人からの解約申入れには正当事由が必要で、申入から６ヵ月経過で終了。(27条)

借家契約の存続期間等

① 契約期間	最長期間	制限なし（民法は50年）
	最短期間	制限なし →ただし期間を１年未満とした場合、期間の定めがないものとみなされる。
② 更新・解約申入れ	期間の定めがある場合	（1）当事者が期間の満了の１年前から６ヵ月前までに相手方に対して更新をしない旨の通知をしなかった場合、契約を更新したものとみなされる（法定更新）。 →通知をした場合でも、期間満了後に賃借人が使用を継続し、賃貸人が遅滞なく異議を述べなかった場合、更新したものとみなされる（法定更新）。 （2）賃貸人による更新拒絶の通知には、「正当事由」が必要である。
	期間の定めのない場合	（1）賃貸人が解約の申入れをした場合、賃貸借契約は、解約の申し入れの日から６ヵ月の経過により終了する。 →解約申入れをした場合でも、その日から６ヵ月経過後に賃借人が使用を継続し、賃貸人が遅滞なく異議を述べなかった場合、更新したものとみなされる（法定更新）。 （2）賃貸人による解約の申入れには、「正当事由」が必要である。

※法定更新後の契約は従前の契約と同じとなる。ただし、存続期間の定めのないものとなる。

Part 4 エアコンつけてもいいですか？　造作買取請求権

冬の寒さはコタツや布団に潜ればなんとかなるかもしれないけど、夏の暑さはエアコンがないとどうにもね…
借地借家法ではエアコン等の造作の取付けについても一定のルールを設けているよ。
エアコンをつけるときには壁に穴を開けたりして工事をするわけだから、エアコン、つまり造作物の取付けには建物の賃貸人の同意が必要。

確かに勝手に造作物を取り付けられたら賃貸人としては困っちゃいますよね。

そして、賃貸人の同意のうえで設置したエアコン等の造作は退去時に賃貸人に買い取ってもらえるんだ。
「私のエアコンは思い出と一緒に置いていくわ、大切にしてね…（時価で買い取ってね）」
と賃借人が意思表示をすれば賃貸人がイヤでも売買契約が成立したことになる（形成権）。この請求できる権利のことを造作買取請求権というよ。（33条）

え、ということは、貸主は買い取らないといけないんですか？
いざ請求されて、最新モデルとかの高性能でお高いのがついてたら、ちょっと出し渋っちゃうかもな…

貸主の立場で考えるとそうだよね～。
もし私が賃貸人だったらエアコンを取り付けたいと相談されたら、ふっと頭に「造作買取請求権」って文字が浮かんできてしまって同意しないかも。「エアコンなんて贅沢しないで扇風機をつかいなさいよ！」くらい言っちゃう。

なんだか、いじわるな賃貸人ですね。

…でも、きっとそういう賃貸人も世の中には一定数いるでしょ。
だから、賃借人の快適な生活を保護してあげるために**造作買取請求権を排除する特約は有効**なんだ。（33条、37条）
賃借人の権利を認めない特約だから、無効なんじゃないか…と感じるだろうけど、異なる角度から考えてみよう。

同意がもらえなくて、酷暑の中、エアコン無しで生活するなんて事態にならないように、ある意味で賃借人を守っているんだよ。

一見すると不利なようでも、実は賃借人のために、造作買取請求権を排除する特約はOKになっているんですね。

Part 5 建物賃借権の第三者への対抗要件

賃借人が使用している建物が売却されて、賃貸人から第三者へ所有権が移転したなんてときにも、借地借家法は賃借人を守っている。
民法賃貸借ルール（P222　ステージ21）だと、賃借人が建物を使い続けるためには賃借権の登記が対抗要件だったよね。

でも、実際のところ賃借権の登記をさせてもらえるかっていうとそれは難しいんですよね？

そうそう、オーナーからしたら売却するときの市場が狭くなるからね。
だから、借地借家法では登記に代わる対抗要件を用意してあげている。
借家における賃借人の対抗要件は物件の引渡しを受けること。(31条)

賃借人である立場を第三者に対抗するには、物件の引渡しを受けていればOKってことですね。

Part 6 転貸借の原賃貸借契約がおわったら

賃貸人からの承諾を得た上で、転貸借が行われていたとして、大元の賃貸借契約が終了したらどうなるんですか？　転貸借も一緒に終了して、転借人は出ていかないといけないんですか？

その場合はね、原賃貸人と原賃借人（転貸人）がどんな別れ方をしたかでそれぞれ異なるんだよ。

CHECK POINT 期間満了・解約による終了の場合（34条）

原賃貸人が転借人に対して原賃貸借契約の終了を通知して、通知から6ヵ月経過すると転貸借契約も終了する

原賃貸人と原賃借人による合意解除（民法 613 条 3 項）

合意解除は転借人には対抗することができない
（合意解除を理由として転借人に明渡しを請求できない）

原賃借人（転貸人）による債務不履行解除（判例）

原賃貸人が転借人に対して返還請求をしたら転貸借も終了する
原賃貸人は転借人に対して賃料支払いの機会を与える必要もなし

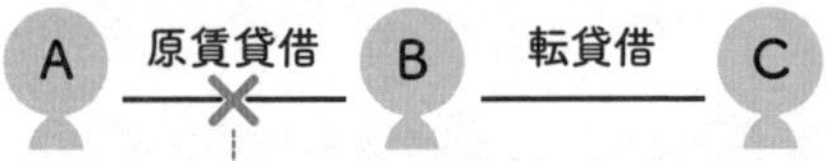

- 期間満了……………通知から６ヵ月で転貸借もおしまい
- 合意解除……………転貸借は原則そのまま
- 債務不履行解除 ….転借人を追い出せる

Part 7 トクベツな借家契約：定期建物賃貸借契約（ていきたてものちんたいしゃくけいやく）

普通借家契約だと貸主から契約を終わらせるには正当事由が必要、つまり、なかなか出ていかせることができない。
そこで便利なのが、定期建物賃貸借契約（定期借家契約）。（38 条）
定期借家契約は更新がなく、正当事由の有無に関わらず期間満了で終了する契約なんだよ。

へえ、そんなのもアリなんですね。

うん、転勤で数年間家をあけることになったからその間誰かに貸すか～等というケースにも使えるし、貸主と借主の立場を変えて考えても、数年間転勤で東京に来ることになったからその間だけ借りたい…っていう需要もあるでしょ。

あとは、借主がどうにも馬が合わないような人だったとしても、普通借家契約だとなかなか出ていかせることができないけど、定期借家契約なら期間満了時にスパッとおしまいにできるという点がやっぱり魅力なのかな？

それは確かに、かなり大きな魅力だよね。
そのためか、最近湾岸エリアや都心部のタワーマンションは、定期借家契約として募集を出すのが流行みたい。
ただ、定期借家契約は特殊な契約形態になるから、特別ルールが設けられている点は注意だね。

定期建物賃貸借についてのルール

期　　間	当事者が合意した期間（1 年未満とすることもできる）
方　　法	賃貸人が事前に賃借人に書面を交付し、 更新がなく期間満了により終了する旨を説明する ↓ 公正証書等の書面で契約する ↓ （契約期間 1 年以上の場合） 期間満了の 1 年前から 6 ヵ月前までに 賃貸人が賃借人に終了する旨の通知をする ↓ 期間満了により終了
賃借人からの 中途解約	転勤・療養・親族の介護等のやむを得ない事情により、賃借人が自己の生活の本拠として使用することが困難になったときは、賃借人は解約申入れができ、申入れから 1 ヵ月経過で賃貸借契約は終了する※床面積 200㎡未満の居住用建物限定※
特別ルール	賃料を減額しないという特約も有効

Part 8 借地における借地借家法の規定

次は土地について。建物を建てることを目的とした賃借権や地上権のことをここでは借地権と総称する。そして建物所有を目的とした借地権は借地借家法の規定が適用されるんだ。（1 条）ただし、建物所有であっても、一時使用目的の場合には適用されないよ。（25 条）

CHECK POINT 土地における借地借家法の適用範囲

- ✔ 建物所有を目的とした地上権、賃借権は原則として借地借家法の規定を適用する
- ✔ 一時使用目的である場合には適用されない

また、賃貸人つまり地主さん等を「借地権設定者」といって賃借人を「借地権者」というふうに呼ぶこともある。

借地権設定者、借地権者…ちょっと混乱しそうですね。

そうだね。間違えないように問題は丁寧に読まないとね。
建物を所有するってことは、ある程度長く借りられるようにしてあげないと賃借人がかわいそう。
だから、**借地権の当初の存続期間は 30 年以上**でなければならない。（3 条）30 年より短い、もしくは期間を定めなかったときも 30 年で契約したことになるんだ。

たとえば 40 年や 60 年のように、30 年より長い期間だと？

30 年より長ければ、契約で定めた期間で OK。長く借りられれば借りられるほど、賃借人にとって有利でしょという考え方だね。

Part 9 当初の期間がおわったら…契約の更新

借家と同様、契約期間が満了するとなると契約を更新するかどうかが問題になるけど、借地契約は次のような状態だと更新となるよ。

CHECK POINT 借地契約が更新されるケース（5条）

- ✔ 両者が合意してるとき（合意による更新）
- ✔ 借地権者（借主）が「まだ使いたい」と請求して、借地権設定者（貸主）が遅滞なく正当事由のある異議を述べなかったとき（請求による更新）
- ✔ 借地権者が期間満了後も何食わぬ顔で土地を返さず使用しており、借地権設定者が遅滞なく正当事由のある異議を述べなかったとき（法定更新）

やっぱり賃貸人には正当事由が求められるんですね。

そりゃそうでしょ。
でも、請求によって更新する場合や法定更新は、賃貸人としては貸し続けることに合意をしているというわけではない。だから、借地の上に建物があるときにしか更新されないんだ。建物が存在しないんだったら、現に賃借人はそこを使用しているとは考えにくいから、無理に更新しなくてもいいんじゃない？　ってこと。

なるほど。ちなみに、更新時にはまた契約期間を決めますよね？

うん、土地の賃貸借は期間を定めることになってるからね。
更新1回目は20年以上、2回目以降は10年以上の存続期間としなければならないんだ。（4条）
ちなみに、借地については期間を定めないという概念がなくて、期間を定めなくても上記の年数の契約をしたものとされる。

当初の契約が30年でしょ、次が更新で20年、それ以降は10年、10年…となるのかぁ。

借地契約の存続期間等

（1）契約期間・更新

契約期間	最長期間	制限なし
	最短期間	30年
更　　新	期間の定めがある場合	① 当事者の合意があれば更新される（合意による更新）。 →契約期間は、更新日から10年以上（最初の更新の場合、20年以上）とする。 ② 借地権者が契約の更新を請求したときは、建物がある場合に限り、従前の契約と同一の条件で契約を更新したものとみなされる（請求による更新）。 ③ 借地権の存続期間が満了した後、借地権者が土地の使用を継続するときも建物がある場合に限り、従前の契約と同一の条件で契約を更新したものとみなされる（法定更新）。 ④ ②③の場合でも、借地権設定者が遅滞なく正当事由ある異議を述べたときは、契約は更新されない。
	期間の定めのない場合	当事者が期間の定めをしなかった場合、存続期間は10年（最初の更新の場合、20年）となるので、存続期間は定められることになる。

（2）正当事由の内容

①	借地権設定者及び借地権者が土地の使用を必要とする事情
②	借地に関する従前の経過
③	土地の利用状況
④	借地権設定者が提供する財産上の給付の申出

Part 10 ショック、家が滅失しちゃったら…

借地上の家が火事で全焼しちゃった…そしたら、そのまま諦めてその地を去るか、せっかく土地を借りているんだから建て直すかといった選択を迫られる。
「もう一回、建て直すぞ！」という場合に問題になるのが、借地権の存続期間が延長するのかどうかという点。

30年や20年等と契約時や更新時に定めていた年数を延ばすってことですか？

うん。建物って洋服なんかと違って、一度建てたら何十年も使えるわけだから、途中で新築するなんてことになったら契約期間を延長してあげたほうがいい。（7条）
でも、勝手に新築されて「はい、延長しましたー」と言われても、賃貸人が気の毒だから、延長するには一定の条件があるんだよ。

借地上の建物の滅失と再築

建物が滅失した時期	築造についての借地権設定者の承諾	存続期間の延長
当初の存続期間中の建物滅失 →借地権は消滅しない （解約申入れできない）	あり	**延長する** →承諾日と築造日のうち早い日から20年間存続
	なし	**延長しない**
更新後の建物滅失 →借地権は消滅しないが、借地権者が解約申入れをすることができ、解約申入れから3ヵ月経過で借地権は消滅する	あり	**延長する** →承諾日と築造日のうち早い日から20年間存続
	なし	**築造不可** →無断で築造すると、借地権設定者から解約申入れができ、3ヵ月経過で借地権は消滅する

Part 11 サヨナラ、私のお家は買い取ってね。建物買取請求権（たてものかいとりせいきゅうけん）

次は契約満了時に更新しないとなったケースについて。
契約を更新しないとなると、土地の上にある建物はどうしましょうかという話になる。
壊すと勿体無いから、賃借人は賃貸人に対して「あんなことやこんなこと、思い出いっぱいの私の建物…大切にしてね（時価で買い取ってね）。」と建物買取請求権を行使できるんだ。（13条）
借家のエアコンと同じで、請求した瞬間に売買契約は成立。

えーー、そんなのアリですか？？
エアコンと建物じゃ規模が違いすぎるでしょ…

確かにそうなんだけどさ、当初の契約期間が30年と考えると、少なくとも築30年近くは経っているわけでしょ。
築年数がそれなりに経っている建物の時価なんて、実は大したことないんだよ。

Part 12 借地権の第三者への対抗要件

土地に賃借権を設定しているときも、もちろんその土地に賃借権の登記をすることは可能なんだけど、じゃあ、賃貸人は登記をさせてくれるかというと、現実的にはNOと言われることが大半。

これは借家における借地借家法の規定と同じですね。
たしか、借家のときの対抗要件は、建物の引渡しでしたよね。

そうだね。でも土地の場合はちょっと違うんだ！
借地権の対抗要件は、**その土地の上に、借地権設定者（借主）名義で登記された建物があること。（10条）**
（登記についてはP270ステージ24）
権利部の所有権保存登記や所有権移転登記に限らず、表題部に記録される表示に関する登記に所有者として記載されているだけでもOK。

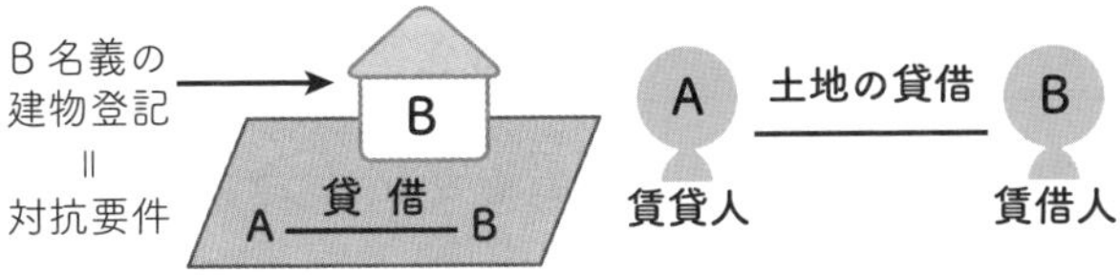

センセ、つまり土地の賃借権の登記と同じような対抗力として、建物の登記があるってことですよね。では、この建物がたとえば火災などで滅失してしまったらどうなりますか？

建物が滅失してしまうと、滅失の登記をすることになるから、効力もなくなる。でも、その土地に再築して、まだその土地に建物を建てるというのであれば、第三者への賃借権の対抗力は必要だよね。
その場合、明認方法という手段をとれば賃借権の対抗力を保持することができる。（10条2項）明認方法というのは簡単にいうと、見やすいところに「ここに建物があったんです」と掲示すること。

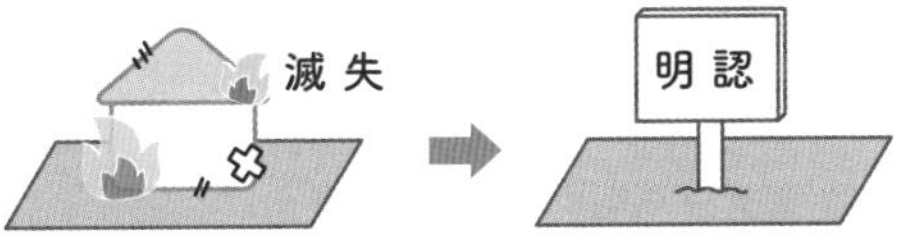

明認方法によって建物の滅失から2年が経過するまではそれで対抗力となるよ。ちなみに掲示しなければならない情報は次のとおり。

CHECK POINT
明認方法で表示するもの

- ✔ 建物を特定するための情報
- ✔ 滅失してしまった日
- ✔ 建物を新しく築造する旨

Part 13 もうこの街から出ていく…建物を譲渡するには

借地に建てた建物を売却したいとなったときの話。土地は借り物だけど、土地の上にある家は自分のものだから、本来は自由に使用、収益、処分をすることができる。
でも、借地の上の建物を誰かに譲渡するときには、借地権設定者の承諾が必要なんだよ。（民法612条1項）ちなみに収益、つまり借地上の建物を誰かに貸すときはとくに承諾はいらない。

まあ、確かに借地権設定者からすると、知らないうちに建物と併せて借地権の譲渡や転貸が行われて、見ず知らずの人に自分の土地が使われていたら気分悪いですもんね。

そうだよね。
ただ、意地悪な賃貸人だと、なんの理由もないのに承諾してくれない人もいるんだよね。
「あなただから貸してあげてたのよ…ほかの人じゃダメなんだから…」なんて言ったりして。誰に貸しても地代がもらえるのであれば同じなのにね。

では、もし承諾をもらえなかった場合には、その建物は売れないんですか…？

いや、そうとは言えない。承諾をもらえない場合は、裁判所に、承諾に代わる許可をもらうように申し立てることができる。（19条）
ちなみに裁判所へ申し立てることができるのは、建物の所有者、つまりこれからその建物を売却して出て行こうとしている人。
建物を取得して新しくその土地に入ってこようとする人ではないという点は要注意だね。
でも、競売によって取得したなんて場合は、建物の所有者じゃなくて競落人が申立権者になる。

競売だとどうして申し立てる人が違うんですか？

だって、競売ってその目的物の所有者は売りたくないのに、強制的に売られてしまう制度のことだよ。
所有者が協力してくれると思う？

…ボクなら絶対協力しないですね。

また、第三者が借地上の建物を取得した場合に、土地の賃貸人が借地権の譲渡や転貸を承諾してくれないときには、建物買取請求権を行使することも可能だよ。（14条）

つまり建物を譲り受けた第三者から借地権設定者に対して建物買取請求権を行使できるってことですね。

借地権の転貸等と建物買取請求権

（1）借地上の建物の譲渡と賃貸

①借地上の建物を**譲渡**する場合	原則として、借地権設定者の**承諾が必要**である。
②借地上の建物を**賃貸**する場合	借地権設定者の**承諾は不要**である。

（2）承諾に代わる裁判所の許可の申立権者と建物買取請求権

	裁判所の許可の申立権者	建物買取請求権の行使権者
①借地契約の更新がない場合※1	―	借地権者
②借地上の建物の譲渡の場合	借地権者	建物の譲受人
③借地上の建物の競落の場合	競落人※2	競落人

※1　借地権者の債務不履行により解除された場合は認められない。
※2　この申立は、競落人が建物の代金を支払った後2カ月以内に限りすることができる。

Part 14 トクベツな借地契約：定期借地権

長期の定期借地権

50年以上の存続期間で借地権を設定する場合は「期間満了で契約は終了。建物が滅失して再建築しても延長しないし、建物買取請求権も認めません」という特約をしても良いことになっているよ。(22条) ただし、**定期借地権は公正証書による等書面によって契約をしなければならない。**

等…ってことは、公正証書でなくても書面であればいいってことですね。

事業用定期借地権

事業用定期借地権は、ショッピングモールやファミリーレストラン等の事業用の建物を建てるために設定する借地権のこと。(23条) 存続期間10年以上50年未満で設定されて、更新がなく再建築をしても期間延長はしない。郊外の家電量販店の敷地なんかにはこの契約が適用されていることも。**事業用定期借地権は公正証書によって契約をしなければならない。**

こっちは「等」とついていないから、公正証書で契約しなければならないということですか？

そのとおり！　もし公正証書によらずに契約したら、普通の建物所有目的の土地賃貸借契約とみなされるんだ。

建物譲渡特約付借地権

借地権を消滅させるために、借地権の設定後30年以上を経過した日に借地権の目的になっている建物を相当の対価で譲渡する特約を定めた借地権のこと。(24条)

借地権設定時にこの特約をつけていれば、その時が到来したら借地権者から借地権設定者へ建物の譲渡が行われるということですね。

定期借地権等のまとめ

	期間	目的	更新	建物の取扱い	書面による契約
定期借地権	50年以上	制限なし	なし	買取請求権なし	必要
建物譲渡特約付借地権	30年以上	制限なし	なし	譲渡特約あり	不要
事業用定期借地権	10年以上50年未満	もっぱら事業用（居住の用に供するものを除く）	なし	買取請求権なし	公正証書必要

語句の意味をチェック

借地権設定者	土地の賃貸借契約における賃貸人のこと 権利を設定する立場であるから借地権設定者という
借地権者	土地の賃貸借契約における賃借人のこと 契約によって土地を使用する権利を得るため借地権者という
存続期間	当初の契約において、その権利内容が続く期間のこと
正当な事由	正しく、道理にかなった理由・原因となる事実のこと
法定更新	契約関係の終了の際に、当事者の意思に関係なく、一定の事実があれば当然に前の契約と同一条件で新契約が締結されたものとすること
公正証書（こうせいしょうしょ）	公証人法に基づき、公証人が権利義務に関する事実について作成した証書のこと
競売（けいばい）	競争で値をつけ、一番高い値をつけた人に売ること

練習問題

AとBとの間で、A所有の甲土地につき建物所有目的で賃貸借契約（以下この問において「本件契約」という。）を締結する場合に関する次の記述のうち、民法及び借地借家法の規定並びに判例によれば、正しいものはどれか。

1　本件契約が専ら事業の用に供する建物の所有を目的とする場合には、公正証書によらなければ無効となる。

2　本件契約が居住用の建物の所有を目的とする場合には、借地権の存続期間を20年とし、かつ、契約の更新請求をしない旨を定めても、これらの規定は無効となる。

3　本件契約において借地権の存続期間を60年と定めても、公正証書によらなければ、その期間は30年となる。

4　Bは、甲土地につき借地権登記を備えなくても、Bと同姓でかつ同居している未成年の長男名義で保存登記をした建物を甲土地上に所有していれば、甲土地の所有者が替わっても、甲土地の新所有者に対し借地権を対抗することができる。

解答・解説

1×　事業用定期借地権は確かに公正証書によって契約しなければなりませんが、公正証書によらずに契約した場合には、一般の建物所有目的賃貸借契約を締結したことになります。

2〇　居住用の建物の所有を目的とするということですから、当初の契約の存続期間は30年以上。期間20年とか、更新しないという借主に不利な特約は無効となり、30年の契約をしたことになります。

3×　借地権の存続期間は借主の立場を保護するという観点からすると、長い分には長い方がよしとされています。ですから、60年とした場合は60年のままでOK。

4×　借地権の対抗要件は、賃借人名義の建物登記がされていること。息子名義の登記では、残念ながら対抗要件にはなり得ません。

練習問題

AがBに対し、A所有の甲建物を3年間賃貸する旨の契約をした場合における次の記述のうち、民法及び借地借家法の規定によれば、正しいものはどれか（借地

借家法第 39 条に定める取壊し予定の建物の賃貸借及び同法第 40 条に定める一時使用目的の建物の賃貸借は考慮しないものとする。)。

1 ＡＢ間の賃貸借契約について、契約の更新がない旨を定めるには、公正証書による等書面によって契約すれば足りる。

2 甲建物が居住の用に供する建物である場合には、契約の更新がない旨を定めることはできない。

3 ＡがＢに対して、期間満了の３月前までに更新しない旨の通知をしなければ、従前の契約と同一の条件で契約を更新したものとみなされるが、その期間は定めがないものとなる。

4 Ｂが適法に甲建物をＣに転貸していた場合、Ａは、Ｂとの賃貸借契約が解約の申入れによって終了するときは、特段の事情がない限り、Ｃにその旨の通知をしなければ、賃貸借契約の終了をＣに対抗することができない。

解答・解説

1× 契約を書面ですることと併せて、契約締結前にあらかじめ定期建物賃貸借契約であることを貸主が書面を交付して説明しなければなりません。

2× 居住の用に供する場合であっても定期建物賃貸借契約を締結することは可能です。

3× 期間満了の１年前から６ヵ月前までの間に正当事由のある更新拒絶の通知をしなければ、法定更新となります。法定更新の場合は契約条件は従前の条件と同一ですが、期間だけは定めがないものとみなしますので、後半部分の「その期間は定めがないものとする」という部分は正しい内容です。

4○ 転貸借が行われたとき、原賃貸借契約が期間満了および解約申し入れによって終了する場合には、原賃貸人は、そのことを転借人に通知しなければ対抗することができません。そして通知から６ヵ月で転貸借契約は終了します。

○×問題セレクション22

解答・解説は次ページ左下

Ａ所有の甲土地につき、平成 29 年 10 月１日にＢとの間で賃貸借契約（以下「本件契約」という。）が締結され、賃借権の存続期間を 10 年と定めた場合、本件契約が居住の用に供する建物を所有することを目的とするものであるときは存続期間が 30 年となるのに対し、本件契約が資材置場として更地で利用することを目的とするものであるときは、存続期間は 10 年である。

stage 23

重要度 ★★★　頻出度 ★★★

区分所有法（くぶんしょゆうほう）

「大事なことはみんなで決める」というのが区分所有法のルールです。各行為が単独でOKな行為なのか、過半数、４分の３以上、５分の４以上の賛成が必要なのかをしっかり整理しておきましょう。

memo 4分の3、5分の1、5分の4、臆することなかれ、出てくる数字は意外と少ない

理解と暗記の重要ポイント

ここがポイント！ しっかり意識して学習しよう！

①▶ 共用部分の持分は専有部分の床面積の割合による

②▶ 専有部分と共用部分

〔専有部分〕区分所有権の目的たる建物の部分

〔共用部分〕① 法定共用部分…法律上当然に共用部分とされる部分

② 規約共用部分…専有部分の適格性を備えた建物の部分や付属の建物で、規約により共用とされたもの

③▶ 共用部分の管理

〔保存行為〕区分所有者が各自単独でできる

〔管理行為〕区分所有者及び議決権の各過半数による集会の決議

〔変更行為〕① 軽微変更…区分所有者及び議決権の各過半数による集会の決議

② 重大変更…区分所有者及び議決権の各4分の3以上の多数による集会の決議

④▶ 軽微変更は「その形状または効用の著しい変更を伴わない共用部分の変更」

⑤▶ 重大変更は「共用部分の変更（その形状または効用の著しい変更を伴わないものを除く）」

⑥▶ 最初に専有部分の全部を所有するものは、公正証書によって規約を設定できる

⑦▶ 集会のルール

① 少なくとも一週間前に会議の目的となる事項を示して行うこと

② 建て替えに関する決議を目的とする場合は大事なので２ヵ月前までに発すること

問22解答と解説　○　建物所有を目的とした賃貸借契約の場合には借地借家法の規定が適用されますから、当初の存続期間は30年となります。一方、資材置き場として更地で利用するとなると、こちらは民法の規定が適用されますので、存続期間は契約の内容通り10年間で問題ありません。

Part 0 みんなでつくる素敵なマンション

マンションには誰かが独占して使える部分（専有部分）と、マンションの住人みんなで仲良く使う部分（共用部分）があります。

エントランスや廊下、エレベーターといった共用部分は、みんなで所有している…つまり共有関係にあるわけですが、民法における共有のルールを適用するには、マンションですとちょっと頭数が多すぎます。そこで登場したのが区分所有法。その基本は「共用部分の持分は（特別な取り決めがない限りは）専有部分の床面積の割合でいこうね」という考え方です。

この基本をもとに、日本は民主主義の国ですからマンションの運営を多数決で進めていくというのが、区分所有法によって定められたルールです。

本ステージでは、区分所有法の基本ルールから確認していきましょう。

Part 1 専有部分と共用部分

まずは区分所有法で使われる用語の確認をしよう。専有部分というのは各住戸のこと。（2条3項）

101 号室とか 102 号室といったふうに、それぞれ空間が分かれている独立したスペースってことですね。

次に共用部分。簡単にいうとみんなで使うところのことを意味するんだけど、共用部分は、法定共用部分と規約共用部分の二つに分けられるんだ。（2条4項、4条）そして規約共用部分については登記をしなければ共用部分であることを第三者に対抗することはできないよ。（4条2項）

専有部分と共用部分

		内　容	具体例	共用部分である旨の登記
専有部分		区分所有権の目的となる建物の部分	101 号室や 102 号室など	
共用部分	法定共用部分	法律上当然に共用部分とされる部分	エントランス・エレベータ・階段等	できない
共用部分	規約共用部分	専有部分となり得る建物の部分や付属の建物で、規約により共用とされたもの	集会室・管理人室・共用のもの置き場など	できる（第三者に対する対抗要件）

共用部分は基本的にはみんなで共有していると考える。（11条1項）**共用部分の持分は専有部分の床面積の割合による**というのが原則（14条1項、4項）ただし複合用途型マンション等については例外。共用部分に関して、一部の区分所有者のみの共用に供されることが明らかな部分は一部共用部分といって、全員の共有ではなく、それを共用すべき区分所有者の共有になるんだ。（16条）

複合用途型のマンションって？どんなマンションなんだろう。

たとえば1階や2階等の下層階には店舗が入っていて、上層階に住居があるようなマンションのこと。駅直結のマンションなんかに多く採用されているモデルだよ。とはいえ、これは例外で原則ルールとしてはみんなで共有関係と覚えよう。

マンションって、各部屋、つまり専用部分があるからか、あんまりみんなで共有しているような感覚がないんだけどなあ。

まあね。でも共用部分や敷地が共有関係にある以上、持分は明確にしておかないといろいろと困ることもあるでしょ。ちなみに持分、つまり専有部分の床面積の割合は、区分所有法上は内側線で囲まれた部分の面積で算出するよ。（14条3項）

- **専有部分の床面積**

  壁その他の区画の内側線で囲まれた部分の水平投影面積による。

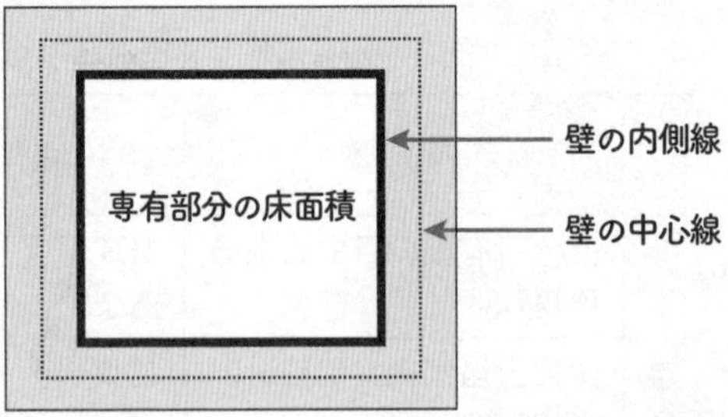

そして共用部分には使用や処分についてもルールがある。

CHECK POINT 共用部分の使用と処分

- ✔ 各共有者は共用部分をその用方に従って使用することができる（13条）
- ✔ 共用部分の持分は、その共有者の有する専有部分の処分に従う（15条1項）
- ✔ 共用部分の持分と専有部分は原則として分離処分ができない（15条2項）

専有部分、つまり部屋と、共用部分の持分は分けて売ったりできないってことですね。ちなみに共用部分を用方に従って使うというと？

エレベーターならエレベーター、エントランスならエントランスとしてふつうに使ってねということ。民法における共有関係だと、その目的物の全部を持分に応じて使用できるというルールだったけど、そうすると「エレベーターやエントランスを各々は年に数日しか使えない」とか、おかしな話になっちゃうでしょ。

確かにそうですね。ちなみに、センセ、共有というとマンションの敷地もみんなで共有しているのでしょうか？

基本的にはそうだね。マンションの一室、つまり専有部分を所有するためにはその建物の敷地に対する権利がないといけないんだけど、この権利のことを敷地利用権という。敷地利用権は、所有権、地上権、賃借権、使用借権（ただで借りること）のどれか。

敷地利用権が長期の定期借地権の分譲マンションが最近多いですよね！

そして、敷地利用権は基本的には共用部分の持分割合＝専有部分の床面積の割合によるんだけど、この敷地利用権と専有部分は原則として分離処分することはできないよ。これは無理に覚えなくても良いけど、敷地利用権として登記した権利は敷地権となる。（不登法 44 条 1 項 9 号）使用借権は登記できない権利だから、敷地権となり得るのは所有権、地上権、賃借権だね。

Part 2 多数決でいきましょう

また、マンションの共用部分を改装しようなんてときには集会を開いて、区分所有者及び議決権による多数決でどうするのか決めるんだよ。

区分所有者というと専有部分の所有者のことかな。
では、議決権とはなんのことだろう？

議決権は専有部分の床面積の割合のこと。区分所有者数のみでの多数決だと、1Kで20㎡のお部屋を所有している人と、3LDKで100㎡のお部屋を所有している人が平等ってことになっちゃう。
広いお部屋を所有している人は、それだけ管理費等の費用も多く負担しているはず…ということで、原則として議決権でお金持ちの意見もある程度反映させるようになっているんだよ。

行為の種類		定　数	規約による別段の定め	特別の影響を受ける者の承諾
保存行為		区分所有者が各自単独でできる	できる	不　要
管理行為		区分所有者及び議決権の各過半数による集会の決議		必　要
変更行為	軽微変更	区分所有者及び議決権の各過半数による集会の決議		
	重大変更	区分所有者及び議決権の各4分の3以上の多数による集会の決議	区分所有者の定数のみ、過半数まで減ずることができる	

管理と一口に言っても、保存行為から変更行為まで多岐にわたるから、それぞれで定数が異なっているよ。

センセ、保存行為と管理行為がどういったものかちょっとイメージしにくいです…

うーん、そうだな。保存行為は、たとえばエントランスの電球が切れていたとかエントランスが汚れていたとか、そういったとき。
管理行為は、駐車場スペースを外部の人に賃貸したりするのが該当するね。
変更行為は、二種類に分かれていて軽微変更は階段に手すりをつけるといった行為のことで、重大変更は階段をエレベーターに変えるといった行為をイメージしよう。
ちなみに、この軽微変更と重大変更は、宅建士試験ではなかなか難しい表現がされるから要注意。

難しい表現というと？

軽微変更は「その形状または効用の著しい変更を伴わない共用部分の変更」という。これはまだいいんだけど、**重大変更は「共用部分の変更（その形状または効用の著しい変更を伴わないものを除く）」**という表現がされるんだ…

…著しい変更を伴わないものを、除くってことは言い換えると著しい変更を伴うってことですね？？
うーん、まどろっこしいなあ。

Part 3 復旧と建替え

復 旧

マンションが地震や火災等で一部滅失してしまった場合の修繕のことを復旧という。建物の価格の２分の１以下の滅失は小規模滅失といって、単独で修繕しても良い。(66条１項)
ただし、区分所有者および議決権の過半数の賛成で復旧しましょうという決議があったら、それ以降は単独で勝手にどうこうは出来ずそれに従わないといけないんだよ。

ふーん、２分の１以下っていっても結構大変なケースもあると思うけど…単独でいいんですね。では、２分の１を超えると？

２分の１超の滅失は大規模滅失と言われる。大規模滅失に該当するとなると、区分所有者および議決権の４分の３以上の賛成がないと復旧できないんだよ。(61 条) この定数は規約で別段の定めをすることはできない。さて、ここで問題になるのが復旧決議に反対する人たち。

住まいであるマンションが壊れているんですよね？
反対する人なんているのかなぁ？

それがいるんだよ。復旧するとなると多額のお金がかかって、それをみんなで負担することになるからね。
そんなお金を払うくらいなら、出て行って、新しいマンションを買いたいという人も、きっと一定数はいるでしょ。
だから、反対をした区分所有者は賛成している区分所有者に対してその権利の**「買取請求」**ができるよ。

建替え

建替えは、それこそ大ごと中の大ごと。建て替えるとなると当然多額の費用がかかるし、その期間中は当然、マンションに住めないから全員出ていかなければならない。
だから、建替えについての決議は、区分所有者および議決権の各５分の４以上の多数による賛成が必要というルールだよ。(62 条)

建替えのときも復旧のように反対する人がいますよね？
同じように買取請求ができるのかな？

それが、建替えの場合は反対した人からの買取請求ではなく、賛成した人が反対した人に対して**「売渡請求」**というのができるんだ。
復旧と建替えで、買取請求か売渡請求か、異なる点は要注意だね。

復旧と建替え

<table>
<tr><th></th><th>方　法</th><th>規約による
別段の定め</th><th>その他</th></tr>
<tr><td>小規模滅失の復旧
（建物価格の２分の１以下が滅失）</td><td>単独で復旧可／区分所有者及び議決権の各過半数の賛成による復旧決議があれば単独復旧はできない</td><td>できる</td><td></td></tr>
<tr><td>大規模滅失の復旧
（建物価格の２分の１超が滅失）</td><td>区分所有者及び議決権の各４分の３以上の多数による決議</td><td rowspan="2">できない</td><td>決議賛成者以外の区分所有者から買取請求ができる</td></tr>
<tr><td>建替え</td><td>区分所有者及び議決権の各５分の４以上の多数による決議</td><td>賛成した区分所有者等から売渡請求ができる</td></tr>
</table>

Part 4 管理組合と管理者

ちなみに、区分所有建物には管理組合というものがある。
管理組合は区分所有者全員で法律上当然に構成される団体で、建物などの管理を行うもののこと。（３条）購入した段階で強制的に一員になって、マンションの所有権を失わない限り脱退もできない。

共同生活の場でもあるから、「ボクの知ったことじゃありません」は言えないってことですね。

そんなわがままは言えないよね。でも、みんなで建物を管理していきましょうというのが大前提のルールなんだけど、現実的にはみんなで管理を行っていくのはなかなか厳しいことも。そこで管理組合には「管理者」を置くこともできるんだ。

CHECK POINT 管理者の権限と義務

- ✔ 管理者はその職務に関し区分所有者を代理する（26条2項）
- ✔ 規約又は集会の決議により、その職務に関して区分所有者のための原告又は被告となることができる（26条4項）
- ✔ 管理者は少なくとも毎年１回、集会を招集しなければならない（34条2項）
- ✔ 管理者は集会において毎年１回一定の時期に、その事務に関する報告をしなければならない（43条）
- ✔ 管理者は規約と集会の議事録を保管しなければならない（33条、42条5項）
- ✔ 管理者は、利害関係者からの請求があった場合には、正当な理由がある場合を除いて、閲覧を拒んではならない（33条2項）
- ✔ 管理者の任期には特段の制限なし。規約で別段の定めも可能。

へえ、管理者は区分所有者の中から選ぶんですか？それとも外部の管理会社等に頼むこともできる？

区分所有法においては管理者の資格に制限はないから、頼みたければそれも OK だよ。管理者は、規約に別段の定めのない限り、集会の決議によって選任され解任されるんだ。（25 条）また、マンション管理組合そのものを法人化することもできるよ。（47 条 1 項、2 項）

管理組合を法人化するんですか？　法人になると何が違うんでしょうか？

法人化するとマンションの管理組合名義で土地等を購入したりできるようになるんだけど、この法人化には区分所有者および議決権の各４分の３以上の賛成が必要。法人になると管理者というポジションはなくなって、それに代わり理事や監事を置けるようになるよ。

CHECK POINT 管理組合の法人化

次の要件を満たすと、管理組合は法人となることができる

① 区分所有者及び議決権の各4分の3以上の集会の決議で、法人となる旨、名称及び事務所を定めること

② 主たる事務所（そのマンション）の所在地において登記をすること

Part 5 みんなのお約束ごと、規約

また、管理組合ではみんなの集団生活のため、マンションのために規約を設定することができる。（30条、31条）

たとえば、専有部分の利用方法や管理者の選任方法なども、この規約で定めることもできるんですよね？

そのとおり。ただし、この規約についてはいくつかのルールがある。

CHECK POINT 規約のルール

- ✔ 規約は書面または磁気的記録により作成しなければならない
- ✔ 規約の設定、変更または廃止は区分所有者及び議決権の各4分の3以上の多数による集会の決議によってすること
- ✔ 規約の設定、変更または廃止が一部の区分所有者の権利に特別の影響を及ぼすときにはその者の承諾を得ること

区分所有者及び議決権の各4分の3以上の人が賛成することで規約の内容を決められるということだね。

基本的にはそうなるね。ただ、**最初に専有部分の全部を所有する者は公正証書によって**次の4つの事項については、分譲前に**規約を設定することができる**んだ。（32条）

公正証書による規約の設定

① 規約共用部分

② 規約敷地の定め（隣接土地の駐車場利用等）

③ 専有部分と敷地利用権の分離処分を可能とする定め

④ 敷地利用権の共有持分の割合

Part 6 集会のルール

次は集会について。管理者を置いている場合、管理者は年に１回は集会を招集しなければならないんだ。（34 条２項）
原則として招集は管理者がするんだけど、区分所有者および議決権の各５分の１以上を有する者は、管理者に対して「集会の招集をしてほしいんだけど」と依頼することもできるよ。ちなみにこの５分の１以上という定数は、規約でたとえば 10 分の１等に減らすことができる。（34 条３項）

集会の招集のルール

- ✔ 少なくとも１週間前に会議の目的となる事項を示して行うこと
- ✔ 建て替えに関する決議を目的とする場合は大事（おおごと）なので２ヵ月前までに発すること
- ✔ 集会は管理者が招集すること
- ✔ 管理者は少なくとも毎年１回は集会を招集しなければならない
- ✔ 区分所有者の５分の１以上で議決権の５分の１以上を有するものは、管理者に対して、会議の目的たる事項を示して集会招集を請求することができる（規約で定数を減ずることも可能）
- ✔ 管理者がいないときは、区分所有者の５分の１以上で、議決権の５分の１以上を有するものは、集会を招集できる（規約で定数を減ずることも可能）
- ✔ 少なくとも１週間前に会議の目的となる事項を示して行うこと

また、次のような内容の集会では、集会の招集通知と併せて、議案の要領についても通知しなければならない。

CHECK POINT

議案の要領が必要なケース

- ✔ 共用部分の重大変更
- ✔ 規約の設定、変更、廃止
- ✔ 大規模滅失の場合の復旧
- ✔ 建替え決議

マンションで暮らしているみんなに大きな影響がありそうなものだと、事前に議案についても通知するってことですね。

そのとおり。そして、建替え決議についてはそれこそ一大事だから、次のような特別ルールがあるんだ。(62条)

CHECK POINT

建替え決議における特別ルール

- ✔ 集会の会日より少なくとも2ヵ月前までに招集通知をすること（通知期間を規約で短縮することはできない）
- ✔ 集会より少なくとも1ヵ月前までに、区分所有者に対し説明会を開催すること
- ✔ 説明会の開催の通知は、説明会当日よりも少なくとも1週間前までに発すること（通知期間を規約で短縮することはできない）

そして建替え決議に限らず、集会を開くときには、集会における議長を選ぶ必要がある。議長は管理者か集会を招集した区分所有者の1人から選任するよ。(41条)

Part 7 占有者も言いたいことがある？

占有者とは、たとえば区分所有建物の一室を賃借して使用している人のこと。占有者は、議決権を持っていないから集会をするとなっても、当然、決議に参加することはできない。
でも、その集会の決議事項が自分にとっても関係があることだったら、集会に参加して意見を述べることはできることになっているよ。

借主に関係があることですか？　なんだろう。

たとえば、借主はその専有部分をペット可という条件で借りて、ワンちゃんと一緒に暮らしていたとしよう。
ある日「マンション管理規約をペット飼育可から、ペット飼育不可に変更しようと思っています」という目的の集会が開かれることに。

借主からするとペット不可にされたらたまったもんじゃないですね。

そこで借主は集会にワンちゃんといっしょに出席して、お手やおかわりを見せて、いかに『ウチの子』がお利口で可愛いかを説いたりして、区分所有者たちの心を動かして否決になるように、意見を述べたりできるってことだよ。
でも、集会に参加して意見を述べることはできるけど、借主はあくまでもただの占有者だから、議決権はないという点に注意。（44 条 1 項）

押さえておきたい！
重要まとめ

- 共用部分は法定共用部分と規約共用部分の２種類が存在する
- 管理組合は管理者を選任することができる（管理者の選任は任意）
- 規約の設定・変更または廃止は区分所有者及び議決権の各４分の３以上の特別決議で

語句の意味をチェック

区分所有者	専有部分を所有する者のこと
議決権	合議体の意思表示に参加する権利のこと
共用部分の軽微な変更	形状や効用の著しい変更を伴わない変更のこと
共用部分の重大な変更	形状や効用の著しい変更を伴う変更のこと
理事	法人を代表し法人の事務を執行する者のこと
監事	法人の財産状況を監査し、理事の業務執行と監視するもののこと。理事や管理組合の使用人と兼任はできない
総会	団体（この場合は管理組合）の構成員全体の会合のこと

○×問題セレクション23

解答・解説は次ページ左下

規約に別段の定めがある場合を除いて、区分所有建物の各共有者の共用部分の持分は、その有する専有部分の壁その他の区画の内側線で囲まれた部分の水平投影面積の割合による。（平成23年）

stage 24

重要度 ★★☆　頻出度 ★★★

不動産登記法（ふどうさんとうきほう）

不動産登記法は毎年1問出題されます。このステージは奥が深くて難しい内容もありますが、深入りは禁物です。
こと宅建試験においては、基礎をおさえてれば良いや！ くらいの気軽さで進めていきましょう。

memo 登記は表題部と権利部の2部構成

理解と暗記の重要ポイント

ここがポイント！ しっかり意識して学習しよう！

① 登記簿は2部構成

〔表題部〕所在等、その不動産を特定する事項
〔権利部〕甲区（こうく）…所有権に関する事項
〔権利部〕乙区（おつく）…所有権以外の権利に関する事項

② 表題部登記は新築（もしくは滅失）後1ヵ月以内に申請をしなければならない

③ 所有権の保存登記は、単独で行える

所有権の保存登記　最初にされる所有権の登記のこと。それ以降は所有権移転登記と呼ばれる

④ 登記の申請情報に提供する2つの情報

①登記原因証明情報
②登記識別情報

⑤ 区分所有建物の表題登記は、一括申請する

⑥ 仮登記ができるケース

①所有権移転請求権保全の仮登記
②所有権移転の仮登記

Part 0 まさに、備え（そな）あれば憂（うれ）いなし

不動産の物権について、第三者へ対抗するための要件に「登記」というものがあります。登記とは対象となる不動産を管轄している登記所に申請をして、不動産についての情報や所有権等の権利等についての情報を記録してもらうことです。これはいわば、その土地や建物の履歴書のようなものですね。

登記記録は2部構成になっていて、表題部にはその物件の所在や面積等の物理的なものについての事項が載っています。権利部には所有権や抵当権、借地権等の権利に関する情報が記録されています。不動産登記法におけるポイントは、表

問23解答と解説　○　そのとおり。規約で別段の定めをすることも可能ですが共用部分の持分は専有部分の壁その他の区画の内側線で囲まれた部分の水平投影面積の割合、内法面積で決めます。

題部に関する登記は義務だけど、権利部については「登記したいならどうぞ」と任意になっているということ。ただ、権利部への所有権の登記は先に申し上げた通り、第三者への対抗要件になりますから、備えあれば憂いなし、もしものときのために、現実的には登記をするのが一般的です。本ステージでは不動産の登記とその手続きにおけるルールについて確認していきます。

Part 1 登記ってどんなもの

登記記録は一個の建物や一筆の土地ごとに作成され、その情報は大きく分けて、表題部と権利部の二つに分かれる。（12条）
表題部の内容は表示に関する登記ともいうんだけど、物件の所在とかどんな物件なのかの物理的現況についての情報が記録されているよ。（規則４条）

土地の表題部

<table>
<tr><td colspan="2">表題部（土地の表示）</td><td>調製</td><td>余白</td><td>不動産番号</td><td>010600123456</td></tr>
<tr><td>地図番号</td><td>A11-1</td><td>筆界特定</td><td colspan="3">余白</td></tr>
<tr><td>所在</td><td colspan="5">中野区弥生町１丁目</td></tr>
<tr><td>①地番</td><td>②地目</td><td>③地積㎡</td><td colspan="3">原因およびその日付（登記の日付）</td></tr>
<tr><td>１番10</td><td>宅地</td><td>250　00</td><td colspan="3">１番１号から分筆（昭和30年４月20日）</td></tr>
<tr><td>所有者</td><td colspan="5">多摩市桜ヶ丘１丁目１番地１号　田中彩華</td></tr>
</table>

建物の表題部

<table>
<tr><td colspan="3">表題部（主である建物の表示）</td><td>調整</td><td>余白</td><td>不動産番号</td><td>010600123422</td></tr>
<tr><td>地図番号</td><td colspan="6">余白</td></tr>
<tr><td>所在</td><td colspan="6">中野区弥生町１丁目</td></tr>
<tr><td>家屋番号</td><td colspan="6">１番</td></tr>
<tr><td>①種類</td><td colspan="2">②構造</td><td colspan="2">③床面積㎡</td><td colspan="2">原因およびその日付（登記の日付）</td></tr>
<tr><td>居宅</td><td colspan="2">鉄筋コンクリート造
陸屋根３階建</td><td colspan="2">１階120　00
２階110　55
３階110　55</td><td colspan="2">（昭和50年８月８日）</td></tr>
<tr><td colspan="7">表題部（附属建物の表示）</td></tr>
<tr><td>符号</td><td>①種類</td><td>②構造</td><td colspan="2">③床面積㎡</td><td colspan="2">原因およびその日付
（登記の日付）</td></tr>
<tr><td>1</td><td>物置</td><td>木造合金メッキ鋼板葺き</td><td colspan="2">20　00</td><td colspan="2">（昭和50年８月８日）</td></tr>
<tr><td colspan="2">所有者</td><td colspan="5">多摩市桜ヶ丘１丁目１番地１号　田中彩華</td></tr>
</table>

ふーん、登記記録は２部構成なんですね。
表題部のイメージとしてはプロフィールシートみたいな感じかな？

まあ、大体そんなイメージでいいと思うよ。新しく建物を建てたなんてときにはまだ登記記録がないってことだから、この表題部の登記申請をしてねというルール。新しくできた建物や土地についての登記のことを表題登記という。

では建物が火災などで無くなってしまった場合の登記はなんていうんですか？

それは滅失の登記というよ。
ちなみに**表題登記及び滅失の登記は登記原因が発生してから１カ月以内に申請しなければならない。（47 条１項）**

しなければならないってことは、申請が義務ってこと？

そういうこと。一方、権利部についての登記は義務ではなく任意だよ。
権利部はさらに二つに分かれていて、所有権に関する記録を甲区、それ以外の抵当権や賃借権等は乙区に記載されるんだ。（規則４条４項）

建物の権利部（甲区）

権利部（甲区）（所有権に関する事項）			
順位番号	登記の目的	受付年月日・受付番号	権利者その他の事項
1	所有権保存	昭和 50 年８月８日 第 1001 号	所有者　多摩市桜ヶ丘１丁目１番地１号 田中彩華
付記１号	１番登記名義人 氏名変更	昭和 51 年８月 10 日 第 2001 号	原　因　昭和 51 年７月１日氏名変更 氏　名　原田彩華
2	所有権移転	昭和 62 年６月 24 日 第 1302 号	原　因　昭和 62 年６月 24 日売買 所有者　豊島区南大塚１丁目１番１号 坂本圭太

建物の権利部（乙区）

権利部（乙区）（所有権以外の権利に関する事項）			
順位番号	登記の目的	受付年月日・受付番号	権利者その他の事項
1	抵当権設定	昭和55年4月1日 第1301号	原因　昭和55年4月1日金銭消費貸借同日設定 債権額　金1,000万 利息　年4.5% 債務者　文京区春日台3丁目1番2号 大西邦夫 抵当権者　中央区東八重洲1丁目1番1号いろは銀行株式会社
2	賃借権設定	昭和60年5月26日 第1423号	原因　昭和60年5月20日設定 賃料　1月20万円 支払時期　毎月27日 存続期間　10年 敷金　金100万円 賃借権者　港区北新橋1丁目1番1号 殿村茂
3	一番抵当権 抹消	昭和62年5月12日 第1420号	原因　昭和62年5月10日弁済

物件を取得したなんてときには、所有権移転登記をすると第三者への対抗力となるんだけど、別に所有権やその他の権利を取得したからといって、登記しなくてもいいよ。任意だからね。ちなみに、この権利部に情報を載せるのには、実は、登録免許税という税金がかかるんだ…（税法〔国税〕P552 ステージ53）。
でもお金がもったいないから登記しないなんて現実社会だとありえないけどね。

どうしてありえないの？　ボクだったら税金がかかるなら節約したいと思うけど。

それは、登記が第三者への対抗要件になっているからさ。
登記せずにそのままにしていたら、ふと現れた第三者に横取りされることもあるんだよ。

それは困りますね。だから、現実社会だとみんな登記するってわけですね。

Part 2 登記の手続きは？

次は登記を申請する手続きについてみていこう。
登記の申請にはいくつかの決まり事があるんだよ。

CHECK POINT 申請主義

登記は、原則として当事者の申請がなければすることができない（16条1項）
表示に関する登記など一定の場合には、登記官が職権ですることができる（28条）

CHECK POINT 共同申請主義

建物の売買を例に考えると買主は登記権利者、売主は登記義務者となり、登記権利者と登記義務者が共同で申請しなければならない（60条）

CHECK POINT 要式主義

登記申請をするにあたっては一定の情報を登記所に提出しなければならない（60条）

そして登記申請は以下の方法がある。

CHECK POINT 登記申請方法

① 窓口申請
申請書を登記所に提出する方法による申請方法

② オンライン申請
インターネットによる申請方法

③ 郵送申請
申請書の郵送による申請方法

ふーん、なんか登記というと、その物件の権利をゲットした人が1人で手続きするようなイメージがあったけど、両当事者…たとえば売買だったら、売主と買主が共同してやるんですね。

でも、例外的に単独でしてもいいよというケースもある。
たとえば建物を新築したなんてときはどうかな？

新築ということは当然まだ所有権に関する登記もされていないし、共同申請といっても、相手なんかいるわけないですね。

そのとおり。だから当然、このような場合の登記は単独でやってよい。
ちなみに最初の所有権の登記のことは所有権保存の登記、それ以降で所有者が変わるときの登記は所有権移転登記というよ。
そして所有権保存登記は誰でも入れられるわけじゃない点も要注意。

CHECK POINT

所有権保存の登記ができる人

① 表題部の所有者又はその相続人や一般承継人
② 所有権を有することが確定判決によって確認された者
③ 収用によって所有権を取得した者
④ 区分所有建物の表題部所有者から所有権を取得した者

以上の人でないと最初の所有権の登記はできないんだ。（74条1項、2項）

センセ、区分所有建物の場合は表題部所有者から取得した人は所有権保存の登記ができるということですが、分譲マンション以外だとそれはできないの？

うん、区分所有建物以外の建物の場合は、単に表題部所有者から所有権を取得しただけでは所有権保存の登記はできないんだよ。区分所有建物の場合は住戸数も多いから、デベロッパーがすべての住戸に所有権保存の登記を入れて、そこから所有権移転だと手間もお金もかかるでしょ。だから特別にOKなんだ。

ふーん、区分所有建物には所有権保存の登記について特別ルールがあるってことですね。

登記手続きに関する原則と例外

原　　則	例　　外
申請主義 **（当事者の申請ですること）**	表示に関する登記は、登記官が職権でできる
共同申請主義 **（売主と買主、貸主と借主等の当事者が共同して申請すること）**	単独でも申請できる登記 ① 所有権保存登記 ② 登記手続きを命ずる判決による登記 ③ 相続による登記 ④ 仮登記義務者の承諾情報の提供による仮登記 ⑤ 登記名義人の氏名等の変更の登記 ⑥ 元本確定の請求をした根抵当権者による元本確定の登記
要式主義 **（法令に定められた申請情報を登記所に提供すること）**	例外なし

Part 3 仮登記について

物件の売買契約の予約をしたなんて場合に用いられるのが仮登記。
基本的には、予約の段階だと、まだ所有権は正式には移転していないから、所有権移転登記はできない。
そんなときに使えるのが仮登記。仮登記そのものには第三者への対抗力はないんだけど、実際に所有権が移ったときにする本登記の順位を保全する力があるんだよ。（106条）

つまり仮登記は順位を仮押さえしておくようなものかなあ？

まあ、そんなところかな。
この仮登記はあくまでも仮だから、権利者が単独でしても良いことになっている。（107条）
本登記に改めるときにどうせ共同申請でやるから、仮の段階はちょっと緩くてもいいか～という感じかな。
ちなみに仮登記は、次の二つの場合に申請できることになっているよ。（105条）

CHECK POINT

仮登記ができるのは…

✔ **所有権移転請求権保全の仮登記**

予約契約をした場合、将来のために権利を保全しておきたいとき等

✔ **所有権移転の仮登記**

登記申請のときに必要な書類や情報が足りないとき

ちなみに、仮登記に基づく本登記の申請を行う場合に、登記上の利害関係を有する第三者がいるときは、その第三者の承諾があるときに限り申請することができるんだ。（109条）

もし、第三者が承諾してくれなかったら？

その場合は、第三者に対抗することができる裁判があったことを証する情報を提出すれば良いんだ。

裁判によって証明すればいいんですね。ちなみに仮登記を消すときはどうすればいいんでしょうか？

仮登記の抹消は、仮登記の登記名義人が登記識別情報を提出して単独で申請することができる。また、登記上の利害関係人や仮登記義務者は、仮登記名義人の承諾を証する情報を提供して、単独で申請することができるんだ。（110条）

押さえておきたい！
重要まとめ

- 権利部の登記は原則として共同申請主義が採用されている
- 所有権保存の登記ができる人は表題部の所有者などに限定されている

語句の意味をチェック

表題部	物件の所在や面積など物理的なものについて記録されている登記簿
権利部	登記簿の所有権とそれ以外の権利に関する事項について記録されているもの
所有権保存登記	不動産について、初めて行う所有権登記のこと
所有権移転登記	所有権を登記義務者から登記権利者へ移転させる登記
仮登記	権利を保全するために予備的にされる登記のこと

○×問題セレクション 24

解答・解説は 284 ページ左下

所有権の登記名義人は、その住所について変更があったときは、当該変更のあった日から 1 月以内に、変更の登記を申請しなければならない。（平成 30 年）

Chapter 2

宅建業法

本章では宅地建物取引業法について学習していきます。宅地建物取引士資格試験のメインの内容でもある本法は、いわば手続き法です。宅建業法は全部で20問。すべての問題で、知っているか知らないかが勝敗を分けます。学習方法としてはインプットと同時並行でアウトプットを進めること。本テキストでは法律を知らない初学者の方を対象に、わかりやすくインプットできることを目的にしていますから、本書ではカバーしていない内容にも過去問では遭遇することもあるでしょう。インプットで基礎固めをし、過去問によるアウトプットで知識の肉付けをするように進めてください。

宅建業法を学習する上で意識すべきポイントや出題の傾向を解説！

STAGE 00 学習のポイント解説

宅建業法は知識で勝負です。出されるポイントが定まっており、正しく覚えれば、覚えただけ得点につながります。知っているか知らないかの○×クイズが宅建業法と言っても過言ではありません。業法こそ、量が質を生むと思ってください。

1　宅建業法と民法は密接な関係にある

宅地建物取引業法（「宅建業法」とも略されます）は、民法から生まれた法律ともいえます。

というのも業法が作られる以前は、民法のルールにのっとって、建物や土地の取引が行われてきましたが、民法の「契約自由の原則」に基づいた比較的自由度の高い規定が災いして、一部に悪徳業者が横行したため、業法が施行されたという経緯があるからです。ですから、業法は民法の規定をベースとして、より一般消費者を保護する内容になっています。業法を知ることは民法を知ることにつながり、逆に民法の知識がある程度あれば業法を理解する大きな手助けとなります。

特に業法学習のヤマ場のひとつである宅建士（正しくは「宅地建物取引士」）の事務については、民法や法令上の制限の知識が不可欠です。

① 重要事項の説明
② 35 条書面への記名押印
③ 37 条書面への記名押印

この２書面の内容が把握できれば業法だけでなく、民法や法令上の制限のポイントがおのずと見えてくるのです。そもそも宅地建物取引士は何をするために存在するのか？　ずばり、**35 条書面の記名・押印と重要事項の説明、37 条書面の記名・押印をするためです！**　この２書面に関することは完ぺきに理解して落とし込むようにしてください。

2 想像力が受験を支える

業法では皆さんが目指している宅建士の事務を学習の中心として、不動産取引における様々な規定を学習しますが、それらは皆さんが宅建試験に合格し、宅地建物取引士になったときの準備と考えてください。出題者としても、1人でも多くの優秀な宅建士を社会に輩出しようと考えているはずです。

ですから、宅建業法の分野で学習するものは、単なる受験対策として捉えるのではなく、宅建士になったときに生かす知識を今のうちに蓄積しておくという目的意識を常に持ち、宅建士になるための有意義かつ必要不可欠なものだと位置付けてください。

このような目的意識を持つことが、日々の学習を活性化させ、知識を生きたものにしてくれます。受験勉強の途中、どこかのタイミングでスランプに陥ることもあると思います。でも今こうして勉強をしているのは、やがて宅建士として社会で活躍するための下準備です！　宅建を取ると人生がより豊かになります。

将来、ご自身が宅建士として活躍しているイメージをしながら、楽しく進めて行きましょう。

3 契約の制限に注意する

業法は理解の深さを問われる民法をはじめとする権利関係と違い、「知っているか、知らないか」が本試験のポイントとなる分野です。といいますのも、業法自体が思想や解釈とは縁遠い手続法（主に手続きを規定している法律）であるためです。

本試験で出題された項目について「知っている」場合は、ひっかけや問題に登場する人物の権利関係にさえ注意すれば、正解にグッと近づけます。

しかし「知らない」場合、つまり勉強したことがない項目が出題されたときは、民法のように日常的な人間関係にあてはめて常識的に考えることができれば、正解にたどりつける可能性があるというものでもありません。

ですから業法学習の基本は、**『すべての範囲に目を通しておくこと』**です。手が回らなかった〜では、あとの祭り！　せっかく正解しやすい問題を、みすみす逃すことになるなんてもったいないです。

ただし、近年ではしっかりとした理解を要する項目も出題されるようになってきたという点は要注意です。特に最近ですと、問題自体がややこしく作られているうえに、民法の原則的なルールと絡み合って出題されるケースも。いわゆる複合問題といわれるものですが、こういった問題は売買契約の制限の箇所に見受けられます。ですからこの項目を重点的にしっかりとマスターしておけば、臆することはありません。

4 『暗記』の苦手意識を克服する

先程申し上げた複合問題を除けば、残りの出題は直球勝負！　業法は基本的には、奇をてらわずに作られた素直な問題が多く出題されるのが特徴です。

その直球の対策として最も効果が高いのは、いうまでもなく**テキストをしっかり読み込んで、問題を何回も解くこと**。業法は民法とは異なり、どれだけ問題に触れられたかが得点につながる分野です。

自分は暗記が苦手…という人をよく見かけますが､実はそう思うことがかえって暗記の妨げになっているケースが多いようです。『暗記しよう！』とするから憶えられないのです。暗記するのではなく、より多くの時間、業法に触れるんだと思って進めましょう。

時間をかけて何度も繰り返しテキストや過去問に触れることで、自然とインプットとアウトプットも進んでいきます。

暗記が苦手な人ほどたっぷりと時間をかけて、労を惜しまず、自らを信じてまい進してください。

5 図を書いて整理すること

近年の本試験における業法は事例問題（問題肢にABCや甲乙丙丁等という名前の人物等が登場する出題形式）の増加に伴い、かつてのような高得点が簡単には望めない状況になってきています。ABCD…と何人もの登場人物が出てきたら、必ず図として書きましょう。

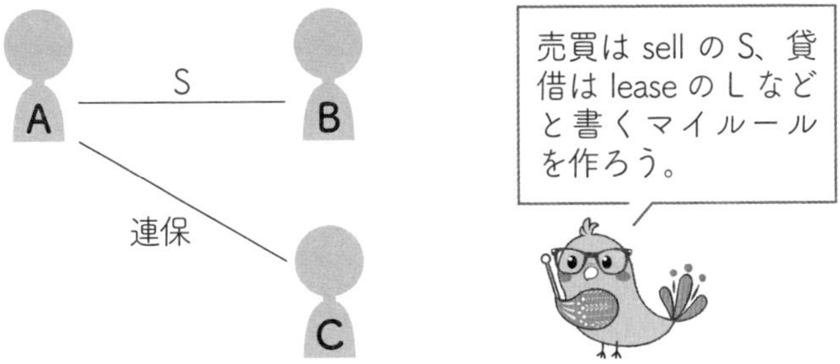
A
B
C
S
連保
売買は sell の S、貸借は lease の L などと書くマイルールを作ろう。

図を書く際のコツは左側を売主（貸主）右側に買主（借主）とすること。**左から右へ、権利が移るというようにまずはルールを決めておくこと**です。

あとは、丁寧に問題を読み解いて、知識を活用できるか否か。業法は宅建試験の中でも一番の得点源であることを意識して、過去問をしっかり回していきましょう。

6 比較検討をすること

宅建業法では、35条書面と37条書面、変更の届出と変更の登録、営業保証金と弁済業務保証金等といった間違えやすい内容が多くあります。

これらは、しっかりと比較して違いを明確にしながらインプットしていくことが特に重要です。

stage 25

重要度 ★★☆　頻出度 ★★★

宅地建物取引業（たくちたてものとりひきぎょう）

宅建業法は知っているか知らないかの○×クイズ。基本は何より大切です。まずは基礎中の基礎である、何が「宅地建物取引業」にあたるのかを理解するところから始めましょう。

memo 自ら賃貸と自ら転貸は業にはあたらない

理解と暗記の重要ポイント

ここがポイント！ しっかり意識して学習しよう！

① 宅地建物取引業は宅地または建物の取引を業として行うこと

② 宅地建物取引業を営むためには原則として免許を受けなければならない

③ 宅地の定義

①現在建物が建っている土地
②建物を建てる目的で取引する土地
③用途地域内の土地

④ 建物の定義

住宅、店舗、事務所、マンションの一室等

⑤ 取引の定義

①自ら売買、交換
②売買、交換、貸借の媒介
③売買、交換、貸借の代理

⑥ 業の定義

不特定多数を対象に、反復継続して取引をすること

⑦ 信託銀行・信託会社・国・地方公共団体は免許不要

Part 0 宅建業法（たっけんぎょうほう）は誰のために？

宅建業者が扱う商品は建物や土地といった不動産。取引にあたって多額の金銭が発生しますから、安全な取引になるようにしなければなりません。

そこで宅建業法は免許制を採用し、宅地建物取引業を営むためには、原則として免許が必要となりました。

宅建業法では、ある一定の条件のもと取引を行うことを宅建業とし、その取引において業者への制限を加えることで、一般消費者がいいカモにされないように

問24解答と解説　×　所有権の登記名義人っていうことは、権利部の甲区に関するお話。そもそも権利部の登記は任意なので住所変更があったとしても変更の登記の申請は不要。もしも、これが増築して床面積が増えたというような表題部に関する事項の場合は、変更の登記の申請は必要です。

保護します。つまり、不動産の取引に疎い素人を保護するためのルールが用意されているということです。

では、宅建業に当たる取引とはいったいどのようなものなのでしょうか。本ステージでは、基礎となる宅地建物取引業の定義を扱います。

Part 1 宅地建物取引業とは

宅地建物取引業は読んで字のごとく、**宅地または建物の取引を業として行うこと。(2条2号)**
宅地建物取引業を営むためには、原則として免許を受けなければならないんだ。(3条1項)

「宅地」または「建物」の「取引」を「業」として…かぁ。
建物っていうとなんとなくイメージできますが、宅地っていうのはイマイチ…
実際にこれを宅地、これを建物、という明確な定義はあるのかな。

Part 2 宅地の定義

そうだなぁ、まずは宅地についてみていこうか。宅建業法においては、次のものが宅地として扱われるよ。(2条1号)

CHECK POINT 宅地とは

✔ **現在、建物が建っている土地**
マンションでも工場でもショッピングモールでも建物が建っているところは宅地として扱う

✔ **建物を建てることを目的として取引する土地**
現況が原野や山林であったとしても、これから建物を建てようとして取引をするなら宅地として扱う

✔ **用途地域内の道路・公園・河川・広場・水路以外の土地**
法令上の制限（3章）で学習する内容。都市計画法で土地の用途が定められた地域のこと

ちなみに、用途地域内の土地にはちょっとだけ注意が必要だよ。
用途地域が指定されるということは、そこは建物を建てることを想定しているエリアということ。用途地域というのは都市計画法で市街化を積極的に進める「市街化区域」の中を細かく色分けするエリアなんだ。

都市計画の全体構造

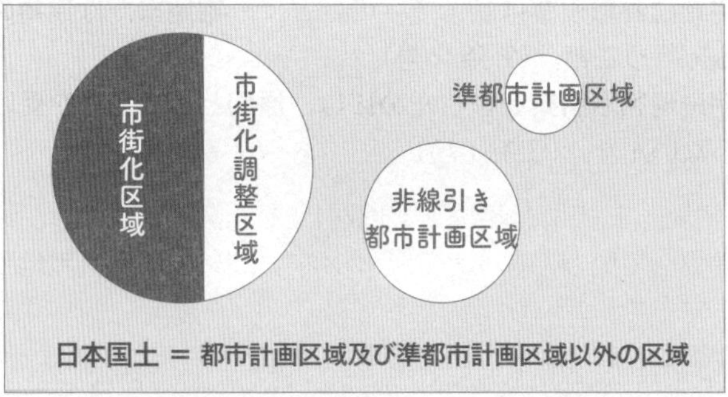

つまり、いま現在建物が建っていなくても将来的にいつかは建物が建つと考えられるので宅地扱いしましょうということですよね。

そのとおり。でも、用途地域内であったとしても、現在、道路･公園･河川・広場・水路となっているところはさすがに将来的にも建物が建つとは考えにくい。
だから、これらの用途として使われている土地については用途地域内でも宅地扱いはしないことになっている。

用途地域内で宅地扱いされないのは

道路・公園・河川・広場・水路
ど　こ　が　こう　ずい

用途地域内では「どこが洪水？」以外のところが宅地として扱われると覚えればいいんですね！

Part 3 建物の定義

次は建物について。
一軒家、マンション、デパートや倉庫…**建物と聞いてイメージできるものはみんな建物。**

マンションやアパートの部屋だけを扱う場合はどうなんだろう。
たとえば、303号室とか501号室といったお部屋を売ったり、買ったりするときは？

マンションやアパートの一部屋だけも、もちろん建物だよ。

Part 4 取引の定義

世の中では、宅建業のことを不動産業と言ったりするけど一口に不動産業と言っても、実はたくさんの種類がある。マンション管理もそうだし、デベロッパーや建設業も広義では不動産業のひとつ。
でも、宅建業における取引には、実はこれらは該当しないんだよ。
宅建業に該当するのは次の8つ。（2条2号）

CHECK POINT 宅建業に該当する取引

✔ **自ら売買、交換**

自分の持っている物件を売却したり、自分が買ったり、交換すること

✔ **売買、交換、貸借の媒介**

たとえば売買だったら売主から「買主さがしてきて～」と頼まれること等。相手方を探索してきてあげて契約まで整えてあげるけど、契約締結自体は売主と買主の間で行われる

✔ **売買、交換、貸借の代理**

たとえば売買だったら売主から「売ってきて～」と頼まれること等。契約締結権限まで与えられていて、買主を探索して契約締結まで売主に代わって行う

宅建業は広義の不動産業の中では、ほんの一部なんですね。
あれ？　自ら…っていうところだけ貸借がないですね？

そう、そこが取引においての大きなポイント。
自分が持っているアパートやマンション、土地などを貸すのは宅建業における取引には当たらないんだよ。
だって、もし自分のアパートを人に貸すのが宅建業に該当するとなると、貸すにあたって免許をもらわないといけないことになる。
世の中のアパートの大家さんがみんな宅建業者ってなったら、大変なことになるでしょ。

宅建業に該当する取引

	売買	交換	貸借
自ら	○	○	×
代理	○	○	○
媒介	○	○	○

○…宅建業にあたる　×…宅建業にあたらない

ちなみにサブリースなんかの転貸借についても同様だよ。
転貸借というのは簡単にいうと又貸しのこと。
さらに、自ら賃貸の募集をするのはめんどう…という大家さんに対して、一括して借上げをして、そのお部屋をさらに誰かに又貸しするビジネス等のことをサブリースなんていう。

このサブリースについても、自ら行う場合は業には当たらないってことですね。

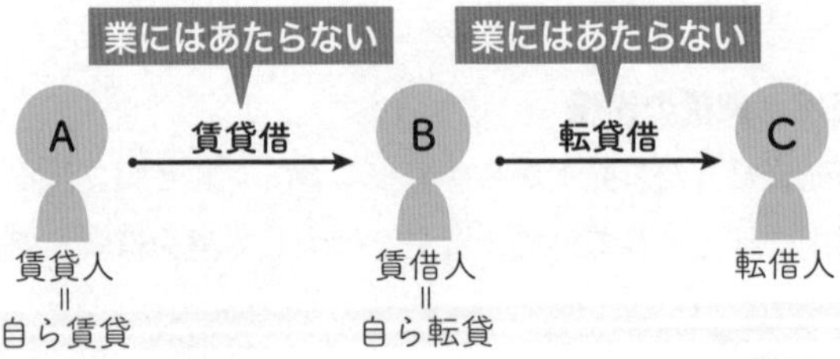

上図だとＢが転貸をしている立場だけど、ＡとＣの間に入っているから、まるで媒介（仲介）のようだな～と思いましたが、自ら転貸は業にあたらないのか。

うん、転貸人は自らが使える権利のあるものを誰かに貸しているってことになるんだけど、これって考えようによっては自分のものを貸しているのと同じようなものでしょ。
だから自ら転貸は自ら貸借と同様の扱いをするんだよ。宅建試験では転貸借についてはよく出題されるからおさえておこうね。

Part 5 業の定義

最後は業について。**業は不特定多数を対象に、反復継続して取引をすること**を指しているよ。
要は、ビジネスとして取引をしているかどうかということ。
もし一回でも宅地や建物の売買をするのが宅建業にあたるとすると、マイホームを購入したり、相続したはいいけど不要な土地を売ったりするのにも免許が必要なんてことになっちゃうでしょ。

だから、免許が必要なのは、仕事として不特定多数に反復継続して取引をするときだけなんですね。

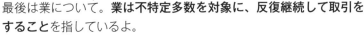

Part 6 免許不要の例外

宅地建物取引業を営むためには、原則として免許が必要。

無免許営業はもちろん禁止ですよね。

だけど、例外的に免許を受けなくても宅地建物取引業を営むことができる者がいるんだ。（77条、78条）

押さえておきたい！
重要まとめ

➔① 一定の信託会社・信託銀行
免許を取得しなくても国土交通大臣に届け出ることで宅建業を営むことができる。ただし、免許以外の宅建業法の規定は適用。

➔② 国・地方公共団体など
そもそも、宅建業法上の規定が適用されない。都市再生機構は国とみなし、地方住宅供給公社は地方公共団体とみなす。

語句の意味をチェック

原野（げんや）	人の手が加えられていない自然の状態の土地のこと
山林（さんりん）	耕作によらずに竹木が生育している土地のこと
売買	なにかの権利や物を目的物としてお金等の対価が発生する取引のこと
交換	物々交換。物と物を取り替えることやその取引のこと
貸借	貸すこと、借りること。宅建においては土地や建物が目的物となることが多い
媒介	両当事者の間に入ってうまくまとめること。お見合いの仲人のような立場のこと
代理	その人の代わりに物事や契約を処理すること

○×問題セレクション25

解答・解説は 292 ページ左下

Bが、自己所有の宅地に自ら貸主となる賃貸マンションを建設し、借主の募集及び契約をCに、当該マンションの管理業務をDに委託する場合、Cは免許を受ける必要があるが、BとDは免許を受ける必要はない。（平成19年）

column
ちょっと一息

賃貸住宅も多様化、増える楽器可物件

私の父親はコントラバスという大きな楽器の演奏者でした。幼少期の実家の様子を思い返しますと、リビングの片隅にいつも楽器が立てかけてあり、休日には父が次の演奏の準備で練習をしていて…下に響くような、大きな音が出る楽器ですから、なかなかにぎやかだったことを覚えています。

幼い頃は音楽に全く興味がなかったのですが、父親の影響を受けてか、大人になった今、ふと楽器を演奏しよう思い立ち、新百合ヶ丘にある個人の先生のもとでコントラバスを習い始めました。ご縁があって中古の楽器を譲ってもらい、弓も購入したものの…私の暮らしている部屋はごく一般的なマンションのため、自宅で練習はできません。練習をするときには近隣の音楽スタジオをレンタルしますが、自宅でできたら楽しいのにな～と思います。

と、このようなニーズに応えるために、最近は楽器演奏可のマンションがかなり増えています。

ある楽器可シリーズマンションは壁や床はもちろん防音で、玄関のドアまでも本格仕様、まるで収録スタジオのような鉄扉が採用されています。防音性能がしっかりしているため、当然、賃料も「しっかり」設定されています…

ですが、先にあげたコントラバスをはじめ、トロンボーンやサックス等の振動が響きやすい楽器を演奏できる物件というのは、実はかなり限られています。そのうえ、世の中にはプロの演奏家がたくさんいますし、私のように趣味で演奏する人もいますから、一定のニーズは常にあり、楽器可マンションの稼働率は非常に高い状態です。

さらに、幹線道路沿いに立地する騒音問題があるマンションを、あえて楽器可にリノベーションして防音性能を高めることで、道路の騒音という外部の問題をクリアし、空室率も減らすというような取り組みもあるのだとか。

住まいへのニーズが多様化している昨今、このような楽器演奏可能物件やペット共生物件等、賃貸住宅におけるコンセプトは、ますます多様化していきそうですね。

stage 26

重要度 ★★☆　頻出度 ★★★

事務所と案内所

宅建業者が業務に従事する場所の代表例は事務所と案内所。事務所に備えなければならないもの、案内所に備えなければならないものをしっかりおさえよう。

memo 事務所には、5点セットが必要です

理解と暗記の重要ポイント

ここがポイント！ しっかり意識して学習しよう！

1▶ 本店は常に宅建業法上の事務所となる

2▶ 支店は、その支店で宅建業を営むのであれば事務所となる

3▶ 事務所に必要な５点セット

① 標識の掲示
② 報酬額の掲示
③ 帳 簿
④ 従業者名簿
⑤ 従業員の5名に1名以上の成年者である専任の宅建士

4▶ 申込の受付及び契約の締結を行う案内所に設置するもの

・標 識
・成年者である専任の宅建士を少なくとも1名

5▶ 申込の受付及び契約の締結を行う案内所を設置するときは業務開始の10日前までに、免許権者と案内所等の所在地を管轄する都道府県知事へ届出が必要

Part 0 業者はどこで働くの？

宅建業者が仕事をする場所は、たとえば駅前のガラス張りの路面店や、テント張りの現地案内所、はたまた分譲マンションのモデルルームまで実にさまざまです。

これらの宅建業者が仕事をするスペースは、大別すると、事務所と案内所等の２つに分けられます。事務所では当然売買や賃貸の申込を取ったり、契約に関する諸手続きをすることが想定されますので契約手続きや事務手続きにおいて必要となる、通称５点セットを置く決まりがあります。

本ステージの内容は、後ほど学習する、売主制限のクーリングオフの内容にも関連がありますので、まずは事務所と案内所等の違いと、それぞれに設置しなければならないアイテム等の各種規定をしっかりと理解していくことが重要です。

問 25 解答と解説 ○ そのとおり。B は自ら貸借ですから業にはあたりませんし、D はマンションの管理業者。管理は宅建業の取引ではないですよね。

Part 1 事務所

まず、宅建業をはじめよう！　となると絶対に欠かせないのが業務を営むための場所、つまり事務所。宅建業者の事務所には、本店（主たる事務所）と支店（従たる事務所）というのがあるんだけど…本店と支店の違いはわかるかな。

うーん、本店は社長なんかがいる会社の中心になるようなところで、支店は２号店…みたいなイメージかな。

まぁ、だいたいそんな感じだね。
大前提のルールとして、**本店は常に事務所となる**んだ。
たとえば、ある会社は建設業をメインで営んでいて、宅建業を営むのは支店だけ。本店では宅建業は営まないというのであっても、本店は常に事務所扱いされるということ。（施行令１条の２第１号）

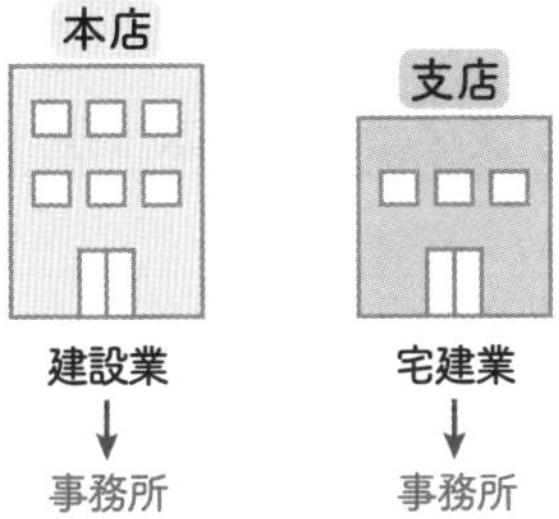

一方、**支店は、その支店で宅建業を営むのであれば事務所となる。**つまり、その支店では、宅建業は営まずに建設業しか営まないのであれば支店は事務所とはならないんだ。

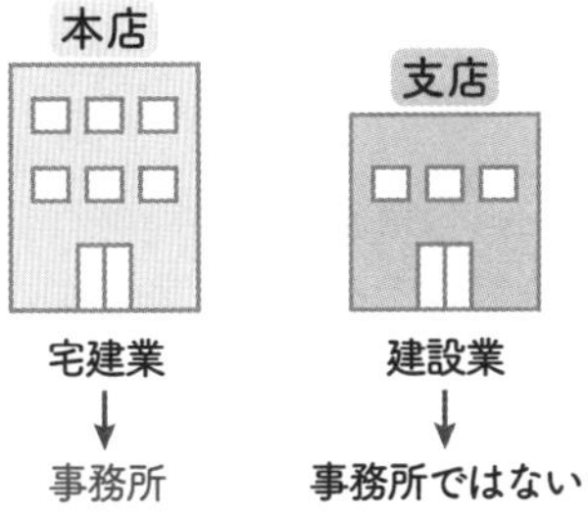

Part 2 事務所に必要なもの

事務所がどんな場所かイメージできたかな？　そして、事務所には宅建業をするにあたって必ず置かなければいけない５つのものがあるんだ。
本店にまとめて置くのではなく、各事務所ごとに設置しなければならないよ。

CHECK POINT 事務所に必要な５点セット

① 標識の掲示
② 報酬額の掲示
③ 帳簿の備付け
④ 従業者名簿
⑤ 成年者である専任の宅建士の設置

1. 標識（宅地建物取引業者票）の掲示（50条1項）

まずは標識の掲示から確認しよう。

宅地建物取引業者票	
免許証番号	東京都知事（1）第100531
免許有効期間	令和1年3月21日から
	令和6年3月20日まで
称号又は名称	株式会社〇〇〇〇〇
代表者氏名	〇〇　〇〇
この事務所に置かれている専任の取引士の氏名	有山 茜
主たる事務所の所在地	東京都港区新橋1-〇-〇
	電話番号03（1234）5678

このような標識を、公衆の見やすい場所に掲示しなければならない。
ちなみに宅建業を営むためには免許を受けないといけないんだけど、免許をうけると免許証というかっこいい表彰状みたいなものがもらえる。

でも、この免許証を掲示しても標識には代えられないから要注意ね。

標識と免許証は別モノということですね。

2. 報酬額の掲示（46条4項）

宅建業者が媒介や代理として取引をした際の売上は依頼者からの報酬。だから宅建業者としては、報酬はできるだけ多くもらいたいというのが本音。
でも、ぼったくりをさせるわけにはいかないから「報酬額には上限があります」と、報酬額についての掲示をしなければならない。

どうして、「報酬額には上限があります」という紙の掲示をすることが、ぼったくり防止になるんですか？

ほら、見やすいところに掲示しておかないといけないルールにしておくと、お客さんがその事務所に来たときにその掲示が目に止まるでしょ。それによってお客さんにも
「へえ、宅建業の取引には報酬額の制限があるんだ〜」
と理解させることができる。そのようにして、ぼったくられないようにしようという意図だけど…実際お客さんが、その掲示をまじまじと見るかというと…なんとも言えない（笑）

宅地建物取引業者が宅地又は建物の売買等に関して受けることができる報酬の額

第一　定義

第二　売買又は交換の媒介に関する報酬の額

第三　売買又は交換の代理に関する報酬の額

3. 帳簿の備付け（49 条）

帳簿はいいかえると、取引成立台帳のようなもののこと。
取引があった都度、取引に関わる各種情報を記載しないといけない。

センセ、そういうまとめるのとか苦手そうですよね。

うん…でも法律で決まっちゃっている以上はしょうがない。
そうして記載した帳簿は、各事業年度の末日に閉鎖し、閉鎖してから５年間は保存しなければならない。
さらに、その業者が自ら売主となる新築住宅に係る取引に関しては、閉鎖してから 10 年間保存しなければならないんだよ。
ちなみに帳簿は取引の関係者から見せてと言われても、見せなくて良いからね。

帳簿を見せなくてもいいのは、一体どうしてですか？

いや…だって、帳簿にはその取引のお客さんの情報なんかも書いてあるし。それに何より、どれくらい儲かっているかなんて業者としてもさすがに見せたくないでしょ…

4. 従業者名簿の備付け（48 条 3 項）

次はスタッフの情報をまとめる従業者名簿について。従業者名簿には下記の情報を記載する。

CHECK POINT **従業者名簿に記入する項目**

- ✔ 氏名
- ✔ 従業者証明書番号
- ✔ 生年月日
- ✔ 主たる業務の内容

- ✔ 宅地建物取引士か否か
- ✔ 事務所の従業者となった年月日
- ✔ 事務所の従業者ではなくなった年月日

従業者名簿は、先に確認した帳簿とは異なり、取引の相手方から「見せて～」と言われたら見せないといけない。
だから、従業者のプライバシーを守ろうという視点から住所については記載不要になっている点には要注意。

なるほど！　確かに、もし住所が書いてるんだったら、カワイイ女の子のいる業者にいって従業者名簿を見せてもらうもんなあ。

キミ、その考えはちょっと…
あと、これは事務所に備え置くものではないけれど、従業者には従業者証明書を携帯させなければならない。
この従業者証明書は、「この人はうちの従業員であることに間違いありません」ということを証明する効力があるんだ。

従業者名簿に記入する項目にある、従業者証明書番号ってのはそれに書いてあるナンバーのことですね？

そうだね。業者はその従業員が、従業者証明書を携帯していない状態で業務に従事させてはならず、これを破ると、その宅建業者に罰金が課せられる。
ちなみに、従業者は取引の関係者から「ほんとにそこの会社の人なの？従業者証明書見せてよ」と請求されたら見せないとだめ。

従業者証明書も請求があれば見せなければならないってことですね。

5. 成年者である専任の宅地建物取引士の設置（31 条の 3 第 1 項）

モノ扱いされているようでちょっと…だけど、成年者である専任の宅建士も置かなければならないもののひとつ。

専任の宅建士ということは、アルバイト等の非常勤ではなく常勤でないとだめってことですね。

そのとおり。そして、原則として成年者でというルールもある。でも、もし未成年者であっても保護者から営業に関する許可を受けて、自分で免許を受けて宅建業者になったときと、業者の役員になったときには、成年者である宅建士とみなすことができるよ。
ちなみに置く人数にも決まりがあって、その事務所に従事する従業者の5人に1人以上の割合で置かなければならない。

ということは、スタッフが 10 人いる業者だと 2 人以上、15 人だと 3 人以上ですね。

そうそう、ちなみに 16 人だと 3 人以上、24 人だと 4 人以上ね。
この5人に1人以上という要件が、意外と厳しくて…
世の中には「名義貸し」といって宅建士の名義を借りようとする悪い業者も存在する。（でも、そんな業者は当然淘汰されていく運命…）
もし宅建士が辞めたりして不足する事態になったら、2週間以内に新しい宅建士を用意する等の必要な措置を講じなければならない。

2週間って結構あっという間ですよね。もし新しい宅建士を採用できなかったらどうなるんだろう？

そうだなあ。たとえば、宅建業を廃業するか、5人に1人以上の割合になるように、宅建を持っていない人から順にクビにするか…

…うわあ、大変なことになりそうですね。

事務所に備え付けなければならないもの

名称	保存・掲示義務		閲覧義務
標識	常に掲示すること		―
報酬額の提示	常に掲示すること		―
帳簿	新築住宅の売主となる場合	各事業年度の末日に閉鎖し、閉鎖後10年間保存	なし 取引の関係者から請求があっても閲覧させなくてよい
	新築住宅の売主となる場合以外	各事業年度の末日に閉鎖し、閉鎖後5年間保存	
従業者名簿	最終の記載をした日から10年間保存		取引のある関係者から請求があった時は閲覧させなければならない
成年者である専任の宅地建物取引士 （業務に従事する者5人につき1人以上）	不足したら、2週間以内に補充等の必要な措置を講じる		―

Part 3 案内所等

次は案内所等と呼ばれる事務所以外の場所について。
宅建業者が仕事をするのはなにも事務所だけとは限らない。

たしかに、モダンな家具で、それっぽく見せるためのモデルルームを作ったり、現地にテント張りなどの簡易的な案内所を作ったりと実にさまざまですよね。

そして、こういった事務所以外の場所についても、一定のルールが設けられているんだよ。まずはどのような場所が該当するのか、確認してみよう。

案内所等とは

種　　類	例
継続的に業務を行うことができる施設を有する場所で事務所以外の場所	契約締結権限を有する者が置かれていない現地の出張所
一団の宅地建物の分譲を行う際の案内所	売主の業者が設置したモデルルーム
売主業者の代理、媒介を行う際の案内所	販売代理業者が設置したモデルルーム
業務に関する展示会その他の催しを実施する場所	不動産フェア・住み替え相談会・抽選会
一団の宅地建物の分譲をする際の当該宅地建物の所在する場所、現地	分譲マンション

事務所以外で、業者が仕事をするところをイメージすればいいんですね。

Part 4 案内所に必要なもの

次は案内所に必要とされているものについて確認していこう！

案内所も宅建業者が取引をするところだから５点セットを置くのかな？

ううん、案内所というのはたとえば「分譲マンションが完売するまで！」というように期間限定で設けることが多いから、５点セットまでは揃えなくていい。でも、次のものは置かなければならないよ。

押さえておきたい！
重要まとめ

- 案内所等の届出と宅建士の設置は契約の締結、申込を受け付ける予定の案内所のみ
- 契約の締結、申込みを受け付ける予定の案内所では専任の宅建士は少なくとも１名以上。５名に１名以上ではない

語句の意味をチェック

本　店	会社謄本にも記載される事務所のこと
支　店	本店以外の事務所のこと。宅建業を営む場合のみ、事務所扱い
モデルルーム	分譲マンションなどで見本として公開される空間のこと
帳　簿	取引において重要な情報をまとめた帳面のこと
閲　覧	図書や書類の内容を調べ読むこと

○×問題セレクション 26

解答・解説は次ページ左下

宅地建物取引業者は、その業務に関して、国土交通省令に定める事項を記載した帳簿を一括して主たる事務所に備え付ければよい。（平成 15 年）

stage 27

重要度 ★★★　頻出度 ★★★

免許（めんきょ）

良からぬことをしそうな連中を宅建業界にいれるわけにはいきません。宅建業が免許制となっているのはそんな輩を排除するため。まずは業務開始までの道筋をしっかりと理解することから始めましょう。

memo 開業への道のりは一本道。1に免許2に供託、届出してからお仕事開始！

理解と暗記の重要ポイント

ここがポイント！ しっかり意識して学習しよう！

1 事務所がひとつの都道府県にあれば知事免許、複数の都道府県にあれば大臣免許

2 免許の有効期間は５年、５年ごとに更新が必要

〔更新のルール〕

①申請手続きは有効期間満了の90日前から30日前までにしなければならない

②期間内に更新手続きをしたのに有効期間内に更新されない場合は更新されるまで従前の免許の効力が存続する

③新しい免許の有効期間は従前の免許の有効期間満了の翌日から起算する

3 変更の届出

- 商号又は名称
- 事務所の名称と所在地
- 法人業者の場合、役員と政令で定める使用人の氏名
- 個人業者の場合、その者と政令で定める使用人の氏名
- 事務所ごとに置かれる専任の宅地建物取引士の氏名

4 免許換えの手続きは新たな免許権者に直接申請する

5 破産と解散・廃業は届出時に免許が失効し、死亡と合併は届出事由発生時に失効する

Part 0 安心できる、すてきな人に頼みたいから

宅地や建物は、非常に大きな買い物です。夢のマイホームを建てたり、買ったりするのは、洋服を買ったりするのとはわけが違います。当然、購入を検討している人は不安でいっぱい。そんなシロートのお客さんの不安な気持ちを利用して、悪いことを企む輩も多いのが現実です。一生に一度あるかないかの買い物ですから、安心して取引のできる業者に頼みたいですよね。

問 26 解答と解説　×　帳簿は事務所ごとに備える必要があります。もし、本店と支店をおいている業者であった場合、主たる事務所つまり本店に一括しておくのではダメで、支店にも５点セットを備えなければなりません。

そこで公正で健全な取引が行われるよう、宅建業を開業したいという人の素行を調べる目的で、免許制度が導入されました。

暴力団員等の問題のある者が、宅建業界に進出してヤバイことをしないように、まっとうに宅建業を営むことができそうな者にのみ免許を与えて、不安要素がある人は排除します。本ステージでは、この免許制度についての基本的な事項を確認しましょう。

Part 1 免許は誰から？

宅建業の免許は事務所がどこにあるかによって、免許をくれる人、すなわち免許権者が異なるんだ。
免許は事務所がひとつの都道府県内にあればその都道府県知事が、事務所が複数の都道府県にある場合には国土交通大臣が免許権者となる。（3条1項）

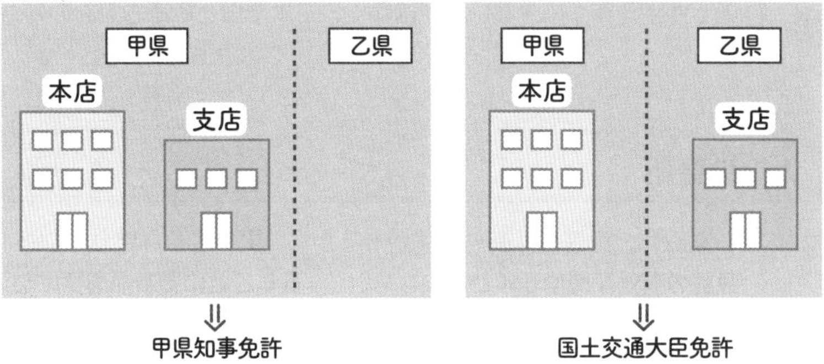

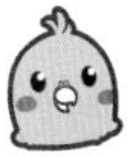

ちなみに、都道府県知事免許をもらう場合は知事に直接申請して、国土交通大臣免許の場合は主たる事務所の知事を経由して申請するというルールだよ。（78条の3第1項）

事務所の所在地	免許権者	免許の申請方法
ひとつの都道府県	その都道府県知事	都道府県知事に直接申請
複数の都道府県	国土交通大臣	主たる事務所の所在地を管轄する都道府県知事を経由して大臣へ申請

ではセンセ。たとえば、「主たる事務所」を東京都に、「案内所」を神奈川県に置くなんて場合は大臣免許かな？

ううん、案内所は事務所としてはカウントしないんだ。だから、その場合は東京都知事免許だね。
ほら、案内所っていうのは事務所とは異なり、特定の物件を売るためだけに設置したりするから、一定期間が経ったり、その目的を果たしたら撤収するでしょ。
だから免許については、案内所は事務所扱いされないんだ。

なるほど。つまり、事務所を他の都道府県にも設置するわけじゃなければ、免許をもらった都道府県以外のところでも仕事をして良いってことですか？

うん、そのとおり。知事免許であっても、その免許をうけた都道府県内でしか宅建業ができない訳ではなく、日本全国どこでも免許の効力はある。

Part 2 免許の更新

ちなみに、免許には有効期間があるから、更新をしなければならない。
免許の有効期間は5年と決まっていて、**5年ごとに更新が必要**になるよ。
(3条2項、3項)
免許には東京都知事（1）123456とか国土交通大臣（3）123456等といった免許証番号が割り振られている。実は、このカッコの中の数字が更新回数を表しているんだよ。
業界では「カッコイチ」なんて呼ばれるけど（1）と免許証番号にあったら、それは基本的にはまだ更新の経験がない若い業者だね。

へえ、免許証番号を見ればその会社がどれくらい続いてるかわかるんだ。

免許換えなんて仕組みもあるから一概には言えないけどね。カッコの数字が少ないから悪いとか、多いから良いってものでもないし…あと、更新にも一定のルールがあるよ。

CHECK POINT 更新のルール　重要

- ✔ 申請手続きは有効期間満了の90日前から30日前までにしなければならない
- ✔ きちんと上記期間内に更新手続きをしたのに、有効期間内に更新されない場合は処分があるまで従前の免許の効力が存続する
- ✔ 新しい免許の有効期間は従前の免許の有効期間満了の翌日から起算する

Part 3 免許のあかし

宅建業の免許をもらったら、免許権者から免許証というものが交付される。
言い換えると、免許権者は免許を与えたら、免許証を交付しないといけないということ。(6条)

べつに掲示しなくてもいいのに、業者がかっこいいからって飾っているやつですね。

そうそう、こんな感じのね。この免許証とは標識とは別モノだから掲示義務はなし。免許証を掲示しても標識を掲示したことにはならないよ。

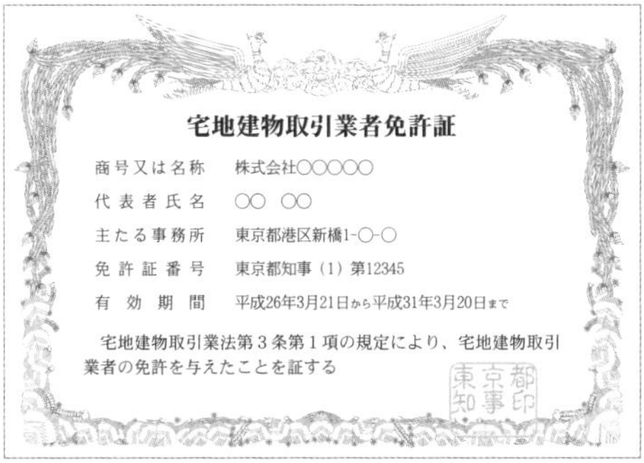

宅地建物取引業者免許証

商号又は名称	株式会社○○○○○
代表者氏名	○○ ○○
主たる事務所	東京都港区新橋1-○-○
免許証番号	東京都知事（1）第12345
有効期間	平成26年3月21日から平成31年3月20日まで

宅地建物取引業法第３条第１項の規定により、宅地建物取引業者の免許を与えたことを証する

東京都知事印

Part 4 変更の届出

免許権者は、免許をあげたら、免許証を交付するのと併せて宅地建物取引業者名簿に一定の事項を登載して備え付ける。ちなみに、国土交通大臣免許の名簿は、国土交通省とその業者の主たる事務所の所在する都道府県にも備え付けられるよ。（8条）

CHECK POINT 宅地建物取引業者名簿登載事項（たくちたてものとりひきぎょうしゃめいぼとうさいじこう） 重要

- ✔ 免許証番号・免許の年月日
- ✔ 商号又は名称
- ✔ 事務所の名称及び所在地
- ✔ 宅建業者が法人の場合、その役員及び政令で定める使用人の氏名
- ✔ 宅建業者が個人の場合、その個人及び政令で定める使用人の氏名
- ✔ 事務所ごとに設置される成年者である専任の宅地建物取引士の氏名
- ✔ 取引一任代理等の認可を受けているときは、その旨及び認可の年月日
- ✔ 指示処分・業務停止処分の年月日・内容
- ✔ 宅建業以外のものを兼業する場合にはその事業の種類

役員や政令で定める使用人、宅建士については氏名しか登載されないんですね。

その通り。宅地建物取引業者名簿は、国土交通大臣又は都道府県知事によって一般の閲覧に供されるんだ。（10条）
住所まで載ったらちょっとイヤでしょ？

確かに、自分が専任の宅建士になったら…と考えると、氏名はともかく住所まで一般の閲覧に供されたら困っちゃいますね。

そして、記載事項のうち一定のものに変更が生じた場合は、宅建業者は30日以内に免許権者に対して変更の届出をしなければならないよ。具体的には、知事免許の場合には直接その知事に届け出て、大臣免許の場合には主たる事務所を管轄する都道府県知事を経由して届け出るんだ。（9条、78条の3第1項）

CHECK POINT 変更の届出が必要な事項　重要

- ✔ 商号又は名称
- ✔ 事務所の名称と所在地
- ✔ 法人業者なら、**役員と政令で定める使用人の氏名**
- ✔ 個人業者なら、**その者と政令で定める使用人の氏名**
- ✔ 事務所ごとに置かれる**専任の宅地建物取引士の氏名**

政令で定める使用人というのはどういったポジションの人ですか？

政令で定める使用人とは、たとえば店長や部長、営業所長などの決裁権がある人のことだよ。

Part 5 事務所の場所が変わったら…免許換え

本店や支店が置かれている場所によって免許権者が異なるのは、先ほど確認したとおり。では、免許をもらって営業をしているときに、本店を移転したり、本店とは異なる都道府県内に新しく支店を出したりするとどうなるかな？　たとえば、神奈川県知事免許の業者が、神奈川県から撤退して東京都に進出することになったとしよう。

うーん、本店が東京都に移るという状態になるわけだから、神奈川県知事免許から東京都知事免許になるってことかな。

そうだね。事務所の新設、廃止や移転等の理由によって現在の免許が適合しなくなった場合には、免許換えという手続きを取るんだ。そして、都道府県知事免許を受ける場合には**免許換えの手続きは新たな免許権者に直接申請する**んだよ。(3条1項、4条1項、7条1項)

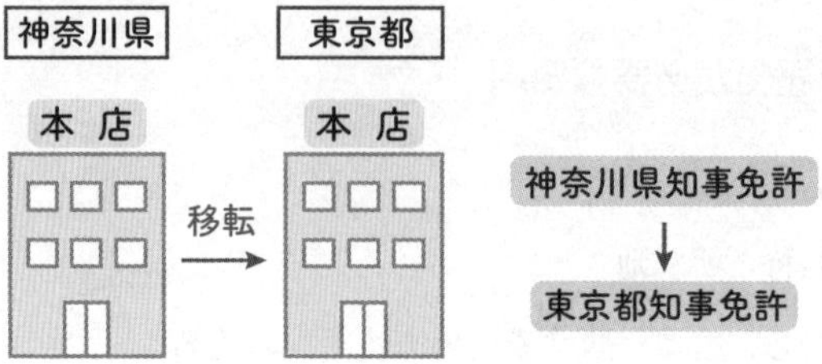

また、国土交通大臣免許を受ける場合は、主たる事務所（本店）を管轄する知事を経由して申請するよ。（3条1項、4条1項、7条1項、78条の3第1項）

へえ、都道府県知事免許の場合には今お世話になっている免許権者ではなくて、新しい免許権者に対して申請するんですね。

そのとおり。業者が免許換えの手続きを踏むと、新たな免許権者が従前の免許権者に対して、その旨を遅滞なく申請することで免許換えの手続きは完了するよ。（規則4条の5）

Part 6 免許はもういらない…廃業等の届出

宅建業の免許を受けて仕事をスタートしたはいいけど、想定したより収益が上がらなかったり、他の会社に合併されて会社がなくなっちゃったり。
…いろいろな事情で免許がいらなくなったとき、もしくは免許の効力がなくなったときは、免許権者に対して廃業等の届出をしなければならない。（11条）

どんな理由で（届出事由）	いつまでに（届出時期）	誰が（届出義務者）	失効する時期
死亡	死亡を知った日から３０日以内	相続人	死亡時
合併	合併の日から３０日以内	消滅した法人の代表役員	合併時
破産手続開始決定	破産手続開始決定の日から３０日以内	破産管財人	届出時
解散	解散の日から３０日以内	清算人	届出時
廃業	廃業の日から３０日以内	廃業した個人または法人代表役員	届出時

届出事由によって届出義務者が誰なのかも決められているんですね。合併の時に届出をするのは存続する会社の代表じゃなくて、消滅しちゃった会社の代表役員かぁ。

うん、そこは本試験でもよく引っかけとして出題されるからおさえておこう。あとは、失効するのがいつかというのも注意が必要。

免許が失効する時期ですか？

うん。**破産手続き開始決定と解散、廃業のときには届出をしたときに免許が失効する**んだけど、**死亡と合併のときには実際にそれが起こったときに免許が失効する**んだよ。

たとえば、ある個人の宅建業者が取引の最中に死亡してしまうとどうなるんでしょうか？お客さんとしては契約はしたものの、物件の引渡しがされなくなると困っちゃうと思うのですが…

そういった場合には相続人が代わりに取引を結了することになるよ。相続人等の一定の者が、宅建業者が締結した契約に基づく取引を結了する目的の範囲内において、なお宅建業者とみなされるんだ。（11条、76条）

締結済みの契約に関してはきちんと結了できるようにということですね。

そういうこと。とはいえ、免許については死亡等によってその効力は失効しているから、相続人等に承継されることはないけどね。

押さえておきたい！
重要まとめ

- **免許の更新手続きは期間満了の90日前から30日前までに**
- **知事免許への免許換えは新しい知事に直接申請すること**
- **死亡と合併が理由による廃業等の届出は、死亡時、合併時に免許が失効する**

語句の意味をチェック

申請	一般に公的な機関に対して許可等をもらえるよう願い出ること
更新	契約や免許等を前のものに変えて期間を延ばすこと
従前	これまでということ。今の時点より前を指す

○×問題セレクション27

解答・解説は314ページ左下

甲県知事免許をうけているAが，乙県内で一団の宅地建物の分譲を行うため案内所を設置した場合，Aは，国土交通大臣へ免許換えの申請をする必要がある。（平成9年）

column
ちょっと一息

宅建取ったら次はこれ！
不動産関連資格 ー管理業務主任者ー

かんりぎょうむしゅにんしゃ

管理業務主任者はマンション管理適正化法による国家資格のひとつです。

管理業務主任者の主な仕事は分譲マンションの管理をサポートすること。ここでいう管理とは分譲マンションの管理組合等からの受託によるマンション管理業を意味します。

管理業務主任者を取得することのメリットは、就職活動や転職に有利に働くこと。というのも、区分所有マンション（分譲マンション）の管理業者には、その事務所ごとに30管理組合に1人以上の成年者である専任の管理業務主任者を置かなければならないという設置義務が課せられているからです。宅建業者における成年者である専任の宅建士と同じく、欠員が出た場合は補充が必要になりますから、先に申し上げたとおり、就職活動や転職では、大手の管理業者等へアプローチする際の有効な武器になりえます。

さらに管理業務主任者に合格すると、マンション管理士という資格で5問が免除されるというオプションまであります。マンション管理士も不動産関連資格ではとても人気の資格のひとつですが、合格率は例年10%以下とかなり難問の部類に入ります。そのため、管理業務主任者はマンション管理士に興味があるというひとにもおすすめです。宅建士資格試験の合格率は上位15%程度ですが、管理業務主任者も変動こそありますが、おおよそ上位20%が合格ライン。やや難易度が高い資格ですが、宅建試験受験後の基礎知識がある状態でしたら、短期間の学習でも十分に合格を狙うことが可能です。

実際の学習内容としては民法、借地借家法、区分所有法に関しては宅建と分野がかぶっていますので基本的な知識においては力をいれた対策は不要です。しかし、区分所有法においてはやや注意が必要といえるでしょう。それは管理業務主任者の出題範囲でもあるマンション標準管理規約との規定の違い。マンション標準管理の規定と区分所有法による規定が異なる部分がいくつかあるので、比較しながらインプットすることが望ましいです。

当然国家資格ですから、学習を進めるにはやや骨がありますが、宅建と同様に独占業務がありますから、不動産業界において活躍できるステージを増やしたい！　という方には特におすすめの資格のひとつです。

重要度 ★★★ 頻出度 ★★★

stage 28

免許の基準

悪いことをしたら当然信用を失いますが、悪いことにもレベルがあるのです。罰金刑でもアウトになるものはどんな犯罪か、業界に入ってほしくないのはどんな人なのかを見極めることがポイントです。

memo 免許の欠格事由はかなり細かく、ちょー厳しい

理解と暗記の重要ポイント

ここがポイント！ しっかり意識して学習しよう！

① **破産手続き開始決定を受けた者が復権を得た場合にはただちに免許を受けることができる**

② **執行猶予期間が満了した場合には、その翌日からただちに免許を受けることができる**

③ **宅建業の三大悪事（66条1項8号又は9号）**
- 不正手段で免許を取得
- 業務停止処分事由に該当し情状が特に重い
- 業務停止処分に違反

④ **三悪に該当するとして免許を取り消された者が法人の場合、公示日前60日以内に役員であった者も欠格する**

⑤ **成年者と同一の行為能力を有しない未成年者は、本人と法定代理人が審査の対象となる**

Part 0 こんな人には免許はあげません！

ステージ27でも確認したとおり宅建業は免許がなければ営むことができません。免許制にしているのは、過去に悪事を働いた人や、もしこれから宅建業界に参入すると悪いことをしそうな人を排除するため。では「この人には免許をあげない」という基準は一体、どのようなものなのでしょうか。免許権者の気分？

免許権者に一任してしまっては「なんだか気分がのらないからやめとこ」や「うーん、この人はどうも悪いことしそうな気がするんだよね…理由はとくにないんだけど。」等といった、理解できないような理由で免許をもらえなかったり、逆に、袖の下が横行して、本当に危ない宅建業者が誕生してしまう可能性もゼロではありません。

問27解答と解説 × 案内所は事務所ではないので、免許替えの申請をする必要はありません。甲県外で支店を増やしたりするのでなければ、Aさんは甲県知事免許で全国どこでもご活躍頂けます。

そこで宅建業法では、この基準に適合する人には免許をあげません！　という細かい基準を設けています。この基準のことを、免許の欠格事由や欠格要件といいます。本ステージではどのようなものが欠格事由に該当するのかを確認していきます。

Part 1 本人に問題があるケース

宅建業を免許制にしている主な理由は、何かと不透明な宅建業界をクリーンにしてお客さんを守るため。
免許を受けることができない基準についても明確に定められているよ。
まずは、本人に宅建業を営む能力がないとみなされる人たちについて。

CHECK POINT　悪者じゃないけど…安心して任せられない人たち

- ✔ 心身の故障により宅建業を適正に営めない者
- ✔ 破産手続開始決定を受けて復権を得ていない者

心身の故障で宅建業を適正に営むことができるか否かについては、国土交通省令で基準が定められているんだ。
また、もし破産手続開始決定を受けた人が復権を得たら即免許 OK ！になるよ。

破産手続き開始決定を受けていた人が復権を得るとどうなりますか？

破産手続き開始決定を受けた人が復権を得た場合にはただちに免許を受けることができるよ。この後確認していく他の欠格事由とは異なり、5年間待つ必要なし。

Part 2 悪事を働いたことがあるケース

過去に悪事を働いたことがある人も、ほとぼりが冷めるまでは、免許を受けて宅建業者になることはできない。

悪者… 反省してほとぼりが冷めるまでNGな人たち

- ✔ 禁錮以上の刑に処せられ、執行後5年を経過していない者
- ✔ 宅建業法違反、暴力系の犯罪（暴力団員による不当な行為の防止などに関する法律もしくは暴力行為等処罰に関する法律に違反、傷害罪、現場助勢罪、暴行罪、凶器準備集合罪、脅迫罪等）、背任罪を犯して、罰金の刑に処せられ、執行後5年を経過していない者
- ✔ 暴力団員もしくは暴力団員でなくなった日から5年を経過しない者

刑罰とひと口にいっても罰金刑や懲役刑など、いろいろあるんですね。

うん、刑罰についてまとめると下記のようになるよ。罰金刑は原則としてはセーフなんだけど、業法違反、暴力系、背任罪の３種類による場合は欠格事由に該当する。

死　刑	犯罪の種類を問わず欠格事由に該当
懲　役	犯罪の種類を問わず欠格事由に該当
禁　錮	犯罪の種類を問わず欠格事由に該当
罰　金	犯罪の種類によっては欠格事由に該当 （業法違反、暴力系、背任罪が該当）
拘　留	欠格事由にはあたらない
科　料	欠格事由にはあたらない

Part 3 きっと悪いことしそうなケース

先述の悪事を働いたひとには該当しないけれど、その他の事情で悪事を働くかもしれないと判断されるような人も免許を受けることができない。

CHECK POINT きっと悪いことをしそうだからNGな人たち

- ✔ 免許申請前5年以内に宅建業法に関して不正を働いたり著しく不当な行為をした者
- ✔ 宅建業に関して不正を働いたり不誠実な行為をするおそれが明らかな者
- ✔ 免許申請前5年以内に業法66条1項8号又は9号に該当するとして免許を取り消された者

宅建業法66条1項8号又は9号というのは三つの悪事で三悪と呼ばれる。
三悪に該当するのは次の内容。

CHECK POINT 宅建業法66条1項8号又は9号【三悪】

- ✔ 不正手段で免許を取得
- ✔ 業務停止処分事由に該当して情状が特に重い
- ✔ 業務停止処分に違反

つまり、どう考えても悪いことをしそうで、免許を与えるわけにはいかない人だけど、これまでに確認してきた欠格事由には該当していないような人たちをブロックする。

確かに、罰金や懲役刑などの罰則は受けていなかったとしても、過去に宅建業に関して悪事を働いた人なんかは、またやらかしそうな匂いがしますね。

Part 4 三悪に関連があるケース

三悪に該当するという理由で免許を取消された会社の役員だったり、免許取消し処分を受けて欠格事由に該当するのがイヤで、処分を受ける前に会社をつぶしたりした人たちも欠格事由に該当する。

つまり、とってても悪いことをした結果免許が取消された会社に、役員としていた人は欠格事由に該当するということですね。

CHECK POINT 三悪に関連がある人たち

- ✔ 三悪に該当するとして免許を取消された者が法人の場合、免許取消し処分の聴聞の期日及び場所の公示日前60日以内に、その会社の役員をしていて、取消しの日から5年を経過していない者
- ✔ 三悪に該当するとして免許取消し処分の聴聞の期日及び場所の公示日から、処分が決定されるまでの間に解散もしくは廃業の届出をして、届出の日から5年を経過していない者
- ✔ 三悪に該当するとして聴聞の公示がされたものの合併で消滅したり解散、廃業の届出を出した法人に聴聞の公示日前60日以内に役員をしていて、消滅、解散、廃業の日から5年を経過していない者

聴聞の期日及び場所の公示日前60日以内…聴聞ってなんでしょうか？

聴聞というのは、「言い分を聞いてやろう」という機会のこと。指示処分、業務停止処分や免許取消し処分といった監督処分を下そうとするときには、事前に聴聞をしなければならないんだ。

つまり、その聴聞をしますよ～というお知らせを受ける60日前までに、その法人の役員だった人は免許の欠格事由に該当するってことか。

そのとおり。最後は免許を申請する者には問題がなくても、関係者に問題があってNGというケース。

CHECK POINT 君はクリーンでも周りがね…関係者に問題がある場合

- ✔ 営業に関し成年者と同一の行為能力を有しない未成年者で、法定代理人が欠格事由に当てはまる場合
- ✔ 法人で、役員もしくは政令で定める使用人が欠格事由に当てはまる場合
- ✔ 個人で、政令で定める使用人が欠格事由に当てはまる場合
- ✔ 暴力団のフロント企業等

ということは、営業に関し成年者と同一の行為能力を有しない未成年者であったとしても、本人とその親御さん等の法定代理人に問題がなければ免許自体はもらえるってことですね。

そういうこと。ちなみに、成年者と同一の行為能力を有する未成年者だったら、法定代理人は審査対象にならず、本人が欠格事由に該当するか否かをチェックされることになるよ。

Part 5 手続き上問題がある場合

悪いことをした…というわけではないけれど、申請書の内容に問題があったりすると免許はもらえない。

CHECK POINT 手続き上・書類上の不備

- ✔ 事務所について法定数の成年者である専任の宅建士がいない場合
- ✔ 申請書等の重要事項について虚偽の申告がある場合や重要な事実の記載が欠けている場合

たしかに５名に１名以上の専任の宅建士がいないとなったら免許はもらえませんね。

ただ、これらは申請上の不備に過ぎないから、きちんと状態を整えれば再度申請することができるよ。

押さえておきたい！
重要まとめ

- **破産手続き開始決定を受けた者が復権を得たら、５年待たずに免許の申請 OK**
- **宅建業法違反、暴力系の犯罪、背任罪で罰金刑は５年間 NG**
- **宅建業法 66 条１項８号又は９号は「三大悪事」のこと**

語句の意味をチェック

破産者	破産宣告を受けて破産手続きが行われている者のこと。財産の管理処分権を失い、数々の制限を受ける
役員	企業内で重要な地位を占める者。取締役・監査役・相談役・顧問・大株主等
禁錮	監獄には入るが、労働は強制ではなく、おとなしく反省させるための刑のこと
懲役	罪人を刑務所内に拘束し、労役に服させるための刑のこと
聴聞	行政機関が、行政処分等を行う際に、処分の相手方その他の利害関係人や有識者の意見を聞く手続きのこと
公示	一定の事項を一般公衆に周知させるために公表すること
政令使用人	支店長・営業所長等のこと。政令で定める使用人ともいう
成年者と同一の行為能力を有しない未成年者	ただの未成年者のこと。営業の許可を保護者から受けると成年者と同一の行為能力を有する未成年者と言われる

○×問題セレクション 28

解答・解説は次ページ左下

法人Aの役員のうちに、破産手続開始の決定がなされた後、復権を得てから5年を経過しない者がいる場合、Aは、免許を受けることができない。（平成22年）

重要度 ★★★　頻出度 ★★★

stage 29

宅地建物取引士（たくちたてものとりひきし）

宅建士の登録の欠格要件は免許の欠格要件とほとんど同じですが特有の基準は要チェックです。
宅建士にしかできない仕事は何なのか、宅建士はどんな役割を担っているのかを理解しましょう。

memo 合格、登録、宅建士証交付で、あなたも晴れて宅地建物取引士

理解と暗記の重要ポイント

ここがポイント！ しっかり意識して学習しよう！

①登録を受けるためには２年以上の実務経験があるか、国土交通大臣指定の登録実務講習を修了しなければならない

②宅建士証の交付を受けるには、登録先の知事が指定する法定講習で、交付申請前６ヵ月以内に行われるものを受講しなければならない

③宅地建物取引士にしかできない仕事
- 重要事項の説明
- 重要事項説明書への記名押印
- 37条書面への記名押印

④宅地建物取引士特有の欠格事由
- 宅建業に係る営業に関し成年者と同一の行為能力を有しない未成年者
- 不正登録等の理由により登録の消除処分を受け、その処分の日から５年を経過しない者
- 事務禁止処分を受けて、禁止期間中に本人が申請をして登録消除がなされ、まだ禁止期間が満了していない者

⑤変更の登録

〔本人〕氏名、住所、本籍

〔勤務先〕商号または名称、免許証番号

⑥死亡等の届出で本人以外が届出をするとき
- 死亡したとき
  相続人（知ったときから30日以内）
- 心身の故障によって宅建士の事務を適正に行えない者となったとき
  本人または法定代理人もしくは同居の親族（30日以内）

⑦登録先以外の都道府県に所在する宅建業者の事務所で業務に従事することになったときには登録の移転ができる

⑧重要事項説明をするときには必ず宅建士証を提示しなければならない

問28解答と解説　×　破産手続き開始決定を受けていたＡはすでに復権しているんですって。復権を得たら即免許OK。復権から５年というのは典型的な引っかけです。

Part 0 ああ、宅建士への道のりは遠く…

宅建業を営むには従業員の５人に１人以上の宅地建物取引士が必要…つまり、宅建士は宅建業者にとっては必要不可欠な存在なのです。しかし、宅建の取引や宅建業界において、宅建士は一体どのような役割を担っているのでしょうか？宅建士の最も大切な役割は、お客さんへ物件に関する情報提供をすることです。

宅建業者はなんといっても不動産の取引のプロフェッショナル。取引時に不動産に関する専門知識を駆使できるのに対し、お客さんはシロート。シロートでは、物件を購入しようとしても、その目的物がどのような宅地あるいは建物なのかを、資料や現地の調査によって、業者のように正確に把握することは難しいでしょう。

そこで宅地建物取引士の出番です。契約締結前に重要事項説明書を交付して内容の説明をすることによって、お客さんに契約するかどうかの重要な判断材料を提供します。また、契約関連書類の記載事項に誤りがないか、問題がないかを確認するのも宅地建物取引士の重要な仕事のひとつです。取引の一連の流れの中で、最も重要なポイントを担うのが宅建士ということですね。では、どうしたら宅建士になれるのでしょうか。

Part 1 宅地建物取引士になるには

宅地建物取引士になるには長い道のりがあるんだ…

といいますと？

宅建士は出世魚のようなもの。いま勉強をしている人はいわば「受験生」。受験生が宅建士資格試験に合格すると「資格試験合格者」という肩書きになるんだけど、これは、まだ「宅建士」ではない。
その後、合格した試験を実施した知事の登録をうけると「宅地建物取引士有資格者」。でも、これもまだ「宅建士」ではない。
最後に、宅建士証の交付を受けて晴れて「宅地建物取引士」として活躍できるようになるんだよ。

なんというか…出世魚でいうとブリみたいですね（笑）

宅建士になるには

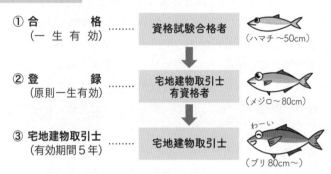

① **合　　格**（一 生 有 効）……… **資格試験合格者**

（ハマチ ～50cm）

↓

② **登　　録**（原則一生有効）……… **宅地建物取引士有資格者**

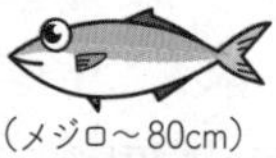

（メジロ～80cm）

↓

③ **宅地建物取引士**（有効期間５年）……… **宅地建物取引士**

（ブリ 80cm～）

それぞれ次のステップに上がるためには、一定の要件があるんだよ。
宅建士になるためには都道府県知事が行う宅地建物取引士資格試験に合格しなければならない。
そして、次のステップとして、その都道府県知事の登録を受けるんだけど…（18条１項）いざ試験に合格したとなっても、**登録を受けるためには２年以上の実務経験があるか、**国土交通大臣の登録を受けた講習、すなわち**登録実務講習を修了しなければならないんだ。（18条1項、規則13条の15）**

ふーん。実務経験がない人は、国土交通大臣の指定する講習を受講しなければならないんですね。

うん。最後のステップが、宅地建物取引士証の交付。**宅建士証の交付を受けるには、登録を受けている都道府県知事が指定する法定講習で、交付申請前６ヵ月以内に行われるものを受講しなければならない。**(22条の２第２項)
この法定講習というのは、法改正等の新しい情報を知ってもらうことで、知識のアップデートを目的としているんだ。

アップデートというと、パソコンでいうところのOSのアップデートのようなものかな？

そんな感じ。だから、もし宅建士資格試験に合格して１年以内の人が宅建士証の交付を受けようとしているんだったら、この法定講習は受講しなくて良いんだよ。

確かに、合格して１年以内だったら知識は最新のものですもんね！
うーん…登録のときに受けるのは大臣の講習で、宅建士証交付のときに受けるのは都道府県知事の講習かあ…

そこは間違いやすいから試験勉強においては、要注意だね。

CHECK POINT

宅地建物取引士資格登録簿への登録の要件

✔ 実務経験２年以上があること

あるいは

✔ 国土交通大臣指定の講習（登録実務講習）を修了すること

CHECK POINT

宅地建物取引士証交付の要件

✔ 都道府県知事指定の講習（法定講習）を、交付申請前６ヵ月以内に受講していること

※合格1年以内に交付を受ける場合は受講不要※

また、宅建士証は有効期間が５年となっているから、宅建士証の交付は５年ごとに行われるよ。その更新のときにも法定講習は受けなければならない。
つまり、都道府県知事の講習、法定講習は５年に一度は受講することになるね。

宅建士証の更新時には法定講習を受講しないといけないということですね。

Part 2 宅建士にしかできない仕事

次は宅建士ができる仕事についてみていこう。言い換えると、宅建士にしかできない仕事ってことだけど、それは次の３つ。

CHECK POINT 宅地建物取引士の事務

- ✔ **重要事項の説明**
- ✔ **35 条書面への記名押印**
- ✔ **37 条書面への記名押印**

ちなみに、この三つの事務を行うのは、その業者の専任の宅建士でなくても良い。

専任でなくて良いってことは、つまりアルバイトでもいいってことですか？

うん、バイトでもパートでも良い。最近は重要事項説明をするだけの単発の仕事とかもあって、これが意外とお金になるみたい。

Part 3 宅建士の基準

宅建業免許と同様、過去に問題を起こしたことがある人や、良くないことをしそうな人は宅建士の登録はさせない決まり。
基本的には宅建業免許の欠格事由と一緒だけど、宅建士特有の基準はしっかりと理解しておこう。

CHECK POINT 宅建士登録特有の基準

- ✔宅建業に係る営業に関し成年者と同一の行為能力を有しない未成年者
  ※営業に関し成年者と同一の行為能力を有する未成年者は宅建士になれる※
- ✔不正登録等の理由により登録の消除処分を受けその処分の日から５年を経過しない者
- ✔不正登録等に該当するとして登録の消除処分の聴聞の期日及び場所が公示された日から、処分が決定するまでの間に登録消除の申請をし、登録が消除された日から5年を経過しない者
- ✔事務禁止処分を受け、禁止期間中に本人の申請により登録消除がなされ、まだ禁止期間が満了していない者

Part 4 変更の登録

宅建士の登録を受けるということは、その都道府県知事の宅地建物取引士資格登録簿というものに記載されるってことなんだ。

CHECK POINT 宅地建物取引士資格登録簿の登載事項

①氏　名
②住　所
③本　籍（日本国籍を有していない者は、その者の有する国籍）
④勤務先の宅建業者の商号又は名称
⑤勤務先の宅建業者の免許証番号
⑥生年月日・性別・合格年月日・合格証書番号等

記載されている事項に変更が生じた、たとえば氏名や住所が変更になったりしたときには、遅滞なく変更の登録をしなければならない。

CHECK POINT 変更の登録が必要なこと

- ✔ 本　人………… 氏名、住所、本籍
- ✔ 勤務先………… 商号または名称、免許証番号

※勤務先が宅建業者の場合のみ

あれ？　勤務先の住所が変わっても変更の登録は不要なんですね？

そのとおり。そもそも宅地建物取引士資格登録簿には勤務先の宅建業者の情報としては商号や名称と免許証番号だけだからね。宅建業の免許における変更の届出とは、内容が異なるから要注意だね。

Part 5 死亡等による届出

禁錮以上の刑に処せられたり、破産手続き開始決定を受けたりして欠格事由に該当することとなったら、届出が必要。（21 条）そして、その届出は、宅建士である本人がするのが原則。

宅建業の免許の場合には破産した場合は届出義務者は破産管財人だったけど、宅建士が破産した場合には本人が届出をするんですね。

そのとおり。でも、本人が諸般の事情で届出ができないというケースも当然起こり得るよね。

諸般の事情って、たとえばどんなときのこと？

そうだなあ、たとえば、本人が死亡したときはどう？

本人が届出なければならないというルールだと、ホラー映画みたいになっちゃいますね。

あとは心身の故障によって宅建士としての事務を適正に行えなくなったときは、本人以外に法定代理人等が届出しても良い。自分でちゃんと手続きできるか怪しいこともあるからね。

死亡等の届出

どんな事情で （届出事由）	誰　が （届出義務者）	いつまでに （届出期間）
死亡したとき	相続人	**知った時から** 30日以内
心身の故障によって宅建士としての事務を適正に行うことができない者として国土交通省令で定めるものとなったとき	本人または法定代理人、もしくは同居している親族	30日以内
・成年者と同一の行為能力を有しない未成年者となったとき ・**破産手続き開始の決定**を受けて復権を得ない者となったとき ・宅建業法66条1項8号又は9号に該当して宅建業の免許取消処分を受けたとき ・上記免許取消処分の聴聞の期日及び場所の公示日以降に相当の理由なく廃業等の届出をしたとき ・禁錮以上の刑に処せられ、又は宅建業法違反、傷害罪、背任罪等の罪を犯し罰金刑に処せられたとき ・暴力団員等に該当したとき	本　人	30日以内

この届出については、原則として、届出が必要となる出来事があったときから30日以内にしなければならない。
でも、死亡については相続人が知らないと届出のしようがないから、死亡を知ったときから30日以内。

Part 6 登録の移転

登録先以外の都道府県に所在する宅建業者の事務所で働くことになったときには登録の移転ができる。（19条の2）
これは新しく働くことになった業者が所在する都道府県の知事に対して、現に登録を受けている知事を経由して申請するということになっているよ。

勤務先が変わったときなんですね。
単にお引越し、つまり、住所変更じゃダメなのかな？

ただお引越しをして、住所が変わっただけではダメだね。
宅地建物取引士の登録の効力は全国で有効だから、宅建士証の交付を受ければ、宅建士証一枚を握りしめて、日本全国どこへでもいける。どこでも活躍できる。だから、たとえば東京都知事の登録を受けている宅建士が、京都府の業者に転職をしたとしても登録先を変更する必要はないんだけど…

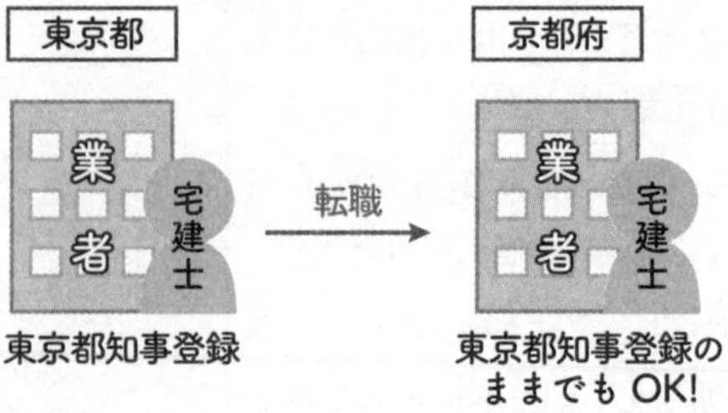

ほら、宅建士証は有効期間が5年だから、5年ごとに法定講習を受けにいかないといけないでしょ。
現場で活躍している宅建士は、登録先までいちいち帰って講習受けている時間もないよね～ということで、勤務先の所在地が変わったときに登録の移転ができることになっているんだよ。

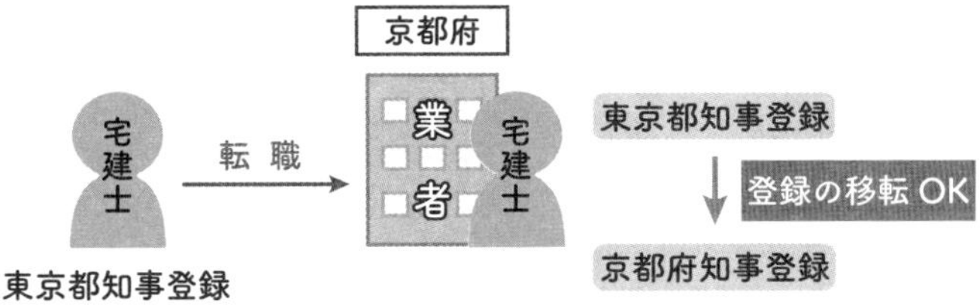

だから、単なるお引越しでは、登録の移転はできないんだ。実際に宅建業者に従事して宅建士として活躍している人限定のサービスみたいなものってことですね？

そんなイメージでいいと思うよ。

CHECK POINT

登録の移転

重要

登録先以外の都道府県内に所在する宅建業者の事務所で業務に従事し、又は従事しようとする場合、当該事務所の所在地を管轄する都道府県知事に対して登録の移転を申請することができる。

✔ **申請方法**

現に登録を受けている都道府県知事を経由して申請

✔ **注意事項**

・登録の移転は義務ではなくあくまでも任意

・事務の禁止処分期間中は登録の移転を申請することができない

Part 7 宅地建物取引士証

宅建士証の交付を受けてはじめて宅地建物取引士になれるというのは、先に確認したとおり。

はい、交付を受けるには交付申請前６ヵ月以内に行われる都道府県知事指定の講習を受講しなければならないんですよね。

そのとおり。でもこの講習は知識のアップデートを目的としているものだから、もしキミが今年合格して、合格から１年以内に交付を受けるというなら受講しなくても良いよ。
交付される宅建士証はこんな感じ。

取引士証の記載事項

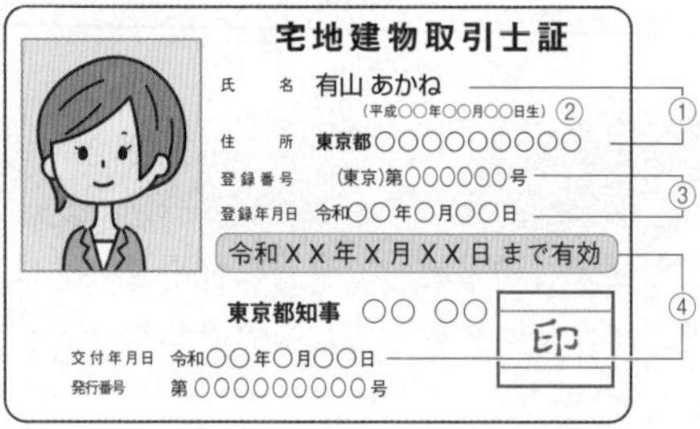

①氏名・住所※住所は隠してもいい
②生年月日
③登録番号・登録年月日
④交付年月日・有効期間満了日

ちなみに①の住所については、宅建士の個人情報だから、すぐにはがせるシールなんかで隠しておいて OK。
また、氏名については、旧姓の使用を希望する場合には、宅地建物取引士証に旧姓を併記することができる。旧姓を宅建士証に併記していれば、記名押印をする際にも、旧姓を使えるんだよ。

結婚して名字が変わった場合などでも、旧姓を使って仕事が続けられるってことだね。

Part 8 宅建士であることのあかし

宅建士証は、その人が宅地建物取引士であることのあかしだから、意外と誰かに見せる機会が多い。
だから、キミも、もし合格して宅建士証の交付を受けようというんだったら、かっこよく撮れてる写真を用意したほうがいいよ！

へえ、顔写真が貼ってあるとなんだか見せるのためらうな…宅建士証は、一体どんなときに見せるんですか？

まずは、取引の相手方から請求があったとき。
つまり、「キミってほんとに宅建士なの？　見せて」等と言われたら、提示しないといけない。でも、もしそのときに宅建士証を持っていなくて、提示できなかったとしても罰則は無し。
次に、重要事項説明をするとき。**重要事項説明をするときには必ず宅建士証を提示しなければならない**決まりになっているよ。
たとえお客さんから見せてと請求がなかったとしても、重要事項を説明するときには、自分から必ず提示しないとダメ。

重要事項説明をするときは必ず提示しないといけないんですね。
たとえば重要事項説明のときに持ってくるのを忘れちゃったりして提示しないとどうなるんだろう？

重要事項説明時の提示に違反すると、その宅建士が 10 万円以下の過料に処せられることも。重説をするときには、忘れてきちゃうなんてことは絶対だめ。宅建士証がないと重要事項説明はできないんだ。

CHECK POINT 宅建士証の提示義務と罰則

✔ 取引の関係者からの請求

提示義務 → 請求があれば応じる義務あり
罰　　則 → 提示義務に違反しても罰則はなし

✔ 重要事項説明時

提示義務 → 請求がなくとも義務あり
罰　　則 → 10万円以下の過料あり

Part 9 書換え交付の申請

もしも結婚や離婚等の理由で氏名が変わったり、引越しをして住所が変更になったりしたら、宅地建物取引士証に記載されている情報を書き換えなければならない。
宅地建物取引士登録簿の変更の登録をするのと併せて、この書換え交付の申請もしないといけないよ。

宅建士証に記載のない、たとえば本籍地や勤務先だけが変わった場合は、書換え交付の申請はいらないってことですね。

変更の登録と書換え交付

変更があった事項	変更の登録	書換え交付
氏　名	○	○
住　所	○	○
本　籍	○	×
勤務先の名称・称号	○	×
勤務先の免許番号	○	×

○…手続きが必要　×…手続きは不要

Part 10 登録の移転と宅建士証

登録の移転をすると従前の宅建士証は効力を失う。(22条の2第4項)
だから、登録の移転の申請と併せて、新しい宅建士証の交付申請をすることができるんだ。(19条の2、22条の2第5項)

宅建士証の有効期間は5年だけど、その場合の新しい宅建士証の有効期間はどうなるんですか?

新しい宅建士証は従前の宅建士証の有効期間を引き継ぐことになるよ。

つまり、新しい宅建士証の有効期間は従前の宅建士証の有効期間が経過するまでの期間ということですね。(22条の2第5項)

ちなみに、新しい宅建士証は、失効した従前の宅建士証と引換えで交付される。(規則14条の14)
このとき、法定講習は受講する必要はないよ。

CHECK POINT 登録の移転と宅建士証

✔ 有効期間

従前の宅建士証の残存期間

✔ 交付申請先

移転前の都道府県知事を経由して登録先の都道府県知事

✔ 注意事項

・法定講習は受講不要
・登録の移転により従前の宅建士証は効力を失う
・新たな宅建士証は従前の宅建士証と引換えに交付

Part 11 悪いことをしちゃったら

宅建士が何か悪いことをしちゃうと指示処分としてお説教を受けたり、事務の禁止処分というお仕置きをくらったり、場合によっては登録の消除処分を受けることがある。また、10万円以下の過料が課せられることもある。

悪いことって？　重要事項説明でテキトーな説明をしたり？

まぁ、そんなイメージで良いよ。あとは、重要事項説明の際に宅建士証を提示しないで説明するとか。
事務の禁止処分や登録の消除処分を受けてしまうと、宅建士のあかしである宅地建物取引士証を持たせておくわけにはいかないから、交付を受けた知事に提出、もしくは返納をしなければならないんだ。(22条の2第7項、8項)

提　出	事務禁止処分をうけたときは、すみやかに宅建士証をその交付を受けた都道府県知事に提出しなければならない（22条の2第7項） 違反した場合には10万円以下の過料（86条）
返　納	①登録の消除処分を受けたとき ②宅建士証が効力を失ったとき すみやかに宅建士証をその交付を受けた都道府県知事に返納しなければならない（22条の2第8項） 違反した場合には10万円以下の過料（86条） 宅建士証を亡失し再交付を受けた後に亡失した宅建士証を発見したときは、すみやかに発見した宅建士証をその交付を受けた都道府県知事に返納しなければならない（規則14条の15第5項）

返納をすると、もうその宅建士証が返ってくることはないんだけど、提出の場合は、ある一定期間だけ預けるという状態だから、返してもらうことも可能。だたし知事から返しに来てくれるわけじゃないので「返して」というように申請しなければならないけどね。

宅建士証が効力を失ったときには返納しなければならないということは、期限切れの宅建士証を思い出の品として、とっておいたらいけないんですか？
はじめての宅建士証だったら、きっと思い入れもあるだろうからアルバムに貼ったりして…

アルバムに宅建士証って…（笑）
たとえ期限が切れた宅建士証であっても返納しなければならないよ。もし期限切れのものを返納しなくて良いとすると、たとえば重要事項説明のときに、その期限切れのものをしれっと提示して説明しちゃう人もいるだろうから。
お客さんもいちいち宅建士証の有効期間なんて確認しないしね。

押さえておきたい！
重要まとめ

- **宅建士の事務は「重要事項説明」「35条書面への記名押印」「37条書面への記名押印」の３つのみ**
- **登録の移転は義務ではなく任意であり、勤務先の所在地が登録先の所在地と異なる場所になったときのみ**

語句の意味をチェック

本　　籍	戸籍がおかれている場所のこと。本籍地と住所地は別モノ
成年被後見人	制限行為能力者〔ステージ7〕P83参照
被保佐人	制限行為能力者〔ステージ7〕P84参照
返　　納	宅建士証においては、登録先の知事に返すこと。渡すともはや二度と戻ってこない
提　　出	宅建士証においては登録先の知事、もしくは処分を受けた知事に預けること。お仕置き期間が満了したら返してと言える

○×問題セレクション29

解答・解説は次ページ左下

宅建士の登録を受けている者は、宅地建物取引士証の交付を受けていない場合は、その住所に変更があっても、登録を受けている都道府県知事に変更の登録を申請する必要はない。(平成22年)

重要度 ★★★　頻出度 ★★★

stage 30

営業保証金（えいぎょうほしょうきん）

営業保証金は誰のためのものでしょうか？ 答えは、シロートのお客さんのためのもの。業者は還付の対象外という点はポイントです。どこへいくら供託しなければならないのか、まずは基本をおさえましょう。

memo 営業保証金はかなり高額… 宅建業はお金持ちにしかできない?

理解と暗記の重要ポイント

ここがポイント！ しっかり意識して学習しよう！

① 場　所

主たる事務所の最寄りの供託所へ供託

② 額

現金だけでなく、有価証券でも供託可

①主たる事務所 … 1,000 万円

②従たる事務所 … 事務所ごとに、500 万円

③ 有価証券の評価額

〔国債証券〕額面の100％

〔地方債証券・政府保証債証券〕額面の90％

〔その他の債権〕額面の80％

④ 還付を受けられるのはシロートのお客さん限定

⑤ 還付額は、業者が供託している営業保証金の額まで

主たる事務所 ………………… 1,000万

従たる事務所1つにつき　… 500万

⑥ 還付後の不足額の充当

免許権者から通知を受けた日から２週間以内に供託し、供託後２週間以内に免許権者へ供託した旨を届け出る

⑦ 本店の場所が変わったら…

金銭のみで供託している場合は保管替え。

有価証券、もしくは金銭と有価証券で供託している場合は二重供託

問 29 解答と解説　×　宅地建物取引士証の交付を受けていなくても、宅地建物取引士の登録簿の記載事項である住所が変わったのだから変更の登録は必要です。宅建士証をもらっていないから書換え交付は不要だけどね。

Part 0 ストックしとけば安心です

宅建業を開業するためには、ある一定の手続きを踏まなければなりません。

まず、宅建業を開業したいと思ったら、免許を受ける必要があります。次に、供託です。本店で1,000万円、支店はひとつの支店あたり500万円という大金を、営業保証金という名目で供託所に預け入れなければなりません。そして、この供託が済んだことを免許権者に届出をしてやっと開業ができるのです。

では、この供託はどうして行わなければならないのでしょうか。それは、宅建業者と取引をするシロートのお客さんを保護するため。

土地や建物の取引では多額の金銭が動きます。取引の都合上、お客さんに目的物の引渡しや所有権の移転登記が行われる前に、業者が金銭を受け取るというケースも、当然、想定されます。その最中、業者が倒産してしまったり、社長がそのお金を持って夜逃げ同然に、東南アジアに高飛びしてしまったらどうなるのでしょうか…渡したお金が返ってこない上に、目的物も手に入らないとなると、シロートのお客さんがあまりにもかわいそうです。そういった損害が生じたときのために、業者に一定額をストックさせる供託というシステムがあるのです。本ステージではその「営業保証金」の仕組みについて確認していきましょう。

Part 1 供託（きょうたく）のシステム

宅建業の免許をもらったら、次にしなければならないのが営業保証金の供託。営業保証金制度というのは、宅建業者に事務所の数に応じた一定の金額を供託所へ供託させておくことで、損害を受けた取引の相手方に対して供託所が代わって弁済できるようにする制度のこと。

営業保証金制度

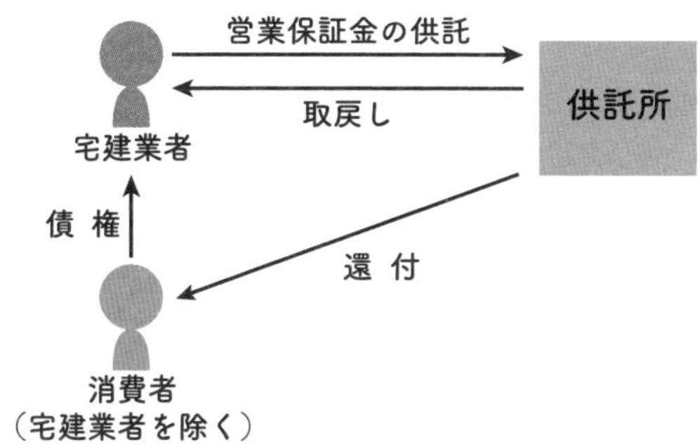

営業保証金は、主たる事務所の最寄りの供託所に供託するんだ。(25条)
保証金の額は主たる事務所につき1,000万円、その他の事務所につき事務所ごとに500万円の割合で計算した金額の合計額。(施行令2条の4)

従たる事務所、つまり支店等の分の営業保証金についても主たる事務所の最寄りの供託所に供託するんですね。

そのとおり。また、預けるときには金銭だけではなく、国債や地方債証券等の国土交通省令で定める有価証券でも供託することができる。(規則15条の2)
有価証券の場合は、額面金額のまま換金できる保証がないものもあるから、証券の種類によって、評価額が異なるんだ。(規則15条1項)

有価証券での評価額

国債証券	額面金額の100%
地方債証券・政府保証債証券	額面金額の90%
その他	額面金額の80%

ふーん。国債証券は信用度が高くて、地方債証券なんかだと少し下がるってことですね。でも、なぜ宅建業を開業するにあたってお金を預けないといけないんですか?

ほら、宅地や建物の取引をするとなると、動くお金も当然高額でしょ。宅建業者との取引において、シロートのお客さんに損をさせちゃったときのために供託させるんだよ。
もしも業者にいろいろとあって、お客さんにお金を返せない…となったときは、その供託を受けた供託所が、営業保証金からお客さんへ還付をするというシステム。

なるほど。
つまりは、宅建業者と宅建業における取引をしたシロートのお客さんのためってことですね。

Part 2 事業開始までの流れ

免許をもらって宅建業者となっても、営業保証金を供託して、供託した旨を免許権者に対して届け出た後でなければ事業は開始できないよ。(25条4項、5項)

免許→供託→届出→事業開始というステップを踏まなければならないということですね。

そういうこと。ちなみに、この届出は国土交通大臣が免許権者だった場合であっても、国土交通大臣に直接行うんだ。

免許の申請や案内所等の届出は知事を経由して申請したけれど、営業保証金を供託した旨の届出は直接するんですね！

Part 3 もし資金繰りがうまくいかなかったら？

営業保証金の仕組みについては理解できましたが、もし免許をもらったあとに、資金繰りが思っていたとおりにならなくて、営業保証金が用意できなくなったらどうなりますか？

それは切ない出来事だね…もし免許の日から3ヵ月以内に、業者が供託済みの届出をしてこないときには、免許権者は「大丈夫？　早く供託した旨の届け出をしてね」と催告をしなければならない。(25条4項、6項)

でも、たとえ催告されても、お金がないんじゃどうしようもないんじゃ…？

まあ、どうしようもないだろうね。
催告が到達した日から1ヵ月以内に営業保証金を供託した旨の届出をしないときは、免許権者は「もう免許いらないでしょ？」と免許を取り消すことができる。(25条7項)
「取り消さなければならない」というように義務ではなく、あくまでも「取り消すことができる」と免許権者の任意であるという点に注意。

つまり、免許権者が「もうちょっと待ってみようかな～」なんて思ってたら、供託できるまで待ってくれるかもしれないってことですね。

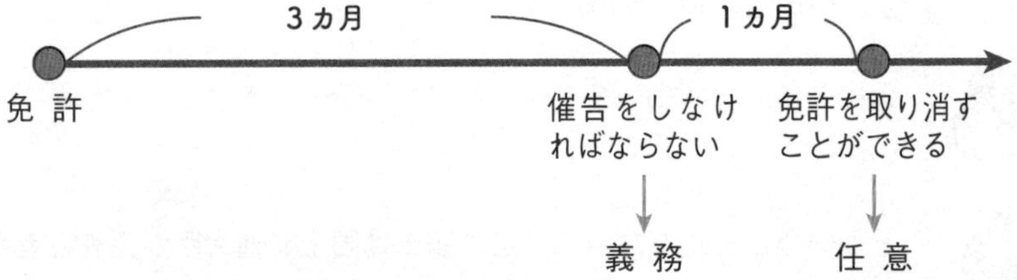

Part 4 新しく支店を増やすことになったら

きちんと供託も済み、無事に開業できたと仮定して、順風満帆に事業が進んで事務所を増やそうとなったらどうなりますか？

当然、支店が増えるわけだから営業保証金の額も、その支店の500万円分を増やさなければならない。(26条1項)
支店が増えるときは本店最寄りの供託所に供託して、開業のときと同じように免許権者に届出をしないと、支店での仕事は始められないよ。(25条5項、26条2項)

供託→届出→開始という流れは変わらないんですね。

	営業保証金
誰がどこへ	宅建業者が本店（主たる事務所）の最寄りの供託所へ
いくら	①主たる事務所（本店）：1,000万円 ②その他の事務所（支店等）：1ヵ所につき500万円 ①と②の合計額を供託

どのように	金銭または有価証券で供託する ①国債証券 ：額面金額の 100% ②地方債証券・政府保証債証券 ：額面金額の 90% ③その他（国土交通省令で定める有価証券）：額面金額の 80%
いつまでに	・供託した旨を免許権者に届け出た後でなければ、全ての事務所で事業を開始できない **免許→供託→届出→事業開始** ・免許をした日から3ヵ月以内に届出がなければ、免許権者は催告をしなければならず（義務）、催告が到達した日から1ヵ月以内に届出がなければ、免許権者は免許の取消処分をすることができる（任意）
事務所新設	新たに営業保証金を供託し、その旨を免許権者に届出なければ、新設した事務所において事業を開始できない

Part 5 営業保証金の還付

営業保証金から還付を受けるための条件がある。それは宅建業者と宅建業に関して取引をした者が取引によって生じた債権を有していること。（27条1項）
ただし、宅建業に関し取引をした者であったとしても宅建業者は対象外となるよ。

つまり還付の対象は一般消費者、つまりシロートのお客さんで、業者間による取引なんかの場合には対象外となるってこと？

そのとおり！　宅建業者同士で宅地の売買等の取引をすることもよくあるけど、宅建業者は還付の対象外。
還付を受けられるのはシロートのお客さん限定なんだ。

ふーん。プロ対プロの戦いなんだから、そんな保証をする必要がないってことですね。

ま、そういうことだよね。ちなみに、**還付額は業者が供託している営業保証金の額まで**だよ。
だから、もし本店のみの業者だったら 1,000 万円まで、本店と支店３ヵ所の業者だったら 2,500 万円まで、というような感じ。

センセ、お客さんに還付が行われたらその業者の営業保証金が足りなくなるってことですよね？

そうだよ。だから**還付後の不足額は、充当しなければならない。**
営業保証金が足りなくなるとまず、免許権者から「営業保証金足りなくなったよ」と不足の通知がくる。
そして、不足の通知を受けた日から２週間以内に不足額を供託して、さらにその供託した日から２週間以内に「きちんと不足を供託しておきましたよ」と免許権者に届け出なければならないんだ。（28 条 1 項、２項、営業保証金規則５条）

不足額の供託も、供託した旨の届出も、どちらも２週間以内にしなければならないんですね。

CHECK POINT

営業保証金の還付

✔ **還付額の上限は業者が供託した営業保証金の額まで**

✔ **還付の対象は業者と取引をしたシロートのお客さん**

✔ **還付による不足額の充当手続き**

① 免許権者から宅建業者へ
………不足額を供託すべき旨の通知

② 宅建業者から供託所へ
………通知を受けた日から２週間以内に不足額を供託

③ 宅建業者から免許権者へ
……… 供託した日から２週間以内に免許権者に届出

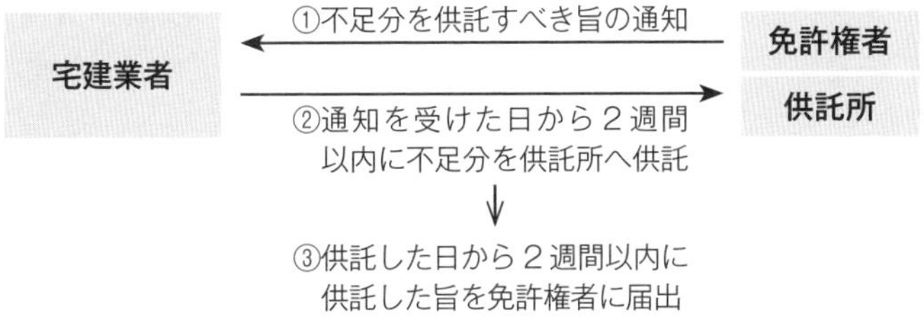
宅建業者
①不足分を供託すべき旨の通知
免許権者
供託所
②通知を受けた日から２週間以内に不足分を供託所へ供託
③供託した日から２週間以内に供託した旨を免許権者に届出

Part 6 主たる事務所が移転したら

センセ、もし会社がお引越しをして本店の場所が変わったらどうなりますか？

「主たる事務所の最寄りの供託所に営業保証金を供託する」というルールがあるわけだから、本店を移転して主たる事務所の最寄りの供託所が変わったときには供託をしている場所も変更しなければならない。
供託所を変更するには、供託の仕方によって次の二通りに分けられる。

CHECK POINT 金銭のみで供託している場合【保管替え】

遅滞なく費用を予納して従前の供託所に対して、移転後の主たる事務所の最寄りの供託所への保管替えを請求しなければならない（29条1項）

CHECK POINT 有価証券、もしくは金銭と有価証券で供託している場合【二重供託】

保管替え請求はできず、遅滞なく、移転後の主たる事務所のもよりの供託所へ新たに営業保証金を供託しなければならない（29条1項）
新たに供託した場合には、従前の供託所の営業保証金は公告不要でただちに取戻しできる（30条2項本文かっこ書）

金銭のみか、有価証券も含んでいるかで扱いが変わるんですね。でも、二重供託ってどんな状態になるのかちょっとイメージが湧かないな。

二重供託は、今の主たる事務所の最寄りの供託所に供託した状態のまま、移転後の新たな供託所にも、遅滞なく営業保証金を供託しないといけないってこと。
だから本店と支店ひとつで1,500万円供託しているなんて業者だと、従前のところに1,500万円預けたまま、新しい供託所にも1,500万円を預けないといけないんだ。

えーじゃあ、一時的に3,000万円供託してるって状態ですね？　なんだかお金持ちじゃないとできなそうだなぁ。

そういうこと。でも、移転後の主たる事務所の最寄りの供託所に供託が済んだら、従前のところからはすぐに取り返せるからね。

とはいえ、そんな大金を用意するのも大変ですね…

取戻し事由	公告の要否
① 免許が失効したとき	取戻し前に、還付請求権者に対して、**6ヵ月を下らない一定期間内に申し出るべき旨を公告しなければならない**（取戻し事由が発生してから10年経過の場合は公告は不要）
② 免許取消処分を受けたとき	
③ **一部の事務所を廃止するとき**	
④ 主たる事務所の移転（保管替えできない場合）	公告不要で取戻しできる
⑤ 保証協会の社員となったとき	

Part 7 営業保証金の取戻し

宅建業者が解散や廃業するなどして営業保証金を供託しておく必要がなくなったら、業者はその保証金を取り戻すことができる。（30条1項、64条の14第1項）

CHECK POINT 取戻しができる場合

- ✔ 免許が失効したとき
- ✔ 免許が取り消されたとき
- ✔ 一部事務所を廃止するなどして供託している営業保証金の額が法定の営業保証金の額を超えるに至ったとき
- ✔ 金銭と有価証券、又は有価証券のみを供託している場合において、主たる事務所の移転により新たに営業保証金を供託したとき（二重供託）
- ✔ 宅建業者が保証協会の社員となり、営業保証金の供託を免除されたとき

とはいえ、昨日までお客さんと取引をしていたのに、今日「やーめた」と廃業等の届出をして、すぐに業者が家行保証金を取戻しするとなると、つい先日取引した人が債権を持っている可能性もあるから、それはちょっとまずい。

確かに、いざ還付を受けようと供託所に行ったら「あ、その業者なら昨日廃業したから、営業保証金も、もうその業者に返しちゃいましたよ。」なんて言われたら、お客さんが困っちゃいますね。

だから、取り戻す場合には還付請求権を有する者に対して、**6ヵ月を下らない一定期間内に申し出るべき旨を公告し、公告がなかった場合でなければ取り戻すことができない**んだ。（30条2項）

お客さんが申し出ることができるように、一定期間待ってから取戻しができるということですね。

ただし、取戻し事由が発生してから10年経過した場合には、公告をせずにただちに取り戻すことができるよ。債権というのは原則として10年で時効消滅するからね。（民法167条1項）

10年経過したら時効によって債権が消滅して、還付請求権を有する者がいなくなると考えるってことかな。

そういうこと。また、二重供託を理由とした取戻しと、保証協会の社員となった場合にも公告は不要。

宅建業は廃業しないけど、支店を減らすなんてときはどうですか？

支店の分の保証金を取戻すということは還付額の上限も変わるってことだから、その場合も公告が必要だよ。

Part 8 供託所等についての説明

業者は、取引をするときには、営業保証金を供託している供託所とその所在地を、取引の相手方に対して、契約が成立するまでに説明しなければならないよ。（35条の2）ただし、相手方が業者の場合にはその説明は不要。なぜ業者は不要だと思う？

うーん、業者は営業保証金の還付の対象にならないからかな？

そのとおり。察しがいいね。

押さえておきたい！
重要まとめ

- 営業保証金は主たる事務所で 1000 万円、従たる事務所で事務所ごとに 500 万円を主たる事務所の最寄りの供託所へ供託
- 一部事務所を廃止する場合の取戻しは公告が必要

語句の意味をチェック

供託所（きょうたくじょ）	供託される金銭や有価証券を保管して、その供託に関する事務を取り扱う機関のこと
供託（きょうたく）	法令の規定により、金銭、有価証券またはその他の物品を供託所または一定の者に寄託すること
有価証券（ゆうかしょうけん）	国債や地方債証券、小切手や手形等のこと
還付（かんぷ）	宅建においては、供託額を限度に、損をしたお客さんが弁済を受けること
認証	一定の行為または文書の成立あるいは記載が正当な手続きによってなされたことを公の機関が確認・証明すること
充当	債務者の有する金銭・債権等を債務や給付の弁済に充てる方法またはその行為のこと
公告	ある事項を広く一般の人に知らせること。宅建においては、官報に載せると公告したことになる
取戻し	宅建においては、預けていた保証金等を返してもらうこと

○×問題セレクション 30

解答・解説は 352 ページ左下

宅地建物取引業者は、主たる事務所を移転したことにより、その最寄りの供託所が変更となった場合において、金銭のみをもって営業保証金を供託しているときは、従前の供託所から営業保証金を取戻した後、移転後の最寄りの供託所に供託しなければならない。（平成 29 年）

練習問題

宅地建物取引業法に規定する営業保証金に関する次の記述のうち、正しいものはどれか。

1　宅地建物取引業者は、免許を受けた日から３月以内に営業保証金を供託した旨の届出を行わなかったことにより国土交通大臣又は都道府県知事の催告を受けた場合、当該催告が到達した日から１月以内に届出をしないときは、免許を取り消されることがある。

2　宅地建物取引業者に委託している家賃収納代行業務により生じた債権を有する者は、宅地建物取引業者が供託した営業保証金について、その債権の弁済を受けることができる。

3　宅地建物取引業者は、宅地建物取引業の開始後１週間以内に、供託物受入れの記載のある供託書の写しを添附して、営業保証金を供託した旨を免許を受けた国土交通大臣又は都道府県知事に届け出なければならない。

4　宅地建物取引業者は、新たに事務所を２か所増設するための営業保証金の供託について国債証券と地方債証券を充てる場合、地方債証券の額面金額が800万円であるときは、額面金額が200万円の国債証券が必要となる。

解答・解説

選択肢1がドンピシャで「○」なのでイチゲキ一発かな。
選択肢2の「家賃収納代行業務」は宅建業とはならない。選択肢4が、なんか上手な感じのヒッカケ。

1○　免許→供託→届出→開始という流れですが、免許を受けてから3ヵ月経ったタイミングでまだ供託した旨の届出がなかったら、免許権者から催告があります。さらに催告から1ヵ月経っても尚供託がない場合には、免許権利者から免許を取り消されることも。

2×　家賃収納代行業は、近年、一般的な賃貸住宅においてよく使用されるようになりましたが、オーナーさんの代わりに、賃借人の口座等から家賃を回収する業務のこと。この収納代行は、管理会社にとっては重要な業務のひとつですが、宅建業の取引に該当するかというと…？それは否ですよね。

3×　業務開始後1週間以内じゃなくって、供託して供託した旨を届出しないと業務を開始できないんですよね。免許→供託→届出→開始という流れです。

4×　新しく事務所を2つ増やすということですから、500万円×2で1,000万円を供託しなければならないということ。地方債証券で額面金額が800万円だと評価額は90%となりますから、720万円という扱いに。国債を200万円だと、ちょっと足りないですね。

stage 31

重要度 ★★★　頻出度 ★★★

弁済業務保証金（べんさいぎょうむほしょうきん）

営業保証金と同じ目的をもった制度です。まずは納付・供託、還付、取戻しの段階ごとに営業保証金との違いを理解し、保証協会の役割を明確にしましょう。

memo 弁済業務保証金分担金は保証協会へ

理解と暗記の重要ポイント

ここがポイント！ しっかり意識して学習しよう！

1 場所

①弁済業務保証金分担金の納付
　宅建業者が保証協会へ納付
②弁済業務保証金の供託
　保証協会が法務大臣及び国土交通大臣が定める供託所へ供託

2 額

主たる事務所 ……………… 60万円
従たる事務所 ……………… 事務所ごとに30万円
①弁済業務保証金分担金 … 金銭のみ、有価証券での納付不可
②弁済業務保証金 ………… 金銭又は有価証券での供託可能

3 還付額は営業保証金に相当する額の範囲内

4 事務所を新設した場合はその日から２週間以内に弁済業務保証金分担金を納付

5 還付充当金は保証協会から納付すべき旨の通知を受けた日から２週間以内に納付

Part 0 宅建業者で助け合い、ハトとウサギの保証協会

宅建業を開業するためには営業保証金として本店1,000万円、支店500万円の供託が必要でした。しかし、1,000万円ものまとまった大金を用意するのはなかなか厳しいものです。

そこで弁済業務保証金制度があります。保証協会の社員（会員）になることで、本店1,000万円、支店500万円という大金ではなく、本店は60万円、支店はひとつにつき30万円を納付することで開業が可能なのです。

問30解答と解説　×　金銭だけで供託をしているときは「新しい供託所へ移しておいて」と保管替えを請求するというルール。一旦取戻したあとに新しい供託所へ供託だと、一時的に供託されていない状態が発生してまずいでしょ。

保証協会の社員となると、宅建業者は、営業保証金として供託所へ直接供託をするのではなく、弁済業務保証金分担金という名目で、保証協会に対して納付をすることになります。

営業保証金制度と制度趣旨は同じですが、具体的な供託におけるルールや手続きや金額面で異なる点が多いため、比較しながら確実な知識にしていきましょう。

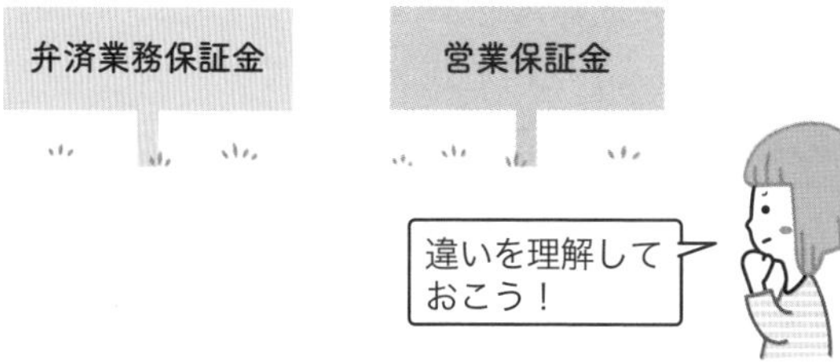
弁済業務保証金
営業保証金
違いを理解して
おこう！

Part 1 保証協会と弁済業務保証金の仕組み

営業保証金は、本店で 1,000 万円、支店はひとつにつき 500 万円となかなか高額。だから、開業したくてもなかなか最初の一歩が踏み出せない…そこで活躍するのが保証協会なんだよ。
保証協会は、一般社団法人である、ハトのマークの「社団法人全国宅地建物取引業保証協会」とウサギのマークの「社団法人不動産保証協会」のふたつがあって、ひとつの保証協会の社員となると、他の保証協会の社員になることはできない。（64 条の 4 第 1 項）

宅地建物取引業法　64 条の 2 第 1 項 1 号

保証協会は、一般社団法人でなければならない。

「保証協会は一般財団法人である」なんて出題されたこともあるから少し注意が必要だね。そして、保証協会の加入は任意だから、保証協会に入って弁済業務保証金制度を利用するか、営業保証金を供託するかを宅建業者は選ぶことができる。

へぇ。ちなみに、最初の一歩を踏み出せない人のために役に立つってことですが、保証協会は、一体どのような仕組みなんですか？

弁済業務保証金制度というのは、たくさんの業者が少しずつお金を出し合ってひとつの団体としてまとまった額を供託するというシステム。
保証協会の社員になることで、宅建業者は営業保証金の代わりに弁済業務保証金分担金を保証協会に預けることになる。そして、業者が納付した弁済業務保証金分担金を、保証協会が弁済業務保証金として供託所に供託するんだ。

Part 2 保証協会の社員になるには

保証協会の一員である業者のことを社員というんだけど。この社員になるには、加入しようとする日までに**弁済業務保証金分担金を主たる事務所につき 60 万円、その他の事務所につき事務所ごとに 30 万円を納付する。**（64 条の 9 第 1 項、施行令 7 条）

営業保証金と比べると結構安くすむんだなぁ。
かなりハードルが下がりますね。

営業保証金の 1,000 万円、500 万円と比較するとだいぶ違うよね。
ちなみにこの**弁済業務保証金分担金は、必ず金銭で納付しなければならない。（64 条の 9 第 1 項 1 号）**
弁済業務保証金分担金は、受取先が保証協会ってことになるんだけど、係のお姉さんやお兄さんが有価証券に詳しいかというと…きっと詳しくない。

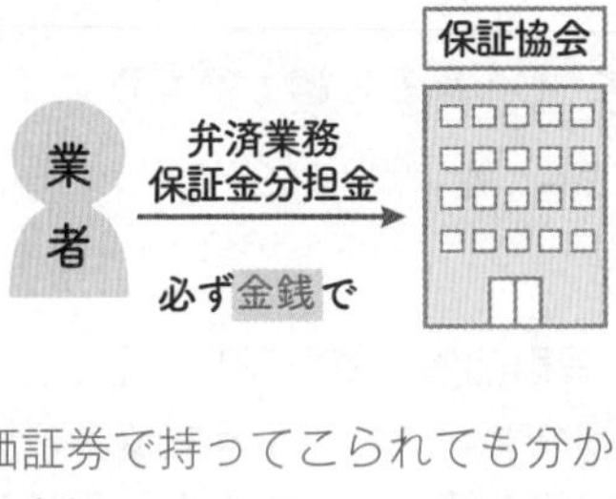

つまり、有価証券で持ってこられても分からないから、金銭でということなんですね。

そういうこと。そして、保証協会は納付を受けた日から一週間以内に、その納付額に相当する額の弁済業務保証金を法務大臣及び国土交通大臣の定める供託所に供託しなければならない。

ちなみに、保証協会が弁済業務保証金として供託するときには、法務局に持っていくわけだから、金銭でも有価証券でももちろんOK。評価額なんかは営業保証金と一緒ね。

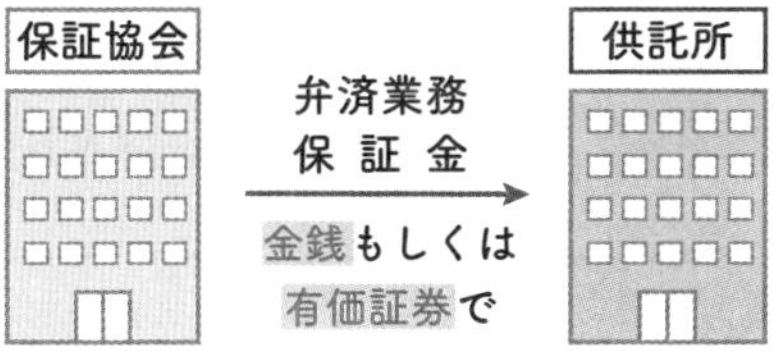

なるほど。ちなみに供託が済んだら、免許権者に対して届出をするんですよね？

そうそう。でも、営業保証金と違うのは、**業者が届出をするのではなく、保証協会が届出**をするという点。
保証協会は供託後に、社員である宅建業者の免許権者に対して届出をしなければならない。（64条の7第3項、25条4項）

Part 3 新しく支店を増やしたら

事業支店を増やした！　なんてときは営業保証金と同じように供託額が増えるんだけど、手続きの流れが全く違うから要注意。
支店を新設した場合は、新設した日から2週間以内に弁済業務保証金分担金を納付しなければならない。（64条の9第2項）そして、保証協会は納付から1週間以内に供託所に供託をするんだ。

たしか営業保証金の場合は、新設から何日以内に…ではなく、供託して、届出をしないと、その支店では業務開始できないんでしたよね？

そのとおり。ちなみに、所定の期間内に弁済業務保証金分担金の納付がされない場合には、社員の地位を失うことになるから気をつけてね。
万が一社員の地位を失うことになったら、今度は1週間以内に営業保証金を供託しないといけないから…大変だよ。

	弁済業務保証金分担金	弁済業務保証金
誰　が	社員になろうとする宅建業者が	保証協会が
どこへ	保証協会へ	法務大臣及び国土交通大臣の定める供託所へ
いくら	① 主たる事務所　：60 万円 ② その他の事務所：1ヵ所につき 30 万円	弁済業務保証金分担金と同額
どのように	合計額を金銭のみで納付	金銭もしくは有価証券で供託
いつまでに	**保証協会に加入しようとする日**までに納付	① 分担金の納付があった日から **1 週間以内**に供託 ② 供託した旨を免許権者に届出
事務所新設	設置の日から **2 週間以内**に新たに分担金を納付（納付しなければ社員の地位を失う）	納付のあった日から **1 週間以内**に弁済業務保証金を供託

Part 4 弁済業務保証金の還付

センセ、分担金の額をそのまま弁済業務保証金として供託するってことは、本店だけだと 60 万円の供託ってことですよね。
じゃあ、その業者と取引をしたお客さんが、もし還付を受けようとすると上限は 60 万円？

いやいや、それはちょっと少なすぎ（笑）
万が一のときにはお客さんは営業保証金と同じ額、つまり本店だけの業者なら 1,000 万円を限度に還付を受けられるんだよ。
保証協会にはたくさんの宅建業者が加入していて、それぞれが本店 60 万円、支店ひとつにつき 30 万円を納付している。
それを保証協会がまとめて弁済業務保証金として供託しているから、もし還付があったらそこから出そうねということ。

還付額は営業保証金として供託したと仮定したときの額が限度ってことですね！（64 条の 8 第 1 項）つまり、本店 1,000 万円、支店ひとつにつき 500 万円の合計額か…それならお客さんも安心かな。

ちなみに、還付についてのルールは営業保証金とほとんど一緒。対象はシロートのお客さんで、供託所から還付を受けられる。
ただし還付までの手順が少し異なって、還付を受けるためには、お客さんは、**まず保証協会の承認を受ける必要がある**んだ。
その後、直接供託所に行って還付を受けるという流れ。

一旦、その社員（業者）が加盟している保証協会に行って承認をもらわないといけないってことですね。

そうだね。そして、還付がされると国土交通大臣が保証協会に対して「弁済業務保証金が減ったよ」と通知をするから、保証協会はその通知を受けた日から２週間以内に弁済業務保証金を納付しなければならない。(64 条の 8 第 3 項)

ふーん。まずは業者ではなく保証協会に対して通知がされて、保証協会が弁済業務保証金を供託するんですね。

うん。そのあとで保証協会は業者に対して「キミの取引のせいで足りなくなったから、還付充当金を納付して」と通知をするんだよ。
業者はその**弁済業務保証金不足の通知を受けた日から２週間以内に保証協会に還付充当金を納付しなければならない**。(64 条の 10 第 2 項)

考え方としては保証協会が、社員みんなの財布から立替払いしてくれたから、きちんと返して！　というような感じだね。

そういうこと。そして通知を受けた日から２週間以内に還付充当金を納付できないと、その業者は社員の地位を失う。つまり保証協会をクビになるよ。(64 条の 10 第 3 項)

クビになっちゃうと、その業者と取引したお客さんは保証協会の弁済業務保証金からの還付は受けられなくなりますよね？どうなるんだろう。

だから、保証協会をクビになったら、その日から１週間以内に営業保証金を供託して、供託した旨の届出をしなければならないんだ。(64 条の 15)

弁済業務保証金の還付

✔ 還付額の条件は営業保証金の額に換算した額まで

✔ 還付の対象者…業者と取引をしたシロートのお客さん

社員となる前に取引した者も含む

✔ 還付申請の流れ

① 保証協会の認証を受けなければならない

② 法務大臣及び国土交通大臣の定める供託所に還付請求

✔ 還付による不足額の充当手続き

① 国土交通大臣から保証協会へ… 不足額を充当すべき旨の通知

② 保証協会から供託所へ……… 大臣からの通知を受けた日から2週間以内に供託

③ 保証協会から宅建業者へ……… 還付充当金を納付すべき旨の通知

④ 宅建業者から保証協会へ…… 保証協会からの通知を受けた日から2週間以内に納付

✔ 還付により生じた不足分の補充の手続き

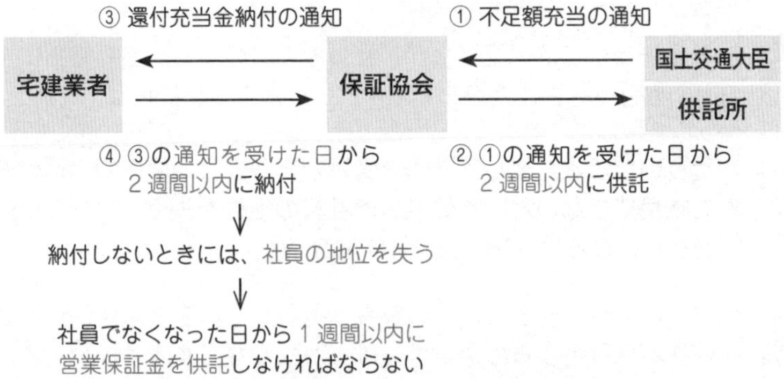

Part 5 特別弁済業務保証金分担金（とくべつべんさいぎょうむほしょうきんぶんたんきん）

保証協会は宅建業者みんなでお金を出して支え合うシステム。万が一、還付がなされて弁済業務保証金が足りなくなったときに、その業者が倒産しちゃったら、そこからの回収はもう絶望的。
そんなときのために、保証協会は「弁済業務保証金準備金」を積み立てておくことが義務付けられているよ。（64条の12第6項）
でも、もし不足が生じて、準備金を全部あててもまだ足りない…なんてときには、保証協会の社員みんなで痛み分け。
保証協会から「特別弁済業務保証金分担金としてお金ちょうだい」と通知がくるからその日から1ヵ月以内に納付するルールね。（64条の12第4項）

えっ、自分が損害を出したわけじゃないのに納付しないといけないんですか？

そのとおり。そういったリスクもあるけど、その分安く済んでるでしょというのが保証協会だからね。
もし特別弁済業務保証金分担金納付の通知を受けてから、1ヵ月以内に払えなかったら、社員の地位を失うよ。（64条の12第5項）

うわー。納付できなかったら社員の地位も失うんですね…

Part 6 弁済業務保証金の取戻し

宅建業者が保証協会の社員でなくなったときや、一部支店を廃止して保証金の額が法定の額を超えたときは、保証協会は供託所から弁済業務保証金を取り戻すことができる。（64条の11第1項）
その後、保証協会から宅建業者に返還されるんだ。

センセ、営業保証金のときにあった公告は？
やっぱりいりますよね？

うん。ただ、公告はするんだけど、宅建業者じゃなくて保証協会が行う。
保証協会が6ヵ月を下らない期間を定めて「この業者が社員ではなくなったので、還付を受けたい人がいたら申し出てくださいね」と公告。
ただ、営業保証金と大きく異なるのが、支店を廃止して一部を取戻すときには、なんと公告が不要だということ。

取戻し事由	公告の要否
① 社員でなくなったとき	保証協会は、取戻しの前に、還付請求権者に対して6ヵ月を下らない一定期間内に申し出るべき旨を公告しなければならない。
② 一部の事務所を廃止するとき	公告不要

…でも、支店の分の弁済業務保証金を保証協会が取戻してしまうと、結果としてお客さんへの還付の上限額が変わりますよね？
それでも公告はいらないんですか？

そうなんだよね…ここは、試験対策と割り切って、営業保証金との違いとしておさえておこう。

Part 7 供託所等についての説明

保証協会の社員となった業者が宅建業の取引をするときには、保証協会の名称・住所・事務所の所在地・その協会が弁済業務保証金の供託をした供託所・その所在地を、契約が成立するまでに、相手方に対して説明しなければならないよ。(35条の2)

これも営業保証金と同じく、シロートの相手方に限られて、相手方が業者の場合は説明が不要なんですよね？

そのとおり。還付の対象がそもそもシロートのお客さんだからね。

押さえておきたい！
重要まとめ

- 営業保証金の場合には一部事務所廃止に伴う取り戻しは公告が必要
- 弁済業務保証金の場合には一部事務所廃止に伴う取戻しでも公告不要

語句の意味をチェック

保証協会	宅建業者が共同して設立した社団法人のこと
弁済業務保証金	保証協会が供託所に供託する保証金のこと
弁済業務保証金分担金	宅建業者が保証協会に対して納付する金銭のこと これを保証協会が弁済業務保証金として供託する
還付充当金	還付によって不足が生じた際に、業者が保証協会に納付する金銭のこと

○×問題セレクション 31

解答・解説は次ページ左下

保証協会は、弁済業務保証金の還付があったときは、当該還付に係る社員又は社員であった者に対し、当該還付額に相当する額の還付充当金をその主たる事務所の最寄りの供託所に供託すべきことを通知しなければならない。（平成 25 年）

stage 32

重要度 ★★★　頻出度 ★★★

重要事項説明（35条書面）

じゅうようじこうせつめい

35条書面の記載事項は沢山あって苦手意識を持ってしまいがちですが、どんな目的で交付・説明義務があるのかを考えると理解しやすいですよ。ここはふんばりどころです！

memo 35条書面は購入前の商品説明

理解と暗記の重要ポイント

ここがポイント！ しっかり意識して学習しよう！

①▶ 重要事項の説明は買主や借主となる予定の人に対して行う

②▶ 買主や借主となる予定の者が宅建業者の場合には説明書の交付が必要だが、説明は不要

③▶ 登記に記載された事項や法令に基づく制限などの物件に関する商品説明が重要事項説明の役割

④▶ 重要事項説明では、水害ハザードマップ（改正）における当該宅地建物の場所など、災害が発生するエリアに該当するか否かの情報を説明

Part 0 商品説明は、宅建士の腕の見せ所！

洋服の裏地に縫い付けてあるタグには洗濯方法等を示すマークが書いてありますよね。このタグは「こうして洗ってあげてね」とその洋服についての注意点を教えてあげる一方で､「自宅で洗濯したら縮んでしまったんだけど！」等といった、あらかじめ想定されるクレームを、未然に防ぐという役割も担っています。

ただ、その商品が宅地や建物の不動産となると、タグ1枚でOKとはいきません。宅地建物取引業においては、35条書面、すなわち重要事項説明書がこのタグのような役割を果たします。

重要事項説明書は契約前に、その目的物がどんな物件なのか、目的物や契約の内容について特に重要な項目を説明するためのものです。

この重要事項説明書の内容をお客さんに分かりやすく説明をして、契約するかどうかの判断材料を提供するのが、宅地建物取引士の最も重要な仕事です。

本ステージでは35条書面の記載事項と重要事項説明について確認していきます。

問31解答と解説　×　保証協会に加入した場合は宅建業者が供託所に直接供託することはありません。弁済業務保証金の還付が発生したときには保証協会は還付充当金を保証協会に対して納付するように通知するのでした。

Part 1　重要事項説明は誰のためのもの？

重要事項説明は契約するかどうかの判断材料としてするものだから、**契約締結前にする**というのが大前提。さらに、**重要事項説明を行う相手は売買なら買主、貸借なら借主**だよ。
あとで学習する 37 条書面の交付と違って、売主・買主の両当事者ではないということは注意しよう。

「重要な事項の説明」なんですよね。
売主や貸主に対してもしなくていいんですか？

うん。物件を交換をするときには両当事者だけど、売買や貸借のときには説明をするのは、買主か借主だけでいいんだよ。
商品説明だと思うとわかりやすいけど、売主からしたら、自分が所有している物件について 1 から 10 まで説明されても「いや…わかってるし…」となるでしょ？

確かに、売主にとっては、そもそもが自分の持ち物についての話ですもんね。これからその物件を使おうとする人に対して説明するってことですね。

Part 2　重要事項説明は宅建士の腕の見せ所

宅地建物取引士の最も大切な業務とも言えるのが、重要事項説明書への記名押印と、お客さんに対しての説明。
重要事項説明書の記載事項を相手方にしっかりと説明するには、やっぱりきちんとした知識がないとね。

たしか、重要事項説明をするときには宅地建物取引士証を提示するんでしたよね？

そのとおり！　ちなみに、この重要事項説明書なんだけど相手方が業者の場合は交付は省略できないけれど、説明は省略できるんだ。

宅建業者が買主や借主だったときには説明しなくて良いってことですか？

そう！　相手方はプロなんだから、重要事項説明書の内容は見ればわかるでしょってこと。
重要事項説明書は相手方が業者のときは交付義務はあるけど説明は不要というのはポイントだね。
また、近頃はITを活用した重要事項説明も可能。ウェビナー等を用いて、非対面で重要事項説明ができるんだ。

CHECK POINT　IT重説　重要

- ✔ 売買、交換、貸借すべての取引で対応可能（2021年改正）
- ✔ 双方向でやりとりできる環境において実施すること
- ✔ 重要事項説明書と添付書類を説明を受ける者へあらかじめ送付すること
- ✔ 映像及び音声の状況について宅建士が説明開始前に確認すること
- ✔ 説明を受ける者が宅地建物取引士証を画面上で視認できたことを確認すること

Part 3 記載事項

早速、重要事項説明書の記載事項をみていこう！

CHECK POINT　記載事項　重要

- ✔ **目的の宅地・建物に登記されている権利の種類・内容・登記名義人**
  登記名義人がない場合は、表題部に記載された所有者を説明
- ✔ **法令に基づく制限の概要**
  都市計画法・建築基準法等、説明すべき法令は多岐にわたる
  ただし取引の態様によって説明すべき法律は異なる。たとえば建物の貸借の場合は、賃借権の設定・移転に関する制限の説明が必要

✔ 私道の負担に関する事項

土地の一部が私道の敷地となっている場合説明がないとお客さんに思わぬ損害を与えることになりかねないため、対象となる土地の私道負担の有無、私道面積、その位置等を説明

✔ 飲用水・電気・ガス・排水に関する供給や施設の状況 、あるいは整備の見通し

未完成物件である場合は、その完了時における形状・構造等、完了時の形状・構造、宅地に接する道路の構造・幅員、建物の主要構造部・内装・外装・設備等を説明

✔ 防災上危険とされる区域に指定されているか否か

造成宅地防災区域内にあるときはその旨
土砂災害警戒区域内にあるときはその旨
津波災害警戒区域内にあるときはその旨
水害ハザードマップにおける当該宅地建物の所在地

造成宅地防災区域　造成された一団の宅地のうち、地震等によって地盤の滑動などの災害が発生する恐れが大きいとして指定される区域のこと

✔ 石綿調査結果（アスベスト）の有無

建物に石綿が使用されているかの調査結果の有無が記録されているときはその内容を説明
調査結果が無であっても宅建業者が調査を実施する必要はなく「調査結果はないですね～」で終了

✔ 耐震診断をうけていればその内容

昭和56 年5 月31 日以前に着工した建築物が対象

✔ 建物状況調査（インスペクション）を実施してるかどうか、実施している場合はその内容

対象の建物が既存（中古）のものであるときに説明
設計図書や点検記録などの書類の保存状況についても説明が必要
※図書等の保存状況については売買交換のみ説明の対象

✔ **住宅性能評価を受けた新築住宅であるときはその旨**

売買のときのみ説明が必要で、賃貸借では説明不要

✔ **代金・交換差金・借賃以外に授受される金銭があれば、その額と目的**

手付金・敷金・権利金・礼金・保証金等がある場合は、賃借終了後に返還されるか等を含め、受領する金銭の性質や額等を説明

✔ **契約解除に関する事項**

手付解除やローン特約による解除等の解除方法や、解除した場合の効果などについて記載

✔ **損害賠償額の予定や違約金に関する事項**

契約違反における損害賠償額の予定や違約金の定めがあるならその旨、定めがない場合には「定めがない旨」を記載

✔ **宅地・建物の工事完了の前後を問わず、手付金等の保全措置をとる場合は、その措置の概要**

宅建業者が自ら売主となる売買契約では一定額を超える手付金を授受する場合に、保全措置が必要となる。この場合に、保全措置を行う機関や方法を記載

✔ **支払い金・預り金を受領するときの保全措置の有無、その措置の概要**

宅建業者が相手方等から受領する預かり金に保全措置を講ずるかどうか、講ずる場合には保全措置を行う期間と保全措置の内容を記載

✔ **代金・交換差金に関する金銭貸借のあっ旋内容及びそのあっ旋に係る金銭貸借が不成立のときの措置**

融資取り扱い金融機関、融資額等の融資の条件等を記載

✔ **契約不適合責任の履行に関する保証保険契約等の措置の有無と、講ずる場合はその措置の概要**

種類または品質に関しての不適合責任の履行について

✔ **割賦（かっぷ）販売に関する事項**

売買代金を分割払いするときのこと

Part 4 賃貸借の記載事項

次は賃貸借特有の記載事項のルールについてみていこう。
ベースは売買、交換のものと同様なんだけど、一部貸借においては記載不要なものがあるよ。

CHECK POINT 賃貸借では原則記載しないもの

✔ **私道負担**

建物を建てる可能性がある人に説明すべき事項のため、宅地の貸借では説明が必要だけど建物の賃貸借においては説明不要

✔ **保全措置**

業者が自ら売主となるときにのみ説明する事項のため説明不要

✔ **金銭貸借のあっせん**

賃料とか賃貸借の契約金を銀行ローンで払うっていうのは、現実的ではない。したがって説明不要

✔ **契約不適合責任**

万が一、契約の内容に適合しないものがあれば、貸主に直してもらうから説明不要

✔ **住宅性能評価**

住宅性能評価を受けると不動産取得税や登録免許税が安くなる
賃貸借においては関係ないため説明不要

✔ **割賦販売**

売買代金を分割払いするときのこと。これも貸借には関係ないため説明不要

自分が借主のつもりになって、契約前にぜひ知っておきたい情報か、関係がないから知らなくてもいいものかどうかをイメージするとわかりやすいですね。

そうだね。賃貸借において関係ないものは原則説明不要と考えていいよ。さらに、貸借のとき限定で記載するものについても見ていこう。

貸借の場合に記載するもの

- ✔ 契約期間および更新に関する事項
- ✔ 定期借地権、定期借家契約の場合はその旨
- ✔ 宅地建物の用途、その他の利用の制限に関する事項
- ✔ 敷金等（名称の如何を問わない）の契約終了時において清算することとされている金銭の清算に関する事項
- ✔ 宅地や建物の管理が委任されているときは受託者の商号、主たる事務所の所在地、登録番号（受託者が個人の場合は氏名、住所）

土地の貸借のみ記載するもの

- ✔ 契約終了時に当該宅地上の建物の取り壊しに関する事項を定める場合にはその内容

建物の貸借のみ記載するもの

- ✔ 台所、便所、その他の当該建物の設備の整備状況

Part 5 区分所有建物における貸借の記載事項

35 条書面のおおよその記載事項はわかったかな。ここからは区分所有建物特有の記載事項について確認していこう。
さて、キミ、突然ですが問題です！　区分所有建物ってなんでしょう？

それくらいわかりますよ。分譲マンションなんかのことでしょ。

そのとおり。区分所有建物を貸借するときの重要事項説明の内容は、原則として建物の賃貸借のときといっしょ。
でも「用途、その他の利用の制限に関する事項」についての記載内容が異なって、「専有部分に関する利用制限」になるよ。

Part 6 区分所有建物における売買・交換の記載事項

分譲マンションを売買や交換するときには、先述のものに、さらに追加で記載すべき事項がある。

CHECK POINT 区分所有建物の売買・交換での追加事項 重要

✔ **一棟の建物の敷地に関する権利の種類とその内容**

敷地の面積や敷地の権利が所有権であるのか、地上権や賃借権であるのかの区別、さらに、規約（案も含む）で定めた敷地であるか否か等を説明

✔ **規約（案も含む）で共用部分を定めた場合には、その内容**

定めがない場合には「定めなし」と記載し、まだ案の状態であればその旨を説明

✔ **建物または敷地の一部を特定の者だけに使用させる規約（案も含む）の定めがある場合にはその内容**

バルコニーや専用庭等、本来は共有物であるものを、特定の者にだけ使用させる定めについて説明

✔ **専有部分の用途、その他の利用の制限に関する規約等を定めた場合にはその内容**

ペット飼育の可否、フローリング工事等の禁止や、事業用としての利用禁止等の定めがある場合に説明

✔ **建物の各区分所有者が負担すべき、通常の管理費の額**

✔ **積立金の規約がある場合にはその内容と現在の総積立額**

修繕積立金等、滞納があるなら、滞納額についても説明

✔ **管理を委託している管理会社や管理者の商号と主たる事務所所在地**

管理方法や管理の契約内容等の説明は不要

✔ **特定の者の維持修繕の費用・管理費を減免する旨の規約の定めがある場合にはその内容**

特定の者にのみ減免すると不公平な状態になるため、その旨説明

✔ 維持修繕の実施状況の記録がある場合にはその内容

これまでの維持修繕に関する実施状況の記録があるときには、記載・説明。共用部分はもちろん専有部分も対象となる

区分所有建物の売買・交換のときには、マンションの修繕費用のことや管理費のことなんかも、重要な内容ってことですね。

そうだね。たとえば滞納なんかがあると、修繕が計画どおりに進まなかったり、追加で徴収されちゃうなんてリスクもあるから、知っておきたいところだよね。

記載がいるか否かを考えるときには、重要事項説明を受ける立場になって考えるとイメージしやすいですね。

語句の意味をチェック

登記名義人	登記簿に所有者として記載されている人のこと
私道	所有権が私人に属している道路のこと
アスベスト	以前は断熱材として使用されていた建材のこと。吸い込むと肺ガン等になる可能性があり、現在は使用に制限がある
斡旋（あっせん）	取引の間に入って、取引がうまくまとまるように動くこと
契約不適合（けいやくふてきごう）	契約の内容と、品質や数量・種類等が適合していないこと
割賦販売（かっぷはんばい）	代金の支払いを分割して販売すること
区分所有建物	分譲マンション等のこと

○×問題セレクション 32

解答・解説は 372 ページ左下

建物の貸借の媒介を行う場合、私道に関する負担について、重要事項として説明しなければならない。（平成 29 年）

練習問題

宅地建物取引業者が行う宅地建物取引業法第 35 条に規定する重要事項の説明に関する次の記述のうち、正しいものはどれか。なお、説明の相手方は宅地建物取引業者ではないものとする。

1 建物の売買の媒介だけでなく建物の貸借の媒介を行う場合においても、損害賠償額の予定又は違約金に関する事項について、説明しなければならない。

2 建物の売買の媒介を行う場合、当該建物について、石綿の使用の有無の調査の結果が記録されているか照会を行ったにもかかわらず、その存在の有無が分からないときは、宅地建物取引業者自らが石綿の使用の有無の調査を実施し、その結果を説明しなければならない。

3 建物の売買の媒介を行う場合、当該建物が既存の住宅であるときは、建物状況調査を実施しているかどうかを説明しなければならないが、実施している場合その結果の概要を説明する必要はない。

4 区分所有建物の売買の媒介を行う場合、建物の区分所有等に関する法律第２条第３項に規定する専有部分の用途その他の利用の制限に関する規約の定めがあるときは、その内容を説明しなければならないが、区分所有建物の貸借の媒介を行う場合は、説明しなくてよい。

解答・解説

1○ 損害賠償の予定又は違約金に関する事項は、宅地建物の取引すべてにおいて説明が必要な事項です。ピンポイントで正解肢を見つけたい問題です。

2× アスベストに関する事項は、調査の結果が記録されているときに説明する必要があります。わざわざ業者が調査を実施して重説をしていたら大変です。

3× 建物状況調査を実施しているのであれば、その旨だけではなく内容も説明しないと意味がないですよね。

4× 区分所有建物、すなわち分譲マンションの一室の貸借の場合には、専有部分の利用の制限に関する規約の定めがあるならそれも説明しなければなりません。ペット不可とか楽器演奏可能とか…知りたいでしょ。

重要度 ★★★　頻出度 ★★★

stage 33

37 条書面

37 条書面は契約の内容を書面化したもので、契約の両当事者に交付することが義務付けられています。
重要事項説明書との記載事項や、交付する相手等の違いを、比較しながら確認していきましょう。

memo 37 条書面は「言った!」「言わない!」のトラブルを防ぐためのもの

理解と暗記の重要ポイント

ここがポイント！ しっかり意識して学習しよう！

① 37 条書面の必要的記載事項

①既存建物（中古建物）であるときは、建物の構造耐力上主要な部分等の状況について当事者の双方が確認した事項（貸借の場合を除く）
②代金、交換差金、借賃の額、支払時期、支払方法
③宅地又は建物の引渡し時期
④移転登記の申請時期（貸借の場合を除く）

② 37 条書面を交付する相手

〔自ら売主〕買主
〔代理〕売主と買主（本人と相手方）
〔媒介〕売主と買主（依頼者と相手方）

③ 37 条書面を交付する時期は、契約成立後遅滞なく

Part 0 契約内容はわかるようにしておかないと

37 条書面は契約締結後、遅滞なく、契約の両当事者（たとえば売主・買主）に交付をすることが宅建業者に義務付けられています。一方、重要事項説明書は、買主もしくは借主に対してのみ説明と交付をすれば OK でしたよね。

では、37 条書面はどうして契約の両当事者に対して交付する必要があるのでしょうか？　37 条書面を交付する目的は、契約内容を書面にまとめて契約の両当事者に交付することによって、後になって「こんな契約してない！」「いや、したでしょ！」といった無用なトラブルを防ぐことです。

37 条書面の学習におけるポイントは、定めがなくても必ず記載が必要な「必要的記載事項」と、定めがあるときのみ記載が必要な「任意的記載事項」についてきちんと整理すること。37 条書面を交付する目的を念頭に置いて、本ステージではその記載事項を確認していきましょう。

問 32 解答と解説　×　建物の貸借の媒介をするときの重要事項説明。建物の貸借のときは私道に関する負担については説明不要です。だって建物を借りるだけの人には関係ないから。ちなみに、土地の貸借のときには借主にとっても大事なことなのでもちろん説明が必要です。

Part 1 37 条書面を交付する相手

37 条書面って一体どんな書面なんですか？

契約内容をまとめて書面にすることで、「言った」「言わない」といった無用なトラブルを避けるためにあるのが、37 条書面だよ。この 37 条書面を、契約の両当事者に対して交付するのも宅建業者の義務のひとつ。売買契約で例えると両当事者とは次のような人たちを指すよ。

CHECK POINT 37 条書面を交付する相手 重要

✔ **自ら売主の場合**

買　主

✔ **代理で契約を成立させた場合**

売主と買主（本人と相手方）

✔ **媒介で契約を成立させた場合**

売主と買主（依頼者と相手方）

ふーん。重要事項説明書と違って売主や貸主にも交付するんですね？

うん、売主と買主や、貸主と借主というように契約の両当事者に交付しておかないと、契約内容について認識の相違が出てケンカするかもしれないでしょ。

確かに、内容をまとめるなら両当事者に交付しないと、後からケンカになりそうですね。この 37 条書面はどのタイミングで交付するんですか？

37 条書面は、契約成立後遅滞なく交付しなければならないよ。35 条書面は契約の前だったけど、37 条書面は成立後遅滞なく。交付しなければならない時期が異なるからおさえておこう。

35条書面は契約締結前で、37条書面は契約成立後遅滞なく…かぁ。センセ、契約成立後遅滞なくっていうと、具体的にはどれくらいなんだろう…？

うーん、遅滞なくという言葉には、何日以内という明確な基準がないんだよなあ。だた、イメージとしては、なるべく早く！って感じかな。

Part 2 必要的記載事項

さて、37条書面の記載事項を確認していこう。まずは必ず記載しなければならないものから。

CHECK POINT 37条書面の必要的記載事項 重要

① 既存建物（中古建物）であるときは、建物の構造体力上主要な部分等の状況について当事者の双方が確認した事項（貸借の場合を除く）

② 代金、交換差金、借賃の額、支払時期、支払方法

③ 移転登記の申請時期（貸借の場合を除く）

④ 宅地又は建物の引渡し時期

必ず書かなければならないものを必要的記載事項という。必要的記載事項のポイントは、代金等の支払時期、目的物の引渡し時期、移転登記の申請時期と、「時期」に関するものが該当するということ。

いつやるのかは重要ですもんね。でも、引渡しの日程とか代金を決済する日程を決めていない場合はどうなるんだろう？

定めがない場合であっても、その旨を記載しないとだめ。つまり、定めがないから空欄にするとか、一切記載しないということはできない。

Part 3 任意的記載事項

次に契約時に取り決めをした、つまり定めがある場合に記載しなければならない事項について確認していこう。

CHECK POINT 37 条書面の任意的記載事項 重要

① 天災その他不可抗力による損害の負担（危険負担）に関する定めの内容
② 契約不適合責任の定めの内容
③ 公租公課に関する定めの内容
④ 契約の解除の定めの内容
⑤ 損害賠償額の予定、違約金の定めの内容
⑥ 代金、交換差金、借賃以外の金銭の額、授受の時期、授受の目的
（35条書面においては時期以外は記載）
⑦ 代金、交換差金についての金銭の貸借のあっせんに関する定めがあるときは、その不成立のときの措置
（35条書面においてはあっせんの内容も記載）
⑧ 契約不適合責任の履行に関して講ずべき保証保険契約の締結やその他の措置についての定めの内容
（35条書面においては措置を講ずるか否か、講ずる場合にはその概要を記載）

ということは、これらの内容は特段話し合っていない、つまり、取り決めがないなんてときには記載しなくていいってことですね。

そういうこと。任意的記載事項だから、定めがあるときだけ記載すればOK。

Part 4 35条書面と37条書面

最後に35条書面、すなわち重要事項説明書の記載事項と37条書面の記載事項について確認しておこう。

	37条	35条
1. **既存**建物（中古建物）であるときは、建物の構造体力上主要な部分等の状況について当事者の双方が**確認**した事項（貸借の場合を除く）	○	×
2. **代金**、交換差金、借賃の**額**、支払時期、支払方法	○	×
3. 移転**登記**の**申請**時期（貸借の場合を除く）	○	×
4. 宅地又は建物の**引渡し**時期	○	×
5. **天災**その他不可抗力による損害の負担（危険負担）に関する定めの内容	△	×
6. 契約**不適合**責任の定めの内容（貸借の場合を除く）	△	×
7. **公租公課**に関する定めの内容（貸借の場合を除く）	△	×
8. 契約の**解除**の定めの内容	△	○
9. **損害賠償額**の予定、違約金の定めの内容	△	○
10. **代金、交換差金、借賃以外の金銭の額**、授受の**時期**、授受の目的（35条書面においては時期以外は記載）	△	○
11. 代金、交換差金についての金銭の貸借の**あっせん**に関する定めがあるときは、その不成立のときの措置（35条書面においてはあっせんの内容も記載）（貸借の場合を除く）	△	○
12. 契約不適合責任の履行に関して講ずべき**保証保険**契約の締結やその他の措置についての定めの内容（35条書面においては措置を講ずるか否か、講ずる場合にはその概要を記載）（貸借の場合を除く）	△	○

○…必ず記載　△…定めがあれば記載　×…記載不要

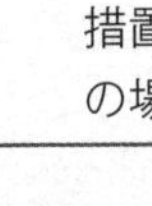

35条書面に記載して、さらに37条書面にも重ねて記載しないといけないものもあるってことだね。

そのとおり。この37条書面の記載事項を覚えることで、重要事項説明書の記載事項についてもある程度は対応ができるということ。

歌って攻略！ 37条書面の記載事項
～桃太郎さんのリズムで歌おう～

1番

既存　確認
代金額 ｝時期
登記申請 ｝時期
引渡し ｝時期

天災
不適合
公租公課

・1番　暗記ポイント
・前半「時期」までは必要的記載事項
・後半「天災」からは任意的記載事項
・1番の内容は重説には記載不要

2番

解除
損害賠償額
代金以外の額と時期

銀行あっせん
保証保険

・2番　暗記ポイント
・すべて任意的記載事項
・2番の内容は重説にも記載が必要

語句の意味をチェック

交換差金（こうかんさきん）	交換する財産の価値に差があるときに、その差を補うために払われる金銭のこと
金銭貸借（きんせんたいしゃく）	お金の貸し借りのこと
租税公課（そぜいこうか）	国や地方公共団体などに納める税金のこと
天　災	地震や台風など、自然現象によって起こる災害のこと

○×問題セレクション 33

解答・解説は 380 ページ左下

A は、売主を代理して宅地の売買契約を締結した際、買主にのみ 37 条書面を交付した。（平成 29 年）

練習問題

宅地建物取引業者が媒介により既存建物の貸借の契約を成立させた場合、宅地建物取引業法第 37 条の規定により、当該貸借の契約当事者に対して交付すべき書面に必ず記載しなければならない事項の組合せはどれか。

ア　契約不適合の内容
イ　当事者の氏名（法人にあっては、その名称）及び住所
ウ　建物の引渡しの時期
エ　建物の構造耐力上主要な部分等の状況について当事者双方が確認した事項

1　ア、イ
2　イ、ウ
3　イ、エ
4　ウ、エ

解答・解説

ア　任意的記載事項
決めてないなら書かなくてもいいですよ。

イ　必要的記載事項
これを書かなくてどうするのでしょうか。当たり前に書くなぁと感覚で解きましょう。

ウ　必要的記載事項
35 条のときは記載不要だけど 37 条では必要的記載事項。引渡し時期って契約の内容でもかなり大切な要素ですよね。

エ　貸借契約記載不要
売買のときには必要なのですが、問題文を読み返してみましょう。貸借の契約だって。記載は不要です。何かあったら貸主が修繕しますしね。

必ず記載しなければならない事項はイとウで正解肢は 2 でした。

column
ちょっと一息

宅建取ったら次はこれ！
不動産関連資格 - 賃貸不動産経営管理士 -

賃貸不動産経営管理士はいわば「賃貸住宅の管理におけるプロフェッショナル」です。民間資格ではあるものの、国土交通省が「賃貸住宅管理業者登録制度」を創設したことで、現在最も国家資格になる可能性の高い民間資格とも言われています。この登録制度は、賃貸マンション等の管理を行う際の業務に関して、一定のルールを設けることで、オーナーである貸主と、借主の利益を保護することを目的とした制度です。登録自体は現時点では任意ですが、将来的には登録が義務化される可能性もあることから、大手の不動産管理会社は軒並み、すでに賃貸住宅管理業者登録を受けているのが実情です。

以上のことから、賃貸不動産経営管理士は宅地建物取引士資格試験に合格したらぜひ取得してもらいたい資格のひとつです。賃貸不動産経営管理士の業務や役割は以下のとおり。

- ✔ **賃貸住宅管理に関する重要事項説明および重要事項説明書の記名押印**
- ✔ **賃貸住宅の管理受託契約の記名押印**
- ✔ **事務所における資格者の設置義務を満たすために在籍すること**

試験内容としては、宅地建物取引士と同じ内容の部分が多く出題される傾向です。たとえば、民法における賃貸借や保証契約について、借地借家法、税金さらには建築基準法についても宅建の知識で十分カバーできます。

当然、賃貸管理業における専門的な分野については学習が必要となりますが、出題形式も四肢択一と宅建と同じ形式ですから、試験になじみがあるという点でもチャレンジしやすい資格です。専門的な知識の具体例としては、不動産の証券化や、PMとAMの違い、設備の管理点検方法等が挙げられます。

一見すると取り掛かりにくく思えますが、近隣にあるマンション等に置き換えて考えてみると、内容のイメージ化がしやすく、興味深く勉強が楽しめるということも、ポイントのひとつです。

将来的には、賃貸住宅業において活躍が期待される賃貸不動産経営管理士、宅建に合格したら次のステップアップとしてぜひチャレンジして頂ければと思います！

重要度 ★★★ 頻出度 ★★★

stage 34

自ら売主制限（8種制限）

宅建業者が自ら売主としてシロートの買主相手に取引をするという場合に、立場の弱い買主を守るため、業者に課せられる制限があります。
8種制限は「売主業者、買主シロート」のときに限定のルールであることを念頭に読み進めましょう。

memo 自ら売主の業者はオオカミ、シロートの買主は子羊ちゃん

理解と暗記の重要ポイント

ここがポイント！ しっかり意識して学習しよう！

① クーリングオフの適用除外

・クーリングオフ適用外の場所で申込したとき
・引渡しを受け、代金全額を支払ったとき
・クーリングオフについて書面で告げられた日から8日経過したとき

② 他人物売買の制限

・停止条件付き契約をしている場合でも他人物売買は不可
・契約か予約をしている場合には他人物売買可能

③ 手付額とその性質の制限

・手付は常に解約手付とみなす
・代金の10分の2を超える額の手付は受領できない

④ 手付金等保全措置

・未完成物件は5パーセント以下かつ1000万円以下は措置不要
・完成物件は10パーセント以下かつ1000万円以下は措置不要

⑤ 損害賠償額の予定等の制限

損害賠償額の予定と違約金は合わせて、代金の10分の2まで

⑥ 割賦販売の制限

支払いが遅れたら、30日以上の期間を定めて書面で催告すること

⑦ 所有権留保等の禁止

割賦販売で受け取ったお金が代金の3分の1以下であるときは留保OK

⑧ 契約不適合責任の特約制限

通知期間を引渡しから２年以上とする特約については有効

問33解答と解説 × 37条書面は言った言わないを防ぐために契約の両当事者、つまり売主と買主両方に交付しないとだめでしたよね。35条書面は買主だけ。混同しないように。

Part 0 シロートを守る特別ルール

宅建業者は不動産の取引においては、百戦錬磨のツワモノです。

ですから、宅建業者が自ら売主としてシロートの買主を相手に売買の取引をしようとするときには、素人の買主をいいように丸め込んで不利な取引に持ち込まないように業者に対して制限が課されることになりました。

この制限は全部で 8 種類あり「自ら売主制限」や「8 種制限」と呼ばれています。本ステージの学習におけるポイントは、「売主が業者で買主がシロートの時限定のルール」だということ。業者間取引や、シロート同士の取引はもちろん、売主がシロートで買主が業者のときは適用されません。

本試験でも、8 種制限についての問いで「売主が業者で買主も業者」や「売主がシロートで買主が業者」といったひっかけが頻出です！　しっかり対策していきましょう。

Part 1 クーリングオフ

クーリングオフは一度した契約を「やっぱり契約はやめます！」とお客さんが解除したり、申込を撤回できる制度のこと。
でも、なんでもかんでも解除できるかというとそうはいかない。
契約や申込を事務所等以外の場所、つまり、落ち着いて判断できないような場所でした場合にのみ適用されるんだ。（37 条の 2、規則 16 条の 5）

たとえば、業者が勢いで申込や契約をさせたなんてときに、お客さんを守るための制度ってことですね。

そういうことだね。
クーリングオフが適用されない場所は以下のとおり。

CHECK POINT クーリングオフ適用外の場所　重要

✔ 宅建業者の事務所

他の宅建業者に媒介や代理を依頼した場合、その業者の事務所や案内所も含む

✔ 土地に定着し専任の宅建士の設置義務のある案内所等

継続的に業務を行うことができる施設を有する場所、案内所、展示会場等

✔ 買主から申し出た場合の、買主の自宅・勤務先

自宅や勤務先は買主から申し出た場合は適用されないってことは、業者が押しかけたなんてときは適用ってことかな。

そのとおり！　売主からの申し出たのであれば、買主の自宅や勤務先であってもクーリングオフの適用となる。ちなみに、もし**申込をした場所と契約をした場所が違うときには申込をした場所で判断する**よ。やっぱりお客さんが一番悩むのって契約のときじゃなくて「買います！」っていう申込時だからね。

なるほど。たとえば、喫茶店とかで申込をして、契約は自ら売主の業者の事務所でしたなんてときもクーリングオフできるってことかな。実際に、お客さんがクーリングオフをしようとするときはどうやったらいいんですか？

クーリングオフは必ず書面で行わなければならないよ。そして、発信主義と言うんだけど、お客さんが書面を郵送したときに効力が発生するんだ。

つまり、万が一、業者の住所が変わっていて届かなかったとしても、お客さんが書面を発した段階でクーリングオフできたことになる。

クーリングオフをしたら無条件で解除したことになるから、業者が受け取っていたお金は全額返金しなければならない。当然、クーリングオフされたことによって違約金や損害賠償金を請求することもできない。

なるほど…業者からするとクーリングオフの書面が届いたらショックだろうな…

そうだろうね…まぁ、でも、きちんと検討させずに申込をさせたのは業者だろうからね。あともう一点。クーリングオフは、いつまでもできるわけじゃないんだよ。クーリングオフができなくなるのは次のとおり。

CHECK POINT クーリングオフができなくなるとき 重要

✔ **業者からクーリングオフについて書面で告げられた日を起算に8日経過したとき（37 条の 2 第 1 項 1 号）**

契約の完了までクーリングオフにおびえ続けるのも、業者がかわいそうなので、こんな決まりもある

✔ **物件の引渡しを受け、かつ、代金を全部支払ったとき（37 条の 2 第 1 項 2 号）**

両方が揃ってはじめてできなくなるため、一部支払い等の場合にはクーリングオフ可能。移転登記は無関係

業者がお客さんに対して、書面でクーリングオフについて告げるんですか？

うん、業者は申込や契約をするときなんかにクーリングオフの制度について書面で告げることができるんだ。書面で告げること自体は、義務ではなく、あくまでも任意なんだけど、書面で告げておけば8日経過すればクーリングオフされなくなるわけだから、ほとんど全ての業者が書面を交付してるだろうね。

Part 2 他人物売買の制限

次は他人物売買における制限について確認していこう。
民法では他人物売買も認められていたけれど、宅建業法では業者が自ら売主となる他人物売買を原則として禁止している。（33 条の 2）
業者はプロなんだから「いやー仕入れられると思ったんですけどね。土壇場で所有者が売るのを嫌がっちゃって…すみませんね！」なんてことになって、買主に迷惑をかけちゃだめでしょということ。
でも、まだ引渡しや登記が行われてなくても、契約や予約は済んでいて、**物件が将来業者のものになることが確実なら他人物売買もOK。**

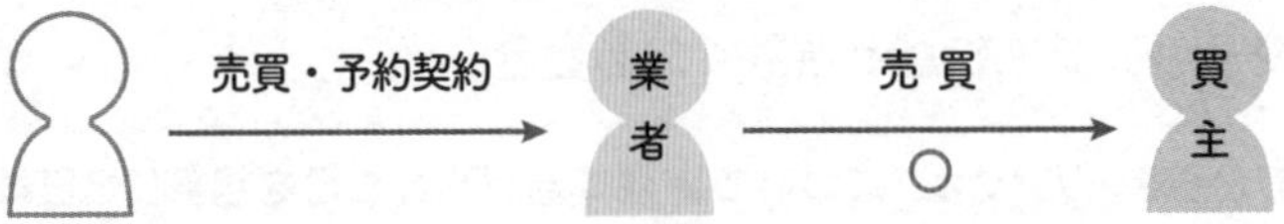

ふーん。予約でもいいんですね。じゃあ停止条件付き契約は？

予約契約を締結している場合とは異なって、停止条件付き契約はダメ。

停止条件というのは、たとえば「キミが宅建に合格したら…」とか「海外転勤が決まったら…」等という、不確定なものだから、将来的に業者が仕入れられるかどうかが確実とはいえないんだよね。

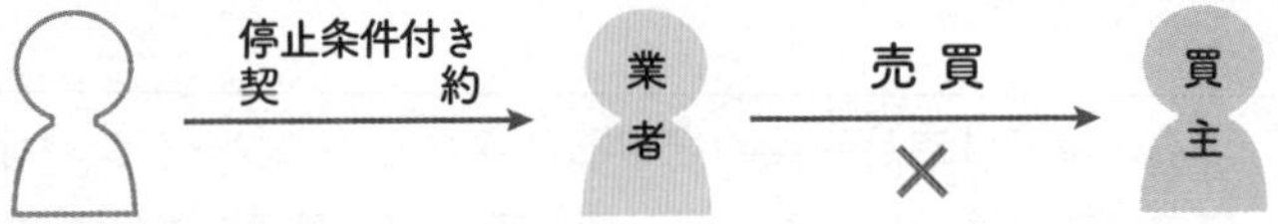

Part 3 手付の額とその性質の制限

業者が自ら売主としてシロートの買主とした契約においては**手付は常に解約手付とみなす**ことになっているよ。
シロートの買主に対して、業者が履行に着手するまでは手付放棄で契約解除ができることにして、ある意味で、逃げ道を用意してあげているんだ。（39条2項）

でも、裏を返せば業者も手付倍返しで、買主が履行に着手するまでは契約解除ができるってことですよね？

そういうことだね。また手付金の額についても制限が加えられていて、**代金の10分の2を超える額の手付は受領できない。**（39条1項）
これは「手付解除されたらイヤだな…」と考えた業者が手付金をちょー高額にして、買主に手付解除させないようにするのを防ぐため。

あんまり高額な手付だと、買主もいざ解除したいとなったときに躊躇しちゃいますもんね。

Part 4 手付金等保全措置（てつけきんとうほぜんそち）

「手付金等」というのは契約締結したあと、目的物の引渡しの前に支払われて代金に充当されるお金のこと。
具体的には、手付金や中間金、申込証拠金（もうしこみしょうこきん）等のことを指すんだけど、もし目的物の引渡し前に業者が手付金持ってトンズラしたら…って考えると怖くない？

自分がお客さんだと思うと、たしかに怖いかも。

だから手付金等を受け取るときには、万が一のときでも、お客さんの手元に戻ってくるように、手付金等保全措置として、以下のいずれかを講じなければならないんだ。（41 条）

CHECK POINT 手付金等保全措置 重要

- ✔ 銀行等に保証してもらう（銀行等と保証委託契約）
- ✔ 保険に入っておく（保険事業者と保証保険契約）
- ✔ 保証協会等に預かってもらう（指定保管機関と手付金等寄託契約）

ちなみに、指定保管機関との寄託契約は、完成済の物件が目的物のときは使用できるけれど、未完成物件が対象の場合は使用することができない。

どうして未完成だと寄託契約はできないんですか？

未完成ってことは、いつ竣工するのか不確定な訳だから、一体いつまで預かればいいのか不透明でしょ。だから、保証協会としても預かりたくないんじゃないかなぁ。一方の完成物件なら、預かるといっても契約が終わるまでの短い間だからね。

目　的　物	保証委託契約	保証保険契約	寄託契約
完成物件	○	○	○
未完成物件	○	○	×

○…できる　×…できない

ただ、どんなときにも保全措置を講じないといけないかというと、そうではない。以下の場合には保全措置は講じなくてよいんだ。

CHECK POINT
保全措置を講じなくていいケース
重要

✔ **買主に所有権移転登記がされているとき（41条1項、41条の2第1項）**

万が一の事態になっても登記があれば買主の権利は守られているから

✔ **手付金等が少額の場合（41条1項、41条の2第1項、施行令3条の3）**

①未完成物件：代金の5%以下かつ1,000万円以下のとき
②完 成 物 件：代金の10%以下かつ1,000万円以下のとき

少額のため、万が一のときの損害もそこまで大きくないから

また、手付金を受領する段階では上記の5%以下かつ1,000万円以下等の条件に当てはまっていたとしても、その後中間金を受領して手付金と中間金の合計額が超過するとなったら、それまでに預かっていた手付金等の全額に対して保全措置を講じなければならないよ。

たとえば、完成物件で代金3,000万円の取引において、手付金が200万円、中間金が300万円だったとしたら、手付金をもらうタイミングでは保全措置はいらないけど、その後中間金をもらうときには200万円＋300万円で500万円全額の保全措置が必要ってことですね。

Part 5　損害賠償額の予定等の制限

次は損害賠償額や違約金についての制限。
損害賠償額の予定と違約金は合わせて、代金の 10 分の 2 を超えることはできないというルールもある。（38 条）
あまりに高額にすると、何かの事情があって債務不履行があったときに買主の負担が大きくなるし、これらを高額にすることで、契約解除をさせないよう業者が圧をかけるのを防ぐという面もあるかな。

確かに 5,000 万円の建物の売買契約をして損害賠償額の予定が 4,000 万円だとすると…もしなにかあって債務不履行による契約解除になったら損害賠償額が大きすぎて怖いかもなあ。

ちなみに、もし損害賠償額を予定しないのであれば実損額を証明して全額請求することができる。
もし実損額が 10 分の 2 を超えていたとしても、予定をしていなければ額の制限はないということ。

Part 6　割賦販売（かっぷはんばい）の制限

次は聞き慣れないと思うけど、割賦販売における制限について。
割賦販売っていうのは、簡単にいうと分割払いのこと。
諸般の事情で住宅ローンが組めない、審査が通らないという人のために“優しい”業者が分割サービスで売ってくれるんだけど…
もしも賦払金の支払いがちょっとでも遅れると、優しい業者は化けの皮が剥がれてとってもシビアな業者に変貌する。

うわぁ…それは怖そうですね。

でも、1 日、2 日支払いが遅れただけで「契約解除するぞ！」「今すぐ全額払え！」はお客さんにとっても、あまりに酷なので…こんなルールもあるんだよ。

CHECK POINT 支払いが遅れたら…

- ✔30日以上の相当期間を定めて書面で催告すること
- ✔上記期間内に支払いがない場合には契約解除や、残代金の全額請求ができるようになる（42条）

ちなみに、民法における履行遅滞では、相当期間定めて催告してそれでも履行がされなければ契約解除という決まり。つまり、「相当期間」についてに明確には定めがないんだけど、これを宅建業法の自ら売主制限では３０日以上と明確にしたんだよ。

そもそも支払いが遅れるってことは、お客さん側が債務不履行をしたってことだけど…そんな場合であったとしても、30 日以上は待ってあげるってことですね。

Part 7 所有権留保（しょゆうけんりゅうほ）等の禁止

業者が売主となるときは原則、引渡しまでに買主へ所有権移転登記をしなければならない。（43 条）
でも割賦販売をするときには、まだ代金の支払いが全然済んでいない段階で、目的物の所有権まで渡してしまうのは業者としてはかなり不安じゃない？
そこで、ある一定期間は売買契約後も業者が所有権を留保していても良いことになっているよ。

確かに業者の気持ちになると、物件を引渡して所有権まで移転させてあげると、途中から支払いが滞ったら…なんて考えると不安かもしれませんね。

CHECK POINT 所有権を留保できるとき

- ✔ 業者が受け取ったお金が代金の10分の 3 以下であるとき
- ✔ 買主が抵当権や先取特権の登記に協力しないうえに、保証人も立てられないとき

Part 8 契約不適合担保責任の特約制限

民法では契約に適合しない内容があった場合に次のような責任追及ができた。

民法上の契約不適合責任のポイント

対　象	契約の内容に適合しないもの
責任追及方法	・契約解除 ・損害賠償請求 ・追完請求 ・代金減額請求
通知期間の制限	種類又は品質に関する不適合の場合、買主が知ったときから１年以内に通知
特約の可否	原則と異なる特約も有効

でも、売主が業者、買主がシロートのときには特別ルールが適用されるんだよ。
この特別ルールにより、売主が契約不適合責任を負わないという特約や、民法の原則より不利となる特約は原則として禁止されるんだ。

業法における契約不適合責任の特約

原則	民法の規定により買主に不利となる特約はできない →不利な特約をしても無効となり、民法の原則ルールに戻る
例外	通知期間を引渡しの日から２年以上とする特約は有効

宅地建物取引業法第 40 条

宅地建物取引業者は、自ら売主となる宅地又は建物の売買契約において、その目的物が種類又は品質に関して契約の内容に適合しない場合におけるその不適合を担保すべき責任に関し、民法第五百六十六条に規定する期間についてその目的物の引渡しの日から二年以上となる特約をする場合を除き、同条に規定するものより買主に不利となる特約をしてはならない。

特約はダメってことは、つまり民法の原則どおりでいきましょうってことですね。買主が契約に適合しないところを発見したときから1年以内の通知で責任追及OKってことかぁ。ボクが業者だったら、契約から何年経っても「もしかしたら不適合があって、今日明日にでも請求されるかもしれない…」ってハラハラしちゃうな。

うん。たしかにキミの言うとおり、それだと業者があまりにかわいそうなんだよね。
だから、民法の原則よりは不利なんだけど、**通知期間を引渡しから2年以上とする特約については有効**となっているよ。

それなら業者も、ずっとソワソワしなくて良いですね。

そうだね。ただし、新築住宅の自ら売主となる場合には、品質確保の促進等に関する法律というのが適用されるから、ちょっと注意が必要になるよ。

CHECK POINT

品質確保の促進等に関する法律

- ✔ 新築住宅の売主業者であろうとシロートであろうと適用
- ✔ 構造耐力上主要な部分（基礎や床、柱、屋根等）と雨水の浸入を防止する部分の瑕疵は引渡しから10年契約不適合保責任を負う
  ※品確法における瑕疵とは種類又は品質に関して契約に不適合があるものをいう
- ✔ 損害賠償請求、解除のほか、修補請求（直してということ）が責任内容になる
- ✔ 責任を負う期間を引渡しから２年以上とする等の特約が認められない

語句の意味をチェック

保証委託契約（ほしょういたくけいやく）	銀行等と宅建業者の間で万が一のときに保証してくれるように頼む契約のこと
保証保険契約（ほしょうほけんけいやく）	保険業者と宅建業者が結ぶ保険契約のこと
指定保管機関（していほかんきかん）	国土交通大臣の指定を受けて、買主のために手付金等を業者の代理で保管する機関のこと
寄託（きたく）	なにかのものやお金を他人に預けて、その処理をお願いすること
割賦販売	売買代金をお給料日後や月末ごとなどのタイミングで一定額ずつ分割して売主さんに支払う特約がついた売買契約のこと
構造耐力上主要な部分	柱や壁、土台や基礎といった建築物のパーツの中でも重要な部分のこと
雨水の浸入を防止する部分	屋根や雨どいといった建物に雨水が入らないようにする部分のこと

練習問題

宅地建物取引業者である売主は、宅地建物取引業者ではない買主との間で、戸建住宅の売買契約（所有権の登記は当該住宅の引渡し時に行うものとする。）を締結した。この場合における宅地建物取引業法第 41 条又は第 41 条の２の規定に基づく手付金等の保全措置（以下この問において「保全措置」という。）に関する次の記述のうち、正しいものはどれか。

1 当該住宅が建築工事の完了後で、売買代金が 3,000 万円であった場合、売主は、買主から手付金 200 万円を受領した後、当該住宅を引き渡す前に中間金 300 万円を受領するためには、手付金 200 万円と合わせて保全措置を講じた後でなければ、その中間金を受領することができない。

2 当該住宅が建築工事の完了前で、売買代金が 2,500 万円であった場合、売主は、当該住宅を引き渡す前に買主から保全措置を講じないで手付金 150 万円を受領することができる。

3 当該住宅が建築工事の完了前で、売主が買主から保全措置が必要となる額の手付金を受領する場合、売主は、事前に、国土交通大臣が指定する指定保管機関と手付金等寄託契約を締結し、かつ、当該契約を証する書面を買主に交付した後でなければ、買主からその手付金を受領することができない。

4 当該住宅が建築工事の完了前で、売主が買主から保全措置が必要となる額の手付金等を受領する場合において売主が銀行との間で締結する保証委託契約に基づく保証契約は、建築工事の完了までの間を保証期間とするものでなければならない。

解答・解説

1○ 完成物件の場合には、手付金等は代金の10%以下かつ1,000万円以下であれば保全措置は不要です。つまり3,000万円の10%ということで300万円を超えると保全措置を講じなければなりません。つまり手付金として200万円をもらうタイミングでは保全措置は不要ですが、中間金として300万円を受領するときには手付金と併せて500万円分の保全措置が必要ということ。

2× 建築工事の完了前…つまり未完成物件ってことですが、未完成物件の場合は代金の5%以下かつ1,000万円以下であれば保全措置は不要です。2,500万円の5%は125万円ですから、150万円の手付金となると保全措置を取らなければ受領できないですね。

3× 指定保管機関による手付金等寄託契約は、未完成物件では使うことができません。理由は未完成物件だといつまで預かればいいのか不明確だから。

4× 工事完了までの間ではなく、物件の引渡しまでの間です。手付金等の保全措置は目的物の引渡しまでを保全期間とするものでなければなりません。

○×問題セレクション 34

解答・解説は次ページ左下

Aは、Bが指定した喫茶店でBから買受けの申込みを受け、Bにクーリング・オフについて何も告げずに契約を締結し、7日が経過した。この場合、Bが指定した場所で契約を締結しているので、Aは、契約の解除を拒むことができる。(平成26年)

stage 35

重要度 ★★★　頻出度 ★★★

住宅瑕疵担保履行法

品確法で定められている部分について万が一瑕疵があったときのための、資力確保に関する法律です。自ら売主制限の品確法と併せて基本的な内容はきちんとおさえておきましょう。

memo 大事なところに瑕疵があったときのため、業者には資力確保措置を

理解と暗記の重要ポイント

ここがポイント！しっかり意識して学習しよう！

1. **新築住宅の瑕疵担保責任**
   - 構造耐力上主要な部分（基礎や床、柱、屋根等）
   - 雨水の浸入を防止する部分（外壁、雨水排水管等）
2. **住宅瑕疵担保履行法における資力確保措置**
   - 住宅販売瑕疵担保保証金の供託
   - 住宅瑕疵担保責任保険契約の締結
3. **資力確保措置について契約締結までに書面を交付して説明しなければならない**
4. **基準日は年に2回：3月31日と9月30日**
5. **供託した旨の届出がない場合、基準日の翌日から起算し50日を経過した日以後は新築住宅を自ら売主として取引できなくなる**

Part 0 供託か保険で、何かあっても大丈夫？

いつぞやの耐震強度偽装事件では問題が発覚後、その問題となった物件の販売業者はいち早く倒産。瑕疵の修補における費用やもろもろ、そのツケはシロートの所有者、つまり買主に回ってきたのでした。そんなトラブルを教訓に、新築住宅の売主になる業者と住宅の新築工事を請け負う建設業者に対して、万が一のときに備えて住宅瑕疵担保保証金の供託をするか、もしくは、保険へ加入することによって資力を確保しなさいと定めたのが、この住宅瑕疵担保履行法です。

自ら売主制限（ステージ34）で取り上げた品質確保の促進等に関する法律と併せて、どの部分が対象となるのかと資力確保措置の内容についてしっかり確認しておきましょう。

問34解答と解説　×　買主自ら指定した「喫茶店」だって。買主の指定があった場合にクーリングオフの適用対象外になるのは買主の自宅か勤務先のみ。だから業者は場所を理由に拒むことはできません。また7日経過とありますが、そもそもクーリングオフについて書面で告げていないっていうんだから8日間ルールの起算もしていませんね。

Part 1 品質確保の促進等に関する法律

自ら売主制限の契約不適合責任の特約制限で、品質確保の促進等に関する法律について軽く触れたよね。この品確法では、新築住宅を売ると次の2ヵ所について10年間は瑕疵担保責任を負うことになる。（品確法95条1項）

CHECK POINT 住宅品質確保法の瑕疵担保責任　重要

- ✔ 構造耐力上主要な部分（基礎や床、柱、屋根等）
- ✔ 雨水の浸入を防止する部分（外壁、雨水排水管等）

これは、売主が業者でもシロートでも、買主が業者でもシロートでも、新築住宅の売買をするときには売主に対して適用されるルールだよ。

Part 2 住宅瑕疵担保履行法

これに加えて、8種制限と同様に売主が宅建業者だったときや、新築住宅の請負人が建設業者だった場合には、さらに「住宅瑕疵担保履行法」というものも適用されるんだ。瑕疵というのは不具合のこと。

うーん、これまた難しそうな名前の法律ですね。住宅の瑕疵担保を履行する法律ですか？

そのとおり。品確法によって定められた部分に瑕疵があったときのために、新築住宅の売主になる宅建業者や、新築住宅の建設を請け負った建設業者は、次のいずれかの方法で資力を確保しておかなければならないんだ。（瑕疵担保履行法11条1項）ちなみにこれは、買主や受注者がシロートのとき限定だから、買主等が業者の場合は対象外ね。

住宅瑕疵担保履行法における資力確保措置

✔ 住宅販売瑕疵担保保証金の供託

基本的な仕組みは営業保証金とほぼ同様
供託すべき額についてはその業者が過去10年間に引渡した新築住宅の戸数によって決められる※55㎡以下の住宅は2戸をもって1戸とみなす

✔ 住宅瑕疵担保責任保険契約の締結

売主となる業者の負担で保険会社と契約を結ぶ。もしも瑕疵が発見されて何らかの処置をとることになると、保険金が支払われる
※有効期間が10年以上のもので、保険金額は2,000万円以上のものであること

そして売主は、これら**資力確保措置について契約締結までに書面を交付して買主に説明しなければならない**よ。（瑕疵担保履行法 12 条 1 項）

資力確保措置によって、瑕疵が発覚したときに業者が倒産等により姿を消したとしても、シロートの買主が泣き寝入りすることもないですね。

そういうこと。また住宅瑕疵担保履行法では基準日というものが設けられていて、この基準日ごとに算定された住宅販売瑕疵担保保証金の供託等の資力確保措置を講じなければならない。
基準日は年に2回：3月 31 日と9月 30 日。この基準日から3週間以内に宅建業者は免許権者に対して「きちんと担保をしてるよ～」という届出をするんだ。

資力確保措置についての状況の届出

- ✔ 新築住宅を引き渡した宅建業者は、基準日ごとに保証金の供託及び保険契約の締結の状況について基準日から 3 週間以内に、免許権者に届け出なければならない
- ✔ 当該届出をしない宅建業者は基準日の翌日から起算して50日を経過した日以後、新たに新築住宅の自ら売主として売買契約を締結してはならない

届出をさせることによって、きちんと資力確保措置を講じているか確認をするってことですね？

もしも届出をしなかったなんてときには**基準日の翌日から起算して50日を経過すると、自ら売主として新築住宅の取引をしてはいけなく**なるよ。

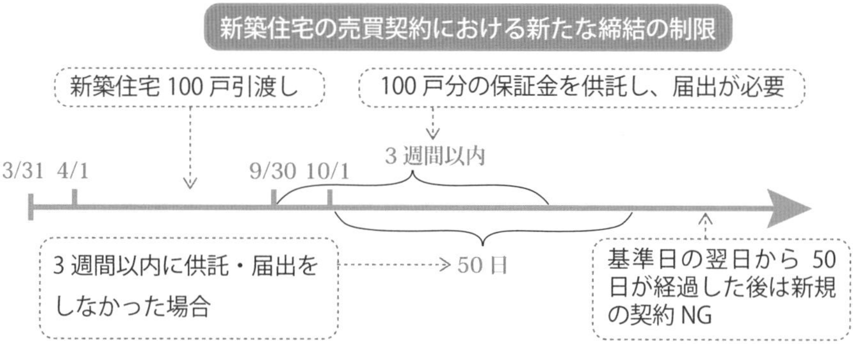
新築住宅の売買契約における新たな締結の制限
新築住宅 100 戸引渡し
100 戸分の保証金を供託し、届出が必要
3/31
4/1
9/30
10/1
3 週間以内
3 週間以内に供託・届出をしなかった場合
50 日
基準日の翌日から 50 日が経過した後は新規の契約 NG

押さえておきたい！
重要まとめ

- **新築住宅の自ら売主となる宅建業者は保証金を供託するか保険契約を締結して資力確保措置を講じなければならない**
- **資力確保措置の状況についての届出は基準日から３週間以内**
- **届出がない場合には基準日の翌日起算で 50 日経過した日以後は自ら売主として新築住宅の取引ができない**

語句の意味をチェック

瑕　疵	キズや欠陥のこと。本来あるべき品質や性能が備わっていないような状態
資　力	必要な資金を出せるだけの力のこと。本ステージにおいては、物件に欠陥があったときのための資金を出せる力のこと

○×問題セレクション 35

解答・解説は 400 ページ下

宅地建物取引業者Aが、自ら売主として、宅地建物取引業者でないBに新築住宅を販売する場合、Aは、当該住宅をBに引渡した日から３週間以内に、住宅販売瑕疵担保保証金の供託又は住宅販売瑕疵担保責任保険契約の締結の状況について、宅地建物取引業の免許を受けた国土交通大臣又は都道府県知事に届け出なければならない。（平成 28 年）

練習問題

宅地建物取引業者Aが自ら売主として、宅地建物取引業者でない買主Bに新築住宅を販売する場合における次の記述のうち、特定住宅瑕疵担保責任の履行の確保等に関する法律の規定によれば、正しいものはどれか。

1　Aは、住宅販売瑕疵担保保証金の供託をする場合、Bに対し、当該住宅を引き渡すまでに、供託所の所在地等について記載した書面を交付して説明しなければならない。

2　自ら売主として新築住宅をBに引き渡したAが、住宅販売瑕疵担保保証金を供託する場合、その住宅の床面積が55㎡以下であるときは、新築住宅の合計戸数の算定に当たって、床面積55㎡以下の住宅2戸をもって1戸と数えることになる。

3　Aは、基準日に係る住宅販売瑕疵担保保証金の供託及び住宅販売瑕疵担保責任保険契約の締結の状況についての届出をしなければ、当該基準日から1月を経過した日以後においては、新たに自ら売主となる新築住宅の売買契約を締結してはならない。

4　Aは、住宅販売瑕疵担保責任保険契約の締結をした場合、当該住宅を引き渡した時から10年間、当該住宅の給水設備又はガス設備の瑕疵によって生じた損害について保険金の支払を受けることができる。

解答・解説

1×　住宅販売瑕疵担保保証金の供託をする場合、契約締結時までに書面を交付して説明しなければなりません。当該住宅を引き渡すまでにが誤り。

2○　その通り。床面積が55㎡以下の住宅は2戸をもって1戸と数えることになっています。

3×　当該基準日から1月ではありません。基準日の翌日から起算して50日を経過した日以後です。知識で×

4×　あくまでもご参考まで。基本的な住宅販売瑕疵担保責任保険では給水施設およびガス設備の瑕疵によって生じた損害は対象外です。住宅保証機構ではオプションでこれらを対象とする保険を追加することができるとのこと。

stage 36

重要度 ★★★　頻出度 ★★★

契約と広告の制限

宅建業における広告や契約締結には、いくつかの制限があります。どのような制限があるのか内容もしっかりおさえましょう。

memo 売る気もない物件を載せてはいけません！

理解と暗記の重要ポイント

ここがポイント！ しっかり意識して学習しよう！

1. **貸借以外の契約は建築確認、開発許可が下りる前にはできない**
2. **広告は建築確認、開発許可が下りる前にはできない**
3. **実際よりも優良であると誇大に表示して、消費者等を誤認させるような広告は禁止**
4. **存在しない物件、存在するが取引できない物件の広告は禁止**

Part 0 正しい情報を載せましょう

宅建業の取引の一連の流れにおいて、最初に重要となるのが集客です。集客をするためには、インターネットや新聞、チラシ等の媒体を利用して広告を掲載するのは有力な手段のひとつですが、この広告を掲載するタイミングや、契約を締結するタイミングについても、宅建業法では一定の制限を設けています。また、広告を掲載するにあたり、注意しなければならないのは先述の時期だけに留まりません。一般に釣り物件やおとり広告等と表現されますが、存在しない物件や取引の対象になり得ない物件の広告を掲載することは禁じられていますし、優良と見せかけるような内容の広告ももちろんNGです。本ステージでは、広告等における細かな制限を確認していきます。

Part 1 契約締結時期の制限

法令上の制限で扱うけれど、建物を建てたり土地を造成するときには、建築確認や開発許可といったものを受けたりする。未完成物件の取引をしようとするときには、原則として建築確認や開発許可を受けていなければならない。

問35解答と解説　×　引渡しから３週間以内ではなくて、基準日ごとに、その日から３週間以内ですよね。引渡しだと都度都度でめんどくさい。

未完成物件ということはまだ竣工していない、工事の途中ということですか？

そのとおり。未完成物件だときちんと完成する確証がないと契約しちゃだめよという話だね。
ただし、貸借の場合は規制されておらず、建築確認が下りる前、開発許可が下りる前であっても契約締結しても良いことになっている。(36条)

ということは、**売買や交換の場合には建築確認や開発許可を受ける前に契約締結はできないけど、貸借の場合はその制限がない**ってことですね。

契約を締結できる時期

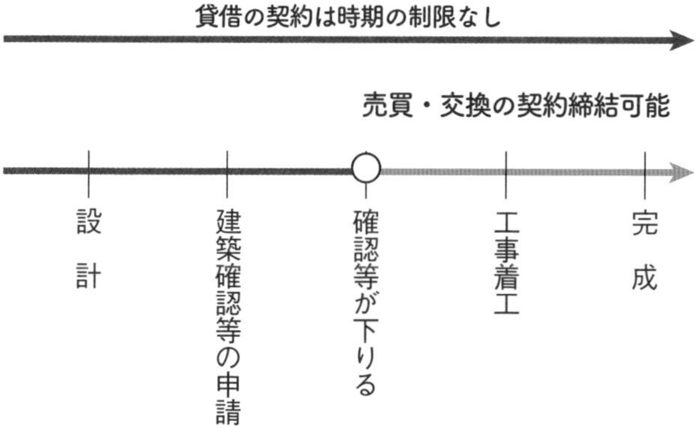

Part 2 広告開始時期の制限

また、広告についても契約締結と同様に制限がある。建築確認、開発許可を受ける前にはどんな取引であったとしても広告はできないんだ。

広告を開始できる時期

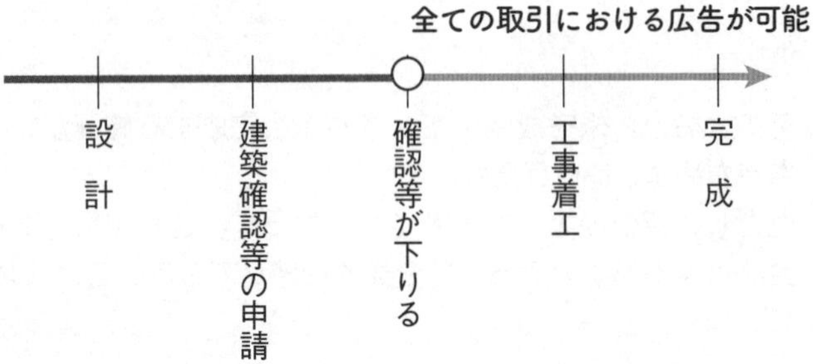

契約締結時期の制限は貸借の場合は規制されていなかったけれど、広告開始時期については例外はないということですね。

契約締結時期と広告開始時期の制限

建築確認・開発許可前に…	契約締結	広告開始
売　買	×	×
交　換	×	×
貸　借	○	×

○…できる　×…できない

Part 3 誇大広告、おとり広告の禁止

広告については開始時期に制限があるといったけど、その他にも規制がある。下記の事項について**実際のものよりも優良だったり有利であると誤認してしまう広告は禁止**。

CHECK POINT　禁止されてる広告

金銭の貸借あっせん　利用制限　交通や利便性

対価の額や支払い方法　所 在　環 境　規 模

たとえば、土地のうえに古家があるのに、それを記載しないで更地かと誤認してしまうような広告を出したり？

そういうのも誤解を招くだろうからダメだね。
その他にも、**実在しない物件を作り上げて広告に掲載したり、実在はするんだけど取引できない物件を広告するのも禁止**だよ。

CHECK POINT

おとり広告の禁止

別の物件を提案するために以下のように著しく事実に相違する広告を掲載してはならない

- ✔ **存在しない物件**
- ✔ **存在するが取引の対象となり得ない物件**
- ✔ **存在するが取引する意思がない物件**

架空の物件なんかを広告しても意味ないんじゃないですか？それでお客さんが来ても、その物件は架空の存在だから売れないわけですよね？

宅建業者が広告を出すのは、もちろんその物件を売りたいという目的のときもあるけど、そうじゃなくて、単に集客をすることを目的に広告を出すケースも多いんだ。だから、悪い奴は、釣り物件とかおとり広告と言ったりするんだけど、実在しない魅力的な物件の広告でお客さんを釣って、別の物件の紹介をするんだよ。

うわ…それはいけないことですね。

押さえておきたい！
重要まとめ

- **契約締結時期の制限は、貸借には適用しない**
- **広告開始時期の制限は、全ての取引において適用される**

語句の意味をチェック

建築確認	建築基準法に基づいて、建築物等の建築計画が建築基準法やその他法令上の制限に適合しているか、問題がないかの検査を受けること
開発許可	建築物の建築または特定工作物の建設のために土地の区画形質を変更する際に受ける許可のこと
広告	商品等の宣伝のため、広く世の中に知らせること
誇大	実際のものよりも大げさに表現すること。現実よりも優れているようにいうこと
おとり広告	売る意思のないような物や、取引の対象になり得ない物の広告をすること

○×問題セレクション 36

解答・解説は 406 ページ左下

宅地建物取引業者が、買主として、造成工事完了前の宅地の売買契約を締結しようとする場合、売主が当該造成工事に関し必要な都市計画法第 29 条第 1 項の許可を申請中であっても、当該売買契約を締結することができる。

練習問題

宅地建物取引業者が行う広告に関する次の記述のうち、宅地建物取引業法（以下この問において「法」という。）の規定によれば、正しいものはどれか。

1 宅地の売買に関する広告をインターネットで行った場合において、当該宅地の売買契約成立後に継続して広告を掲載していたとしても、当該広告の掲載を始めた時点で当該宅地に関する売買契約が成立していなかったときは、法第 32 条に規定する誇大広告等の禁止に違反しない。

2 販売する宅地又は建物の広告に著しく事実に相違する表示をした場合、監督処分の対象となるほか、6月以下の懲役及び 100 万円以下の罰金を併科されることがある。

3 建築基準法第6条第1項の確認を申請中の建物については、当該建物の売買の媒介に関する広告をしてはならないが、貸借の媒介に関する広告はすることができる。

4 宅地建物取引業者がその業務に関して広告をするときは、実際のものより著しく優良又は有利であると人を誤認させるような表示をしてはならないが、宅地又は建物に係る現在又は将来の利用の制限の一部を表示しないことによりそのような誤認をさせる場合は、法第 32 条に規定する誇大広告等の禁止に違反しない。

解答・解説

1× 売買契約成立後ということは、もうその物件は売れちゃった後ということ。広告を掲載したタイミングではまだ売買契約が成立していなかったとしても、契約が成立している物件をそのまま広告掲載し続けてはいけないでしょ。

2○ 著しく事実に相違する表示をしたなんて、明らかにダメですよね。誇大広告禁止に該当し、6か月以下の懲役または100万円以下の罰金に処せられます。刑罰の詳細までは丸暗記しなくていいですが、禁止事項に該当するかどうかは判断できるようにしてください。

3× 建築確認申請中って…まだ建築確認が下りたわけではないよね。建築確認を受ける前には、賃貸であれ売買であれ広告をすることは禁止です。

4× 現在又は将来の利用の制限の一部を表示しないことも、もちろん誇大広告の禁止に該当します。嘘の情報を載せるだけでなく、ある事実を隠すことも、当然ダメですよ。

stage 37

重要度 ★★★　頻出度 ★★★

業務に関する禁止事項

宅建業者が宅建業の取引をする際には、実にさまざまな制限があります。
試験に出題されるものの中でも代表的なものをまとめました。

memo 営業マンとしては100点満点？ でも行き過ぎると…

理解と暗記の重要ポイント

ここがポイント！ しっかり意識して学習しよう！

①登記・引渡し・対価の支払いを不当に履行遅延してはならない

②手付の信用の供与はしてはならない

③断定的判断の提供はしてはならない

④相手方に威迫行為等を行ってはならない

⑤勧誘に先立って告げなければならない事項3つ

① 宅建業者の商号又は名称

② 勧誘を行う者の氏名

③ 契約締結を目的とした勧誘である旨

⑥申込撤回時等に預かり金の返還を拒絶してはならない

⑦正当な理由なく手付による解除を拒んではならない

Part 0 迷惑かけてはいけません

宅建業者の多くはそれぞれに得意な分野があります。自ら売主の業者から売買の媒介、代理業者、賃貸の媒介、代理業者と、扱う商品や立ち位置はさまざまですが、共通して言えることは営業が必要であるということ。押しが強く、お客さんの懐に入り込める営業マンが輝く機会が多いのも宅建業ですが…とはいえ、お客さんに迷惑をかけるような強引な営業や違法な営業は認められないですよね。

本ステージでは、そんな営業に関する細々とした禁止事項や、業務上の禁止事項について確認していきます。

問36解答と解説　×　宅建業者が買主の立場という珍しいパターンですが、「建築確認が下りる前においては売買契約を締結してはならない」というルールですから、買主という立場でもダメということになります。

Part 1 不当な履行遅延の禁止

宅建業者は登記・引渡し・対価の支払いを不当に遅延してはならないよ。(44条)

不当に遅延というと？

不当に…というのは、宅建業者が利益を得る目的だったり、怠慢によって遅延すること。

Part 2 手付貸与等（てつけたいよ）の禁止

マンションを購入したい…でも、いま手元にお金がなくて手付金が払えない。でも、人気のマンションだからきっとすぐ売れてしまうだろう…でも、でも…なんて悩む奥さんに対して、業者が一言「お客さん、手付は払ったことにしてあげるから、決済までに用意してくれれば大丈夫ですよ。」
こんなふうに手付金を払ったことにしてあげたり、手付を貸し付けるような行為は禁止。

手付を払ったことにしてして申込を受け付けてくれるなんて、なんとなく親切だなと思いましたが、どうしてだめなんだろう？

やっぱり手付放棄でキャンセルするとなったら、買主はまだ手付金を支払っていないわけでしょ？
そうすると業者に借金をしたような状態と同じになってしまうから、取り立てが来たり大変な騒ぎになるでしょ。
ちなみにたとえ相手方が業者であったとしても手付の信用の供与は禁止だよ。(47条3号)

Part 3 断定的判断の提供の禁止

「この物件は値上がりすること間違いなしです！」とか「このマンションの魅力は東京タワービュー！ 今後、目の前に建物が建つことは決してありませんのでご安心ください！」なんていう断定的判断の提供は禁止。(47条の2第1項)

まあ…これがダメだというのは分かります。

もし営業でそういうことを言いたいんだったら「ボクはこのことについては自信があります！」なんていうといいんじゃないかな。おどおど言うとだめだから、胸をはって自信満々にね。

いやいや、一体、何について自信があるんだろう…（笑）

Part 4 威迫行為（いはくこうい）の禁止

「この土地、ほしいよな～？」と、詰め寄ったりして脅すのはもちろん禁止。営業にとっては押しが強いのはいいことかもしれないけど、どんな手段を使っても売れれば正義というわけじゃないからね。（47条の２第２項）

これも…当たり前にだめなのがわかりますよね。ボクは気が弱いから威迫されたらきっと断れないし。

Part 5 勧誘前には自己紹介を

勧誘をすることは営業にとってはとっても大事。最近では飛び込み営業なんてものは少なくなってきたけれど、電話であっても対面であっても、まず初めに自己紹介をしないと。（47条の２第３項）

自己紹介っていうと、趣味を発表したりするやつ？

うーん…ちょっと違うかな。次の事項をきちんと告げて、勧誘をしに来ましたということを事前にわかってもらわないといけないということ。

- ✔ 宅建業者の商号又は名称
- ✔ 勧誘を行う者の氏名
- ✔ 契約締結を目的とした勧誘である旨

Part 6 お金はきちんと返してね

申込が撤回されたり、手付による解除等によって、契約が白紙に戻ったら、業者は預かっていた金銭をきちんと返還しなければならないよ。(47条の2第3項)

これも当たり前だと思うけどなあ。わざわざ禁止事項として言わなくてもわかるのに。

当たり前なことだけどさ、やれ事務手続き費用だ、キャンセル費用だなんていって返還を拒むような輩も世の中には存在するってことだよ。

Part 7 手付解除を邪魔しちゃいけません

手付解除については民法でも確認したけど、業者が正当な理由なく、手付解除を拒むことも禁止だよ。(47条の2第3項)

正当な理由というと?

ほら、手付による解除は相手方が履行に着手するとできなくなるというルールでしょ。だから、たとえば売主の業者が履行に着手したあとに、買主から手付解除を求められた場合には、履行に着手したことを理由に解除を拒むことが可能ってこと。

語句の意味をチェック

信用の供与	お客さんへの信用のもと、費用等を貸し付けること
断定的	きっぱりと言い切ること、はっきりということ
勧誘	ある物や商品をおすすめすること 営業行為をすること

○×問題セレクション 37

解答・解説は次ページ左下

A社の従業員は、勧誘に先立ってA社の商号及び自らの氏名を告げてから勧誘を行ったが、勧誘の目的が投資用マンションの売買契約の締結である旨を告げなかった。

stage 38

重要度 ★★★　頻出度 ★★★

媒介・代理契約の種類

媒介・代理契約は三種類に分けられます。
それぞれの契約ごとに、自己発見取引をしていいのか、他社に重ねて依頼してもいいのか…違いを確認しながら、インプットしていきましょう。

memo 専任は業者にとってオイシイ契約？　でも、その分制限も…

理解と暗記の重要ポイント

ここがポイント！ しっかり意識して学習しよう！

① **有効期間は、専任媒介・専属専任媒介ともに3ヵ月まで**
契約期間は最長で3ヵ月。1ヵ月などの3ヵ月より短い契約はOK

② **専任媒介・専属専任媒介は指定流通機構への登録が義務付けられる**

③ **業務の処理状況の報告**
メールでも口頭でも可能
〔専任媒介〕2週間に1回以上
〔専属専任媒介〕1週間に1回以上

④ **業者が価格等について意見を述べるときは、根拠が必要**

⑤ **媒介物件について申込が入ったら遅滞なく依頼者に報告しなければならない**

Part 0 間に入ってガンバります！

売買においては売主と買主、賃貸においては貸主と借主、契約の両当事者の間に立って契約を成立させる仲介役のことを、宅建業法では「媒介」といいます。

また、権利関係で扱いましたが、売主から「この不動産を売ってきて」などと、代理権を与えられることも宅建業における取引に該当します。

街中でよく目にするガラス張りの店舗の賃貸や売買の仲介業者は、この媒介や代理を請け負う業者の代表例。あれも正確には媒介業者と呼ばれます。

この媒介·代理ですが､実は「一般媒介（代理）契約」「専任媒介（代理）契約」「専属専任媒介（代理）契約」の３種類に分けられるのです。中でも、専属専任媒介契約が最も厳しく、依頼者をその業者に縛ります。そして、それに伴って業者にも一定の任務が課せられることになります。本ステージでは各契約における制限やルールについて確認していきましょう！

問37解答と解説　×　勧誘を行う場合には、業者の商号又は名称、勧誘を行う者の氏名、勧誘の目的をきちんと告げなければなりません。社名と自らの氏名は名乗っているものの、目的を伝えていない以上は、業法上の規定に違反していますよね。

Part 1 媒介契約の種類

媒介契約は業者が当事者の間に立ってまとめ役になるときに結ばれる契約のこと。大きく分けて３種類ある。

一般媒介	複数の業者に重複依頼可・自己発見取引も可 **明示型**：どの業者に重ねて依頼したか報告義務あり **非明示型**：どの業者に重ねて依頼したか報告義務なし
専任媒介	複数の業者への依頼は不可、業者は単独のみ・自己発見取引は可
専属専任媒介	複数の業者不可、単独のみ・自己発見取引も不可

（代理契約も同様）

媒介契約の種類については、ガールフレンドの束縛で例えるとわかりやすい。一般媒介は他社への依頼、つまり浮気もOK。明示型ってのは「誰と浮気したのかは教えて！」というすごい感じで、非明示型ってのは「浮気しても言わなくていいから…」って感じ。専任媒介と専属専任媒介は他社への依頼は不可、つまり浮気はNG。

ちょっと…例えが…つまり、専任とつくと他の業者に重ねて「借主さがして～」等と依頼することができないんですね。
専任媒介と専属専任媒介は結構、束縛が激しいタイプってことですね？

そのとおり！　そして専属専任媒介契約ではさらに厳しく、依頼者が自分で相手方を探してくる「自己発見取引」も禁止となるんだ。

自分でも相手方を探せないし、他の業者にも重ねて依頼できないとなると、依頼先の業者の見つけてきた相手方としか取引ができないということですね？

そういうこと。だから一般媒介契約には特段制限がないんだけど、専任媒介契約と専属専任媒介契約にはいくつかの条件が付されるよ。まず**媒介契約の有効期間は最大３ヵ月**。契約の更新は依頼者から「キミのところ仕事熱心でよかったから、更新でお願い。」と言われない限りは更新しない。

じゃあ、業者から更新したいとアプローチするのは？

うーん、依頼者が更新したくなるようにアプローチをする分にはいいと思うけど、…たとえば、業者から「更新しときますね。」と申し出たり、自動更新するなんて特約を結んではダメだよ。そんな特約は結んだところで無効になっちゃう。
さて、次に指定流通機構への登録についてみていこう。
専任媒介は休業日を除いて７日以内、専属専任媒介は休業日を除いて５日以内に指定流通機構に情報を登録しなければならない。

指定流通機構、レインズですね！

そのとおり。次に業務処理状況の報告義務について。
業者は依頼者に対して「お問合せは何件で、案内は何回ありました。」とか「いまは購入を検討している方が何組かいます。」なんていうふうに、募集状況を報告する必要があるんだ。
この**募集状況の報告は、専任媒介は２週間に１回以上、専属専任媒介では１週間に１回以上**という決まり。

専属専任のほうが厳しいんですね。

そうだね。また、これは一般媒介でも専任・専属専任でも守らないといけないんだけど、**業者が価格等について意見を述べるときは、必ずその根拠を口頭でもかまわないから示さなければならない**よ。

媒介契約における制限まとめ

	一般媒介契約	専任媒介契約	専属専任媒介
消費者が媒介依頼できる宅建業者の数	複数 OK	1社のみ（複数依頼不可）	
自己発見取引（依頼者自身が相手方を探索すること）	認められる		認められない
契約有効期間	制限なし	3ヵ月	
更　　新	更新特約を付して自動更新もできる	依頼者の申し出がなければ更新できない。自動更新特約は無効	
指定流通機構への登録	不　要	7日以内（休業日除く）	5日以内（休業日除く）
業務処理状況の報告義務	義務なし	2週間に1回以上（休業日含む）文章でも口頭でも有効	1週間に1回以上（休業日含む）文章でも口頭でも有効
申し込みがあった旨の報告	物件に申込みが入ったときは、遅滞なくその旨を依頼者に報告しなければならない		

指定流通機構への登録は、休業日を除いて数えるのに、業務の処理状況の報告は、休業日を含んで数えるんですね。

そのとおり。レインズへの登録は手間がかかるから、休業日は除いて数えてあげないと業者も忙しくて大変。でも、業務の処理状況の報告っていわば依頼者の人に「今週は何件問い合わせがあって、何組内覧にきてます！」みたいに現況を報告するだけだから。そこまで手間もかからないし、休業日含めてカウントで問題ないでしょ。

Part 2 媒介契約書面の記載事項

売買や交換の媒介契約を締結したら、遅滞なく業者が記名押印をした媒介契約書という書面を交付しなければならない。
ちなみに、賃借の媒介契約においては媒介契約書の交付は義務付けられていないから、依頼者が欲しいっていうなら作ればいいし、自由。

へぇ、契約をするというと、宅建業法においては何かと書面が必要なイメージがあったけど、いらないんだ！

うん、媒介契約を結んだだけでは、報酬や代金といったお金のやり取りもないしね。媒介契約書面への記載事項は次のとおり。

CHECK POINT 媒介契約書（34条の2書面）の記載事項 重要

① 物件を特定するために必要な表示
② 売買すべき価額又はその評価額
③ 媒介契約の種類
④ 既存建物であるときは建物状況調査を実施する者のあっせんに関する事項
⑤ 報酬に関する事項
⑥ 媒介契約の有効期間に関する事項
⑦ 解除に関する事項
⑧ 契約違反した場合の措置に関する事項
⑨ 指定流通機構への登録に関する事項
⑩ 標準媒介契約約款に基づくか否かの別

ちなみにこの媒介契約書面には、その依頼を受けた宅建業者の記名押印が必要だけど、宅地建物取引士の記名押印は不要。

宅建士の事務って35条書面への記名押印、重要事項説明、37条書面への記名押印でしたよね。媒介契約書は宅建士は関係ないってことですね。

そのとおり。たとえば、媒介契約書の内容を宅建士をして説明しなければならないなんて聞かれたら答えは×だよ。

押さえておきたい！ 重要まとめ

- **レインズへの登録は休業日を除いて、専任で7日以内、専属専任で5日以内**
- **業務の処理状況の報告は休業日を含んで、専任で2週間に1回以上、専属専任で1週間に1回以上**

語句の意味をチェック

売買すべき価額	売買する物件の売り出し価格のこと。依頼者の希望価格をもとに、業者の査定価格などを参考に設定されることが多い
指定流通機構	REINSのこと。不動産業者専用のオンラインネットワークシステムで、日本中の不動産情報が集積されている
明示	意思や物事について、はっきりと示すこと
約款（やっかん）	契約や条約について、定められている条項のこと

○×問題セレクション 38

解答・解説は次ページ左下

A社は、Bとの間で締結した媒介契約が専任媒介契約であるか否かにかかわらず、所定の事項を指定流通機構に登録しなければならない。（平成23年）

重要度 ★★★　頻出度 ★★★

stage 39

報酬額の制限

算数が苦手で、ついつい報酬額の問題は飛ばすというあなた…でも、臆することなかれ！ 本試験では難しい計算は不要なケースも多いですよ。まずは3％＋6万円…基準額の算出方法のインプットから始めましょう。

memo 売買は基準額を算出して、貸借は賃料をもとに考えよう

理解と暗記の重要ポイント

ここがポイント！ しっかり意識して学習しよう！

① **売買・交換における報酬額の制限**

〔400万円超〕	代金×3％＋6万円
〔200万円超～400万円以下〕	代金×4％＋2万円
〔200万円以下〕	代金×5％

② **媒介の場合は依頼者の一方からもらえるのは基準額まで**

③ **代理の場合は依頼者からもらえるのは基準額の2倍まで**

④ **一つの取引において受け取っていい報酬額の上限は基準額の2倍まで**

⑤ **低廉な空家等の取引では報酬額の他に現地調査等の特別に要する費用を受領できる**

⑥ **貸借の媒介や代理における報酬額の上限は、賃料の1ヵ月分まで**

⑦ **居住用建物の賃借においては承諾がない依頼者からは賃料の半月分まで**

⑧ **居住用建物以外の貸借で権利金の授受がある場合は、その権利金を売買代金の額とみなして計算できる**

Part 0　ぼったくり禁止！ 手数料は上限を守って

宅建業者が媒介や代理として取引をするときの利益は、依頼者からの報酬がメインです。街中に数多く存在する仲介（媒介）業者のメインとなる利益は、報酬、すなわち仲介手数料です。業者の本心をいうのであれば、一度の取引において可能な限り高い報酬額をもらいたいところ。

もしも、報酬額を自由に設定してOKとなると心ない業者から高額の報酬を請求されたり、いいカモにされてしまう人が続出することでしょう。

そのため、宅建業法では報酬額に上限を設けています。本ステージでは、報酬におけるルールと、その算出方法を確認していきましょう。

問38解答と解説　×　一般媒介契約のときには指定流通機構への登録義務はございませんので、もし一般媒介だったら登録したかったらどうぞ。ちなみに専任媒介契約は7日以内、専属専任媒介契約は5日以内に登録が必要ですよ。

Part 1 売買・交換における報酬額の制限

業者は利益を追求しているから、報酬額は取れるだけ取ってやる！となってしまう。そうするとお客さんがかわいそうだから報酬額には一定の制限があるんだよ。
売買と貸借によってそれぞれルールが異なるから、まずは売買からみていこう。
売買においては、まず基準額を算出するところからスタートするよ。売買代金と下記の計算方法を用いて出た数字が基準額。（46 条、告示第 2・第 7）

売買代金	報酬額の片手上限の計算方法
400 万円を超える	代金 × 3%＋ 6 万円
200 万円を超え 400 万円以下	代金 × 4%＋ 2 万円
200 万円以下	代金 × 5%

売買代金に消費税が含まれている場合は、消費税は除いて純粋な代金をもとに計算してね。ちなみに、建物の代金は消費税の課税対象だけど、土地は非課税という点は注意！　また、手数料の消費税は課税事業者は 10%、免税事業者は 4%だよ。

媒介のとき

媒介の場合は依頼者の一方からもらえるのは基準額まで。
たとえば、消費税は考慮せずに検討すると、5,000 万円の建物の売買の媒介を売主から依頼されていたら、5,000 万円× 3%＋ 6 万円＝ 156 万円が基準額。
売主から 156 万円（プラス消費税）を上限として報酬がもらえるということ。

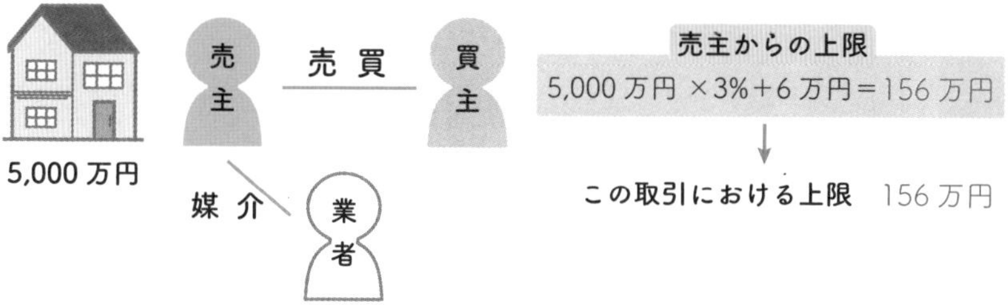

センセ、もし売主と買主どちらからも依頼を受けて媒介をする場合は？

そういったときは、一方から基準額ずつ、つまり基準額の２倍までOK。

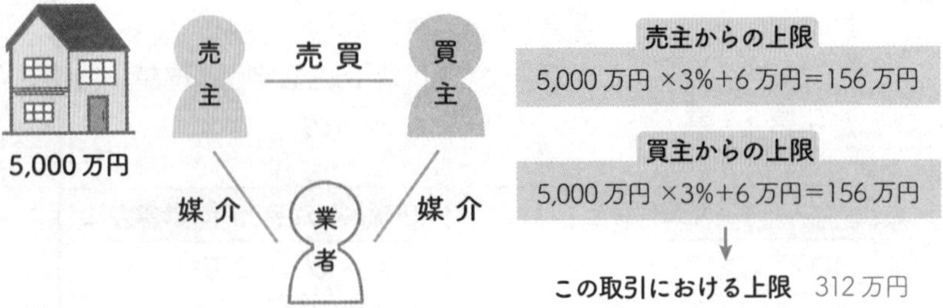

代理のとき

代理の場合は依頼者からもらえるのは基準額の２倍まで。

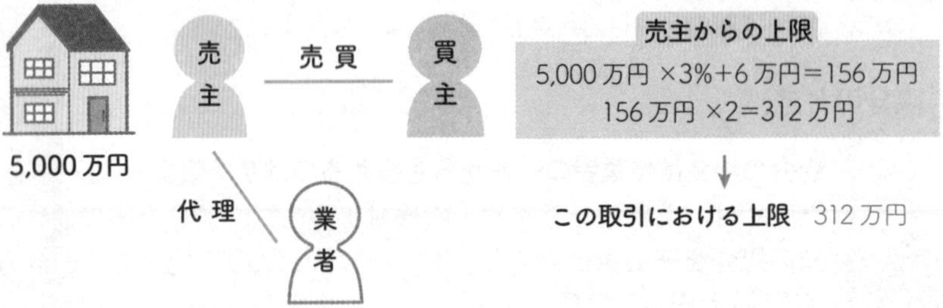

媒介より手間暇かかるから多めにもらえるのだとイメージするといいかな。
ところでキミ、もしも「双方代理」になったときはどうなると思う？

双方代理って両当事者からの承諾がないとやっちゃダメなやつですよね。
うーん、代理のときは依頼者から２倍までOKだとすると、両者からもらえるから基準額の４倍？？

ザンネン、それはもらいすぎ！
契約の両当事者から代理の依頼を受けていたとしても、**一つの取引において受け取っていい報酬額の上限は基準額の２倍まで**と決まっているんだよ。だから、双方代理のときも報酬額の上限は双方合わせて基準額の２倍まで。

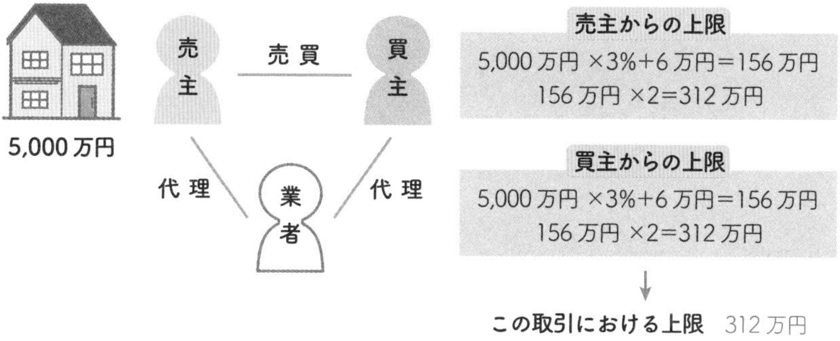

消費税

実際の売買代金はもちろん、本試験問題でもおそらく代金額が消費税（地方消費税含む）込みになっている。その場合には、代金額から消費税相当額を除いて本体価格をもとに報酬計算するようにしよう。

CHECK POINT 売買・交換における消費税

- ✔ **建物：課税対象**
- ✔ **土地：非 課 税**

土地は消費するものではないから、非課税なんですね。

例：5500 万円（税込）の建物の場合

建 物
5,500 万円（税込）

取引の条件
・媒介報酬
・課税事業者

5500 万円 ÷1.1＝5000 万円

▼

5000 万円 ×3%＋6＝156 万円

▼

156 万円 ×1.1＝171 万 6000 円

Part 2 低廉（ていれん）な空家等の売買における報酬額の制限

400 万円以下の宅地や建物の売買や交換について媒介や代理をした場合に、業者がもらえる報酬額は基準額の算出方法で出すとかなり低い。業者の気持ちになってみると好き好んで取引したくないでしょ。

たしかに…しかも、売買や交換は賃貸と違って現地調査や役所調査等の手間もかかりそう。

そうなんだよね。下手すると調査費用で赤字になっちゃう。ということで、400 万円以下の取引の場合は売主や交換を行うひとから、**低廉な空家等の取引では報酬額の他に現地調査等の特別に要する費用を受領できる**という特別ルールがあるんだよ。

CHECK POINT 媒介契約書の記載事項　重要

- ✔ **売主や交換を行う者から調査費用をもらうことの承諾があること**
- ✔ **媒介のときに売主からもらえる調査費用と基準額に基づく報酬の合計金額は 18 万円（税別）まで**

例：代金300万円のとき

基準額：300万円×４％＋２万円＝14万円

調査費用の上限：18万円－14万円＝４万円

受け取れる合計金額の上限：14万円＋４万円＝18万円

✔ **代理のときに売主からもらう、調査費用と基準額に基づく報酬の合計金額は 18 万円プラス基準額（税別）まで**

例：代金300万円のとき

基準額　：300万円×４％＋２万円＝14万円

調査費用の上限：18万円－14万円＝４万円

受け取れる合計金額の上限：14万円×２＋４万円＝32万円（税別）

センセ、どうして 18 万円がベースのようになっているんですか？

それは「低廉な住宅等」の定義が 400 万円までということになっているから。400 万円の取引のときの報酬額の基準額の算出方法は 400 万円×４％＋２万円＝ 18 万円でしょ。だから 18 万円がベースになっているんだよ。

Part 3 貸借における報酬額の制限

貸借の媒介や代理のときは報酬額の上限は、賃料の１ヵ月分までというルール。さらに、**居住用建物の賃借においては承諾がない依頼者からは賃料の半月分まで。**
言い換えると「キミは良くしてくれたから、１ヵ月分払うよ」と承諾があれば１ヵ月分（プラス消費税）までもらって OK ってこと。

へえ「仲介手数料 50%でやります！」なんてよくコマーシャルされているけど、あれって普通だったんですね。

ああ言われると、なぜか半額が安く感じちゃうよね（笑）
また、居住用以外、つまり事務所や店舗用の建物の報酬額についても特別ルールがあるよ。

居住用建物以外の貸借で権利金の授受がある場合は、その権利金を売買代金の額とみなして計算してもいいんだよ。

ということは、権利金や礼金がある場合には、それを売買代金のように考えて、基準額を算出するということですか？

そういうこと。つまり、片方から媒介だったら基準額が限度になるし、代理だったら、基準額として算出した額の倍額が限度となるわけだ。そして、権利金を売買代金とみなして計算したほうか、賃料の１ヵ月分か、どちらか高い方が上限になる。

<table>
<tr><th></th><th>居住用建物</th><th>居住用建物以外</th></tr>
<tr><td>媒介</td><td>依頼者の双方から合わせて
借賃の１ヵ月分以内
依頼を受けるにあたり承諾を得ている場合を除き、一方からは半月分まで
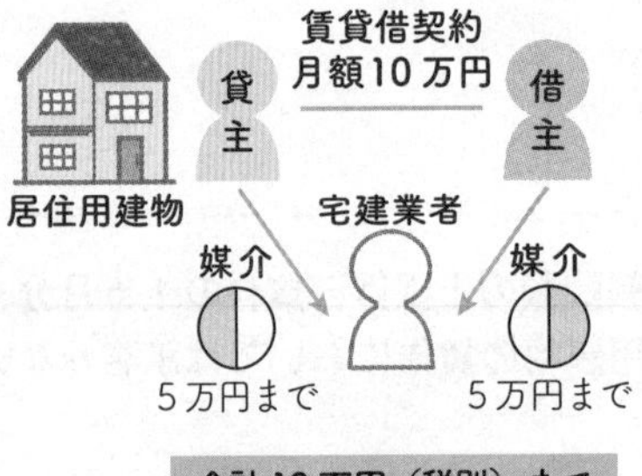
</td><td rowspan="2">依頼者の双方から合わせて
借賃の１ヵ月分以内（内訳問わず）
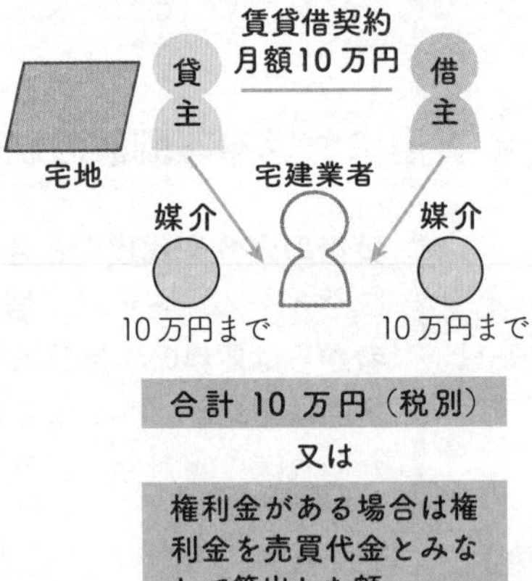
</td></tr>
<tr><td>代理</td><td>依頼者の双方から合わせて
借賃の１ヵ月分以内</td></tr>
</table>

語句の意味をチェック

報酬	仕事に対するお礼や対価のこと。宅建業においては媒介や代理として動いてくれたことへの対価として支払われる
敷金償却（しききんしょうきゃく）	契約時に敷金という名目で支払うが、返還されないお金のこと一般に原状回復費用に充てられるが、余っても返ってこない
礼金	謝礼としてオーナーに支払って返還されないお金のこと。地方によっては礼金を敷引き等と呼ぶこともある
権利金	賃借する権利を得る目的で支払われるお金のこと。主として事業用の賃貸借において設定される

○×問題セレクション 39

解答・解説は次ページ左下

居住用建物（借賃 1 ヵ月分 10 万円）について、A は貸主から媒介を依頼され、B は借主から媒介を依頼され、A は貸主から 8 万円、B は借主から 5 万 5,000 円を報酬として受領した。なお、A は、媒介の依頼を受けるに当たって、報酬が借賃の 0.55 ヵ月分を超えることについて貸主から承諾を得ていた。（平成 27 年）

重要度 ★★★ 頻出度 ★★★

stage 40

監督処分（かんとくしょぶん）

免許欠格要件、登録欠格要件をマスターすれば、監督処分については8割方征服したも同然です。
あとは誰がどんな処分を下せるのかをおさえよう。

memo 免許を受けても宅建士登録しても、やっぱり怖いのが監督処分

理解と暗記の重要ポイント

ここがポイント！ しっかり意識して学習しよう！

① 宅建士への監督処分

・指示処分：登録先の知事又は業務地の都道府県知事が処分権者

・事務の禁止処分：登録先の知事又は業務地の都道府県知事が処分権者

・登録削除処分：登録先の知事のみ処分権者

② 宅建業者の監督処分

・指示処分：免許権者又は業務地の都道府県知事が処分権者

・業務停止処分：免許権者又は業務地の都道府県知事が処分権者

・免許取消処分：免許権者のみ処分権者

Part 0 都道府県知事や免許権者等はどこまで処分できる？

宅建業者や宅地建物取引士の行動は、数多くの制約によって制限を受けています。高額な不動産を扱い、お客さんの人生を左右するような大きなイベントのお手伝いをする以上、それは避けられないことです。また、そんな宅建業における取引において欠かせないのが宅地建物取引士。宅地建物取引士は宅建の取引を検討しているひとにとって重要な役割を果たしますから、当然、重要事項説明やその言動において、大きな責任を負っています。

さて、業者や宅建士が宅建業法等の規制に触れて、それがお上の知れるところとなると、一体、どうなるのでしょうか。本ステージでは、業者と宅地建物取引士に対する監督処分についてみていきましょう。

問39解答と解説　×　賃貸における報酬額の上限は原則として賃料の1ヵ月＋税。つまり、11万円が上限ってことだから、8万円と5.5万円じゃあ、ちょっと貰いすぎなんじゃないでしょうか？

Part 1 宅建士への監督処分

指示処分＝お説教

俗にいう、名義貸しつまり、自分が専任で従事していない事務所で専任の宅建士であることを表示するのを許したり、宅建士の事務においてよくないことをすると、当然「そんなことしちゃダメでしょ！」とお説教を食らう。（もちろん、程度によってはお説教じゃすまない）

名義貸しって、要は業者に対して自分が働いていないのに、まるで専任のように、名前を貸してあげるってことですよね？

そうそう。そして、このお説教のことを指示処分といい、指示処分は登録先の知事だけでなく、宅建士が事務をした都道府県の知事もできるよ。（68条1項、3項）

へえ、登録先の知事じゃなくてもいいのかぁ。

そりゃあ自分の管轄しているシマで悪さをしてたら、登録先の知事じゃなくてもお説教したいでしょ。
この場合には、処分をした都道府県知事は、遅滞なく登録先の知事に対して通知をしなければならない。（70条4項）

事務禁止処分＝お仕置き

指示処分の内容と同じだけど、たとえば名義貸しをしたり、宅建士の事務においてよくないことをすると、この事務禁止処分、つまり「しばらく反省してなさい」とお仕置きを受けることがあるよ。
あと、指示処分を受けたのにも関わらず、それに違反したりすると、反省の色がないとみなされて事務禁止処分を食らうことも。
これも指示処分と同様に、同じく登録先の知事だけでなく、宅建士が事務をした都道府県の知事もできるよ。

登録消除処分＝追放

最後は登録の消除処分について。宅建士があまりにも目に余るようなことをしていると、登録が消されてしまうこともある。

登録を消除されたら、もはや宅建士ではいられないってこと？

うん、そういうこと。具体的には次のようなことをすると、知事から登録消除処分が下されちゃうよ。

CHECK POINT 知事が登録消除処分を与えるとき　重要

① 登録欠格要件に該当するとき

登録を行った者が、破産者等になった、あるいは罰金刑以上・禁錮刑以上の刑に処せられた等、登録欠格要件のひとつに該当するようになったとき

② 不正に登録を受けたとき

不正の手段によって、登録を受けたとき

③ 不正に交付を受けたとき

不正の手段によって、取引士証の交付を受けたとき

④ 禁止処分では足りない・従わないとき

情状が特に重く、事務禁止処分では足りないときや、禁止処分に違反したとき

⑤ 取引士証がないとき

取引士証の交付を受けずに、宅建士の事務を行い、その情状が特に重いとき

この抹殺、つまり登録消除処分は、他の処分と違って登録先の知事にしかできない点に注意。

ふーん。他の都道府県知事にはできずに、生みの親にしか消除処分はできないってことですね。

うん、登録の消除処分については、処分権者が限定されるんだ。

Part 2 業者への監督処分

指示処分＝お説教

宅建業法に違反したり、プロの宅建業者としてそれってどうよ？というようなことをしていると、指示処分といって知事からお説教を受けることがあるよ。（65条1項）

指示処分だと、免許権者だけでなく、業者が業務を行った都道府県の知事もできるんですよね？

そのとおり。宅建士への指示処分とそのあたりは一緒だよ。

業務停止処分＝お仕置き

これも指示処分と似たようなものだけど、宅建業法に違反したり、このまま放っておくとお客さんに損害を与えるような場合には「しばらく仕事禁止！」とお仕置きを食らうことがある。（65条2項）
この業務停止処分の最長期間は1年間。

だけど、1年間の業務停止処分なんて食らっちゃったら、その会社はおそらくもうダメだろうな…

これも免許権者だけでなく他の都道府県知事が処分することができるよ。

免許取消処分＝追放

最後は免許の取消処分についてみていこう。
次の事由に該当したときには免許が取り消されるよ。（66条）

知事が免許取消処分を与えるとき

重要

① 免許欠格要件に該当するとき

業者が、破産者等になった、あるいは罰金刑以上・禁錮刑以上の刑に処せられた等、免許欠格要件のいずれかに該当するようになったとき

② 無免許が判明したとき

免許替えの際、無免許であることが判明したとき

③ 1年以上も休止していたとき

免許を受けてから1年以内に事業を開始しなかった、あるいは事業の途中で引き続き1年以上事業を休止したとき（この場合再度事業を行おうという場合はすぐ免許を受けることができる）

④ 解散等が判明したとき

廃業等の届出をしないでいるうちに、破産した、合併及び破産以外の理由で解散した等の事実が判明したとき

⑤ 不正で免許を受けたとき

宅建士の名義を借りた等不正な手段で免許を受けたとき

⑥ 停止処分に違反したとき

宅建業法に違反して、その情状が特に著しい場合や、業務停止処分に違反したとき

⑦ 条件に違反したとき

免許に付した条件に違反したとき

この免許取消処分については、産みの親、つまり免許権者にしかできないから要注意。

他の都道府県の知事だと免許の取消しはできないってことですね。

語句の意味をチェック

廃　業	事業の一部をやめること。たとえば、建設業と宅建業をしている会社が宅建業のみやめること
解　散	会社や組織そのものをやめること。みんな解散！　さよなら
休　止	それまで続けていた仕事を一時的に休むこと

○×問題セレクション 40

解答・解説は 436 ページ左下

甲県に本店、乙県に支店を設置する宅地建物取引業者 B（国土交通大臣免許）は、自ら売主となる乙県内におけるマンションの売買の業務に関し、乙県の支店において当該売買の契約を締結するに際して、代金の 30% の手付金を受領した。この場合、B は、甲県知事から著しく不当な行為をしたとして、業務停止の処分を受けることがある。（平成 27 年）

column
ちょっと一息

裏技？ 報酬額の計算方法

2009年の本試験問題（改題）で報酬額の計算方法を確認しましょう。

宅地建物取引業者A（消費税課税事業者）が売主BからB所有の土地付建物の媒介の依頼を受け、買主Cとの間で売買契約を成立させた場合、AがBから受領できる報酬額の上限額は、次のうちどれか。なお、土地付建物の代金は8,700万円（うち、土地代金は5,400万円）で、消費税額及び地方消費税額を含むものとする。

1　2,592,000円　　2　2,721,600円
3　2,838,000円　　4　2,864,160円

① まずは、消費税が加算されていない売買代金を算出します。

合計金額－土地の代金＝建物の代金
（8,700万円－ 5,400万円＝ 3,300万円）

土地と違い、建物には消費税が課せられていますので純粋な代金を出すために、3,300万円から消費税の300万円を除きます。

これで、土地と建物の合計金額が8,400万円であることがわかりました。

② 次に、基準額を算出します。
代金× 3%＋ 6万円＝基準額（8,400万円× 3%＋ 6万円＝ 258万円）

③ 最後に（報酬額もサービスを消費する性質のものですから）消費税を加算します。

258万円× 1.1%＝ 283万8000円

…というのが通常の算出方法なのですが、こと宅建士資格試験においては③の消費税を加算する必要はございません。実は基準額の1の位（258万円なら8万円）と消費税の10%をかけるだけ。

8万円× 10%＝ 8,000円

そして各選択肢の中から、8,000円を探すと…実は簡単に正解肢を見つけ出せるのでした。

Chapter 3

法令上の制限

本章では法令上の制限として都市計画法・建築基準法をはじめとした諸法に触れるほか、不動産に関連した税金や不動産の価格評定、免除科目についての基礎知識を取り上げます。

法令上の制限では例年８問、税法については地方税と国税で２問、不動産の価格評定で１問、免除科目として５問が出題されています。

免除科目は主に、不動産金融支援機構、不動産の需要と供給や統計、景品表示法、土地建物等の知識です（宅建業に従事し、５問免除講習を修了している方は対策不要です)。法令上の制限は例年、クセのある問題も出題されますが、基礎的な知識を問われたら、ぜひ得点したい分野でもあります。

法令上の制限を学習する上で意識すべきポイントや出題の傾向を解説！

STAGE 00 学習のポイント解説

基礎的な知識さえしっかり頭に入っていればある程度の問題は対処可能です。しかし、出題範囲が膨大なため、本試験において知らない項目に出会うことも。それだけに、一度インプットした知識は確実に武器にしておくことが大切です。

1 法律の必要性を意識する

法令上の制限に関する法律のあれこれは、日本の戦後の発展に伴って発達してきました。「いかに国民生活を豊かにするか、そのために、いかに国土を整備するか」をテーマに、時代のニーズが法律そのものを変化・発展させ、街づくりのルールが作られてきたのです。

しかし、そのルールに縛られていても、ルール作りにほとんど携わっていない私たちにとっては、あまり身近に感じられないものでもあります。

自分の生活や仕事に直接的に関係しないものほど、関心も薄くなるものですが、だからといって宅建士資格試験に合格するためには、無視するわけにもいきません。なぜなら、宅建士が宅地や建物という『商品』について説明を行ううえでは、法令上の各種制限は非常に重要な事項だからです。

そこで、まずは「この法律はなぜ必要なのか」を考えながらテキストを読み進めていきましょう。法律を身近に感じられるようになることこそ、法令上の制限の学習における第一歩です。

ポイント
- その法律ができた背景を知る
- 身近なことで考えてみる

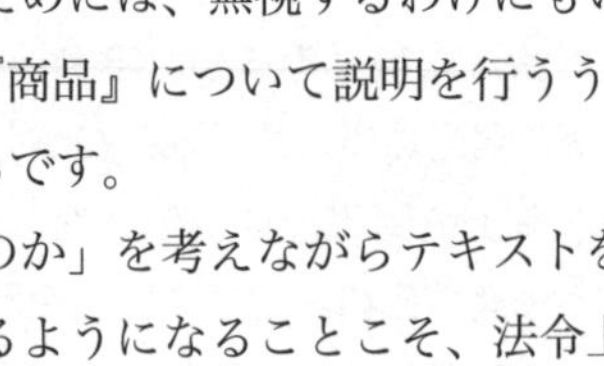

法律の背景や、
身近な例をみて
学習しよう！

2 法律は1つにつながっている

法令上の制限で学習する各法律は、時代の要請に応えて必然的に作られ、さらにその影響を受けて、関係する別の法律も連鎖的に誕生してきました。

このように、法令上の制限を次々と増やしてきた歴史が日本の戦後史であり、法令上の制限の学習は戦後の追体験ともいえます。

たとえば敗戦後に、小作農を地主から解放すること等を目的として『農地法』が作られました。また、都市部では狭い道路の両脇にぎゅうぎゅうに家々が建ち並んだ結果、そこに住む多くの人々の生命、健康、財産を守るために『建築基準法』が作られました。

さらに、産業の発達を契機に、健全な市街地の造成を図り、公共の福祉に役立てることを目的とした『土地区画整理法』が、次に『宅地造成等規制法』が作られました。その後都市が大規模になるにつれ、区画整理だけでは国や地方公共団体が定める『街づくりプラン』を実現できなくなり、各法の集大成ともいえる『都市計画法』が作られたのです。

このように、一見バラバラに見える「法令上の制限」は、戦後を生きた人々とともに“健康で文化的な生活”へ一歩ずつ近づこうとした法律の集合体なのです。

決まり事が沢山ありますから、最初は知識がごちゃごちゃになってしまうことと思いますが、全ての制限は、人々のよりよい生活のために作られたということをまずは理解してください。

3 法律の理念や目的を知る

各ステージにおいて理解と暗記の重要ポイントでとりあげる項目は、合格に必要な最低限の知識ですが、それをより効率的に使える知識として吸収するために、各法律の理念や目的を知っておきましょう。

法律	制定された目的
都市計画法	公共の福祉の増進を図りつつ、都市を整備すること
建築基準法	建築物の最低限の基準を定め、国民の生命・健康・財産を守ること

国土利用計画法	限られた資源である国土の均衡ある発展を図る、つまり誰もが手に入れられるようにすること
農地法	農地を所有するもの自らが耕作者となることを促進することで、耕作者の地位を守り、農業生産力の増進を図ること
土地区画整理法	健全な市街地の造成を図ること
宅地造成等規制法	宅地造成にかかわる災害防止のための規制を行い、国民の生命・健康・財産を守ること

そして、これらの目的に合致しない開発行為や建築行為に対して、制限が設けられるとイメージしましょう。たとえば『都市計画法–開発行為』の出題において、「図書館」や「公民館」について問われたとしましょう。図書館や公民館は、公共の福祉に必要なものですから、「みんなのためのものだから、きっとそのための開発行為に許可はいらないだろうな〜」というように想像ができます。このように、法律が制定された目的をもとにイメージしながらインプットすることで、時間と労力をできる限り節約することができます。

また、そうして培った知識は、単に丸暗記したものと比較すると忘れにくい、本試験でも戦える本物の知識なのです。

4 知らないことは切り捨てる

法令上の制限ではテキストに記載のない項目についてもよく出題されますが、そうはいっても、４肢全部が見たことも聞いたこともないような内容で出題されるようなことはなかなかありません。どうしてもさっぱりというときは、戦術として思いきって、知っている項目や見たことがある数字等を選び、知らない項目はバッサリ切り捨てましょう。

膨大な出題範囲すべてをインプットすることはなかなか難しいですが、その点を納得したうえで知らない項目が出題されたら、切り捨てる勇気を持ってもらえればと思います。あわてないことが肝心です。

これは学習進度やスタートの時期によって個人差がありますが、法令上の制限の「本格的」な学習は、夏以降にとりかかるのが好ましいといえます。本格的な学習というのは、制限における数値や細かな規制まで覚えるということです。

たとえば８月初旬から法令上の制限に取り掛かった場合、ちょうど本試験の２週間前頃にはインプットもアウトプットも含めて、しっかり本試験で戦える状態に仕上がっているはずです。

5 過去問は流し読みしない

もちろん、法令上の制限に限らず、権利関係や宅建業法の分野でも当てはまることではありますが、過去問でアウトプットの訓練をする際には流し読みは厳禁です。特に、法令上の制限は細かな数字や言い回しでのひっかけ問題が多くなる傾向がありますから、ひとつの選択肢、ひとつの単語にこだわって、さらっと読み飛ばしてしまうことのないように注意しましょう。

そして問題を解くということは、正解を導き出すことが目的ではなく、理由をつけたうえで正誤を正確に導き出すことです。誤りの選択肢はどの部分が誤りで、どのように訂正をすれば正しい内容になるのかまでしっかりと分析をするような形で取り組んでいくようにしてください。

学習計画をたてよう

項　目	月　日
stage41　国土利用計画法	
stage42　都市計画法－都市計画－	
stage43　都市計画法－開発行為－	
stage44　都市計画法－都市計画に係る制限－	
stage45　建築基準法－用途制限－	
stage46　建築基準法－建築物に係る制限－	
stage47　建築基準法－建築確認－	
stage48　土地区画整理法	
stage49　宅地造成等規制法	
stage50　農地法	
stage51　地価公示法と鑑定評価基準	
stage52　税法－地方税－	
stage53　税法－国税－	
stage54　その他の法令	

stage 41

重要度 ★★☆　頻出度 ★★★

国土利用計画法（こくどりようけいかくほう）

事前届出制、事後届出制、許可制の3つのレベルがありますが、メインで出題されるのは事後届出制について。事後届出制を中心に、その他についてはざっと目を通す程度で結構です。面積等の要件をおさえれば、得点しやすい分野といえるでしょう。

memo 土地転がしを撲滅せよ

理解と暗記の重要ポイント

ここがポイント！ しっかり意識して学習しよう！

1. **土地の売買等で事後届出が必要な土地の規模**
   〔市街化区域内〕 ……………………………… 2,000㎡以上
   〔市街化調整区域、非線引き区域〕 …… 5,000㎡以上
   〔都市計画区域外、準都市計画区域〕 … 10,000㎡以上
2. **事後届出は、契約締結の日から２週間以内に買主が届出をしなければならない**
3. **届出が必要なのは、所有権・地上権・賃借権について移転や設定を行う契約で、対価を伴うとき**
   相続や法人の合併などの対価が伴わない場合は届出不要
4. **事後届出の届出事項は対価の額と利用目的だが、知事が審査をするのは利用目的のみ**

Part 0 なにはなくとも知事のチェック

国土利用計画法は投機（とうき）的な土地の取引や、それによって引き起こされる地価高騰（ちかこうとう）が国民生活に悪影響を及ぼさないように、総合的な土地利用を図ることを目的とした法律です。

そして、この法律が制定された背景には、昭和40年代の地価高騰と乱開発がありました。これは田中角栄さんの「日本列島改造論」からも読み取ることができます。日本列島改造論の趣旨としては都心部に機能が集中している状態を解消し、工業地帯を東北地方にも分配することで、地方都市も発展させようという画期的なものでした。そんな時代の地価高騰のあおりを受けて、昭和49年に生まれたのが国土利用計画法です。国土利用計画法におけるお目付役は都道府県知事。現代では、地価の高騰というのはなかなか想定できなくなりましたが「取引に問題がないか、一応確認させてね」という趣旨で、今も届出制は継続しています。

問40解答と解説　×　もしも、買主がシロートだった場合は手付金の上限２０％という宅建業法３９条に違反します。その場合は、当然処分の対象にはなりますが、甲県知事からではなく免許権者の国土交通大臣か、業務地を管轄していた乙県知事です。

Part 1 どうやって地価の高騰をおさえるの？

国土利用計画法においては日本全国を４つのエリアに分ける。
そして、それぞれのエリアに応じて土地の取引をする際に届出等をさせることで、投機的な取引が行われたり、地価が高騰しないようにチェックしているんだよ。

規制区域	許可制
注視区域	事前届出制
監視区域	事前届出制
その他の区域	事後届出制

その他の区域はエリア指定がされていないところですね。

Part 2 事後届出制

国土利用計画法では事後届出制という制度が設けられている。
注視区域、監視区域、規制区域に指定されていないエリアについては一定の面積以上ある一団の土地の売買契約をしたら、**契約締結の日から２週間以内に買主が届出をしなければならない。（23条１項）**

CHECK POINT 一団の土地の定義

- ✔ 個々の取引においては面積要件に該当しない場合であっても、それらの取引面積の合計が面積要件を満たすときは、個々の取引について事後届出の対象となる
- ✔ 一団の土地といえるか否かは、事後届出においては権利取得者（買主等）を基準に判断される

一定の面積とは次のとおり。

届出が必要な面積

市街化区域	2,000㎡以上
市街化調整区域、非線引き区域	5,000㎡以上
都市計画区域外、準都市計画区域	10,000㎡以上

この面積の要件に該当したら、どんな取引でも買主は届出が必要なの？

ううん、**届出が必要なのは土地の所有権、地上権、賃借権について移転や設定を行う契約で、対価を伴うとき。**

届出が必要な土地売買等の契約

<table>
<tr><th colspan="2">該当しないもの</th><th>該当するもの</th></tr>
<tr><td>「土地に関する権利」にあたらない</td><td>抵当権の設定
不動産質権の設定</td><td rowspan="3">売買・交換契約
（予約を含む）
譲渡担保
代物弁済の予約
賃貸借・地上権設定契約
（設定の対価がある場合）
形成権の譲渡</td></tr>
<tr><td>「対価を得て」にあたらない</td><td>贈与
相続・遺産分割
法人の合併
時効取得
信託
（受託後の有償処分は届出を要する）</td></tr>
<tr><td>「移転・設定する契約」にあたらない</td><td>形成権（予約完結権・買戻権・解除権・取消権・所有権移転請求権等）の行使</td></tr>
</table>

そして届出をする事項は主に、取引価格と利用目的のふたつについて。届出を受けたら都道府県知事が審査をするんだけど、審査内容は利用目的のみ。申請時には取引価格も書かなければならないのに、取引価格については審査しないんだ。

では審査の結果、利用目的が引っかかったらどうなるんですか？

もしも利用目的が引っかかったら、届出から３週間以内に知事から「利用目的についてなんだけど…」というふうに勧告がある。でも、その勧告内容に納得がいかないのであれば、従わなくても OK。さらに、従わなかったことによって罰則を受けることもないんだよ。

えっ勧告を受けても、知事のいうこと聞かなくてもいいんですね？

ただし、勧告に従わない場合には、知事から勧告の内容と勧告に従わなかった旨を公表されてしまう可能性がある。

「このひとは勧告に従わなかったんですよ！」って公表されちゃうってことですか？

うん、でも公表するかどうかは、あくまでも任意だから、都道府県知事次第だけどね。また、取引の一方に国や地方公共団体がいる場合にも、届出は不要になる。どちらかに国や地方公共団体がいれば投機的な取引になる可能性もないからね。

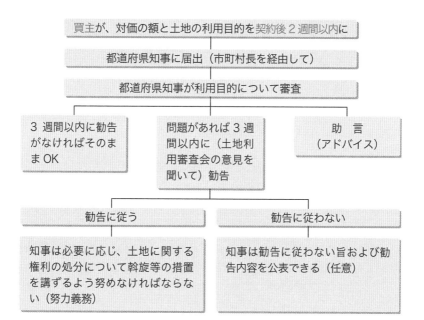

買主が、対価の額と土地の利用目的を契約後２週間以内に

都道府県知事に届出（市町村長を経由して）

都道府県知事が利用目的について審査

- ３週間以内に勧告がなければそのまま OK
- 問題があれば３週間以内に（土地利用審査会の意見を聞いて）勧告
  - 勧告に従う
    - 知事は必要に応じ、土地に関する権利の処分について斡旋等の措置を講ずるよう努めなければならない（努力義務）
  - 勧告に従わない
    - 知事は勧告に従わない旨および勧告内容を公表できる（任意）
- 助　言（アドバイス）

Part 3 事前届出制：注視区域

次に注視区域について。注視区域は地価が相当程度上昇したり、上昇するおそれがあるところに指定される。注視区域と監視区域では事前届出制が設けられていて、一団の土地の売買等一定の取引をするときには、**契約締結前に売主と買主が届出をしなければならない。**

あれ？　事後届出と違って売主と買主どちらにも届出の義務があるんですね。

そのとおり。
面接や取引の条件は事後届出制と同じなんだけど、事前届出制では事後届出制と違い、利用目的と予定対価の額の２つについてチェックされるんだよ。もし、審査の結果改善すべき点があると知事から「ここ変更しない？」というように、届出から６週間以内に勧告がある。でも、勧告に従わなかったとしても罰則はなし。

じゃあ罰則もないんですよね？　知れば知るほど不思議なルールだなぁ。

CHECK POINT 注視区域

✔ **届出対象面積**

市街化区域 ……………………… 2,000㎡以上
市街化区域以外の都市計画区域 … 5,000㎡以上
都市計画区域外 …………………… 10,000㎡以上

✔ **一団の土地の判断基準：**

権利取得者（買主）・権利設定者（売主）双方を基準に判断される。

Part 4 事前届出制：監視区域（かんしくいき）

今度は監視区域。監視区域は地価が急激に上昇したり、上昇するおそれがあるところに指定される。
注視区域と同じく事前届出制だけど、もっと厳しくチェックしようということで、注視区域よりも狭い面積でも届出が必要になる。
とはいえ、今は東京の小笠原村にしか指定されていないけど…

つまり、ほとんど指定されてないってことですね。

Part 5 規制区域

最後に、最も厳しい規制区域について。
規制区域では土地の売買をするのに許可が必要なんだよ。これは投機的取引で地価が急激に上昇しそうなところに指定されるということになっているけど、まだ日本全国でどこにも指定されたことがない。いわば、幻の区域ってこと。
この規制区域の許可制については、試験に出題される可能性は低いから対策は取らなくて良いよ。

届出のルールまとめ

<table>
<tr><th></th><th>事後届出</th><th colspan="2">事前届出</th></tr>
<tr><td rowspan="2">届出対象面積</td><td rowspan="2">【市街化区域】
2,000㎡以上
【市街化区域以外の都市計画区域】
5,000㎡以上
【都市計画区域外】
10,000㎡以上</td><td>注視区域</td><td>【市街化区域】
2,000㎡以上
【市街化区域以外の都市計画区域】
5,000㎡以上
【都市計画区域外】
10,000㎡以上</td></tr>
<tr><td>監視区域</td><td>都道府県知事が届出が必要な面積を都道府県の規則で定める</td></tr>
<tr><td>届出時期</td><td>契約締結後２週間以内</td><td colspan="2">契約締結前</td></tr>
<tr><td>届出は誰がする？</td><td>買　　主</td><td colspan="2">買主と売主</td></tr>
</table>

面積の判断基準	買主が取得した 土地の面積で判断	当事者のどちらか一方が取引した面積の合計で判断
届出事項	・取引価格 ・土地の利用目的	・予定価格 ・土地の利用目的
審査内容	利用目的のみ！	予定価格と利用目的
勧告期間	3週間以内	6週間以内

事前届出制と事後届出制で、異なる箇所をしっかりチェックしておこう。

事前届出制も、事後届出制も、勧告に従わなかったからといって罰則等はないんでしょ？

でも、国土利用計画法で定められている届出そのものをしなかったなんて場合は、6ヵ月以下の懲役もしくは100万円以下の罰金になるよ。

届出を怠った場合、虚偽の届出をした場合などの罰則の適用

	状態	罰則	契約
事後届出制	契約締結後2週間以内に届出をしない場合	6ヵ月以下の懲役または100万円以下の罰金	有効
	勧告に従わなかった場合	**罰則なし 知事は勧告に従わない旨およびその内容を公表できる**	

<table>
<tr><td rowspan="3">事前届出制</td><td>届出をしないで契約を締結した場合</td><td>6ヵ月以下の懲役または
100万円以下の罰金</td><td rowspan="3">有効</td></tr>
<tr><td>届出はしたが勧告期間の6週間を
待たずに契約を締結した場合</td><td>50万円以下の罰金</td></tr>
<tr><td>勧告に従わずに契約を締結した場合</td><td>罰則なし
知事は勧告に従わない旨および
その内容を公表できる</td></tr>
</table>

語句の意味をチェック

対価	物や権利の取得などに対する価格
都市計画区域内	都市計画法［ステージ42参照］
市街化区域	都市計画法［ステージ42参照］
市街化調整区域	都市計画法［ステージ42参照］
注視区域	一定期間内に平均的な物価の変動以上に地価が上昇し、または上昇するおそれがあり、やがては適正で合理的な土地利用を困難にさせるおそれのある区域で知事が指定するエリアのこと
監視区域	地価が急激に上昇し、または上昇するおそれがあり、適正で合理的な土地利用ができなくなるおそれのある区域で知事が指定するエリアのこと
投機的取引	転売や買占め等をして収益を得ることを目的とした取引のこと

○×問題セレクション 41

解答・解説は次ページ左下

事後届出に係る土地の利用目的について、乙県知事から勧告を受けたHが勧告に従わなかった場合、乙県知事は、当該届出に係る土地売買の契約を無効にすることができる。(平成17年)

stage 42

重要度 ★★☆　頻出度 ★★★

都市計画法 ―都市計画―

都市づくりの第一歩は、机上での作業から始まります。さまざまなプランを用意しておいて、都市ごとに適当なプランをその中から選択していくのです。各プランについて、まずは大枠から理解するのが攻略のコツ。

memo 机上の空論!?　都市計画で整理整頓された街に

理解と暗記の重要ポイント

ここがポイント！ しっかり意識して学習しよう！

① 都市計画区域の指定

〔原　　則〕都道府県が指定

〔２以上の都府県に区域がわたるとき〕国土交通大臣が指定

② 土地利用に関する都市計画の種類

〔区域区分〕市街化区域、市街化調整区域、非線引き区域

〔用途地域〕住居系8種類、商業系２種類、工業系３種類

③ 用途地域が定められる区域

〔市街化区域〕必ず定める

〔市街化調整区域〕原則として定めない

④ 都市施設のうち、必ず定める施設

〔市街化区域・非線引区域〕道路・公園・下水道

〔住居系用途地域〕義務教育施設（小・中学校）

⑤ 地区計画は「小さなまちづくり計画」として市町村が指定

⑥ 市街地開発事業が定められる区域は、市街化区域と非線引区域

Part 0 なにごとも計画なければ成功なし

ご存知のように我が国日本は、海に囲まれた島国です。大昔から港を中心に街が発展してきましたから、港の周りには都市が広がり、港から離れるにしたがって農業地帯が形成されてきました。

しかし、人口の増加に伴って、エリアごとに人口の増加に偏りが生じたり、乱開発が行われたりといった問題も。これまで自然の成り行きに任せて発展してきた都市づくりを改めて、みんなが穏やかに心地よく暮らせるような計画的な街づくりをすすめる必要性が生じました。そこで登場したのが都市部と農林漁業地帯を分けてバランスのよい都市づくりを目指す「都市計画法」です。

問 41 解答と解説　×　怒った知事から勧告に従わなかった旨及び勧告内容について公表されちゃうことはあるかもしれないけど、勧告に従わなかったからといって契約自体は無効にはなりませんからご安心くださいね。

本ステージでは都市計画の流れと、都市計画法によって用意された細々としたプランについて確認していきましょう。

Part 1 都市計画の流れ

まず、都市計画は「こんなふうに街づくりをしていこう」と方針を定めて計画を立てるところからスタートする。この計画のことをマスタープランというよ。
都市計画法による街づくりの流れは、日本国土をテーブル、都市計画を料理と例えて考えてみるとイメージしやすい。

CHECK POINT 都市計画のマスタープラン 重要

都道府県は、すべての都市計画区域について、都市計画に、都市計画区域ごとのマスタープラン、すなわち都市計画区域の整備、開発及び保全の方針を定めなければならない。

① 都市計画を実行する場所を定める

- 都市計画区域の指定
  (準都市計画区域の指定)

↓

② 都市計画の内容を決める

- 市街化区域と市街化調整区域の線引き
- 用途地域の指定
- 都市施設（道路・下水道）などの指定

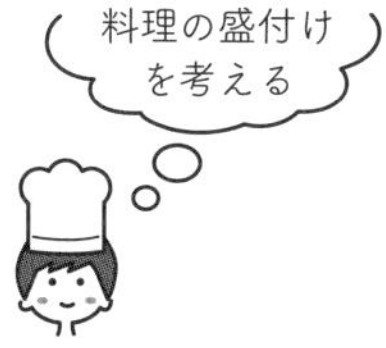

↓

③ 都市計画の決定

- これ以後、都市計画法の制限がかかる

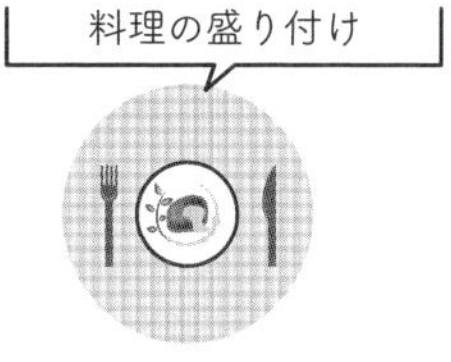

Part 2 都市計画区域の指定

まずは、どのエリアで街づくりをしていくのかを決めるために都市計画区域を指定する。（5条1項前段）

CHECK POINT 都市計画区域

一体の都市として整備し開発し、及び保全する必要があるとして指定された区域を都市計画区域という

料理を盛り付けるときに、テーブルの上にお皿を置くのと同じ。ほら、テーブルの上に直接料理を盛り付けたりはしないでしょ？
ちなみに、この都市計画区域は、都府県や市町村の境などの行政区画とは関係なく定めることが可能。

つまり、東京都と神奈川県にまたがって指定することも可能ということですね。ところで、この都市計画区域というのは一体だれが指定するものなんですか？

都市計画区域の指定は原則として都道府県がする（※知事ではなく都道府県）んだけど、もし**二つ以上の都府県に区域が渡るときは国土交通大臣が指定する**ことになっているよ。

二つ以上の都府県にまたがっていると大臣が出てくるんですね。

ほら、二つにまたがっていると都府県同士で喧嘩しちゃうでしょ（笑）
だから大臣が指定するんだ。

都市計画区域の指定手続き

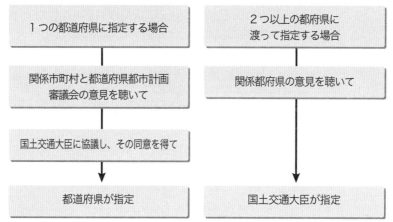

1つの都道府県に指定する場合
↓
関係市町村と都道府県都市計画審議会の意見を聴いて
↓
国土交通大臣に協議し、その同意を得て
↓
都道府県が指定

2つ以上の都府県に渡って指定する場合
↓
関係都府県の意見を聴いて
↓
国土交通大臣が指定

※準都市計画区域は、都道府県や市町村等の行政区画とは関係なく、指定することができる。

あともうひとつ、準都市計画区域というものもあるんだけど、これは都市計画区域外で将来の都市としての開発や整備等を見通して都道府県が指定する。(5条の2)

CHECK POINT 準都市計画区域

都市計画区域外の場所について、乱開発を防止し環境を保全するために指定された区域を準都市計画区域という

将来ってことは、準都市計画区域は今すぐには街づくりを進めるわけじゃないってことかな？

うん。そのとおり。
あとは、高速道路のインターチェンジ周辺のように、放っておくとラブホ街になってしまったり、雑多な開発がされたりしそうな場合にも準都市計画区域が局所的に指定されることもあるよ。

準都市計画区域の指定手続き

関係市町村、都道府県都市計画審議議会の意見を聴いて

↓

都道府県が指定

※準都市計画区域は、都市計画区域外の区域に指定される。

Part 3 区域区分

都市計画区域の指定、すなわち、お皿の位置が決まったら、次は料理の盛り付け。盛り付ける料理は…そうだなぁカレーライスということにしようか。お皿の中にカレーとライスを盛り付けるときには、こっちはお米でこっちはルーというふうに、ごちゃごちゃにならないように左右に分けるでしょ。そんな感じで、**都市計画区域の中を市街化区域と市街化調整区域に区分する**んだ。

市街化区域と市街化調整区域ってどんな区域ですか？

市街化区域は、すでに市街地を形成している区域及びおおむね10年以内に優先的かつ計画的に市街化を図るべき区域のこと。簡単にいうと建物を建てて街づくりを進めたい区域ってことだね。
市街化調整区域は反対に、市街化を抑制すべき区域のこと。
つまり原則として建物を建てないところに指定される。静かで自然豊かなところをイメージするといいよ。

へえ、ということは、都市計画区域の中を市街化を進めるエリアと自然を守るのエリアに分けるんですね。

そのとおり。ただ、都市計画区域内を必ず区域区分、通称線引きしないといけないわけではない。原則として、街づくりをする上で分ける必要があるんだったら分けて、もし分ける必要がなければ無理に分けなくてもいいんだ。このように、区域区分されていない都市計画区域のことを非線引き都市計画区域なんていうこともある。

区　域　区　分

市街化区域	すでに市街地を形成している区域、及び、おおむね10年以内に優先的かつ計画的に市街化を図るべき区域（どんどん建築物を建てなさいという区域）
市街化調整区域	市街化を抑制すべき区域（原則として建築物は建てちゃダメという区域）
非線引き都市計画区域	区域区分がされていない都市計画区域

都市計画の全体構造

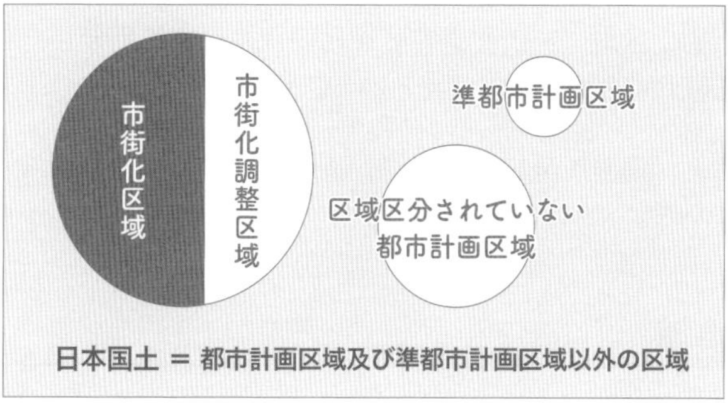

Part 4 地域地区

さて、市街化区域と市街化調整区域に線引きをすることで、大枠で都市計画区域内を整理することができた。

そうすると、その中でも市街化区域は、すでに開発されていたり市街化していく区域だから、建物がどんどん建つことが想定されますね。

そこで、土地の計画的な利用という視点で、より細かいプランを作っていく必要があるんだ。
この**細かいプランのことを地域地区**というよ。さらに、地域地区は大きくふたつに分かれるんだ。

CHECK POINT 地域地区

✔ **用途地域**

大枠としての土地利用の目的を定める地域のこと
住居系8種類、商業系2種類、工業系3種類に分類される

✔ **補助的地域地区**

用途地域等の指定だけでは実現できない地域の特色を反映させるために指定する地区や地域のこと

市街化区域、市街化調整区域というように線引きしたあとに、さらに細かく色分けしていくということなんですね。

うん、細かく分けることで、それぞれのエリアの環境や利便性を保つんだよ。

Part 5 用途地域

用途地域は住居系で８種類、商業系で２種類、工業系で３種類と、全部で13種類ある。（8条1項、9条1項～13項）

13種類もあるんだ…覚えるのが大変だ。

土地利用に関する都市計画の種類
【用途地域：住居・商業・工業エリアを分ける】

住居系	① 第一種低層住居専用地域	低層住宅に係る良好な住居の環境を保護するための地域
	② 第二種低層住居専用地域	主として低層住宅に係る良好な住居の環境を保護するための地域
	③ 第一種中高層住居専用地域	中高層住宅に係る良好な住居の環境を保護するための地域
	④ 第二種中高層住居専用地域	主として中高層住宅に係る良好な住居の環境を保護するための地域

住居系	⑤ 第一種住居地域	住居の環境を保護するための地域
	⑥ 第二種住居地域	主として住居の環境を保護するための地域
	⑦ 準住居地域	道路の沿道地域の特性にふさわしい業務の利便を図りつつ、これと調和した住居環境を保護する地域
	⑧ 田園住居地域	農業と調和した低層住居に係る良好な住居環境を保護する地域
商業系	⑨ 近隣商業地域	近隣の住居地の住民に対する日用品の供給を行うことを主たる内容とする、商業その他の業務の利便を増進するための地域
	⑩ 商業地域	主として商業その他の業務の利便を増進するための地域
工業系	⑪ 準工業地域	主として環境の悪化をもたらすおそれのない工業の利便を増進するための地域
	⑫ 工業地域	主として工業の利便を増進するための地域
	⑬ 工業専用地域	工業の利便を増進するための地域

この**用途地域は市街化区域内には必ず定める**ことになっているよ。
市街化区域内にさまざまな建築物が雑多に立ち並ぶと、生活環境の悪化が想定されるからね。
そして用途地域を定めるときには、用途だけでなく建物の大きさも制限するために、次の内容についても定めるよ。

用途地域に関する都市計画に定めること

必ず定めること	① 容積率の限度
	② 建蔽率の限度（商業地域を除く）
	③ 高さの限度：10ｍ or 12ｍ （第一種・第２種低層住居専用地域、田園住居地域のみ）
必要な場合にのみ定めること	敷地面積の最低限度（200㎡を超えない範囲で定める）

ちなみに、市街化区域以外にはこの用途地域というのは指定できないんですか？

ううん、必要ならば非線引き区域や準都市計画区域内に定めてもいい。でも、**市街化調整区域には**市街化を抑制するための区域だから、**原則として用途地域は定めない**よ。

用途地域の指定

✔ **市街化区域**

少なくとも用途地域を定める

✔ **市街化調整区域**

原則として用途地域を定めない

Part 6 補助的地域地区

地域ごとにつくりたい街は異なるから、用途地域だけでは規制が足りないこともある。そこでより細かく規制するために補助的地域地区というものを定めることができるんだよ。（9条）
そうだな、カレーでいえばトッピングメニューのようなものかな。どこぞのカレー屋さんでも揚げ物を乗せたり、チーズを乗せたりできるでしょ。

	用途地域内にのみ定められるもの
特別用途地区	用途地域内の一定の地区における当該地区の特性にふさわしい土地利用の増進、環境の保護等の特別の目的の実現を図るため当該用途地域の指定を補完して定める地区
高層住居誘導地区	住居と住居以外の用途を適正に配分し、利便性の高い高層住宅の建設を誘導するため、一定の用途地域（第一種住居、第二種住居、準住居、近隣商業、準工業）内で、建築物の容積率の制限が 10 分の 40、10 分の 50 と定められた地域において、建築物の容積率の最高限度、建蔽率の最高限度、および敷地面積の最低限度を定める地区

高度地区	用途地域内において市街地の環境を維持し、または土地利用の増進を図るため、建築物の高さの最高限度または最低限度を定める地区
高度利用地区	用途地域内の市街地における土地の合理的かつ健全な高度利用と都市機能の更新とを図るため、容積率の最高限度および最低限度、建蔽率の最高限度、建築面積の最低限度ならびに壁面の位置の制限を定める地区
特例容積率適用地区	一定の用途地域内（第一種低層住居専用・第二種低層住居専用・工業専用を除いた用途地域内）において、建築物の容積率の限度からみて未利用となっている建築物の容積の活用を促進して土地の高度利用を図るため定める地区
用途地域の内外を問わず定められるもの	
特定街区	市街地の整備改善を図るため街区の整備または造成が行われる地区について、その街区内における容積率ならびに建築物の高さの最高限度および壁面の位置の制限を定める地区
防火地域・準防火地域	市街地における火災の危険を防除するために定める地域
景観地区	市街地の良好な景観の形成を図るため、建築物の形態意匠、高さ、壁面、敷地面積を制限する地区
風致地区	都市の風致を維持するため、地方公共団体の条例で建築物の建築、宅地の造成、木竹の伐採等の行為を規制する地区
用途地域外にのみ定められるもの	
特定用途制限地域	用途地域が定められていない土地の区域（市街化調整区域の除く）内において、その良好な環境の形成または保持のため当該地域の特性に応じて合理的な土地利用が行われるよう、制限すべき特定の建築物等の用途の概要を定める地域

うわぁ…トッピングもたくさんあるんですね…

そうだね。ただ、その中でも、高度利用地区と高度地区は名称がそっくりで引っかけとしてよく出されるから要注意。
高度地区は単に高さについての制限で、高度利用地区は土地を高度に利用するために、容積率や建蔽率等について細かく決めましょうという趣旨のものだよ。また、試験対策上、用途地域内にのみ指定できるものを覚えるのが重要になる。

☑ 用途地域内にのみ指定できるもの

特　高　地　区

「特」か「高」ではじまり、「地区」で終わるもの

Part 7 都市施設

都市施設という言葉だとなかなかイメージがしづらいと思うけど、道路や公園、下水道、学校、病院等といった都市機能を形成する上で欠かせないもののこと。
都市施設は市街化区域、市街化調整区域等の区別なく、ときには都市計画区域外にも定めることができるんだ。（11条1項）
都市施設の設置についてのルールは以下のとおり。（13条1項11号）

CHECK POINT 都市施設のうち必ず定めるもの　重要

- ✔ 市街化区域・非線引区域 … 必ず道路・公園・下水道を定める
- ✔ 住居系用途地域 …………… 必ず義務教育施設（小・中学校）を定める

Part 8 地区計画

「おらが村をこんなふうにしたい！」というように、市町村単位で行う小さな街づくりのことを地区計画という。具体的には、デートスポットとしても有名な横浜のみなとみらいにも指定されている。
この**地区計画は用途地域内と用途地域が定められていない土地の区域で一定の区域に定めることができて、市町村が指定する**んだよ。

用途地域内と用途地域外の一定の地域…？

つまり、用途地域内に限定されているわけじゃなくて、用途地域が定められていない土地であっても、一定の条件に該当する区域であれば指定ができるということ。

なるほど。そして指定するのは都道府県じゃなくて市町村なんですね。市町村単位の小さな街づくりだからってことかな。

そして、もしも届出された計画がプランに合わないようなら「届出のあった計画だけど、うちの地区計画と合わないから変更して」等と市町村長は勧告ができるんだ。

地 区 計 画

地区計画とは	地区計画は、建築物の建築形態、公共施設その他の施設の配置などからみて、一体としてそれぞれの区域の特性にふさわしい態様を備えた良好な環境の各街区を整備し、開発し、および保全するための計画である
定める場所	地区計画は、 ① 用途地域が定められている土地の区域 ② 用途地域が定められていない土地の区域で一定の条件に該当する区域について定められる

届出制	（1）地区計画の区域のうち、一定の再開発等促進区、開発整備促進区または地区整備計画が定められている区域内で、土地の区画形質の変更や建築物の建築等をする場合には、**行為着手の30日前までに一定事項を市町村長に届け出なければならない**
	（2）（1）の届出が地区計画に適合しない場合、市町村長は計画変更の勧告をすることができる

語句の意味をチェック

抑制（よくせい）	何かを抑えてとめること。市街化を制御するとは、市街化が進まないように規制すること
容積率（ようせきりつ）	建物の延べ面積の敷地面積に対する割合のこと
建蔽率（けんぺいりつ）	建築面積の敷地面積に対する割合のこと
造成工事	土地を使えるように、形状を整える工事のこと
都市計画	土地の健全な発展と秩序ある整備をはかるための土地利用・都市施設の整備・市街地開発事業に関する計画のこと
準都市計画区域	相当数の住居、その他の建築物の建築またはその敷地の造成が現に行われ、または行われると見込まれ、土地利用を整序することなくそのまま放置すれば将来における都市としての整備、開発、保全に支障を来すおそれがあると認められる区域のこと

○×問題セレクション 42

解答・解説は458ページ左下

準都市計画区域については、無秩序な市街化を防止し、計画的な市街化を図るため、都市計画に市街化区域と市街化調整区域との区分を定めなければならない。（平成30年）

column
ちょっと一息

都市計画図から考える法令上の制限攻略法

法令上の制限は、内容も小難しいうえに覚えないといけないことも多そう…とちょっととっつきにくいイメージをもたれる方もいると思います。

特に用途地域や用途制限のところで苦手意識を持つ方が多い印象です。

そんなときは自分の町に置き換えて考えてみましょう。自分の身の回りのことに置き換えて考えてみると意外とすんなり頭に入ってきます。

法令上の制限を自分のことに置き換えるためには、自分が住んでいる町の都市計画図をゲットしましょう。

たとえば、世田谷区にお住まいの方なら世田谷区役所に行けば買えます。大抵は、市役所の中にある都市政策課の窓口や資料コーナー等で購入することができるのですが、神奈川県横浜市保土ヶ谷区の区役所では、なんと購買での取扱い。おにぎりとパンと一緒に売られていました（笑）

自分の街の都市計画図を見ながら勉強すると「あ、ここが商業地域か～。うちは第一種低層住居専用地域の中だな～。」というように馴染みのない名称も簡単に入ってくるのでオススメです。

stage 43

重要度 ★★☆　頻出度 ★★★

都市計画法 ―開発行為―

具体的な事例を挙げて開発許可が必要になるかどうかを問う選択肢が頻出。必要となる面積は大前提、頭に入れましょう。以下なのか以上なのか、併せて例外についても順次覚えること。

memo 建物を建てるための土地いじりが開発行為

理解と暗記の重要ポイント

ここがポイント！ しっかり意識して学習しよう！

① 開発許可が不要な開発行為

〔市街化区域内〕	1,000㎡未満の開発行為
〔非線引区域内・準都市計画区域内〕	3,000㎡未満の開発行為
〔都市計画区域外・準都市計画区域外〕	10,000㎡未満の開発行為
〔市街化区域以外の区域〕	農林漁業用建築物を建てる目的で行う開発行為
〔全国どこでも〕	公益的な建築物を建てる目的で行う開発行為

公益的な建築物 →公民館、図書館、駅舎や変電所等

・国や都道府県、指定都市が行う開発行為

・都市計画事業や土地区画整理事業等の施行として行う開発行為

・非常災害の応急措置として行う開発行為

非常災害の応急措置 →仮設住宅等

・通常の管理行為、軽易な行為

軽易な行為 →取り除くことが比較的簡単なものの設置等、物置、車庫等

② 開発許可の事前申請手続き

・開発行為に関係がある公共施設の管理者と協議をして同意をもらう

・開発行為により将来設置される公共施設がある場合は、管理者となる者と協議をする

・開発行為をしようとする土地等の権利者の相当数の同意をもらう

③ 変更や廃止における手続き

内容の変更 ………………………………… 許可
軽微な変更 ………………………………… 届出
許可不要な開発行為への変更 …………… 不要
工事廃止 …………………………………… 届出
一般承継（相続等） ……………………… 不要
特定承継（地位の譲渡等） ……………… 承認

問42解答と解説　×　準都市計画区域は、無秩序な市街化を防ぐために指定されるもの。将来的に開発するかも…というエリアに局所的に指定されるものだから、市街化区域と市街化調整区域の線引きはしません。

Part 0 土地をいじるには、決まり事がいっぱい

日本の国土は都市計画区域、準都市計画区域をはじめ、都市計画区域の中がさらに細分化されて、市街化区域と市街化調整区域の指定…等というように、その土地の利用目的に応じて、都市計画によってエリア分けがされているのはステージ42で確認したとおりです。都市計画法では、都市計画によって定められた街づくりのプランを実現できるように、土地の造成や建築物の建築等にいろいろな制限を設けています。本ステージでは建築物等の建築を目的とした土地の造成工事、すなわち「開発行為」についてのルールを確認していきましょう。

Part 1 開発行為って？

都市計画区域内では街づくりのプランを遂行中。だから、好き勝手にいじられると困っちゃう。
そこで**開発行為をする場合には都道府県知事の許可、つまり「開発許可」が必要**というルールを設けて規制しているんだよ。（29条）

センセ、そもそも開発行為ってどんな行為のことですか？

開発行為は、簡単にいうと建物等を建てるために土地を造成すること。つまり、土地に手を加えることだよ。

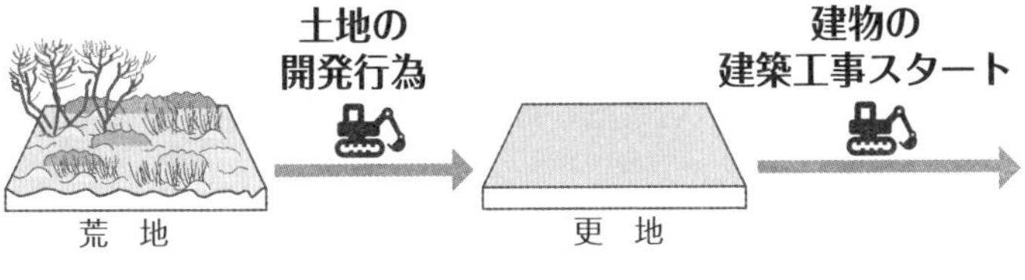

強調しておくけど、単に土地を造成するだけじゃ開発行為とはいわない。あくまでも**建物や特定工作物を建築、建設するために土地の区画形質の変更をすることを開発行為という**点は、しっかりおさえておこう。（4条12項）

建物や特定工作物を建てるための土いじりを開発行為というんですね。ちなみに特定工作物って？

特定工作物と呼ばれるものは、次の２種類に分類されるよ。(4条11項)

CHECK POINT 特定工作物（とくていこうさくぶつ） 重要

①第一種特定工作物

コンクリートプラント、アスファルトプラント等

②第二種特定工作物

ゴルフコース

１ha 以上のレジャー施設（運動場、野球場・庭球場・陸上競技場・遊園地・動物園等）、1 ha 以上の墓地等

他のものは１ヘクタール以上と決まりがあるけど、ゴルフコースは１ヘクタール以上じゃないんですね？

そうなんだよ。ゴルフコースはその規模に関わらず開発行為に該当するから要注意。

Part 2 開発許可不要の例外

とはいえ、すべての開発行為に許可が必要かというとそうではない。公益上必要とされる建物を建てることを目的として行う開発行為に関しては、例外的に許可がいらないんだ。公益上必要な建物は次のとおり。

CHECK POINT 公益上必要な建築物

公民館　図書館　駅舎　変電所　等

〇〇館というキーワードが出てきたら許可は不要ってことですね？

そうだね！その他にも公園施設等が公益上必要な建築物として指定されているけれど、基本的には先述の４つを覚えておけばいい。
次に事業として、国や都道府県が施行する場合も許可がいらない。お上がすることにいちいち許可なんていらないでしょ。
また、非常災害のために必要な応急措置をするときも許可はいらないよ。非常事態に都道府県知事の許可だなんて言ってられないからね。

CHECK POINT

都市計画事業等の施行としてのもの

都市計画事業　土地区画整理事業
市街地再開発事業　非常災害の応急措置　等

これについては○○事業と非常災害がキーワードかな。

さらに、農林漁業用建築物のための開発行為も原則として許可は不要。
具体的には農林漁業用建築物を建築するための開発のことを指すよ。基本的にはどこでも許可不要でできるんだけど、例外的に**市街化区域で 1,000㎡を超える場合は、許可が必要**なんだ。

CHECK POINT

農林漁業用建築物

農林漁業に従事するひとの住宅／畜舎／サイロ／温室　等
※農作物の加工をするための工場や農作物の財蔵のための倉庫等は該当しない

最後に、規模についても考えよう。小規模な開発行為も許可が不要。小規模な開発なら都市計画にも大きな影響を与えないからね。

許可が不要な規模

重要

市街化区域　　　：1,000㎡未満
市街化調整区域　：どんなに小規模でも許可が必要
非線引き区域　　：3,000㎡未満
準都市計画区域　：3,000㎡未満
都市計画区域および準都市計画区域外の区域：10,000㎡未満

ふーん、市街化調整区域はどんな規模でも許可が必要なんだ。

そりゃあそうでしょ。だって市街化調整区域って原則として建築物を建てないようなエリアだからね。開発行為をしようというなら、どんな規模であろうと許可が必要だよ。ただし、先にあげた図書館等の、公益上必要な建築物を建築するための開発行為については、たとえ市街化調整区域でも許可不要で行えるよ。

うーん、ちょっとややこしいな。
開発許可が不要となるケースについて整理してみよう。

開発許可が不要となるケース

<table>
<tr><th></th><th>小規模開発</th><th>農林漁業用建築物</th><th>公益上必要な建築物</th><th>都市計画事業等の施行としてのもの</th></tr>
<tr><td>市街化区域</td><td colspan="2">1,000㎡未満は不要※</td><td rowspan="5">不要</td><td rowspan="5">不要</td></tr>
<tr><td>市街化調整区域</td><td>必要</td><td rowspan="4">不要</td></tr>
<tr><td>非線引き都市計画区域</td><td>3,000㎡未満は不要</td></tr>
<tr><td>準都市計画区域</td><td>3,000㎡未満は不要</td></tr>
<tr><td>都市計画区域および準都市計画区域外の区域</td><td>1ha未満（10,000㎡未満）は不要</td></tr>
</table>

※三大都市圏の一定の区域では500㎡以上で許可が必要となる

Part 3 開発許可の申請手続き

次は、開発許可の申請について確認していこう。
開発許可をうけるには一定の手続きが必要なんだけど、事前に行わなければならないものがいくつかある。（32条、33条）そのひとつが、**開発行為に関係がある公共施設の管理者と協議をしてその同意をもらう**こと。

開発行為に関係がある公共施設の管理者というと…？

開発行為をしようとしている場所に既にある道路や公園の管理者のことだよ。開発行為によって大切に管理してた公園や道路が無くなっちゃうとかわいそうだし、不都合が生じることもあるでしょ。
だから協議をして同意をもらってきてねというルール。
また、**開発行為により将来設置される公共施設がある場合は、それを管理することとなるものと協議をしておく**必要がある。

将来できる公共施設の管理者としないといけないのは協議だけなんだ。同意はいらないの？

うん、協議だけ。今ある公共施設の管理者とは協議と同意が必要だけど、新しいところは協議だけ。
さらに**開発行為をしようとする土地等の権利者の相当数の同意をもらう**必要もある。これらが済んでないと許可の申請ができない。

関係各所に事前に話を通しておいてトラブルにならないようにという趣旨なんだろうけど、道のりは長いですね…

そうだね。ちなみに、許可を申請するときには必ず書面で行うよ。
その申請書面には、次の一定事項を記載しなければならない。

開発許可申請書の記載事項・添付書類

申請書の記載事項	① 開発区域の位置、区域、規模 ② **予定建築物等の用途** ③ 設 計 ④ 工事施行者（工事の請負人または請負契約によらないで自らその工事を施行する者のこと） ⑤ その他（工事の着工予定年月日・完了予定年月日）
申請書の添付書類	① 開発行為に関係がある公共施設の管理者の同意を得たことを証する書面 ② 開発行為により設置される公共施設を管理することとなる者等との協議の経過を示す書類 ③ その他（開発行為をしようとする土地の所有者などの相当数の同意を得たことを証する書面など）

へぇ、予定建築物の用途なんかも記載しなければならないんですね。

そのとおり。そして今後（ステージ44）学習するけど、開発行為が完了したあと、その場所では原則として予定建築物しか建築ができないことになるよ。開発許可申請の流れは次のとおり。

CHECK POINT **事前手続き** 重要

① 1ha以上の開発行為は、有資格者の設計が必要とすること

② 開発行為に関係がある公共施設の管理者との協議及び同意を得ること

③ 設置される公共施設を管理することになる者等との協議をすること

④ 土地等の権利者の担当数の同意を得ること

開発許可の申請後の手続き

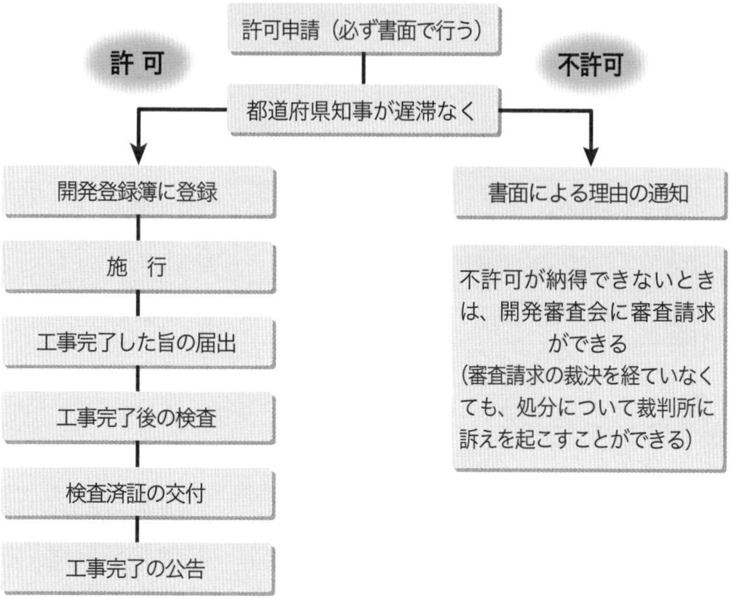

Part 4 開発行為の内容の変更等

やっと許可が降りたら開発行為をスタートできるんだけど、工事の最中にもいろいろなことが起こることが想定される。

一体どんなことが起こるのだろう？

たとえば権限が譲渡されて施行主が変わったり、工事のプランを変更することになったり。何事も、計画とおりにはいかないことが想定されるから、何かあったら下記のように手続きが必要になるんだよ。

開発行為の変更や廃止における手続き

	許可後に起こったこと	手続き
1	内容の変更	知事の許可
2	軽微な変更	知事に届出
3	許可不要な開発行為への変更	手続き不要
4	工事廃止	知事へ届出
5	一般承継（相続等）	当然に承継
6	特定承継（地位の譲渡等）	知事の承認

センセ、一般承継と特定承継って同じ承継のようだけど、どう違うんですか？　一般承継だと手続きがいらないみたいだけど…

一般承継は、開発許可をうけた人が亡くなった場合なんかに、相続人がその立場を承継すること。特定承継は、開発許可を受けたという立場や、その土地の所有権等を譲渡されたことなんかを原因として取得することだよ。同じ承継でも、承継するに至った原因が違うでしょ。

つまり、一般承継だとその立場を当然に引き継ぐってことですね。

そういうことだね。
次に、開発行為によって作られた公共施設について考えてみよう。開発行為によって設置された公共施設は工事完了の公告の日の翌日から原則として市町村の管理に属することになるよ。

つまり開発行為をした結果生まれた道路や公園等は、工事が終わりましたというお知らせがされた翌日から、市町村が管理していくってことですね。

CHECK POINT 開発行為によって設置された公共施設の管理 重要

いつから：工事完了の翌日から

だ れ が：原則設置された公共施設が所在する市町村が管理する

例　　外：他の法律によって管理者が別にあるときや協議によって別段の定めをしたとき

語句の意味をチェック

土地の区画・形質の変更	「区画の変更」と「形質の変更」のこと。前者は一団の土地を分割したり統合したりすることをいい、後者は切土や盛土を行って土地を造成することをいう
一般承継（いっぱんしょうけい）	相続・合併等である者が他の者の権利義務をすべて受け継ぐこと
特定承継（とくていしょうけい）	売買等の原因に基づいて個々の権利や義務を承継取得すること
軽微（けいび）	ごくわずかであること。ほんの少し
プラント	大きな機械や、生産用設備のこと
サイロ	農産物や家畜の肥料などを収蔵する倉庫のこと

○×問題セレクション 43

解答・解説は次ページ左下

市街化区域内において、農業を営む者の居住の用に供する建築物の建築の用に供する目的で 1,000㎡の土地の区画形質の変更を行おうとする者は、あらかじめ、都道府県知事の許可を受けなければならない。（平成 29 年）

stage 44

重要度 ★★☆ 頻出度 ★★★

都市計画法 ―都市計画に係る制限―

都市計画ってあくまでも机上の計画でしたよね。でも一旦決定し動き出したのであれば、あとは計画どおりに進めないといけません。そこで計画どおり進めるためにいろいろな制限があるのです。難しく考えなくても大丈夫ですよ。

memo 造成が終わるまで勝手に建ててはいけません

理解と暗記の重要ポイント

ここがポイント！ しっかり意識して学習しよう！

① 開発許可を受けた土地については、
〔工事完了公告前〕原則として建築物を建てられない
〔工事完了公告後〕原則として予定建築物以外は建てられない
工事完了の公告 →土地の区画形質の変更が終了したというお知らせのこと

② 開発許可を受けていない市街化調整区域内では原則として建築物の建築はできない

③ 都市計画施設等の区域内においては建築物の建築に許可が必要

④ 事業地内では非常災害の応急措置として行う行為であっても知事の許可が必要

Part 0 制限、制限、また制限…

都市計画法というものは制限や制約ばかりでうんざりですが…。これまで都市計画施設の設置や住宅地、商業地、工業地等の住み分けが、都市計画区域内においては、都市計画によって定められることや、都市計画区域内等で開発行為を行おうとする場合には、開発許可が必要であることを確認してきました。

しかし、実際にこれらの住み分けを計画どおりに進めたり、あるいは開発行為を行って建築物を建てるためには一体どうしたらいいのでしょうか。また開発許可を受けていない土地においては、どのような行為ならしても問題ないのでしょうか。

本ステージでは都市計画を円滑に進めるための、都市計画に係る制限について確認していきます。

問 43 解答と解説 ○ これぞ定番の問題。市街化区域内で農業を営む者の居住の用に供する建築物で 1,000㎡以上だったら、開発許可が必要…迷うことなく○にできましたか？

Part 1 開発許可を受けた開発区域内

工事完了の公告前

開発許可を受けるということはつまり「〇〇の建物を建てるために造成工事をします」と申請してるということ。
その造成工事の最中に、その土地に他の建築物を建てられちゃうと造成工事が進まなくて開発行為の妨げになるから、原則**工事完了前には開発許可を受けた開発区域内では建築物を建てられない**ことになっている。（37 条）ただし、次の場合には例外的に OK。

CHECK POINT　例外的に工事完了公告前に建てられる建築物　重要

① 土地の造成を行うのに必要な工事用の仮設建築物

② 知事が支障がないと認めた建築物

③ 開発行為に同意をしていない土地所有者等が建築するとき

えっ、土地の所有者等で反対してる人は建築物を建ててもいいんですか？

うん…
考えようによっては、「工事のジャマになるだろ。どうだ！」というように、どんどん建てても良いんだって（笑）

工事完了の公告後

工事完了の公告、つまり「開発許可を受けていた工事が完了しました」というお知らせがあると、ついにその土地がきれいに造成されたということ。
これでやっと「建物を建てるために造成工事をします」と申請していた予定建築物が建てられるようになる。
原則としては工事完了後は予定建築物以外の建築物は立てられないんだけど、こちらも例外があるから確認しておこう。（42 条 1 項）

CHECK POINT 例外的に予定建築物以外でも建築できるとき

重要

① 知事が建ててもいいと許可をしているとき
② 用途地域等が指定されていて、それに適合しているとき

Part 2 開発許可を受けていない市街化調整区域内（しがいかちょうせいくいきない）

市街化調整区域って原則として建物を建てられない区域でしょ。だから、当然といえば当然なんだけど**開発許可を受けていない市街化調整区域内では原則として建築物の建築はできない。**

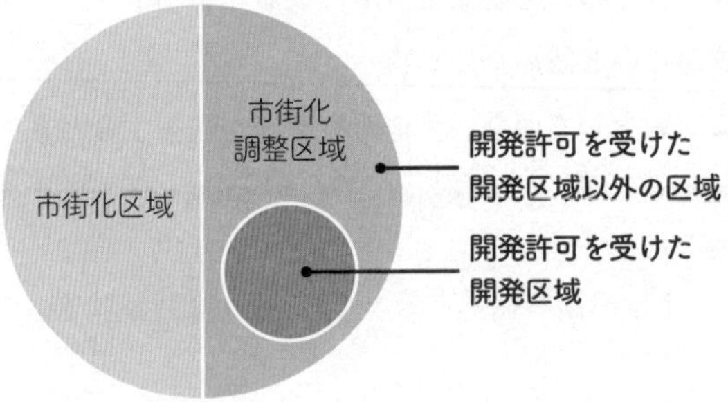

この開発許可を受けていない市街化調整区域のことを、試験では「**市街化調整区域のうち、開発許可を受けた開発区域以外の区域内**」なんて言い回しをされることもあるよ。

…なんだか難しい言い回しですね。

そうだね。市街化調整区域だから当然、何かを建てるには知事の許可が必要になるんだけど、例外的に許可不要で建築可能なものがあるんだよ。

CHECK POINT 市街化調整区域内において許可不要でできること 重要

① 農林漁業のためのもの
畜舎、温室、サイロ等、農林漁業の用に供する建築物、または農林漁業を営む者の居住の用に供する建築物等

② 公益上必要なもの
鉄道施設、図書館、公民館、変電所等

③ 都市計画事業や土地区画整理事業等の施行として行う開発行為

④ 非常災害のため必要な応急措置として行う開発行為

⑤ 通常の管理行為、軽易な行為

Part 3 都市計画施設等の区域内

次は、道路や公園などを作ろうとする場所における建築制限などについて確認していこう。

道路や公園などというと都市施設のことですね。

そうだね。都市施設のうち、具体的に都市計画で定められたもののことを都市計画施設という。（4条6項）そして、都市計画施設の整備に関する事業と市街地開発事業のことをまとめて都市計画事業という。
たとえば「将来的にここに道路をつくろう！」というとき、それにかかる都市計画が決定した段階で、その場所は「都市計画施設等の区域」と呼ばれるようになるよ。
市街地開発事業だと市街地開発事業の施行区域という。

ということは、都市計画施設の区域は将来的に道路等になる場所ということですね。

だから、**都市計画施設等の区域内では建築物の建築には許可が必要**なんだ。でも、非常災害のときの応急措置として行うものだったら許可不要で行うことができる。

ちなみに、都市計画施設の区域の段階ではまだ工事に着手してないってことですよね？

そのとおり。まだ、すぐに工事に取り掛かるわけじゃないからあんまり規制は厳しくないんだけど、ひとたび都市計画事業の認可・承認の告示がされるといよいよ工事スタート。都市計画施設の区域も「事業地」と呼び方が変わり、最も厳しい規制が敷かれることになるよ。

最も厳しい規制というと？

事業地内ではたとえ非常災害の応急措置として行う行為であっても事業の妨げになるのであれば知事の許可が必要になるんだ。

Part 4 市街地開発事業等予定区域内（しがいちかいはつじぎょうとうよていくいきない）

市街地開発事業予定区域というのは大規模な都市計画事業をするときに指定される区域のこと。イメージとしてはニュータウンの建設等のかなり大掛かりな整備事業だね。
広い範囲で開発行為を行うから、予定地に新しい建物が増えたりしないように、やや厳しいルールを設けている。建築物の建築と土地の形質の変更には、許可が必要ということになっているよ。
これも、都市計画施設の区域や市街地開発事業の施行区域と同じように、都市計画事業の認可・承認の告示がされると、そこでも工事が始まるから事業地内と名称が変わるよ。

	都市計画施設の区域 市街地開発事業の施行区域 （規制：弱）	市街地開発事業等 予定区域 （規制：中）	事業地 （規制：強）
建築物の建築	○	○	○
土地の形質の変更	×	○	○
物件の設置・堆積	×	×	○
非常災害のため必要な応急措置	×	×	○

○…許可必要　×…許可不要

押さえておきたい！

重要まとめ

- 「開発許可を受けた開発区域以外の市街化調整区域」とは、ただの市街化調整区域内のこと
- 事業地内では非常災害の応急措置として行う行為でも原則として知事の許可が必要

語句の意味をチェック

公告	ある事項を広く一般に知らせること。その目的や方法等はそれぞれの法律に定めるところによる
建築確認	第3章〔ステージ47 建築基準法［建築確認］参照〕
主要構造部	建築物の壁、柱、梁（はり）、床、屋根、階段などのこと
工作物	橋・トンネル・電柱等、土地に接着して設備された物のこと
堆積（たいせき）	物を置いたり積んだりすること

○×問題セレクション 44

解答・解説は次ページ左下

開発許可を受けた開発区域内において、開発行為に関する工事が完了した旨の公告があるまでの間は、開発許可を受けた者は、工事用の仮設建築物を建築するとき、その他都道府県知事が支障がないと認めたとき以外は、建築物を建築してはならない。(平成15年)

stage 45

重要度 ★★☆　頻出度 ★★★

建築基準法 ―用途制限―

けんちくきじゅんほう

用途地域における建築物の用途制限は大きく分けて3種類。住居系、商業系、工業系です。各エリアごとにどんな用途の建物が建てられるかを理解しましょう。

memo 街づくりの基本はエリア分けから

理解と暗記の重要ポイント

ここがポイント！ しっかり意識して学習しよう！

① どこでも建てられるもの

- 宗教上の施設・神社・寺院教会等
- 公衆浴場
- 巡査派出所、公衆電話所
- 保育園、こども園※幼稚園は学校扱い
- 診療所

② 通常は建てられないもの

- 火葬場と畜場、ゴミ焼却場
- 卸売市場

③ 工業専用地域だけ建てられないもの

- 住宅
- 老人ホーム
- 図書館、博物館、美術館

Part 0 エリアにふさわしい建築物を建てよう！

今回は土地の利用方法についてのお話です。市街化区域は建物を建てて、市街地として発展させたい（もしくはすでに発展している）ところ。

市街化区域内ではこの場所にはお家を建てて、こっちにはショッピングモールや工場を造ろう等といったようにエリアごとに明確な利用方法が決められます。

このエリア分けのことを用途地域といいますが、用途地域の種類については都市計画法で定められており、ステージ42（ P444参照）で確認したとおり。全部で13種類。それぞれの地域の特性に応じて、どんな建物を建築して良いか、どんな目的で利用して良いかが建築基準法によって、定められているのです。まずはそれぞれのエリアの特性を理解することから始めましょう。

問44解答と解説 ○ 開発行為に関する工事が完了した旨の公告があるまでの間は、原則として建築物の建築はできないルール。ただし、問題文のような仮設建築物等については例外的にOKでしたよね。

Part 1 どこでも建てられるもの

建築基準法では、用途地域ごとに建築物の使い方、つまり建築物の用途について一定の制限をかけている。（43 条 1 項～ 13 項、別表第二）まずは、どの用途地域であっても建築できるものから確認していこう。どうしてどこでも建築できるのかを理由付けしていくとわかりやすいよ。

✔ **宗教上の施設・神社・寺院教会など**

理由：バチが当たると怖いから

✔ **公衆浴場**

理由：どの地域のひともお風呂には入るから

✔ **巡査派出所、公衆電話所**

理由：公益上必要なものだから

✔ **保育園、こども園※幼稚園は学校扱い**

理由：子どもは社会の宝だから

✔ **診 療 所**

理由：どの地域のひとでもカゼはひくから

公衆電話は最近あまり目にしなくなりましたが、確かに理由を見ると、どこでも建築できそうな感じはしますね。

この理由は、あくまでも勉強するためのイメージだけど、実際のところも同じような理由だと思うよ。

Part 2 通常は建てられないもの

次に通常では建てられないもの。
これらは都市計画において敷地の位置を決定していないと、都市計画区域内で新しく建てたり、増築したりできないんだよ。

✔ **火葬場、と畜場、ゴミ焼却場**

理由：近くにあると嫌がる人が多いから

✔ **卸売市場**

理由：にぎやかだから

確かに。急にこれらのものがポンと建てられたら、周りのひとも困っちゃいそうですね。

Part 3 工業専用地域だけ建てられないもの

今度は工業専用地域内では建築することができないものについてみていこう。

✔ **住宅（ホーム）**

理由：トラックに轢かれて死んじゃうかもしれないから

✔ **老人ホーム**

理由：ご老人の家だから、住宅と同じ

✔ **図書館、博物館、美術館**

理由：工場地域で読書なんてしないから

住宅と、老人ホーム…言い替えると、おじいちゃんやおばあちゃんの住宅や図書館が工業専用地域ではダメってことですね。

そういうこと。工業専用地域って、トラックがたくさん走っていて、重化学を用いた工場ばっかりのところだから、どうしても人の暮らしの拠点にはならないんだよ。

Part 4 建築制限の語呂合わせ

次は各用途地域ごとの細かな用途規制について見ていこう。
先にあげたものの他にも、建物はたくさんの種類に分けられていて、それぞれどこに建てて良いのかが決められている。試験によく出るものは次の語呂合わせでおさえておこう！

✔ **図書館**
→センコー（工専）は本を読まない

✔ **学校（幼稚園、小、中、高）**
→高校生（工業、工専）は不登校（ダメ）

✔ **大学、病院**
→高校生の低学年（低層＋田園）大学受験できません

✔ **病　院**
→高校生の低学年、病院イヤイヤ！

✔ **飲食店（150㎡以内）**
→喫茶店は端に座るな（両端、一低と工専が×）

✔ **ボーリング場、スケート場、水泳場**
→カップル専用の怪しいボーリング場、いっちゃダメダメ（専用がつくところは×）

✔ **ホテル、旅館**
→高校生（工業、工専）お手手（低層＋田園）つないでホテルでチュッチュ（中高層）いけません

✔ **カラオケボックス**
→カラオケで20曲（二住）、朝までまっしぐら（工専までずーっと◯）

✔ **マージャン屋、パチンコ屋、勝馬投票券発売所**
→衣食住（一種住まで×）足りてパチンコを打つセンコー（工専も×）

✔ **客席 200 ㎡未満の映画館など**
→ミニシアターは順々（準住～準工は◯）に

✔ **客席 200 ㎡以上の映画館など**
→ジュンコ（準工）は金賞（近商）！主演女優賞！

✔ キャバレー、料理店

→ショウ（商業）とジュンコ（準工）はフーゾク仲間

✔ 自動車教習所

→郷愁は住居（一住）から。思い出まっしぐら（工専までずーっと○）

✔ 倉　庫

→純情な子（準住居）どこ？　ソコ!!（倉庫）

ちなみに2018年に新設された田園住居地域は、第二種低層住居専用地域とほぼ同じ。だから用途制限においては第二種低層とほぼ同じと覚えてしまおう。

でも、ほぼ同じということは、ちょっとは違うんですね？

うん。田園住居地域は第二種低層住居専用地域のルールにプラスして、床面積500㎡以内の飲食店などがOKになっているんだよ。ただし、その地域で育った農作物なんかを使った農業レストランとか野菜の直売所等に限るけどね。

用途地域別建物の制限表

（表中の記号の意味） ○…建築できるもの ×…建築できないもの ①…床面積600平方メートルを超えて建築できません ②…3階以上の部分には建築できません ③…3階以上の部分又は床面積1,500平方メートルを超えて建築できません ④…床面積3,000平方メートルを超えて建築できません		第1種低層住居専用地域	第2種低層住居専用地域	田園住居地域	第1種中高層住居専用地域	第2種中高層住居専用地域	第1種住居地域	第2種住居地域	準住居地域	近隣商業地域	商業地域	準工業地域	工業地域	工業専用地域
住　居	住宅、共同住宅、寄宿舎、下宿	○	○	○	○	○	○	○	○	○	○	○	○	×
	兼用住宅で店舗・事務所等が一定規模以下のもの	○	○	○	○	○	○	○	○	○	○	○	○	×
教　育施設等	幼稚園・小学校・中学校・高等学校	○	○	○	○	○	○	○	○	○	○	○	×	×
	大学・高等専門学校・専修教育	×	×	×	○	○	○	○	○	○	○	○	×	×
	図書館等	○	○	○	○	○	○	○	○	○	○	○	○	×

			第1種低層住居専用地域	第2種低層住居専用地域	田園住居地域	第1種中高層住居専用地域	第2種中高層住居専用地域	第1種住居地域	第2種住居地域	準住居地域	近隣商業地域	商業地域	準工業地域	工業地域	工業専用地域
神社・寺院・教会等			○	○	○	○	○	○	○	○	○	○	○	○	○
(表中の記号の意味) ○…建築できるもの ×…建築できないもの ①… 床面積 600 平方メートルを超えて建築できません ②…3階以上の部分には建築できません ③… 3階以上の部分又は床面積 1,500 平方メートルを超えて建築できません ④… 床面積 3,000 平方メートルを超えて建築できません			第1種低層住居専用地域	第2種低層住居専用地域	田園住居地域	第1種中高層住居専用地域	第2種中高層住居専用地域	第1種住居地域	第2種住居地域	準住居地域	近隣商業地域	商業地域	準工業地域	工業地域	工業専用地域
医療福祉施設等	保育所・公衆浴場・診療所		○	○	○	○	○	○	○	○	○	○	○	○	○
	老人ホーム・身体障害者福祉ホーム等		○	○	○	○	○	○	○	○	○	○	○	○	×
	老人福祉センター・児童厚生施設等		①	①	①	○	○	○	○	○	○	○	○	○	○
	病　院		×	×	×	○	○	○	○	○	○	○	○	×	×
店舗・飲食店等	一定の店舗・飲食店	床面積 150 平方メートル以内	×	②	○	②	②	○	○	○	○	○	○	○	×
		床面積 500 平方メートル以内	×	×	○	②	②	○	○	○	○	○	○	○	×
	上記以外の物品販売業を営む店舗、飲食店		×	×	×	×	③	④	○	○	○	○	○	○	×
事務所			×	×	×	×	③	④	○	○	○	○	○	○	○
自動車教習所			×	×	×	×	④	○	○	○	○	○	○	○	○
ボーリング場・スケート場・水泳場・ゴルフ練習場等			×	×	×	×	×	④	○	○	○	○	○	○	×
劇場・映画館観覧場等	客室の床面積 200 平方メートル未満		×	×	×	×	×	×	×	○	○	○	○	×	×
	客室の床面積 200 平方メートル以上 10,000 平方メートル未満		×	×	×	×	×	×	×	×	○	○	×	×	×
ホテル・旅館			×	×	×	×	×	④	○	○	○	○	○	×	×
風俗営業	キャバレー・料理店・ナイトクラブ・ダンスホール等		×	×	×	×	×	×	×	×	×	○	○	×	×
	マージャン店・パチンコ店等		×	×	×	×	×	×	○	○	○	○	○	○	×
	個室付浴場業に係わる公衆浴場等		×	×	×	×	×	×	×	×	×	○	×	×	×

(表中の記号の意味) ○…建築できるもの ×…建築できないもの ①… 床面積 600 平方メートルを超えて建築できません ②…3階以上の部分には建築できません ③… 3階以上の部分又は床面積 1,500 平方メートルを超えて建築できません ④… 床面積 3,000 平方メートルを超えて建築できません		第1種低層住居専用地域	第2種低層住居専用地域	田園住居地域	第1種中高層住居専用地域	第2種中高層住居専用地域	第1種住居地域	第2種住居地域	準住居地域	近隣商業地域	商業地域	準工業地域	工業地域	工業専用地域
カラオケボックス等		×	×	×	×	×	×	○	○	○	○	○	○	○
自動車車庫	2階以下かつ床面積 300 平方メートル以内	×	×	×	○	○	○	○	○	○	○	○	○	○
	3階以上又は床面積 300 平方メートルを超える	×	×	×	×	×	×	×	○	○	○	○	○	○
倉庫業倉庫・自動車修理工場 150 平方メートル以内		×	×	×	×	×	×	×	○	○	○	○	○	○

語句の意味をチェック

寄宿舎(きしゅくしゃ)	学校や会社などが、学生や社員のために用意する住まいのこと
下宿	家の一室等の一部を誰かに貸すこと
キャバレー	ショーがあり、ホステスさんが隣に座ってお客さんにお酒を作るところ。ちなみに、スナックは隣に座るのはダメ
個室付浴場	ソープランドのこと。入浴中に偶然、いろいろなことがおこってしまうところ
料理店	レストランではない。お店の中居さんとお客さんが、恋に落ちてしまうところのこと

○×問題セレクション 45

解答・解説は 482 ページ左下

第一種低層住居専用地域内においては、高等学校を建築することはできるが、高等専門学校を建築することはできない。(平成 22 年)

練習問題

建築基準法（以下この問において「法」という。）に関する次の記述のうち、誤っているものはどれか。

1 店舗の用途に供する建築物で当該用途に供する部分の床面積の合計が10,000㎡を超えるものは、原則として工業地域内では建築することができない。

2 学校を新築しようとする場合には、法第48条の規定による用途制限に適合するとともに、都市計画により敷地の位置が決定されていなければ新築することができない。

3 特別用途地区内においては、地方公共団体は、国土交通大臣の承認を得て、条例で、法第48条の規定による建築物の用途制限を緩和することができる。

4 都市計画において定められた建蔽率の限度が10分の8とされている地域外で、かつ、防火地域内にある耐火建築物の建蔽率については、都市計画において定められた建蔽率の数値に10分の1を加えた数値が限度となる。

解答・解説

1○ 店舗の用途に供する建築物で床面積の合計が10,000㎡を超えるものは、近隣商業地域、商業地域、準工業地域以外の用途地域内には原則として建築することができません。

2× 学校の新築については都市計画による敷地の位置の決定等という規定はなし。これが卸売市場なんかだと必要だけどね。

3○ 特別用途地区内においては、地方公共団体は、国土交通省の承認を得て、用途制限を緩和することが可能です。

4○ 防火地域内にある耐火建築物等の建蔽率は、都市計画において定められた建蔽率に10分の1追加となります。そして、商業地域なんかのそもそもの建蔽率が10分の8と定められているところだったら制限はなし、つまり10分の10になります。

stage 46

重要度 ★★☆ 頻出度 ★★★

建築基準法 ー建築物に係る制限ー

建物を建てるのに重要なのは、道路・日照・広さ・高さ、そして建材。各地域の特性に応じて都市計画によってそれぞれ一定のルールが定められます。きちんと整理してインプットすれば楽勝です。ファイト！

memo 避難経路の確保、安全性、快適性そして防犯対策のため

理解と暗記の重要ポイント

ここがポイント！ しっかり意識して学習しよう！

①▶ 道路の定義は、都市・準都市計画区域内の幅員(ふくいん)4m以上の道のこと

②▶ 建蔽率が1/10加算されるとき

①特定行政庁が指定する角地
②防火地域内にある耐火建築物等
③準防火地域内にある耐火建築物等、準耐火建築物等

③▶ 建蔽率制限がなくなるとき

建蔽率が10分の8の地域で防火地域内にある耐火建築物及び延焼防止建築物

④▶ 前面道路の幅員による容積率の算出

〔住　　居　　系〕前面道路の幅員× 4/10 ＝容積率
〔商業・工業系〕前面道路の幅員× 6/10 ＝容積率

⑤▶ 斜線制限を受ける地域

〔道路斜線制限〕すべての地域
〔隣地斜線制限〕第一種・第二種低層住居専用地域、田園住居地域を除くすべての地域
〔北側斜線制限〕低層住居専用地域・中高層住居専用地域・田園住居地域

⑥▶ 日影規制を受ける建築物

〔低層住居専用地域、田園住居地域〕軒の高さが7m超、または地階を除く階数が3以上
〔その他の地域〕高さが10m超

⑦▶ 防火地域内の建築物

〔3階以上、または延べ面積100㎡超〕耐火建築物
〔その他〕耐火建築物、または準耐火建築物

⑧▶ 準防火地域内の建築物

〔地上4階以上、または延べ面積1,500㎡超〕耐火建築物
〔地上3階、または延べ面積500㎡超～1,500㎡以下〕耐火建築物、または準耐火建築物

⑨▶ 防火・準防火地域に建築物がまたがる場合、厳しいほうの地域の規制を受ける

問45解答と解説 ○ 第一種低層住居専用地域内では高等学校（高校）の建築はできるけど、高等専門学校（高専）は大学と同じ扱いになるので建築できないことになっています。

Part 0 オーマイゴット！ 家は建つのか？

ここまでで主として土地についての各種制限を確認してきましたが、建物についても当然細かい制限があります。言い換えますと、これに適合しなければ建築確認が下りず、建物を建てることはできません。万が一、火災や災害が起こったときの避難経路の確保のため、道路に一定のルールに基づいて接していなければいけませんし、周辺の風通しや日当たりのために建蔽率というものが定められます。また、全面道路の混雑を緩和するために容積率というものも…その他にも、さまざまなルールによって、その建物および、周辺環境の保護が図られています。「なぜこのような決まりがあるんだろう？」という視点を持って、ひとつひとつの内容をまずは理解していきましょう。

Part 1 道 路

建築物を建てるときに注意すべきことのひとつとして、災害時の避難経路の確保があげられる。

たしかに、災害時にスムーズに避難できるか否かは、人の命にも関わることですもんね。

うん。だから建築物を建てるときには、敷地が道路と２m 以上接するようにしなければならないことになっているんだよ。（43 条 1 項）
ちなみに、**建築基準法における道路の定義は、幅員４m 以上の道路法上の道のこと。**

でも、4m より幅員が狭い道路も、街中にはたくさんありません？

そうなんだよね。
だから、建築基準法の規定が適用される際にすでに建物が立ち並んでいる道路で、特定行政庁が「これは道路として認めましょう」と指定したものについては、幅員４m 未満であっても道路とみなすことになっているよ。
これは、「２項道路」とか「みなし道路」なんて呼ばれる。（42 条２項）

２項道路とみなされると、接道義務を満たしていることになるってことですね？

そういうこと。
この２項道路は将来的に取り壊して新築するときには、幅員が４m以上になるようにスペースを開けて建築しなければならないという制約がある。
つまり、道路の境界線は、道路の中心線から水平距離２メートル後退した線が道路の境界線とみなされるんだ。

両側セットバック可能なケース

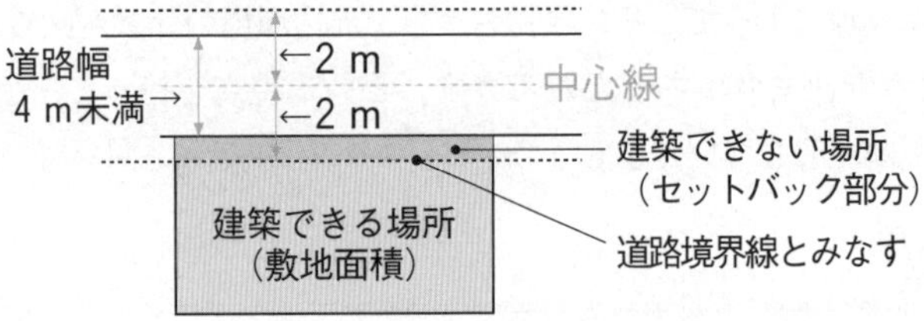

でも、下図のように片側が、がけや川等で、片側にしか後退できないような場合にはそちら側から後退して４メートル以上となるようにしなければならない。

片側しかセットバックできないケース

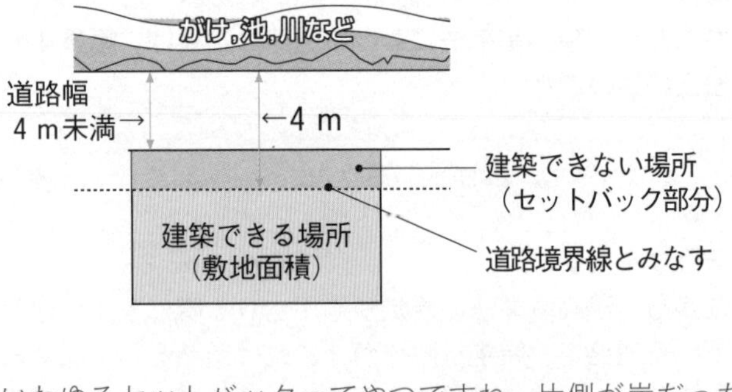

いわゆるセットバックってやつですね。片側が崖だったりしたら、建築できるスペースがぐっと減りますね。

そうだね。将来建て替えるとなると、セットバックの結果、敷地面積が減って従前よりも小さな建物になる可能性が高いね。

道路内の建築

当たり前かもしれないけど、道路内に建築物は建てられない。（44条1項）

建物が建築されちゃうと通れなくなりますもんね。

ただし、公衆便所や巡査派出所等で通行上支障がないものや、地盤面下に設ける地下アーケードなんかは例外的にOKだよ。

CHECK POINT

道路内における建築制限

重要

✔原　則

道路内には原則として建築物を建築したり、敷地を造成するための擁壁を築造したりしてはならない。

✔例　外

・地盤面下に設ける建築物

・公衆便所や巡査派出所等の公益上必要な建築物で特定行政庁が通行上支障がないと認めて、建築審査会の同意を得たうえで許可したもの

・公共用歩廊等で特定行政庁が建築審査会の同意を得たうえで許可したもの

Part 2 建蔽率（けんぺいりつ）

次は建蔽率についてみていこう。建蔽率というのは、敷地内にゆとりを設けて、日照や風通しを確保するためと、万が一火災になった際に、隣家への延焼を防止するためのもの。建蔽率は難しくいうと、建築物の建築面積の敷地面積に対する割合のこと。（53条1項）

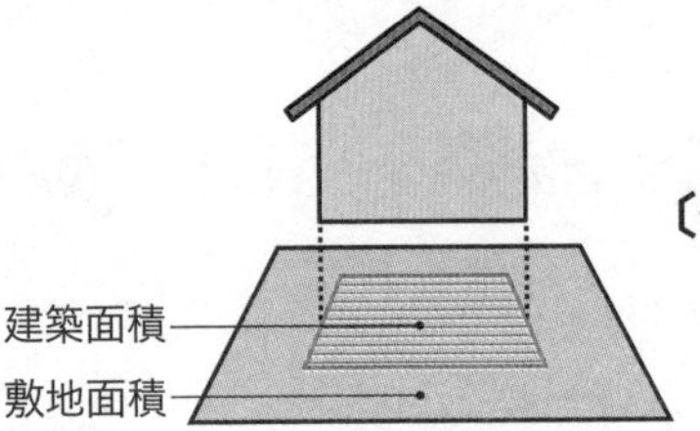

〔公式〕敷地面積 × 建蔽率 ＝ 建築面積

建蔽率によって、敷地を建物でどれだけ隠して良いのかが決まるってことだね。

そういうこと。建蔽率の数値は都市計画で下記の数値の中から決定されるんだよ。

建築物の建蔽率

第一種・第二種住居地域、準住居地域、準工業地域、田園住居地域	下限5/10、上限8/10
近隣商業地域	6/10、または8/10
商業地域	8/10
工業地域	5/10、または6/10
その他の地域	下限3/10、上限6/10

この数値から、その用途地域の特性等をふまえて、都市計画によって定められる。ただし、その都市計画で定めた数値からさらに緩和されることもあるんだ。緩和されるのは次のようなケースに該当するとき。

CHECK POINT

10分の1加算されるケース

重要

- ✔ **特定行政庁が指定する角地**

→角地だと隣接する家屋が少なくて延焼する恐れが少ないから

- ✔ **防火地域内にある耐火建築物**

→燃えないから

- ✔ **準防火地域内にある、耐火建築物、準耐火建築物**

CHECK POINT 制限がなくなるケース

建蔽率が10分の8の地域で防火地域内にある耐火建築物

センセ、もし二つ以上の用途地域にまたがって建物を建てるとなったらどうしたらいいんですか？
ほら、たとえばこんな感じの土地だったら。

a. 準住居地域 200 ㎡、建蔽率 6/10
b. 商業地域 300 ㎡、建蔽率 8/10

用途地域境界線

そのときは一旦、それぞれの地域の敷地面積の割合に応じて按分（あんぶん）計算するんだよ。

CHECK POINT 建蔽率と建築面積の関係

敷地面積 × 建蔽率 ＝ 建築面積

a. 200㎡ × 6 / 10 ＝ 120㎡

b. 300㎡ × 8 / 10 ＝ 240㎡

a ＋ b ＝ 360㎡

360㎡ ÷ 500㎡ ＝ 72%

建蔽率（建築面積の敷地面積に対する割合）の制限

<table>
<tr><th rowspan="3">用途地域</th><th colspan="6">建蔽率の最高限度</th></tr>
<tr><th colspan="2" rowspan="2">原則</th><th colspan="4">緩和</th></tr>
<tr><th>①特定行政庁が指定する角地</th><th>②防火地域内で耐火建築物※１と同等以上の延焼防止性能を有する建築物</th><th>③準防火地域内で耐火建築物※１準耐火等※２</th><th>④緩和の①②あるいは①③の両方に該当する場合</th></tr>
<tr><td>第一種低層住居専用地域</td><td rowspan="6">$\frac{3.4.5.6}{10}$</td><td rowspan="10">左の数値の中から都市計画で定める</td><td rowspan="6">$+\frac{1}{10}$</td><td rowspan="6">$+\frac{1}{10}$</td><td rowspan="6">$+\frac{1}{10}$</td><td rowspan="7">$+\frac{2}{10}$</td></tr>
<tr><td>第二種低層住居専用地域</td></tr>
<tr><td>田園住居地域</td></tr>
<tr><td>第一種中高層住居専用地域</td></tr>
<tr><td>第二種中高層住居専用地域</td></tr>
<tr><td>工業専用地域</td></tr>
<tr><td>工業地域</td><td>$\frac{5.6}{10}$</td><td>$+\frac{1}{10}$</td><td>$+\frac{1}{10}$</td><td>$+\frac{1}{10}$</td></tr>
<tr><td>第一種住居地域</td><td rowspan="4">$\frac{5.6.8}{10}$</td><td rowspan="4">$+\frac{1}{10}$</td><td rowspan="5">$+\frac{1}{10}$
（$\frac{8}{10}$の地域は規制なし）</td><td rowspan="5">$+\frac{1}{10}$</td><td rowspan="5">$+\frac{2}{10}$
（$\frac{8}{10}$の地域は規制なし）</td></tr>
<tr><td>第二種住居地域</td></tr>
<tr><td>準住居地域</td></tr>
<tr><td>準工業地域</td></tr>
<tr><td>近隣商業地域</td><td>$\frac{6.8}{10}$</td><td>$+\frac{1}{10}$</td></tr>
<tr><td>商業地域</td><td colspan="2">$\frac{8}{10}$</td><td>$+\frac{1}{10}$</td><td>規制なし</td><td>$+\frac{1}{10}$</td><td>規制なし</td></tr>
<tr><td>用途地域の指定のない区域</td><td colspan="2">$\frac{3.4.5.6.7}{10}$</td><td>$+\frac{1}{10}$</td><td>$+\frac{1}{10}$</td><td>$+\frac{1}{10}$</td><td>$+\frac{2}{10}$</td></tr>
</table>

※１　耐火建築物又はそれと同等以上の延焼防止性能をもつ建築物

※２　準耐火建築物又はそれと同等以上の延焼防止性能をもつ建築物

Part 3 容積率（ようせきりつ）

容積率は、建物の延べ面積、つまり各階の床面積の合計の敷地面積に対する割合のこと。簡単にいうと、何階建ての建物が建てられるのかのおおよその基準にもなるよね。（52条1項）

CHECK POINT 容積率と延べ面積の関係

〔公式〕容積率 ＝ 延べ面積 ÷ 敷地面積

容積率が大きい程、大きな建物ができるってことだね。

建蔽率と同じようにこちらも用途地域ごとに都市計画で数値を定めることになっているよ。覚えなくても問題はないけど、参考までに下限と上限を確認しよう。

建築物の容積率

第一種・第二種低層住居専用地域、田園住居地域	下限　5/10　上限　20/10
第一種・第二種中高層住居専用地域	下限　10/10　上限　50/10
商業地域	下限　20/10　上限　130/10
工業・工業専用地域	下限　10/10　上限　40/10
その他の地域	下限　10/10　上限　50/10

容積率は次にあげる部分については、数値が緩和されるよ。

容積率が緩和されるケース

✔ **共同住宅および老人ホームについて**

共用住宅や老人ホームの共用の階段や廊下等の床面積は延べ面積に参入しない

✔ **地階にある住宅部分**

地階（天井が地盤面から１メートル以下）にある住宅部分の床面積は３分の１までは延べ面積に参入しない

※老人ホーム等の用途に供する部分も同様

✔ **エレベーター**

エレベーターの昇降路部分の床面積は延べ面積には参入しない

建蔽率のときと同じように２つの地域にまたがってしまう場合はどうなるんだろう。
たとえばこんな感じだったら？

建蔽率と同じようにして算出するよ。それぞれの地域の面積に応じて按分計算をするんだ。

公式を応用して延べ面積を算出する場合

敷地面積 × 容積率 ＝ 延べ面積

a.　200㎡ × 20/10 ＝ 400㎡

b.　300㎡ × 40/10 ＝ 1,200㎡

a + b ＝ 1,600㎡

1,600㎡ ÷ 500㎡ ＝ 320%

ところでキミ、容積率はなんのためにあると思う？

容積率は…なんだろう…

容積率は前面道路の混雑を防止するために定めるんだよ。
たとえば、幅員が狭い道路にしか接道していないようなところに、1,000世帯以上あるタワーマンションが建築されちゃったら、毎日、通勤・通学時間になるとその道路は大渋滞しちゃうでしょ。
だから、もしも前面道路の幅員が12メートル未満だった場合は、より厳しい規制がかけられて、もしかすると都市計画で定められた数値よりも厳しくなる可能性がある。

CHECK POINT

前面道路の幅員による容積率の算出

重要

✔ **住居系**

前面道路の幅員× 4/10 ＝容積率

✔ **商業・工業系**

前面道路の幅員× 6/10 ＝容積率

上記の計算式で出した数値と、都市計画で定められた数値を比べて、どちらか小さい方が容積率の最高限度になるんだよ。

なるほど。前面道路の幅員によっては、都市計画の数値より小さくなるかもしれないんだね。

容積率（延べ面積の敷地面積に対する割合）の制限

<table>
<tr><th rowspan="3">用途地域</th><th colspan="3">容積率の最高限度</th></tr>
<tr><th colspan="3">（a）と（b）とを比較して小さい方が容積率の最高限度となる</th></tr>
<tr><th colspan="2">（a）用途地域ごとに定められる</th><th>（b）前面道路の幅員が 12m 未満の場合に前面道路の幅員に乗じる数値※ 2</th></tr>
<tr><td>第一種低層住居専用地域</td><td rowspan="3">$\frac{5}{10}$ $\frac{6}{10}$ $\frac{8}{10}$ $\frac{10}{10}$ $\frac{15}{10}$ $\frac{20}{10}$</td><td rowspan="8">左の数値の中から都市計画で定める</td><td rowspan="3">$\frac{4}{10}$</td></tr>
<tr><td>第二種低層住居専用地域</td></tr>
<tr><td>田園住居地域</td></tr>
<tr><td>第一種中高層住居専用地域</td><td rowspan="5">$\frac{10}{10}$ $\frac{15}{10}$ $\frac{20}{10}$ $\frac{30}{10}$ $\frac{40}{10}$ $\frac{50}{10}$</td><td rowspan="5">$\frac{4}{10}$
特定行政庁が都道府県都市計画審議会の議を経て指定する区域内では、前面道路の幅員に 6/10 を乗じる</td></tr>
<tr><td>第二種中高層住居専用地域</td></tr>
<tr><td>第一種住居地域</td></tr>
<tr><td>第二種住居地域</td></tr>
<tr><td>準住居地域</td></tr>
<tr><td>近隣商業地域</td><td rowspan="2">$\frac{10}{10}$ $\frac{15}{10}$ $\frac{20}{10}$ $\frac{30}{10}$ $\frac{40}{10}$ $\frac{50}{10}$</td><td rowspan="5">左の数値の中から都市計画で定める</td><td rowspan="2">$\frac{6}{10}$
特定行政庁が都道府県都市計画審議会の議を経て指定する区域内では、前面道路の幅員に 4/10 または 8/10 を乗じる</td></tr>
<tr><td>準工業地域</td></tr>
<tr><td>工業地域</td><td rowspan="2">$\frac{10}{10}$ $\frac{15}{10}$ $\frac{20}{10}$ $\frac{30}{10}$ $\frac{40}{10}$</td><td rowspan="4">$\frac{6}{10}$
特定行政庁が都道府県都市計画審議会の議を経て指定する区域内では、前面道路の幅員に 4/10 または 8/10 を乗じる</td></tr>
<tr><td>工業専用地域</td></tr>
<tr><td>商業地域</td><td>$\frac{20}{10}$ $\frac{30}{10}$ $\frac{40}{10}$ $\frac{50}{10}$ $\frac{60}{10}$ $\frac{70}{10}$ $\frac{80}{10}$
$\frac{90}{10}$ $\frac{100}{10}$ $\frac{110}{10}$ $\frac{120}{10}$ $\frac{130}{10}$</td></tr>
<tr><td>用途地域の指定のない区域</td><td colspan="2">$\frac{5}{10}$ $\frac{8}{10}$ $\frac{10}{10}$ $\frac{20}{10}$ $\frac{30}{10}$ $\frac{40}{10}$</td></tr>
</table>

Part 4 3つの斜線制限（しゃせんせいげん）

太陽は東から昇って、西に沈むから、なにか建築物を建てると、時刻によって図のように影が隣地や隣接する道路にかかるでしょ。

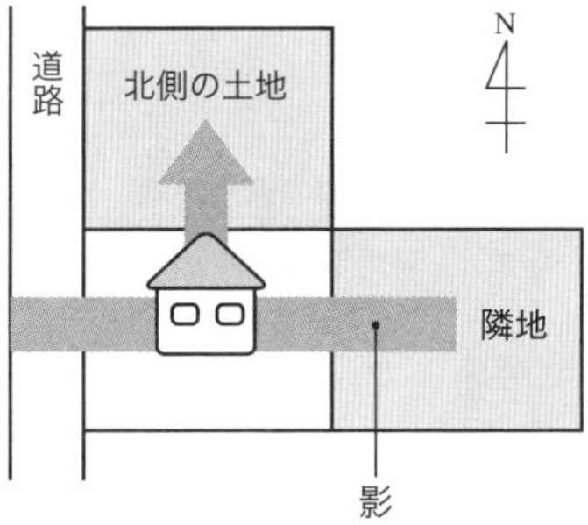

だから、あんまり高い建物が建つと、お隣さんからすると下手すると1年を通してほとんど日照を得られないなんて悲しい事態になることも。そんな事態を避けて日照を確保したり、周辺に圧迫感を与えないために斜線制限というものがあるんだ。（56条1項）

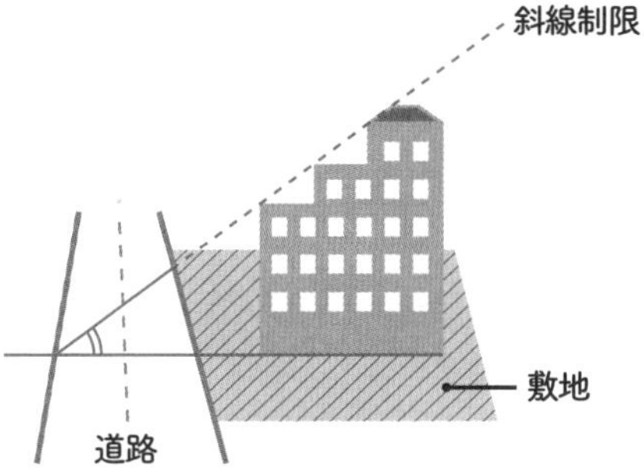

斜線制限

道路斜線制限	道路に閉塞感がないようにすることと、明るさを確保することが目的の制限。前面道路の反対側から敷地の上空に向かって斜線による制限がある。
隣地斜線制限	お隣さんにも日当たりと風通しをという趣旨の制限 高さ31メートルもしくは20メートルを超える建築物が対象
北側斜線制限	住居の快適さのためにある制限。対象の建物の北側、言い換えるとお隣の南側にしっかりお日様が当たるようにする

へー、この斜線制限って、都市計画区域内ではどこでも適用されるのかな？

いや、それぞれの斜線制限によって適用される地域が定められているよ。斜線制限が適用されるのは次のとおり。ちなみに、一低、二低と田園には、絶対高さ制限（Part6 参照）があるから、隣地斜線制限は適用外なんだよ。

斜線制限の適用地域

用途地域	道路斜線制限	隣地斜線制限	北側斜線制限
第一種低層住居専用地域	○	×	○
第二種低層住居専用地域			
田園住居地域			
第一種中高層住居専用地域	○	○	○ （日影規制の適用区域は除く）
第二種中高層住居専用地域			
第一種住居地域	○	○	×
第二種住居地域			
準住居地域	○	○	×
近隣商業地域			
商業地域			
準工業地域			
工業地域			
工業専用地域			
用途地域の指定のない区域			

○：適用される　×：適用されない

Part 5 日影規制（にちえいきせい）

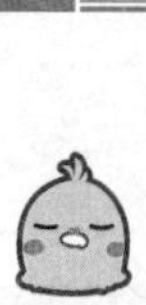

季節によって太陽光の入射角度が異なるから、都心部の建物が密集しているようなところだと、斜線制限では規制がまだ少し足りないことも。そこで日影規制というルールがある。次の建築物を建てるときには、一定時間以上日照が確保できるように必要な措置を取らないといけないんだよ。（56 条２項）

CHECK POINT 日影規制を受ける建築物

重要

✔ **第一種、第二種低層住居専用地域、田園住居地域**

軒の高さが7 m 超、または地階を除く階数が 3 以上の建築物

✔ **商業地域・工業地域・工業専用地域を除くその他の地域**

高さが10 m超の建築物

あれ？　商業地域、工業地域、工業専用地域は日影規制が対象外なんですね？

ほら、洋服を売るのに日当たりがいる？工場で缶詰作るのに日当たりが必要？　って考えたらいらないでしょ。だから商業地域と工業地域、工業専用地域には日影規制は適用されないんだよ。

Part 6 第一種、第二種低層住居専用地域と田園住居地域の高さ制限等

先ほど斜線制限のところで触れた高さ制限等について詳しくみていこう。低層住居専用地域と田園住居地域は良好な住居の環境を確保するために、特別ルールが存在する。

CHECK POINT 低層住居専用地域 、田園住居地域内の制限

重要

✔ 外壁の後退距離（必ず指定）　…………1.5 mまたは 1 m以上

✔ 建築物の高さ（任意で指定）　…………10 mまたは12 mまで

上記の数値のどちらかを上限として都市計画によって定めるんだ。
ちなみに外壁の後退距離については、必要であれば指定することができる。これは、道路の境界線もしくは隣地境界線から、建築物の外壁までの距離のこと。

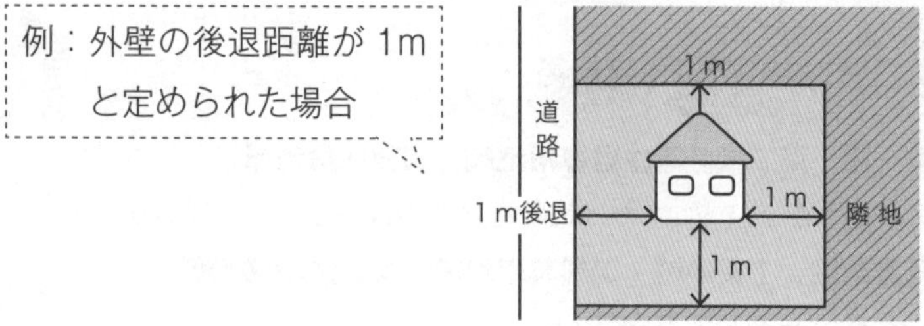

この後退距離の制限があると、あんまり小さな土地だと建物が建てられないかもしれないですね。

まぁ、ある程度の広さは必要かもね。ちなみに、民法の規定だと原則、外壁の後退距離は50㎝とされているんだけど、低層住居専用地域と田園住居地域においては、お隣さんとのプライバシーの問題で民法よりも厳しい制限にすることができるんだよ。

Part 7 防火地域・準防火地域内の制限

建物が密集している市街地で火災が起こったら大変。だからそういったエリアには、火災が起こりにくいように、防火地域と準防火地域というものを定めることができる。（都市計画法８条１項５号、９条21項）この地域に指定された場所では、燃えにくい材料で建築物を作らなければならない。

材料によって、燃えにくさがあるんですね。

うん、建築物は何種類かに分類することができて、最も燃えにくいのが耐火建築物、次に燃えにくいのが準耐火建築物と呼ばれるよ。

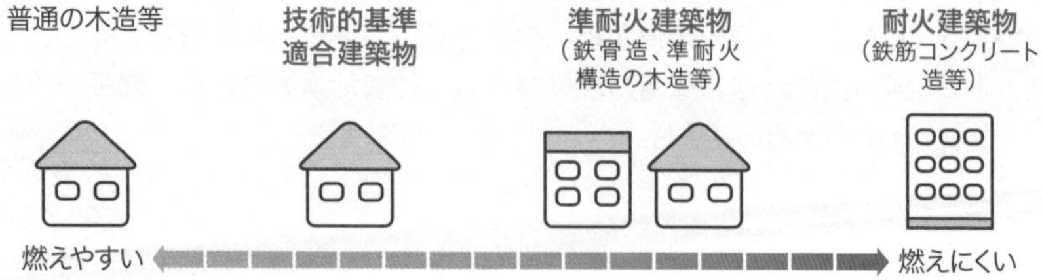

燃えにくい材料ってたとえば？
木より金属の方が燃えにくいというイメージはありますけど。

うん。イメージとしてはそれで合っているよ。燃えにくいものだと、コンクリートなんかが代表的かな。
防火地域と準防火地域は、建物の規模によって耐火建築物にしなければならないのか、準耐火建築物にしなければならないのかが決まるから、その基準をおさえておこう。

防火地域・準防火地域内における建築制限

（1）防火地域内における建築制限

① 耐火建築物等または準耐火建築物等としなければならない建築物

<table>
<tr><td colspan="2" rowspan="2"></td><td colspan="2">延べ面積</td></tr>
<tr><td>100㎡以下</td><td>100㎡超</td></tr>
<tr><td rowspan="3">階数（地階を含む）</td><td>3階以上</td><td>耐　火　※1</td><td>耐　火　※1</td></tr>
<tr><td>2 階</td><td rowspan="2">耐火又は準耐火</td><td rowspan="2">耐　火　※1</td></tr>
<tr><td>1 階</td></tr>
</table>

② 耐火建築物等又は準耐火建築物等としなくてもよい建築物

（甲）高さ2m以下の門又は塀

（乙）高さ2mを超える門又は塀で建築物に附属するもの（延焼防止上支障のない構造に限る）

③ 看板、広告塔、装飾等その他これらに類する工作物で、建築物の屋上に設けるもの、又は、高さが3mを超えるものは、その主要な部分を不燃材料で作り、又は覆わなければならない。

（2）準防火地域内における建築制限

耐火建築物又は準耐火建築物等としなければならない建築物

		延べ面積		
		500㎡以下	500㎡超 1,500㎡以下	1,500㎡超
階数（地階を含む）	4階以上	耐　火　※1	耐　火　※1	耐　火　※1
	3 階	耐火または準耐火 ※2	耐火または 準耐火　※2	
	2 階	※3		
	1 階			

（3）防火地域又は準防火地域内にある建築物で、外壁が耐火構造のものについては、その外壁を隣地境界線に接して設けることができる。

（4）建築物が、防火地域・準防火地域・これらの理行きとして指定されていない区域のうち複数の地域にまたがる場合には、最も厳しい地域の規制が適用される。

※1　耐火建築物に限らず、耐火建築物と同等以上の延焼防止性能を有する一定の建築物（延焼防止建築物）でも良い。

※2　耐火建築物、準耐火建築物に限らず、耐火建築物と同等以上の延焼防止性能を有する一定の建築物（準延焼防止建築物）でも良い。

※3　木造建築物等の場合は、外壁及び軒裏を防火構造とし炎症の恐れのある部分の外壁開口部に片面防火設備を設けた建築物（防火構造等）又はそれと同等以上の延焼防止性能を有する建築物としなければならない。非木造建築物の場合は、延焼の恐れのある部分の外壁開口部に片面防火設備を設けた建築物（片面防火設備という）又はそれと同等以上の延焼防止性能を有する建築物としなければならない。

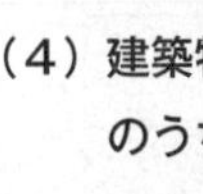

防火地域と準防火地域、もしくは防火地域と防火に関する制限のない地域というように、2つの地域にまたがる場合はどうなりますか？

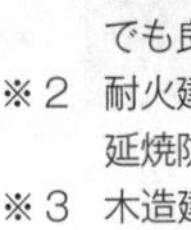

防火地域や準防火地域に建築物がまたがる場合は、原則としてその敷地全体がより厳しい規制を受けるよ。つまり、建築物の全体にわたって、より厳しい規制の対象になるってこと。

建築基準法　第61条

防火地域又は準防火地域内にある建築物は、その外壁の開口部で延焼のおそれのある部分に防火戸その他の政令で定める防火設備を設け、かつ、壁、柱、床その他の建築物の部分及び当該防火設備を通常の火災による周囲への延焼を防止するためにこれらに必要とされる性能に関して防火地域及び準防火地域の別並びに建築物の規模に応じて政令で定める技術的基準に適合するもので、国土交通大臣が定めた構造方法を用いるもの又は国土交通大臣の認定を受けたものとしなければならない。

防火地域と準防火地域の基本的なルールは、火災に強い技術的基準を満たした建築物にすることなのはわかったかな。次は、それに関連した細かな規定についても確認しよう。まずは屋根について。近隣で万が一火災が発生したときを想定して、屋根についても一定の技術的基準に適合していることが求められるんだ。

たしかに近くで火事が発生すると火の粉があがったりして延焼のおそれがありますもんね。

そのとおり。次に外壁について。防火地域及び準防火地域内で外壁が耐火構造の建築物は、その外壁を隣地境界線に接して設けることができるんだ。

隣地境界線ってことはお隣さんとの境目ってことですよね？そんなギリギリに建物を建築していいんですか？

ほら、外壁が耐火構造だと燃え移る心配も少ないから、お隣に接していても問題ないでしょ。

Part 8 防火地域内における建築規定

最後に…これは防火地域内限定ルールだけど…看板などの素材について。

防火地域内にある看板、広告塔、装飾塔やその他これらに類する工作物で屋上に設けるもの又は高さが３メートルを超えるものは、主要な部分を不燃材料で造るか覆わなければならないよ。

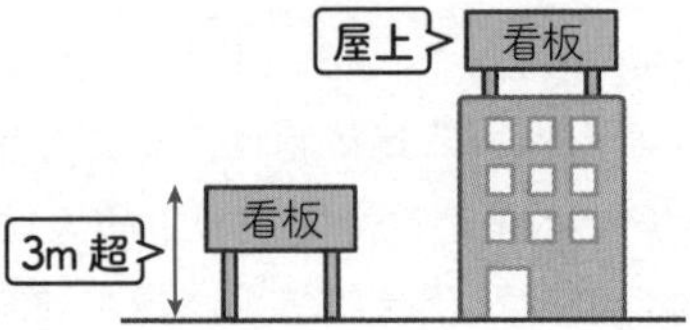

防火地域内特有のルールということは、準防火地域内の看板等には適用されないということですね。

そのとおり。また、不燃材料というのもポイントだよ。難燃材料で覆う…等と聞かれたら答えは×。

Part 9 単体規定

これまで見てきたものは集団規定といってエリアやその都市におけるルールだったけど、建物そのものについても細かなルールが設けられている。ルールのことを単体規定といって、これは全国の建物すべてに適用される。すべて確認していくと、それこそキリがないんだけど、代表的なものは次のとおり。

CHECK POINT 単体規定の代表例

- ✔ 建築物の敷地には雨水や汚水を排出したり、処理したりするための下水管、下水溝等があること
- ✔ 居室にはその部屋の床面積の７分の１以上の採光部と20分の１以上の換気のための開口部を設けること
- ✔ 高さ20mを超える建築物には原則として有効な避雷設備を設けること
- ✔ 高さ31mを超える建築物には原則として非常用の昇降機を設けること
- ✔ 木造の建築物等で４階以上あるいは高さ１６メートル超の建築物は原則としてその主要構造部を耐火構造等としなければならない。

避雷設備は20m超で、非常用昇降機は31m超かぁ。31m超ってなんだかビミョーな数字ですね。

それは、レスキューのはしご車が届くギリギリの高さが31mだからといわれているよ。それより高いとこは、はしご車での救助の難易度が上がるから、非常用の昇降機が必要ってワケ。

なるほど！
この数字にはそういうワケがあったんですね。

Part 10 建築協定

その地区特有の街づくりのルールとして、建築協定というものがある。土地所有者や借地権者の合意によって作られる特別ルールのこと。(69条)

「敷地の最低面積を150㎡にする」や「派手な色の外壁はNG」といったルールのことですね。

CHECK POINT 建築協定の要件

✔ **締　結**

土地所有者(借地権者がいれば借地権者だけで良い)の全員の合意

✔ **変　更**

土地所有者(借地権者がいれば借地権者だけで良い)の全員の合意

✔ **廃　止**

土地所有者(借地権者がいれば借地権者だけで良い)の過半数の合意

上記の合意のうえで、特定行政庁の認可を受けてその公告がされると特別ルールが適用される。認可の公告以後は、新たにその土地に入ってきた人々も、そのルールを守らなければならないよ。

郷に入れば郷に従えということですね。

建築協定

適用区域	市町村の条例で定めた一定の区域
協定の主体	土地の所有者など
協定の目的	建築物の敷地、位置、構造、用途、形態、意匠、建築設備に関する基準。
協定の効力	公告後に土地所有者等になった者に対しても効力が及ぶ。
手続き	特定行政庁の認可。 ・締結…全員の合意　→申請 → 認可 → 公告 ・変更…全員の合意　→申請 → 認可 → 公告 ・廃止…過半数の合意 →申請 → 認可 → 公告
1人協定	認可の日から3年以内に協定区域内の土地に2以上の土地所有者等が存することとなったときからその効力が生ずる。

語句の意味をチェック

耐火建築物（たいかけんちくぶつ）	主要構造部（壁・床・柱・はり・屋根・階段）を鉄筋コンクリート造等の一定の耐火性能を有する構造にした建築物のこと
準耐火建築物	耐火建築物と同様。 ただし、耐火性能が若干劣るもののこと
角地（かどち）	2つの道路が交差する角に面した土地のこと
前面道路	敷地に接している道路のうち、幅員の1番広いもののこと
道路斜線制限	道路の日照等を確保するために、道路に面している建築物の壁の高さを制限する制度のこと
隣地斜線制限	建築物の北側以外が隣地に面している場合、その隣地の日照等を確保するため、建築物の隣地に面している建築物の壁の高さを制限する制度のこと
北側斜線制限	隣地の南側の敷地の日照・採光・風通し等を保護するため、建築物の北側の壁の高さを制限する制度のこと

練習問題

建築基準法に関する次の記述のうち、誤っているものはどれか。

1 建築物の容積率の算定の基礎となる延べ面積には、エレベーターの昇降路の部分又は共同住宅の共用の廊下若しくは階段の用に供する部分の床面積は、一定の場合を除き、算入しない。

2 建築物の敷地が建蔽率に関する制限を受ける地域又は区域の２以上にわたる場合においては、当該建築物の建蔽率は、当該各地域又は区域内の建築物の建蔽率の限度の合計の２分の１以下でなければならない。

3 地盤面下に設ける建築物については、道路内に建築することができる。

4 建築協定の目的となっている建築物に関する基準が建築物の借主の権限に係る場合においては、その建築協定については、当該建築物の借主は、土地の所有者等とみなす。

解答・解説

1○ 容積率の算出の基礎となる延べ面積には、エレベーターのシャフトや、共同住宅や老人ホームの共用の廊下や階段等の用に供されている部分の床面積は算入されません。

2× それぞれの地域の敷地の割合に応じて、按分計算によって算出された数値が建蔽率の限度となります。それぞれの建蔽率の限度の２分の１じゃないですよ。

3○ 建築物はじゃまになりますから、当然道路内に建築することはできません。しかし、地盤面下に「地下アーケード」等を建築する分には、別に問題ないですよね。

4○ 建築物の借主の立場というのは、土地の所有者ではないのですが、「郷に入れば郷に従え」ですから土地の所有者等とみなされまして、建築協定を守らなければなりません。

○×問題セレクション 46

解答・解説は次ページ左下

法第 56 条の２第１項の規定による日影規制の対象区域は地方公共団体が条例で指定することとされているが、商業地域、工業地域及び工業専用地域においては、日影規制の対象区域として指定することができない。（平成 18 年）

stage 47

重要度 ★★☆　頻出度 ★★★

建築基準法 ー建築確認ー

建築物の強度や安全は、人々の命にも関わります。そのため建物を新築したり、増改築、移転をするときにはプロのチェックが必要です。どんなときに建築確認がいるのか、細かな数字も確認しましょう。

memo その建物、その工事、ほんとに大丈夫?

理解と暗記の重要ポイント

ここがポイント！ しっかり意識して学習しよう！

① 建築確認が必要なときー原則ー

・特殊建築物や大規模建築物の新築・増改築・移転・大規模修繕等

・特殊建築物への用途変更

・都市計画区域・準都市計画区域・準景観地区内での新築

・防火地域・準防火地域内での新築・増改築・移転

② 大規模建築物の定義

〔木造〕

3階以上・500㎡超・高さ13m超・軒の高さ9m超

〔木造以外〕

2階以上・200㎡超

③ 特殊建築物は面積200㎡超の、ひとやモノがたくさん集まる建築物のこと

Part 0 建築主事(けんちくしゅじ)のお墨付き！

建築物の強度や安全性は、その建築の中で暮らしたり、仕事をしている人々の命にも関わる重要なものです。建物を新築したり、お部屋を増やそうと増築したり、はたまた、大規模（2分の1を超える）な模様替えをしようというときには、建築主事という建物のプロにチェックをしてもらう必要があります。

チェックの内容は多岐にわたり、その建物が構造上安全なのかはもちろん、用途地域等の各種ルールにきちんと適合しているか等を確認します。

この建築確認を受けてはじめて建築主は工事に着手することができるのです。とはいえ、世の中にある全ての建物の新築や増改築に建築確認が必要かというと、そうではありません。本ステージでは建築確認が必要となる要件についてみていきましょう。

問46解答と解説　○　そのとおり。商業地域、工業地域、工業専用地域は日当たりなんて必要ないだろうから、日影規制の対象外です。

Part 1 建築確認はどうして必要？

建物の建築については、ひとの命を守るためにたくさんのルールが用意されている。
だから建築主は、建築物を建てる前にそれらの各法律に違反していないか、事前チェックである建築確認を受けて確認済証の交付を受けなければならないんだよ。（6条1項）

建ててから「適合してなかった～どうしよう～」では、手直しをするのも手間だし、一から立て直しとなると大変そうですもんね。

そのとおり！　とはいえ、全国すべての建築物について建築確認をするのは、現実的に不可能。だから、次のときに建築確認が必要ということになっているよ。

CHECK POINT **建築確認が必要なとき ー原　則ー** 重要

- ✔ 特殊建築物や大規模建築物を新築・増改築移転、大規模修繕するとき
- ✔ 特殊建築物への用途変更をするとき
- ✔ 都市計画区域・準都市計画区域・準景観地区内で新築をするとき
- ✔ 防火地域・準防火地域内で増改築・移転をするとき

特殊建築物や大規模建築物というのは、なかなか聞き慣れない言葉だと思うから、細かく確認していこう。

Part 2 大規模建築物

次は大規模建築物について確認しよう。大規模建築というのは読んで字のとおり大きな建物のことだけど、大きな建物だと、それだけ危険性も大きいからチェックが必要というルール。
どの規模から大規模建築物になるかがポイントになるね。

木　　造	3階以上・500㎡超・高さ13m超・軒の高さ9m超
木造以外	2階以上・200㎡超

木造と木造以外、たとえば鉄筋コンクリート造によっても、大規模建築物になる規模が違うんだ。

そうなんだよ。
「産後の父さん、苦しい夫婦」なんて語呂合わせが有名かな。

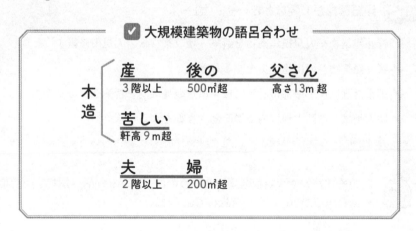

✓ 大規模建築物の語呂合わせ

木造
- **産**：3階以上
- **後の**：500㎡超
- **父さん**：高さ13m超
- **苦しい**：軒高9m超

- **夫**：2階以上
- **婦**：200㎡超

Part 3 特殊建築物

次は特殊建築物について。
特殊建築物は面積 200㎡超の、ひとやモノがたくさん集まる建築物のこと。たとえば共同住宅なんかはたくさんのひとが暮らしているし、ショッピングモールや映画館もひとがたくさんくるでしょ。
あとは、倉庫や自動車車庫なんかもモノがたくさん集まる場所だから特殊建築物になるよ。
ここで注意が必要なのが「事務所」は原則として特殊建築物扱いしないというところ。

CHECK POINT 特殊建築物＝人や物がたくさん集まる面積 200 ㎡超の建築物 重要

- ✔ 共同住宅（マンション）
- ✔ 学　校
- ✔ 病　院
- ✔ 劇場、映画館
- ✔ 百貨店、ショッピングモール
- ✔ 飲食店
- ✔ 倉　庫
- ✔ 工　場　　　…等

うーん、事務所もひとがたくさん集まりそうだけど…

そうだんだよね…
イメージだけで解こうとするとひっかかりやすいから要注意だね。

Part 4 都市計画区域、準都市計画区域、準景観区域内での新築

都市計画区域、準都市計画区域、準景観区域内で新築するときには、先にあげた特殊建築物や大規模建築物以外のものであっても必ず建築確認を受けないといけない。
また 10㎡超の増改築移転のときも、同様に建築確認を受けることになっているよ。

大規模修繕や、大規模の模様替えのときは確認がいらないんですね？

そこが大規模建築物や特殊建築物と違うところだね。

Part 5 防火地域、準防火地域での増改築、移転

また都市計画区域、準都市計画区域、準景観区域内では、増改築や移転のときは 10㎡を超えるときに建築確認が必要だったけど、防火地域及び準防火地域内での増改築と移転には面積の規模は関係なく、建築確認が必要になるよ。

つまり、防火地域と準防火地域だと、たとえ 10㎡以下の増改築等だったとしても建築確認がいるんですね。

うん、やっぱり防災を目的としている地域だから、それに伴って規制も厳しくしようってことだろうね。

建築確認が必要なとき

<table>
<tr><th rowspan="2">区　域</th><th rowspan="2" colspan="2">建築物の種類・規模</th><th colspan="3">行為</th></tr>
<tr><th>新築</th><th>10㎡超の増改築・移転</th><th>大規模修繕・大規模模様替</th></tr>
<tr><td rowspan="3">全　国</td><td colspan="2">特殊建築物（100㎡超）</td><td>○</td><td>○</td><td>○</td></tr>
<tr><td rowspan="2">大規模建築物</td><td>木造（3 階以上・500㎡超・高さ 13m 超・軒高 9m 超のいずれかに該当するもの）</td><td>○</td><td>○</td><td>○</td></tr>
<tr><td>木造以外（2 階以上・200㎡超のいずれかに該当するもの）</td><td>○</td><td>○</td><td>○</td></tr>
<tr><td>都市計画区域・準都市計画区域・準景観地区</td><td colspan="2">特殊建築物・大規模建築物以外の建築物</td><td>○</td><td>○
（防火・準防火地域は 10㎡以内でも○）</td><td>—</td></tr>
</table>

○…建築確認が必要

押さえておきたい！
重要まとめ

- 特殊建築物は当該用途に供する部分の床面積が 200㎡ 超の場合に建築確認の対象となる
- 防火地域、準防火地域内の場合には 10㎡ 以内の増改築・移転等も建築確認の対象となる

語句の意味をチェック

建築主事	建築確認をする資格を持った公務員のこと。人口 25 万人以上の市には設置が義務付けられている
建築確認	建築物の建築等に関する計画が、各種法令に適合することを建築主事が確認すること
大規模な修繕・模様替え	建築物の主要構造部（壁・柱・床・はり・屋根・階段）の一種以上について行う過半の修繕・模様替えのこと
特殊建築物	ひとやものがたくさん集まる建築物のこと

○×問題セレクション 47

解答・解説は次ページ左下

ホテルの用途に供する建築物を共同住宅（その用途に供する部分の床面積の合計が 300㎡）に用途変更する場合、建築確認は不要である。

stage 48

重要度 ★★☆ 頻出度 ★★★

土地区画整理法（とちくかくせいりほう）

仮換地や換地処分が頻出です。仮換地の指定や換地処分がどのような流れで行われるのかをイメージすることがポイントです。テキスト内のイラストを見ながら進めていきましょう。

memo 土地もすっきり整理整頓！

理解と暗記の重要ポイント

ここがポイント！ しっかり意識して学習しよう！

1. **換地計画では必要であれば仮換地や保留地を指定する**
2. **仮換地の指定は仮換地の土地の所有者と従前の宅地の所有者に対して通知することで行われる**
3. **従前の宅地の所有者は仮換地を従前の宅地と同じように使用収益できる**
4. **換地計画に定められた一定事項を通知して換地処分を行う**
5. **登記情報の変更の手続きは施行者が行う**

Part 0 キレイな町並みにしたいから

たとえばの話ですが、道路がせまく、車が侵入できないようなごちゃごちゃとした町に住んでいたとしましょう。もちろん個人の価値観によりますが、「もっと道路がキレイでまっすぐしていて、整然とした街だといいのになぁ〜」ときっと思うはず。やはり、くねくねと曲がりくねった狭い道路では、周辺の人々の生活は不便でしょう。

そのような町をキレイにするのが区画整理。そして、さらにそれを細かく規定しているのが、土地区画整理法です。区画整理を行うと下図のようにごちゃごちゃとした街並みが、すっきり整然とした土地に生まれ変わるのです。

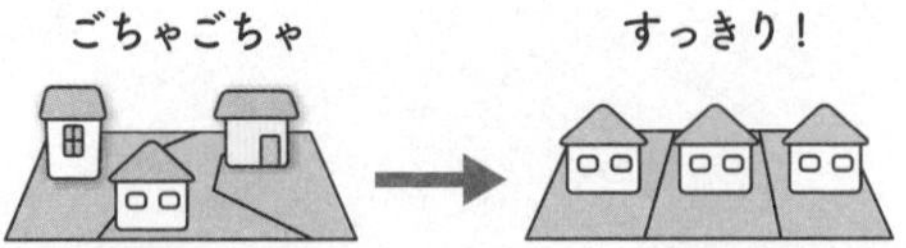

では、実際のところ区画整理はいったい誰が、どのような手順で進めていくのでしょうか。本ステージでは区画整理がどういったものなのかと、土地区画整理法で定められた手続きについて確認していきましょう。

問47 解答と解説 × ホテルも共同住宅も特殊建築物の代表格。特殊建築物へ用途を変更するときは、建築確認が必要です。

Part 1 土地区画整理事業

ごちゃごちゃした街並みをきれいにするための事業のことを、土地区画整理事業というよ。(2条2項)
道路を広くしたり、植栽のある広場を作ったりしてキレイな街並みを作るんだけど、そのためには土地が必要でしょ。その土地は、施行区域内の土地所有者たちから少しずつ無償提供してもらうんだよ。

えっ…ということは自分の土地が減っちゃうってことですか？
もしボクの土地だと思うと、なんだか損した気分だなあ。

確かに表面上は土地が減って損したように思えるかもしれないけど、土地区画整理が行われると街並みが綺麗になって地価が上昇する可能性が高い。そうすると、土地の面積は減るかもしれないけど、結果として価値はプラスになるでしょ。

なるほど。街がキレイになることで、その土地の価値としてはプラスになるって考え方ですね。

このように、**土地を一定の割合で無償で提供させることを「減歩」**というよ。それぞれの宅地は少しずつ狭くなるけど、最終的にキレイに整地された状態で、所有者に交付される。
そして、この**整地された状態で交付する土地のことを「換地」**といって、その**換地を法律上も従前の宅地と同じ扱いにすることを「換地処分」**なんていうよ。

Part 2 土地区画整理事業の流れ

では、土地区画整理事業の流れについて確認していこう。
土地区画事業を進めていく、つまり、施行者となって動かしていく人は大きく分けると民間施行と公的施行の二つに分類される。施行者となるのは次の人たち。(3条、3条の2、3条の3、3条の4)

	施行者	内容
民間施行	① 個 人	宅地の所有者・借地権者またはこれらの者から同意を得た者
	② 土地区画整理組合	宅地の所有者・借地権者の7人以上が共同で設立
	③ 区画整理会社	地権者と民間事業者が共同で設立する株式会社等

	施行者	内容
公的施行	① 地方公共団体	都道府県・市町村
	② 国土交通大臣	―
	③ 機　構　等	独立行政法人都市再生機構・地方住宅供給公社

センセ、民間施行の表の中にある土地区画整理組合って？　組合ということは、みんなで集まるの？

土地区画整理組合は、宅地の所有者や借地権者が７人以上が共同して、施行地区の市町村長を経由して都道府県知事に設立の認可をもらって設立する組合のこと。
みんなで集まるというよりも、その７人が発起人になって、周りの住民を巻き込むようなかたちで区画整理を進めていくんだよ。
土地区画整理事業のおおよその流れは次のとおり。

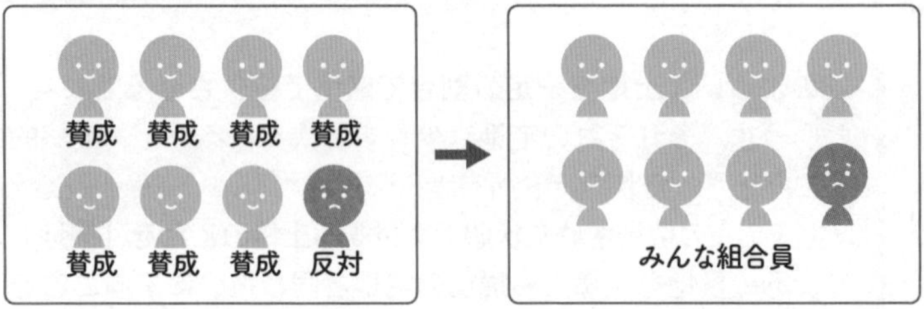

この土地区画整理組合は、その土地の所有者や借地権者が組合員となるんだけど、都道府県知事から認可が下りると、反対していた所有者や借地権者も、自動的に組合員の一員になるんだ。この組合はひとたび設立すると、解散するときにはまた知事の認可がいる。
土地区画整理事業のおおよその流れも確認しておこう。

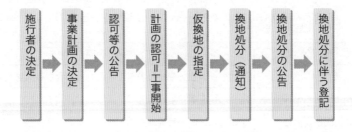

施行者の決定 → 事業計画の決定 → 認可等の公告 → 計画の認可＝工事開始 → 仮換地の指定 → 換地処分（通知） → 換地処分の公告 → 換地処分に伴う登記

Part 3 換地計画を立てよう

事業計画の決定や認可等の公告があると、次に、具体的な換地計画を立てることになる。
どんな流れで区画整理を進めて、キレイになった土地のどの部分を誰のものにするか、つまり、それぞれの換地をどこにするかについて決めるんだよ。
具体的にはこんな感じかな。

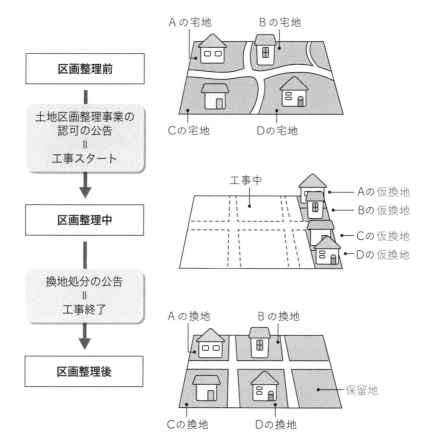

区画整理前

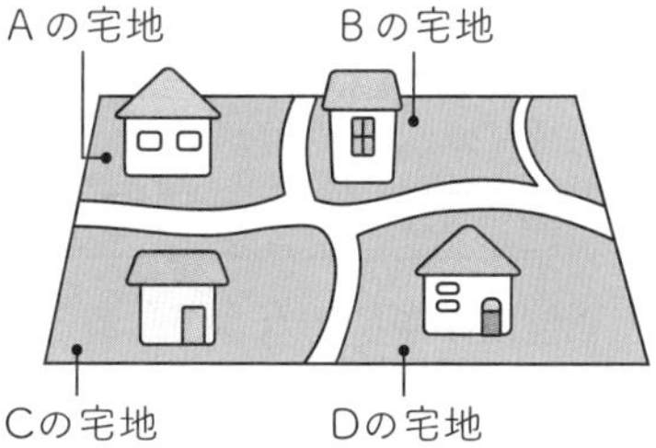

土地区画整理事業の認可の公告
＝
工事スタート

↓

区画整理中

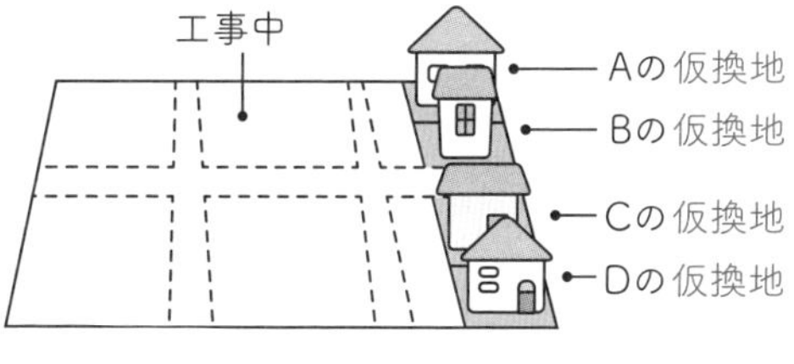

換地処分の公告
＝
工事終了

↓

区画整理後

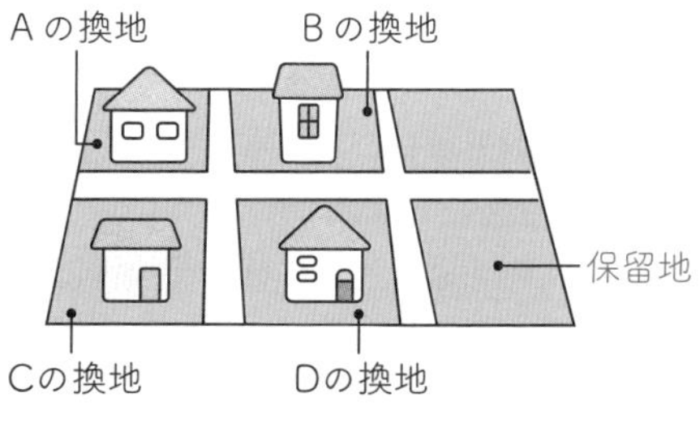

センセ、この区画整理後にある保留地ってのは？

換地計画では必要であれば仮換地や保留地を指定するんだよ。保留地は換地にしないで、施工費を捻出するためか、定款で「こうやって使いましょう」と定めた目的のために換地にせず取っておく土地のこと。

ということは、簡単にいうとあとで誰かに売って、工事にかかるお金を作るわけだよ。仮換地は施行中の仮の住まいとして設定される土地のことってことですね。

また、換地計画では換地によって不公平が生じたときのために清算金についても定めることになっているよ。
換地の面積等で不均衡が生じた場合、得をした人からは徴収して、損をしたひとに交付することで円満に行きましょうねということ。

Part 4 土地区画整理事業における制限

土地区画整理事業の認可が下りると、工事のジャマにならないようにその土地にはさまざまな規制が敷かれることになる。
土地の形質を変更したり、工事の妨げになる建築物を建てようなんてときには原則、知事（市の区域内での施行の場合は市の長）の許可が必要なんだよ。
ただし、国土交通大臣施行の場合には大臣の許可ね。（76条1項）

この規制は土地区画整理事業の認可が下りたら敷かれるということですよね？　じゃあ、いつになったら規制はなくなるんですか？
工事のジャマにならないようにってことだから工事完了までかな？

うん、建築行為等の規制は換地処分の公告がされるまで続くことになるよ。

Part 5 仮換地で仮住まい

次は換地計画で定められた仮換地について。
土地をキレイにしようとするときに、その土地を誰かが使用していると工事ができない。
そこで仮の住まいとして仮換地を用意してあげて、そっちに一時的にどいてもらうことになっているよ。
仮換地の指定は仮換地の土地の所有者と従前の宅地の所有者に対して通知することで行われるんだ。

日曜日にリビングでごろごろしながらテレビを見てたお父さんが、「掃除機かけるんだからちょっとどいて！」と奥さんに言われて別の部屋に移るような感じかな？

うーん…まあそんな感じかもね（笑）仮換地が指定されたら、その効力が発生する日には従前の宅地の所有者は、その土地を施行者に明け渡して仮換地に移らなければならない。
そして、**従前の宅地の所有者は仮換地を従前の宅地と同じように使用収益できる。**ただし、あくまでもひとの土地に仮住まいをしているだけなんだから、仮換地を処分（売却）することはできないよ。

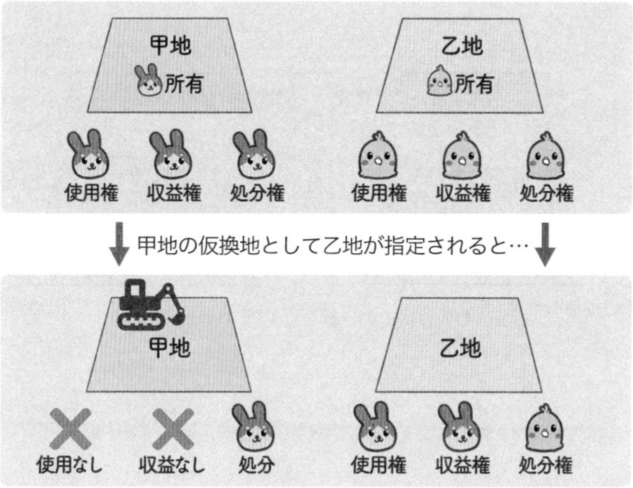

仮換地の指定を受けた土地を自由に使えるのは仮換地指定の効力発生日から、換地処分の公告の日まで。
ちなみに、特別な事情があるときは、施行者は仮換地の使用収益の開始日と、仮換地指定の効力発生日を別に定めることもできる。

「今日からここが仮換地になるよ」というのが仮換地指定の効力発生日で、「実際にその仮換地を使えるようになる日」が仮換地の使用収益の開始日ですよね？何か事情があればそれぞれを別の日に設定するってこと？

そのとおり。特別な事情というのは、たとえば、仮換地として指定される土地に何か堆積物があったりして、それの除去をしないと使用収益できないような状態。

それを片付けないと使用収益開始できないなんてときには、仮換地指定効力発生日と使用収益開始日を別に定めることができるんだ。

Part 6 換地処分の効果

工事が無事に完了したら、いよいよ土地区画整理事業も終盤。
関係権利者のみなさんに対して「終わったよー」と**換地計画に定められた一定事項を通知して換地処分を行う**んだ。
この通知のあとに、都道府県知事（国土交通大臣）が換地処分の公告をしてやっと終了。

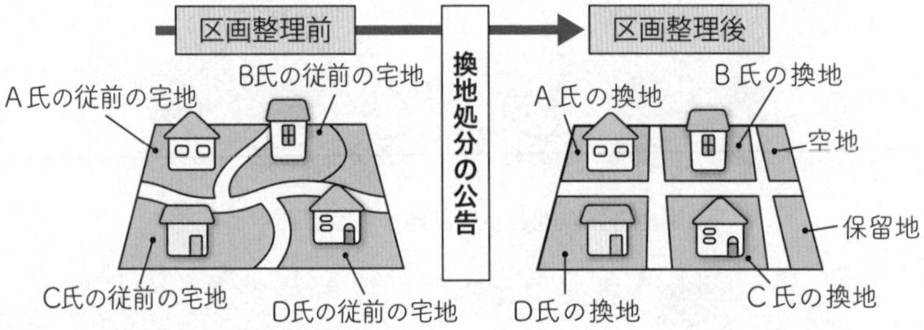

道路もまっすぐになって、キレイになりましたね！

うん、でもただキレイになったわけじゃない。この換地処分の公告によって次のような効果が生じたと考えるんだよ。

換地処分の効果

換地処分に係る公告の日の終了時	換地処分に係る公告の日の翌日
・仮換地の指定の効力が消滅する ・建築行為等の制限が消滅する ・換地を定めなかった従前の宅地に存する権利が消滅する ・事業の施行により行使の利益がなくなった地役権が消滅する	・換地が従前の宅地とみなされる ・清算金が確定する ・施工者が保留地を取得する（例外なし） ・事業の施行により設置された公共施設が、原則としてその所在する市町村の管理に属する

ちなみに換地処分に係る公告の日の終了時と、換地処分に係る公告の日の翌日というのは、実はどちらも同じタイミング。
公告の日がたとえば2021年10月17日だったら、公告の日の終了時は10月18日0時0分だし、公告の日の翌日も10月18日0時0分ってこと。

そのタイミングで、不要になった効力や制限が消えて、換地についての権利等が確定するんですね。

そのとおり。換地には従前の宅地にあった権利等が移るんだけど、ここでポイントとなるのが登記はどうするんだろうということ。土地も生まれ変わったわけだから、当然登記されている事項とは異なっているでしょ。
だから登記も変更しないといけないんだけど、**登記情報変更の手続きは施行者が一括してやる**ことになっているよ。

各土地の所有者が各々手続きをするんじゃないんですか？

所有者みんなが一斉に手続きしようとしたら登記所がパンクして大変なことになっちゃうでしょ。だから施行者がまとめて手続きするんだよ。
換地処分に伴う登記の手続きの流れについても確認しておこう。

CHECK POINT

換地処分に伴う登記手続き

重要

① 施行者は換地処分の公告があったら、直ちに、その旨を管轄の登記所に通知しなければならない

② 施行者は事業の施行により施行地区内の土地や建物について変動があったときは、遅滞なく、変動に係る登記を申請または嘱託しなければならない

③ 上記の変動に係る登記がされるまでは、原則として、施行地区内の土地や建物につき、他の登記をすることはできない

押さえておきたい！
重要まとめ

- **土地区画整理事業は民間試行と公的施行の大きくふたつに分類される**
- **土地区画整理組合の設立は所有者等が7人以上共同で行う**
- **事業についての認可の公告後は、換地処分の公告があるまでの間、施行地区内では建築等が制限される**

語句の意味をチェック

換地	区画整理の工事が終わったあとの土地のこと
清算金	換地処分による不均衡を清算する金銭のこと
仮換地	工事中に仮住まいをする土地のこと。従前の土地と同じようにしよう、収益できるが、そのひとのものではないので処分はできない
換地処分	土地区画整理事業において、工事が完了したあと、従前の土地の権利者に換地を割り当て、終局的に帰属させる形成的な行政処分のこと
使用	なにかを使うこと。宅建においては土地や建物を使うこと
収益	利益を得ること。宅建においては土地や建物を貸して賃料収入を得ること
処分	売却したり、誰かに譲渡すること
地益権	他人の土地を自分の土地の利便のために使わせてもらう権利のこと

○×問題セレクション 48

解答・解説は520ページ左下

区画整理会社が施行する土地区画整理事業の換地計画においては、土地区画整理事業の施行の費用に充てるため、一定の土地を換地として定めないで、その土地を保留地として定めることができる。（平成23年）

練習問題

土地区画整理法に関する次の記述のうち、誤っているものはどれか。なお、この問において「組合」とは、土地区画整理組合をいう。

1 組合は、事業の完成により解散しようとする場合においては、都道府県知事の認可を受けなければならない。

2 施行地区内の宅地について組合員の有する所有権の全部又は一部を承継した者がある場合においては、その組合員がその所有権の全部又は一部について組合に対して有する権利義務は、その承継した者に移転する。

3 組合を設立しようとする者は、事業計画の決定に先立って組合を設立する必要があると認める場合においては、７人以上共同して、定款及び事業基本方針を定め、その組合の設立について都道府県知事の認可を受けることができる。

4 組合が施行する土地区画整理事業に係る施行地区内の宅地について借地権のみを有する者は、その組合の組合員とはならない。

解答・解説

1○ 土地区画整理組合は設立するときにも施行地区を管轄する市町村長を経由して都道府県知事の認可を受ける必要があり、解散をするときにも同様に都道府県知事の認可を受けなければなりません。

2○ 郷に入れば郷に従えというように、あとからその土地にやってきたひとも組合員となります。つまり、所有権や借地権を承継した場合には、当該土地の組合員の権利義務は、承継人に受け継がれることとなります。

3○ 土地区画整理組合を設立するためには、その土地の地権者等が７人以上共同で、その組合の設立について都道府県知事の認可をもらう必要があります。

4× 土地に所有権を有する人だけでなく、土地に借地権を有する人も自動的に組合員になります。ですから借地権のみを有する者はその組合員とはならない…というところが誤りですね。

stage 49

重要度 ★★☆　頻出度 ★★★

宅地造成等規制法（たくちぞうせいとうきせいほう）

覚えるべき範囲が狭く、本試験では確実に得点したい分野です。難しい項目は特段ありませんが、強いていうのであれば、宅地の定義が宅建業法とは異なるという点に注意。

memo 宅地になる土地だから、安全第一で

理解と暗記の重要ポイント

ここがポイント！ しっかり意識して学習しよう！

① 許可が必要なのは、宅地以外の土地を宅地へ、宅地から宅地へと土地の形質を変更するとき

② 宅地とは、農地・採草放牧地・森林・道路・公園・河川・公共施設の用地以外の土地のこと

③ 都市計画法の開発許可を受けてする宅地造成工事については、宅地造成等規制法の許可は不要

④ 届出が必要なとき

〔規制区域指定の際、すでに造成工事中のとき〕

造成主が、指定があった日から21日以内に知事へ届出

〔工事せずに宅地以外の土地を宅地に転用したとき〕

転用した者が、転用した日から14日以内に知事へ届出

〔規制区域内の宅地で、2mを超える擁壁や排水施設の除去工事を行うとき〕

工事を行おうとする者が、工事着手日の14日前までに知事へ届出

擁壁 →がけや盛土等の側面がくずれ落ちるのを防ぐ壁のこと

Part 0 人々の命を守るために

地震や土砂崩れ等の自然災害を前にして人は無力です。それでも、できる限り被害を抑えるため、対処として登場したのが宅地造成等規制法です。

土砂崩れが発生しそうな土地や、地盤が弱い土地等を宅地として開発する場合に、一定のルールを設けることで災害の危険性が大きい宅地を作らせないよう目を光らせます。

宅地造成等規制法では、すでに宅地として形成されているけれど危険がある土地を「造成宅地防災区域」に指定します。そして、まだ宅地にはなっていないけ

問48解答と解説 ○ そのとおり。換地計画にはその事業の施工費用に充てるために保留地を定めることができます。つまり、保留地として定めた土地をデベロッパーなんかに売却して、工事の費用にするってこと。

れど、今後、宅地として開発する際に注意が必要な土地は「宅地造成工事規制区域」に指定されます。

これらの区域を指定することによって、土地の利用や区画形質の変更に一定のルールを敷くことが可能になります。宅地を、ひいては人々の命を守るということが、本法の目的です。

Part 1 許可制

土砂崩れ等の危険から人々を守るために、都道府県知事が関係市町村長（特別区の長を含む）の意見を聴いて指定するのが、宅地造成工事規制区域。（3条1項）
安全のために作られた区域だから、必要とあれば都市計画区域外や準都市計画区域外であっても指定することができるよ。

CHECK POINT 宅地造成工事規制区域 重要

都道府県知事が、宅地造成に伴い災害は生ずるおそれが大きい市街地又は市街地になろうとする土地の区域であって、宅地造成に関する工事について規制を行う必要があるものについて指定する区域のこと

それに指定されると何が起こるんですか？

宅地造成工事規制区域では、宅地の造成工事をするには都道府県知事の許可を受けないといけないんだ。
言い換えると、**許可が必要なのは宅地以外の土地を宅地へ、宅地から宅地へ、土地の区画形質を変更すること。**土地の区画形質の変更の結果、宅地以外になるんだったら、対象外ってこと。
ちなみに宅地造成等規制法における宅地の定義は次のとおり。

宅地の定義 重要

① 農地・採草放牧地・森林
② 道路・公園・河川
③ 公共施設の用地

以外の土地のこと

あれ？　宅建業法で確認した宅地の定義とはまた違うんですね。

そうなんだよ。さらに規模についても指定があって、次のどれかに該当するときには許可が必要になる。

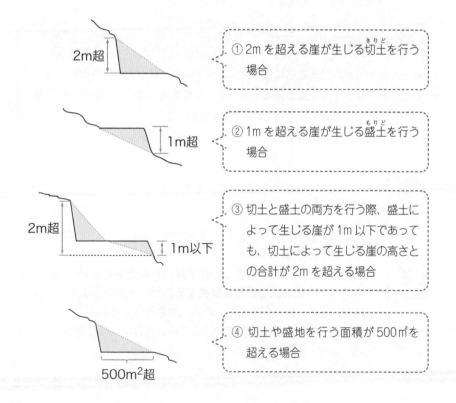

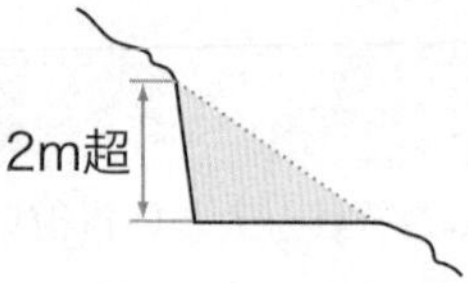

① 2m を超える崖が生じる切土を行う場合

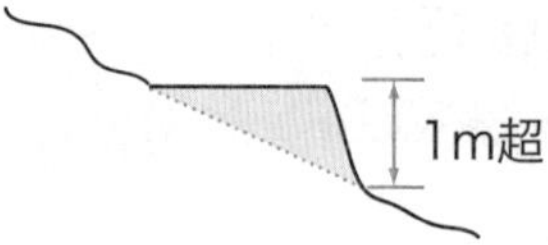

② 1m を超える崖が生じる盛土を行う場合

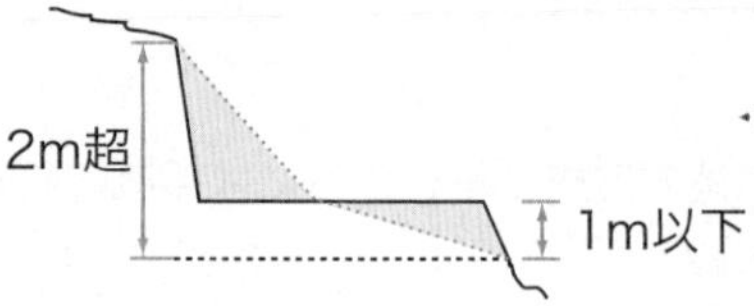

③ 切土と盛土の両方を行う際、盛土によって生じる崖が 1m 以下であっても、切土によって生じる崖の高さとの合計が 2m を超える場合

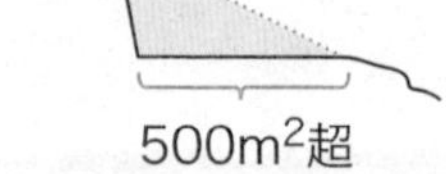

④ 切土や盛地を行う面積が 500㎡を超える場合

ということは出来上がりが宅地で、かつ上記の規模に該当するものを宅地造成というってことかな？

そのとおり！　宅地造成に該当して許可を受けたあとの流れとしては、工事が完了したら都道府県知事の検査を受けて、OKだったら検査済証がもらえる。
もし途中で計画を変更する場合は、内容が大きく変わるようなら許可をもう一回受け直さないとダメだけど、軽微な変更なら届出で足りるよ。（12条2項）

CHECK POINT **軽微な変更に該当するもの**

- ✔ 造成主や設計者、施行者等の変更
- ✔ 工事の着工や完成予定年月日の変更

ちなみに、**都市計画法の開発許可を受けてする宅地造成工事については、宅地造成等規制法の許可は受けなくて良い**よ。

開発許可を受けてする造成工事ということは、たとえばゴルフコースの建設を目的とした造成工事などですか？

そうだね！宅地造成等規制法ではゴルフコースは、宅地に該当するからね。

Part 2 届出制

次は届出制について。宅地造成工事規制内で次のことをしようとする場合には、都道府県知事に届出が必要なんだよ。（15条）届出が必要な行為は3つしかないから、期間も含めてチェックしよう。

CHECK POINT 届出が必要なとき　**重要**

① 規制区域指定の際、すでに造成工事中のとき

造成主が、指定があった日から**21 日以内**に知事へ届出がいる

② 工事せずに宅地以外の土地を宅地に転用したとき

転用した者が、転用した日から**14 日以内**に知事へ届出がいる

③ 規制区域内の宅地で、2mを超える擁壁や排水施設の除去工事を行うとき

工事を行おうとする者が、工事着手日の**14 日前まで**に知事へ届出がいる

すでに造成工事してるときに規制区域に指定されたら 21 日以内で、他の 2 つは 14 日以内と 14 日前かあ。

Part 3 保全義務・勧告・改善命令

宅地造成工事規制区域内の宅地の所有者や占有者（借主）等は、災害が発生しないように、その宅地が安全な状態をキープできるように努めなければならないよ。（16 条 1 項）

努めなければならないということは、つまりのところ努力義務ってことですね？

そう。だって安全な状態を保つのが義務って言われたところで、たとえ宅地に何か問題があったとしても、自分でとっさに対策を取ることはなかなか難しいでしょ。

確かに安全な状態であるように注意はできても、自分で対策というのはなかなか難しいかなぁ。

また、都道府県知事は宅地造成工事規制区域内の宅地で、災害が起こらないように措置をとったほうがいいな～という場合には、所有者、占有者（借主）、管理者、造成主や工事の施行者に対して擁壁の設置や改造等の必要な対策をとるように勧告することができるよ。（16 条 2 項）

つまり、危ないなという宅地があったら、そこに関係がある人に対して措置をとるように勧告できるんですね。

そのとおり。また、宅地造成工事規制区域内の宅地で、たとえば擁壁が設置されていなかったり、造成工事が極めて不完全で、放っておくと災害の発生のおそれが大きいような場合には、所有者や占有者（借主）、管理者に擁壁などを設置したり、造成の改良工事をするように命じることもできる。（17条1項）

CHECK POINT 保全勧告と改善命令　重要

✔ 保全勧告

どんなとき：宅地造成に伴う災害の防止のために必要があると認められる場合

だれに：所有者、占有者、管理者、造成主、工事施行者

なにを：擁壁の設置や改造、その他宅地造成に伴う災害の防止のため必要な措置をとることを勧告できる

✔ 改善命令

どんなとき：造成工事が極めて不完全、もしくは必要な擁壁等が設置されていないために宅地造成に伴う災害の発生のおそれが大きい場合

だれに：所有者、占有者、管理者

なにを：擁壁などの設置、改造、地形もしくは盛土の改良のための工事を行うことを命じることができる

Part 4 造成宅地防災区域（ぞうせいたくちぼうさいくいき）

最後に造成宅地防災区域について。
宅地造成等規制法でもうひとつ指定されるのが造成宅地防災区域。
これは宅地造成工事規制区域外の、すでに宅地として造成されている土地で、地滑り等の災害が起こりそうなところに指定されるんだよ。

宅地造成工事規制区域内はこれから宅地化するところで、造成宅地防災区域はもうすでに宅地化されているところだから、宅地造成工事規制区域以外の区域に造成宅地防災区域は指定されるんですね。

そのとおり。造成宅地防災区域に指定されるとその区域内の宅地の所有者、占有者（借主）、管理者は災害が生じないように必要な措置を講じるよう努力しなければならない。義務ではなくて、あくまでも努力義務だけどね。さらに、都道府県知事から擁壁等を設置するように勧告されたり、改善命令というんだけど、土地の改良工事や擁壁の設置等を命じられることもあるよ。

CHECK POINT

造成宅地防災区域（ぞうせいたくちぼうさいくいき）

重要

都道府県知事が、宅地造成に伴う災害で相当数の居住者その他の者に生ずるものの発生のおそれが大きい一団の造成宅地であって、一定の基準に該当するものについて、宅地造成工事規制区域外で指定する区域のこと

押さえておきたい！

重要まとめ

- **宅地造成工事規制区域内では、出来上がりが宅地となる造成工事は許可を受けなければならない**
- **宅地造成等規制法において「宅地」とは農地や森林以外の土地のこと**

語句の意味をチェック

造成主（ぞうせいぬし）	宅地造成に関する工事の請負契約の注文者、または請負契約によらないで自らその工事を行う者のこと
採草放牧地	農地以外の土地で、主として耕作または養畜の事業のための採草、または家畜の放牧に使用される土地のこと
切土（きりど）	地面の高いところを削り取ること
盛土（もりど）	地面にさらに土を盛って高くすること
擁壁（ようへき）	崖等の土止めのために造った壁のこと
勧告	ある事柄を申し出て、その申出に沿う行動を取るよう勧め、または促す行為のこと
占有者	その土地や建物を使用しているひとのこと。賃貸借における借主など

○×問題セレクション 49

解答・解説は次ページ左下

宅地造成工事規制区域内において、宅地以外の土地を宅地に転用した者は、一定の場合を除き、その転用した日から 14 日以内にその旨を都道府県知事に届け出なければならない。（平成 28 年）

stage 50

重要度 ★★★ 頻出度 ★★★

農地法（のうちほう）

宅建試験で重要となるのは主に3条、4条、5条の規定。原則を理解してから、例外についての知識を追加して行きましょう。限られた内容ですからポイントさえおさえれば楽勝です。ここは1点取りにいきましょう！

memo 農地が減ったり、耕すひとが代わったりするのは一大事

理解と暗記の重要ポイント

ここがポイント！ しっかり意識して学習しよう！

① 第3条：農地の権利を移転する場合

農業委員会の許可

農業委員会 → 市町村に設置される。農地の無断転用の監視、農業をするひとの人材の確保、農地の管理等を行う組織のこと

② 第4条：所有者はそのまま、農地を宅地等に転用する場合

〔市街化区域内の土地〕 ………………………… 農業委員会への届出
〔農林水産大臣が指定する市町村内の土地〕 ……… 市町村長の許可
〔その他の土地〕 ……………………………… 知事の許可

③ 第5条：農地を宅地等に転用し、かつ権利を移転する場合

〔市街化区域内の土地〕 ………………………… 農業委員会への届出
〔農林水産大臣が指定する市町村内の土地〕 ……… 市町村長の許可
〔その他の土地〕 ……………………………… 知事の許可

④ 農地の賃借権の対抗力は農地の引渡し

Part 0 届出？ 許可？ 自分の農地なのに…

私たちが生活していくために欠かせないものは衣食住です。農地はこのうち「食」を確保するための大切なもの。ですから、現に耕作されている農地が減少してしまったり、農業を営むひとが代わりノウハウがわからないひとが耕すことになったりして、生産性が下がるような事態は避けなければなりません。だからといって「農地は絶対売っちゃダメ！ 潰しちゃダメ！」なんて規制をされてしまっては、その農地を所有するひとの土地に対する権利を侵害することにもなります。

そこで、農地の確保と所有者の権利を守るということの均衡を保つため、農地の取引に関しては、他の土地とは異なる独自ルールが設けられているのでした。

問49解答と解説 ○ 宅地以外の土地を宅地に転用したんですって。転用した日から14日以内に都道府県知事に届出が必要でしたよね。届出が必要なケースは全部で3種類、おさえておきましょう。

本ステージでは農地法の３条（権利移動）４条（転用）５条（権利移動＆転用）の基本的なルールについて確認していきましょう。

Part 1　３条：権利移動

農地を農地のまま、他のひとに譲渡等をする場合には、農地法３条によって規制が敷かれている。具体的にいうと、売買による所有権の移転をはじめ、賃貸借契約を締結して使用権等が移転する場合などには、農業委員会の許可が必要なんだ。

へー、農業委員会なんてのがあるんだ？

うん。農業委員会は、いわば農業のプロフェッショナル。
農地の権利を取得したいひとや会社が、本当に農業を営む力があるのかをチェックするんだよ。

「ノウハウもないのに農地を使わせても豚に真珠でしょ。」…って感じかな。

そんな感じかもね。ちなみに、相続や遺産分割などによって農地を取得する場合には、３条の許可はいらないんだ。そのかわりに、誰が相続したのか把握しておくために、農業委員会への届出は必要だけど。

確かに、農業適格がないからって相続できるはずの土地を継げなかったら、それはそれでかわいそうですもんね。

Part 2　４条：転用

自分が持っている農地をつぶして、そこに住宅を作ろうなんて場合は農地法第４条の規制がかかるよ。

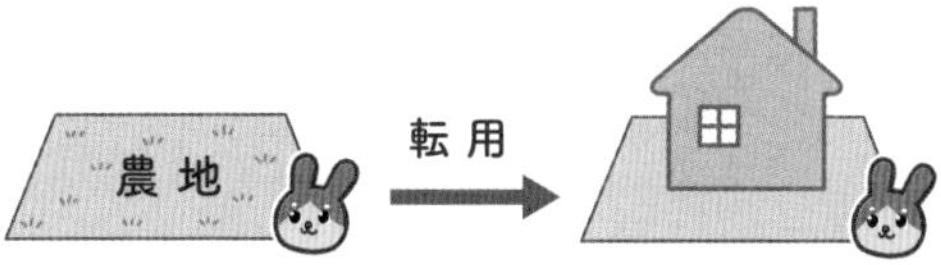

「大切な農地がなくなる＝食の生産率が下がっちゃう」わけだから、4条によって都道府県知事の許可が必要ということになっている。

あれー？　許可は許可でも、今度は農業委員会じゃないんですね？

農業委員会は農業や農地についてはプロだけど、用途変更するっていうと、もうその土地は農業とは直接的な関係はなくなるでしょ。
だから、4条に該当するときは、農業委員会ではなくて、都道府県知事の許可なんだ。
ちなみに、原則としては都道府県知事の許可を受けないといけないんだけど、市街化区域内で用途変更をする場合には、農業委員会に「農地つぶすことにしたんでヨロシク」と届出をすれば許可不要という特則もあり。

どうして市街化区域内だと許可いらなくなるんだろ…？

市街化区域は、読んで字のとおり、市街化を進めるためのエリアでしょ？
農地や牧場より、できれば建物を建ててその土地を有効活用してほしい。だから、許可が不要なんだよ。でも、農業委員会としては日本にどれくらい農地があるのか把握はしておきたいところだから、「農地をつぶすよ。」という届出だけはしてねという決まり。

市街化区域内なら農業委員会への届出でOKってことですね。

Part 3　5条：転用目的権利移動（てんようもくてきけんりいどう）

農地の権利を誰かに譲渡して、かつ農地を転用してマンションを建てようなんて場合は農地法第5条の対象になる。

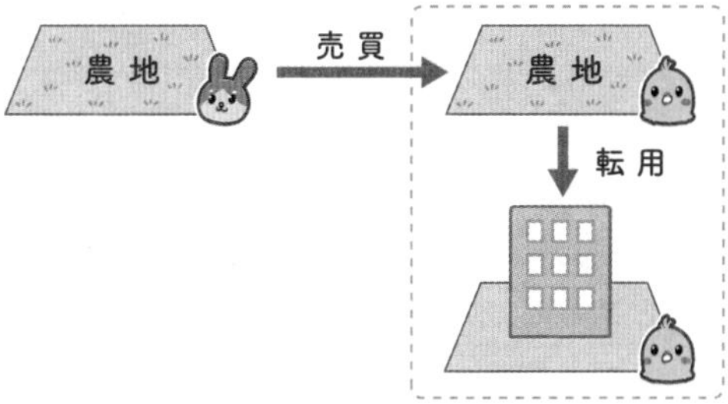

5条の場合も、転用をするということは、農地をつぶすことになるから、4条と同じく都道府県知事の許可が必要。そして、市街化区域内の場合は農業委員会へ届出をすれば許可は不要だよ。

5条は持ち主も変わって、使い方も変わるときってことか。市街化区域の特則も4条と同様に適用されるんですね。

Part 4 農地法における規制

農地法は、日本の大切な食を支えるものだからかなり厳しくて、もしも許可を受けないで売買契約等をした場合は、契約が無効になるし、農地をつぶして工事しちゃったなんてときには原状回復を命じられることもある。

農地法における許可の適用場面

	権利移動 3条許可	転用 4条許可	権利移動＋転用 5条許可
適用場面	農地→農地 採草→農地 採草→採草	農地から転用する場合 ※採草からの転用は 許可不要	農地→農地以外 採草→農地以外、 採草以外
許可権者	農業委員会	都道府県知事（指定市町村は市町村長）	
無許可行為の場合	契約は無効	原状回復	契約無効 かつ原状回復
無許可の場合の罰則	3年以下の懲役または300万円以下 （法人の場合は1億円以下）の罰金		

採草…採草牧草地

４条、５条の市街化区域内における特例の他にも、許可を受けなくても良いケースについてもおさえておこう。

許可が不要となるケースの代表例

<table>
<tr><th></th><th>権利移動
３条許可</th><th>転用
４条許可</th><th>権利移動＋転用
５条許可</th></tr>
<tr><td>市街化
区域内の特例</td><td>なし</td><td colspan="2">あらかじめ、農業委員会に
届出をすれば許可不要</td></tr>
<tr><td rowspan="3">許可が
不要な場合</td><td colspan="3">①土地収用法により収用（転用）される場合
②農林水産省令で定める場合</td></tr>
<tr><td rowspan="2">・国または都道府県が権利を取得する場合
・遺産分割・相続による取得
・民事調停法による農事調停による取得</td><td colspan="2">国または都道府県等が道路、農業用排水施設等の地域振興上または農業振興上の必要性が高いと認められる施設の用に供するために転用（取得）する場合</td></tr>
<tr><td>①採草放牧地の転用
②耕作の事業を行う者（農家）がその農地（2アール未満のものに限る）をその者の農作物の育成もしくは養畜の事業のための農業用施設に供する場合</td><td>採草放牧地を農地にする場合（ただし、３条で規制される）</td></tr>
</table>

ちなみに農地法でいう農地は、現況がどんな状況かで判断する。

つまり、たとえば現況が果樹園になっているけど、登記上の地目が宅地や山林なんて場合は、その土地は農地扱いされるってことですね。

そういうこと。また、相続や遺産分割によって農地を取得する場合には許可が不要となるけれど、**遅滞なく農業委員会へ届け出なければならない**んだ。

Part 5 農地の賃借権の対抗要件

借地借家法では賃借権を第三者に対抗するための対抗要件があったよね？ （ステージ22参照）

建物の賃借権は引渡しが対抗要件で、土地の賃借権はその土地のうえに賃借人本人の名義で登記されている建物があることが対抗要件ですよね？

そのとおり！
でも農地の場合は、その土地のうえに建物を建てるわけではないから、民法では賃借権登記以外の対抗要件がない…
そこで農地法では農地を借りているひとの権利を守るために、賃借権や永小作権の登記以外の対抗要件を用意しているんだよ。（16条）

CHECK POINT 農地や採草放牧地の賃借権の対抗要件 重要

✔ **その農地（採草放牧地）の引渡しをうけること**

引渡し後に物権を取得したひとにも対抗できる

へえ、引渡しをうけていれば、あとから譲渡等が行われて所有者になったひとにも借りていることを対抗できるんだ。

そのとおり。登記にかわる対抗要件を用意して農家のひとの立場を守ることで、食料の生産を保護しようということだね。ほかにも、賃借人の立場を保護するために様々な規定が存在するよ。

賃借人の立場を保護する規定

重要

✔ 契約の文書化

書面により存続期間、借賃の額等の内容を明らかにしなければならない（21条）

✔ 農地賃借権の期間

存続期間は50年以内

✔ 農地借地権の更新

期間満了の1年前から６ヵ月前までに更新拒絶の通知がなければ自動更新

✔ 契約終了時の許可

契約終了、解約申入れ、合意解除等の契約を終了させる行為は、原則として都道府県知事の許可が必要となる

ということは、農地の賃貸借契約を締結する場合には、３条の権利移動になるから、農業委員会の許可が必要で、その賃貸借契約を終了させる場合には、都道府県知事の許可が必要ということ？

そういうこと。許可権者が異なるからしっかりイメージしておきたいね。

押さえておきたい！

重要まとめ

- **市街化区域内の特則は４条と５条の場合に適用され、３条権利移動では適用されない**
- **相続や遺産分割による取得の場合には許可は不要となるが、農業委員会への届出が必要**

語句の意味をチェック

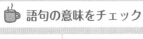

農業委員会	自作農の維持、農地等の利用関係の調整、農地等の交換分合等、農地の管理執行にあたるとともに、農政上の活動を行う行政委員会のこと
土地収用法(とちしゅうようほう)	公共の利益となる事業に必要な土地等の収用または使用に関し、規定する法律のこと
採草放牧地	農地以外の土地で、主として耕作または養畜の事業のための採草、または家畜の放牧に使用される土地のこと

○×問題セレクション 50

解答・解説は次ページ左下

農業者が、市街化調整区域内の耕作しておらず遊休化している自己の農地を、自己の住宅用地に転用する場合、あらかじめ農業委員会へ届出をすれば、法第 4 条第 1 項の許可を受ける必要がない。(平成 28 年)

stage 51

重要度 ★☆☆　頻出度 ★★★

地価公示法と鑑定評価基準

正常や限定、適正など初見では難しく感じる言葉が多いですが、基礎については最低限理解したいところです。地価公示法の目的､手続きと鑑定方法を、ひとつの流れとして捉えるようにしましょう。深入り注意。

memo 地価公示法があるから不動産の鑑定評価がある

理解と暗記の重要ポイント

ここがポイント！ しっかり意識して学習しよう！

地価公示法

① 公示価格は、取引価格の指標の役割を果たす

・一般の取引：努力義務 …………………… 指標として取引を行うよう努めなければならない

・公的事業用地の取得価格算定：義務 … 規準としなければならない

不動産の鑑定評価

② 不動産の鑑定価格の種類

・正常価格 … 市場性を有する不動産について合理的条件を満たす適正な価格

・限定価格 … 市場性を有する不動産について市場が相対的に限定された価格

・特定価格 … 市場性を有する不動産について正常価格となる諸条件を満たさない価格

・特殊価格 … 市場性を有しない不動産について利用状況等を前提とした経済価値を示す価格

③ 正常な価格は、建物や借地権が存在しないものとして算定する

④ 不動産の鑑定評価は、原価法、取引事例比較法、収益還元法を併用する

原価法 →対象の不動産を仮にもう一度建築、造成するといくらかかるか計算して、そこから経過年数による価値の低下を差し引いて、現在の価値を出す方法のこと

取引事例比較法 → 対象不動産と同じような物件が前にいくらで取引されたか事例を収集して次に事情補正や時点修正をして価格を出す方式のこと

収益還元法 → 対象不動産から予測される純収益を求めることによって、対象不動産の試算価格（収益価格）を出す方法のこと。賃貸に出す場合、賃料は幾らで設定できるのかで考える

問 50 解答と解説　×　市街化区域内だったらあらかじめ農業委員会に届出をすることで良いんだけど、今回は市街化調整区域内での出来事。当然、農地法第４条の許可をもらわないとだめでしょ。

Part 0 不動産の鑑定も立派な仕事です

土地が取引されるときには、当然、いくらと価格がつけられます。しかし、その価格が適正かどうか、つまり市場の相場と合っているかどうかは、シロートではなかなか判断することはできませんよね。売主は1円でも高く、買主は1円でも安く…と思いますし、仲介（媒介）業者は売買価額によって報酬額（仲介手数料）が変わるため、できる限り高値を付けたいと思うはずです。

このように、不動産における価格はその立場によってそれぞれのインセンティブが働きますから、コレ！　といった数字にしづらいものです。

売買契約は売主と買主の合意で決まりますから、価格についても当然、自由に決定できるものではありますが、それをいいことに「不動産のことを知らないカモに高く売りつけてやろう」と悪徳な業者がはびこっては大変です。

そこで生まれたのが地価公示法。対象の土地の価格を、年に一度算出して公示することで、取引価格等の指標を与えるのが地価公示の目的です。

本ステージでは地価公示法の手順と、地価公示が持つ効力、そして不動産の鑑定評価基準について確認していきます。

Part 1 地価公示法（ちかこうじほう）

地価公示の流れ

地価公示は国土交通大臣によって任命を受けた土地鑑定委員会によって行われるんだよ。
公示価格が出されるまでのおおよその流れは次のとおり。

大臣が…

- **土地鑑定委員会（7人）の任命**
- **公示区域（候補地）を指定**

地価公示はキミ達に頼むよ
候補地はこの辺でよろしく
はーい

土地鑑定委員会（7人）が…

- 公示区域（候補地）の中から標準地を選定
- 2人以上の不動産鑑定士に依頼

地図
ここを鑑定しよう！
鑑定よろしく
不動産鑑定士です

↓

2人以上の不動産鑑定士が…

- 標準地の価格を鑑定評価

【鑑定評価の条件】
- 基準日1月1日時点における
- 1㎡あたりの
- 正常価格（後述）を算定

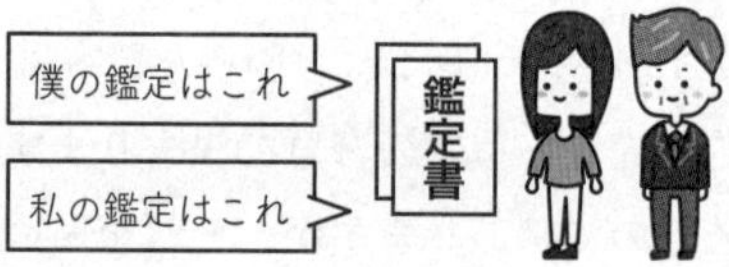
僕の鑑定はこれ
私の鑑定はこれ
鑑定書

↓

土地鑑定委員会が…

- 鑑定評価の結果を審査調整して正常価格を判定
- 公示価格として官報で公示
- 関係市町村の長に、公示価格が記載された書面と図面を送付

判定
この標準地の正常価格はこれ！
所在する市町村や地番、単位面積当たりの価格、その価格判定基準日、地積や形状、土地利用の現況（商業地、住宅地等）を官報で公示します

ちなみに不動産鑑定士は標準地の鑑定評価をするときには、近傍類地の取引価格から算定される推定の価格、近傍類地の地代等から算定される推定の価格、同等の効用を有する土地の造成に要する推定の費用の額、以上の3つを勘案して行わなければならない。

土地鑑定委員会からお願いされて、不動産鑑定士というひとたちが価格の算定をするんですね？

そう。不動産鑑定士は、国家資格の一つなんだけど、いわば不動産鑑定の専門家なんだよ。
地価公示の流れについてのポイントは、登場人物が誰か…ということ。地価公示では都道府県知事は出番がないんだ。

地価公示の効力

次は公示価格の効力について。**地価公示によって出された公示価格は取引価格の指標の役割を果たす**んだけど、そうは言っても日本は自由取引の社会。
だからふつうの取引をするときには公示価格を指標にしてねと、あくまでも努力義務。でも国や地方公共団体が土地を取得するときには、公示価格を規準にしないとだめ、つまり義務ということになっているよ。

CHECK POINT 地価公示の効力

✔ **一般の取引：努力義務**

指標として取引を行うよう努めなければならない

✔ **公的事業用地の取得価格算定：義務**

規準としなければならない

一般の取引のときはあくまでも自由に価格を決められるってことですね。

そう！　でも公示価格があれば、それが指標になるから、だまされて高値で買っちゃうひとはいなくなるでしょ。ちなみに公示価格は不動産鑑定士の算定した正常な価格が基になるけど、この**正常な価格は、その土地に建っている建物や、土地についている権利はないものとして算定する**よ。

土地についている権利…？

土地の賃借権や地上権とか…誰かが使用できる権利がついているものとして評価をしたら、価格は下がるでしょ。だから更地評価をするんだよ。

なるほど。たとえば、売買だったら誰かが使用できる権利があると、購入したひとは土地を使えないわけだから、売買価格も下がりそうですもんね。

そうだね。正常価格は、土地だったらあくまでも土地そのものの評価ってこと。また不動産の価格は、もっともうまく利用されている時の価値で考えるという原則がある。

CHECK POINT　最有効使用の原則　重要

不動産の価格は、その不動産の効用が最高度に発揮される可能性に最も富む使用を前提として把握される価格を基準として形成されるという原則

Part 2　不動産鑑定評価基準（ふどうさんかんていひょうかきじゅん）

鑑定評価の流れ、やり方

次は不動産鑑定評価基準についてみていこう。鑑定評価の主人公はズバリ不動産鑑定士。まずは、不動産の鑑定はどのように行われるのか、流れを確認しよう。

① 物 件 確 定 ……▶ どの物件？ その物件は土地？ 建物？

↓

② 権利や価格、時期の確定 ……▶ どんな権利のどのタイミングの価格について？

↓

③ 地域分析と個別分析 ……▶ 地域分析：都会かな？ 田舎かな？
個別分析：土地の日当たりはどうかな？
周辺環境はどうかな？

↓

④ 鑑定評価の手法の適用 ……▶ 原価法、取引事例比較法、収益還元法をもとに評価する
複数の手法を適用して鑑定評価をすること

これらの要素を勘案して不動産の鑑定評価が行われるよ！

価格の種類

不動産の鑑定評価で求める価格は次の４つに分類される。

不動産価格の種類

正常価格	**市場性を有する不動産**について、現実の社会経済情勢の下で合理的と考えられる**条件を満たす**市場で形成されるであろう市場価値を表示する適正な価格
限定価格	**市場性を有する不動産**について、不動産と取得する他の不動産との併合または不動産の一部を取得する際の分割等に基づき正常価格と同一の市場概念の下において形成されるであろう市場価値と乖離することにより、市場が相対的に**限定**される場合における取得部分の当該市場限定に基づく市場価値を適正に表示する価格 （例）隣接不動産の併合を目的とする売買に関連する場合
特定価格	**市場性を有する不動産**について、法令等による社会的要請を背景とする鑑定評価目的の下で、正常価格の前提となる諸**条件を満たさない**ことにより正常価格と同一の市場概念の下において形成されるであろう市場価値と乖離することとなる場合における不動産の経済価値を適正に表示する価格 （例）民事再生法に基づく鑑定評価目的の下で、早期売却を前提とした価格を求める場合
特殊価格	文化財等の一般的に**市場性を有しない不動産**について、その利用現況等を前提とした不動産の経済価値を適正に表示する価格 （例）宗教建築物について、その保存等に主眼をおいた鑑定評価を行う場合

価格に４種類もあるのか…なんだか混乱しそう。

まずはどんな取引のときの価格なのかをイメージすることだね。
正常価格はごくごく一般的な取引で見込まれる価格で、限定価格はマンション用地やホテル用地なんかを仕入れるときなんかに隣あった土地をどんどん買い占めていくときなんかに想定される価格。（マンションだと等価交換事業などで仕入れることもあるけどね。）

隣の土地を仕入れようとなると、確かに、価格は一般的な取引と比べると、ぐんと高くなったりしますね。

そういうこと。そして、特定価格は売り急いでいたり、民事再生法によって早期売却をするとなったときの価格。最後の特殊価格は金閣寺とか清水寺とかの文化財のようなものだね。

だから特殊価格は市場性を有しない不動産というふうに例えられるんですね！

うん、文化財保護法による文化財なんて、市場性は一切ないでしょ。ちなみに、それぞれの価格はキーワードで覚えるといいよ。

CHECK POINT **価格の種類とキーワード** 重要

正常価格は「市場性を有する不動産 + 条件を満たす」
限定価格は「市場性を有する不動産 + 限定」
特定価格は「市場性を有する不動産 + 条件を満たさない」
特殊価格は「市場性を有しない不動産」

キーワードで見ていくと単に文章を読むよりもイメージしやすいですね。

鑑定評価の手法

最後は鑑定評価の手法について。鑑定評価をする方法は３種類あるんだよ。それぞれがどんな手法かはしっかり見ておこう。

原価法	今作ったらいくらかかるのかという観点で評価する方法 価格時点における再調達原価を求めて、それに築年数分の減価修正を行い積算価格を求める
取引事例比較法	似たような取引の価格を比較して評価する方法 多数の取引事例をあつめて、事情補正や時点修正を行い、それらの取引の価格を比較して比準価格を求める
収益還元法	どのくらい儲かるのかという観点で評価する方法 賃貸に出すことを想定して将来期待される純利益から収益価格を求める。自用の不動産のため貸す予定がなくても、貸したらどうなるかを想定して適用する

原価法は「作ったらいくらか」取引事例比較法は「他の取引はいくらか」、収益還元法は、「貸したらいくらか」という観点ですね。

簡単にいうとそうだね。また、鑑定評価をするときには、より正確な価格を算出するために、ひとつの手法だけでなく複数の手法を用いてアプローチすべきとされているよ。

押さえておきたい！

重要まとめ

- **地価公示の登場人物は国土交通大臣、土地鑑定委員会、不動産鑑定士、市町村長。原則、知事の出番なし。**
- **鑑定評価の手法は、原価法、取引事例比較法、収益還元法の３種類。**

語句の意味をチェック

不動産鑑定士	不動産の鑑定評価を行う専門資格を有する者のこと
土地鑑定委員会（とちかんていいいんかい）	地価公示法に基づき、地価の公示に関する事務を処理するため国土交通省に置かれる合議制の機関のこと、大学教授等の学識経験者が委員に任命される
正常価格	投機目的のない、自由な取引が行われる場合に通常成立するはずの価格のこと
公示	一定の事項を周知させるため、一般公衆が知ることができる状態に置くこと
指標	物事の見当をつけるための目印のこと
近傍類地（きんぼうるいち）	近辺に存在している似た条件の土地のこと
勘案（かんあん）	あれこれ考え合わせること

○×問題セレクション 51

解答・解説は次ページ左下

土地の取引を行う者は、取引の対象となる土地が標準地である場合には、当該標準地について公示された価格により取引を行う義務を有する。（平成 29 年）

stage 52

重要度 ★★★　頻出度 ★★★

税法ー地方税ー

地方税については、誰が課税主体なのかをまずはしっかり理解すること。不動産取得税は都道府県、固定資産税は市町村です。課税主体を覚えたら、つぎは控除の適用要件について整理していきましょう。

memo イニシャルが不動産取得税　ランニングが固定資産税

理解と暗記の重要ポイント

ここがポイント！ しっかり意識して学習しよう！

不動産取得税 …**売買や贈与で不動産を取得した家を新築、増築したときに都道府県が課する地方税のこと**

① **不動産取得税の税率**
〔住宅・土地〕100分の3
〔住宅以外の家屋〕100分の4

② **宅地（住宅評価土地）は課税標準の特例により課税標準が2分の1になる**

③ **50㎡以上 240㎡以下の新築住宅は課税標準から1200万円が控除される**

固定資産税 …**毎年1月1日時点で土地や家屋などの固定資産の所有に対して市町村が課する地方税のこと**

④ **50㎡以上 280㎡以下の新築住宅は一定期間税額が2分の1になる**

⑤ **住宅用地の課税標準の特例**
〔住宅用地に対する課税標準の特例〕
・小規模住宅用地………　200㎡以下の部分　　登録価格×6分の1
・一般住宅用地…………　200㎡超の部分　　登録価格×3分の1

Part 0 資産を持つにはお金がかかる

私たちはさまざまな名目で税金を納めていますが、不動産に関しては不動産取得税、固定資産税という名目が代表的です。

不動産取得税は都道府県が課税主体、つまり都道府県に対して納める税金。不動産を売買や贈与によって取得したり、新築、増築したなんてときに課されるもので、いわばイニシャルコストです。

問51 解答と解説　×　取引の対象となる土地が標準地であったとしても、公示された価格により取引をする義務はございません。指標として取引を行うよう努めなければならない、つまりは努力義務。義務と努力義務という典型的なひっかけ問題。

一方の固定資産税は市町村が課税主体、つまり市町村に対して納める税金です。固定資産税は保有している間ずっと、毎年1回徴収されますから、こちらはランニングコストに含まれることになりますね。

これらは課税主体が都道府県や市町村であることから、地方税といいます。地方税の学習におけるポイントは、控除の対象となる面積等の要件をしっかりおさえること。

Part 1 税金の基本

税金について学ぶためには、基本的な算式を知る必要がある。

CHECK POINT 基本の計算式

課税標準 × 税　率 ＝ 税　額

ボクらの生活に馴染みのある消費税なんかもこの計算がベースになっていますよね。

そうだね。そして、この算式をもとに、一定の場合には、税金を安くする特例措置というのが設けられているんだ。試験対策においては各種特例措置をおさえることが重要だよ。

CHECK POINT 特例措置（とくれいそち）の種類

課税標準	×	税率	＝	税額
↓		↓		↓
課税標準の特例 （もとからカット）		軽減税率 （%を低くする）		税額控除 （最後にカット）

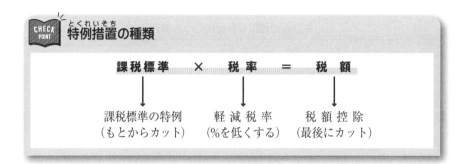

Part 2

ふどうさんしゅとくぜい
不動産取得税

不動産を取得すると、その取得したひとは税金を納めないといけない。この**不動産を取得したときに課される税金を不動産取得税という**よ。

CHECK POINT 不動産取得税

✔ **課税主体**

税金を徴収するのは対象の不動産が所在する都道府県。買ったひとが住んでいるところ、つまり住所地の都道府県と間違えないように

✔ **課税客体**

「不動産の取得」に対して課される。相続や合併などによる取得は非課税

✔ **納税義務者**

税金を納めないといけないのは当然不動産を取得したひと

課税主体や課税客体と難しい言葉が多いですね…

言葉をムリに暗記する必要はないけど、言葉の意味は理解しておきたいね。ちなみに不動産を取得したら必ず課税されるわけではなく、次のような場合は非課税になるよ。

不動産取得税が非課税になる場合

1	「相続」「合併」「包括遺贈」で取得したとき **合　併** → 法人の合併のこと **包括遺贈** →「財産の２割や全てを○○さんに遺贈する」といった漠然とした遺贈のこと 比較：「甲土地を××さんに遺贈する」というように具体的に指定する特定遺贈は課税対象となる
2	国や地方公共団体等が不動産を取得したとき

課税標準

税金の元となる金額は、売買契約等によって実際に支払った価格じゃなくて、固定資産課税台帳に登録されている価格。
固定資産課税台帳の価格は据え置きのルールになっていて、原則、3年に一度、評価替えと言って見直しをするんだ。
もしも、課税標準が下記未満だったら不動産取得税はスズメの涙程になるから、課税されないよ。

不動産取得税の免税点

区分	課税標準	
土地	10万円未満	
家屋	建築に係るもの	23万円未満
	その他に係るもの	12万円未満

評価額があまりにも安い資産の場合は、課税されないってことですね。

税　率

不動産取得税の税率は**住宅と土地は100分の3、住宅以外の家屋（事務所や店舗等）は100分の4**となっているよ。ちなみに事務所や店舗等のテナントの敷地はどちらの税率になるのかな？

オフィスビルの敷地かぁ…
事務所だから100分の4？

ザンネン、土地はたとえ上に建てるのが事務所・店舗であっても100分の3なんだ。よくひっかけで出題されるからおさえておこうね。

納付方法

納税通知書というのが送られてくるから、それをもって金融機関で納付の手続きをする。この徴収方法のことを**普通徴収**というよ。

住宅を取得した場合の課税標準の特例

住宅を取得すると、一定の要件を満たせば課税標準から控除が受けられる。
税率等をかける前の金額、つまり元からカットできる措置のこと。
新築住宅と既存住宅で要件が異なるので確認しておこう。

住宅を取得した場合の課税標準の特例

	新築住宅	既存住宅
控除額	1,200 万円（マンション・アパートは各独立部分ごとに1,200万円）	新築時期に応じ控除額が異なる ※深追い厳禁
特例適用住宅	床面積 50㎡以上 240㎡以下（賃貸マンション・アパートは 40㎡以上 240㎡以下）	①床面積 50㎡以上 240㎡以下 ②個人が自己の居住用として取得 ③耐震基準に適合 ・昭和 57 年 1 月 1 日以降に新築 ・一定の耐震基準に適合
取得者	個人・法人	個人のみ
用途	制限なし（賃貸しても良い）	自己居住用

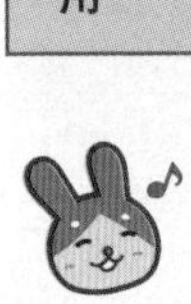

新築住宅は 1,200 万円を課税標準から控除されるんですね！

宅地を取得した場合の課税標準の特例

宅地を取得すると不動産取得税の課税標準は固定資産税課税台帳の登録価格の２分の１になるんだよ。
こちらも同じく元からカットだから、かなり減額される特例だよね。

Part 3 固定資産税

固定資産税は固定資産を持っていることに対して課される税金のこと。だから、持ち続ける限り、毎年毎年、払い続けないといけないんだよ。ちなみにここでいう固定資産税っていうのは土地や家屋、工場の機械なんかの償却資産のことを指すからね。

✔ **課税主体**
固定資産税が所在する市町村が課税主体

✔ **課税客体**
固定資産税を保有していることに対して課税される

✔ **納税義務者**
１月１日時点の固定資産税の所有者。年度の途中で固定資産の譲渡が行われた場合でも同様

センセ、納税義務者についてなのですが…日割りで精算するのが通常じゃないの？

実際の売買の取引においては、確かに、日割りによる精算が常識的だけど、それはあくまでも契約に特約を付けてそうしているだけ。業者や売買の取引に携わっているひとだと、この辺りは勘違いしやすいから注意が必要だね。実務の知識は勉強に持ち込まないこと。

課税標準

課税標準は1月1日に固定資産税課税台帳に登録されている価格だよ。ただし、もし課税標準が下記未満だったら、原則課税されないことになっている。

固定資産税の免税点

区　分	課税標準
土　地	３０万円未満
家　屋	２０万円未満

これも不動産取得税と同じく、免税点があるってことですね。

税　率

税率は **100 分の 1.4** が標準だけど、市町村ごとに別の定めができる。

1.4 だから「石より固い固定資産」なんて語呂合わせどうでしょう。

語呂合わせ

<u>1.4</u>
石より固い固定資産税

覚えやすくていいかもね。

新築住宅に関する税額控除の特例

次は新築住宅について。新築住宅には嬉しい控除がある。
要件に適合すれば計算して出た税額を２分の１にできるんだよ。

新築住宅に対する税額控除の特例

		中高層延焼防止建築物	それ以外
控　除　額		床面積 120㎡までの居住部分の税額の２分の１が控除される	
控 除 期 間		新築５年度分	新築後３年度分
要 件	床　面　積	50㎡以上 280㎡以下	
	居住部分の割合	総床面積の２分の１以上であること	

へー。新築住宅は、120㎡までの居住部分の税額が２分の１になるんですね。

住宅用地に関する課税標準の特例

住宅用の土地については面積に応じて一定の課税標準の特例があるよ。

住宅用地に対する課税標準の特例

	区　分	課税標準
小規模住宅用地	200㎡以下の部分	登録価格×６分の１
一般住宅用地	200㎡超の部分	登録価格×３分の１

ということは、300㎡の住宅用地の場合は、200㎡までは登録価格の６分の１で、それを超える部分、つまり100㎡分は３分の１で計算するってことですね？

そのとおり！

語句の意味をチェック

課税標準	税額を決定するための基礎となる課税物件の価格、または数量等をいう
固定資産課税台帳	固定資産の状況や固定資産の課税標準である固定資産の価格を明らかにするため市町村に備えられる台帳のこと。土地、家屋については３年に１回ごとに１月１日現在の価格を評価する
納税通知書	納税者が納付すべき地方税についての賦課の根拠となった規定、課税標準額、税率、税額等を記載した文書のこと

○×問題セレクション 52

解答・解説は次ページ左下

平成19年４月に商業ビルの敷地を取得した場合の不動産取得税の標準税率は、100分の３である。（平成19年）

stage 53

重要度 ★☆☆　頻出度 ★★★

税法ー国税ー

控除の内容と所有期間について問う問題が頻出です。
それに加えて、併用できる控除か否かをしっかりと把握する必要があります。

memo 「居住用」それは「特別」な存在

理解と暗記の重要ポイント

ここがポイント！ しっかり意識して学習しよう！

所得税 …所得に対して国が課す税金のこと

① 居住用財産に関する譲渡所得税の特別控除

〔計　　算〕（課税譲渡所得 − 3,000 万円）× 税率 ＝ 税額

〔第一条件〕生計を同一とする親族、配偶者、直系血族への譲渡ではないこと

② 居住用財産の買換・交換の特例

〔譲渡する不動産の条件〕

所有期間が10 年超、 居住期間が10 年以上であること

〔購入する不動産の条件〕

住宅床面積が50㎡以上、宅地…面積500㎡以下であること

売った年の前年1月1日から、売った年の翌年12月31日までに取得すること

③ 居住用財産に関する軽減税率の特例

〔第一条件〕

所有期間が10 年超であること

④ 組み合わせ OK なもの

・3,000万円控除　＋　居住用財産の軽減税率
・5,000万円控除　＋　居住用財産の軽減税率
・住宅ローン控除　＋　損益通算及び繰越控除

印紙税 …文書に対して国が課す税金のこと

⑤ 課税文書の代表は不動産の譲渡に関する契約書、非課税文書の代表は建物の賃貸借契約書

登録免許税 …登記をすることに対して国が課す税金のこと

⑥ 納税義務者は登記を受ける者

⑦ 登録免許税は登録手続きのときに課される

問 52 解答と解説　○　商業ビルの敷地だって。つまり土地ってことですから不動産取得税は１００分の３です。商業ビルやテナントなどの建物は１００分の４だけど、今回はその敷地についてのお話ですから引っかからないようにね。

Part 0 何かとかかる…税金のはなし

日本にはたくさんの税金があります。たとえば、固定資産税は市町村へ、不動産取得税は都道府県へ納付しますが、それでは、国へ納めるのは？

国が課税主体となる税金のことを国税といいますが、この国税の代表例は所得税。所得を細かく分類すると、全部で10種類に分けることができますが、その中でもおそらく皆さんにとって最も身近なものは、お給料から引かれる給与所得です。

ただ、こと宅地建物取引士資格試験においては不動産を売却したときに発生する売買代金、すなわち譲渡所得について問われることが大半です。不動産に関する試験ですから当然と言えば当然ですが。

本ステージでは、譲渡所得における所得税の計算方法と合わせて、その他の国税として、登録免許税、印紙税についても基本知識をみていきましょう。なお贈与税については、出題範囲ではありますが、内容が非常に複雑で出題頻度も低いことから、本書では割愛します。

深入りには注意ですが、本書記載の知識は可能な限りおさえておきたいところです。

Part 1 所得税

不動産を売却すると売買代金がもらえるよね。この売買代金も立派な所得のひとつなので所得税が課されるんだけど、売買代金の全額が譲渡所得になるわけではないんだよ。

じゃあ一体、何が譲渡所得になるんですか？

うん、その対象不動産を購入したときの購入代金や、売却にかかった諸費用のほか特別控除も売買代金からさっ引いて、残った部分が課税対象になるんだ。

✔ 計算方法

売買代金 －（取得費＋譲渡費用＋特別控除）× 税率 ＝ 税額

うーん。控除とか税率とかややこしいな…

控除は簡単にいうと税金を安くしてくれるってことだよ。
所得から差し引く「特別控除」や、税率を低くしてくれる「軽減税率」、さらに計算して出た税額をさらに安くしてくれる「税額控除」の内容についてくわしくみていこう。

居住用財産に関する特別控除（3,000万円控除）

まずは居住用財産における特別控除から。これは、自分が住んでいる、もしくは少し前まで住んでいたお家を売却するなんてときに適用される控除のこと。

特別控除ということは売買代金からマイナスしてくれるってことですね。

そのとおり。譲渡所得から3,000万円をマイナスできるんだ。この3,000万円特別控除のポイントは、適用するにあたって居住期間や所有期間の制限がないということ。

居住用財産の3,000万円特別控除

概　　要	譲渡所得から3,000万円を控除した金額を課税対象とする特例
適用要件	① 譲渡した不動産が居住用（マイホーム）財産であること
	② 譲渡直前にまで居住していなくてもよく、家屋に居住しなくなった日から3年を経過する日の属する年の12月31日までに譲渡すること
	③ 買主（譲渡人）が配偶者や直系血族（親戚）、生計を一にする親族等でないこと
	④ 前年または前々年に3,000万円控除を受けていないこと ※この特例は3年に1回しか使えません
	⑤ 前年、前々年、本年に居住用財産の買換え特例を受けていないこと ※3,000万円特別控除と買換え特例は重複して適用できません
	⑥ 適用を受ける年に住宅ローン控除を受けていないこと ※3,000万円特別控除と住宅ローン控除は重複して適用できません
そ の 他	居住期間や所有期間における制限はなし

居住用財産の買換え特例

次は買替・交換特例について。今まで暮らしていた家が手狭になったから売って新しいお家を買おう！　というとき等に適用できる。
売却して所得があったとしても新しいお家の取得費用に当てたら結局利益が出ないことも。
手元にお金が残ったら課税される、残らなかったら課税されないというように考えるといいよ。

特定の居住用財産の買換え特例

概　　要	従前の住居の売却益から、新しい居住の購入費を引いて、譲渡益が残る場合にのみ課税対象となる たとえば… ① 売却益 5,000 万円／新居の購入費用 4,000 万円 5,000 万円 － 4,000 万円 ＝ 1,000 万円が課税対象 ② 売却益 5,000 万円／新居の購入費用 6,000 万円 5,000 万円 － 6,000 万円 ＝ ▲ 1,000 万円のため非課税
適用要件	**【売却した資産について】** ① 居住用財産であること ② 譲渡直前にまで居住していなくてもよく、家屋に居住しなくなった日から３年を経過する日の属する年の 12 月 31 日までに譲渡すること ③ 売った先（譲渡先、譲受人）が配偶者や直系血族、生計を一にする親族等でないこと ④ 家屋と敷地ともに、譲渡する年の１月１日時点で所有期間が 10 年超であること ⑤ 居住期間が 10 年以上であること ⑥ 売却資産の金額が１億円以下であること **【購入した資産について】** ① 居住用部分の床面積が５０㎡以上であること ② 敷地の面積が 500㎡以下であること ③ 延焼防止建築物であって築２５年以内の家屋であること ※新耐震基準に適合していれば築年数は関係ない ④ 売った年の前年１月１日から、売った年の翌年の 12 月 31 日までに、買換え資産を取得すること ⑤ 買った年の翌年の 12 月 31 日までに居住すること

適用要件	【その他の要件】 ① 前年または前々年に3,000万円控除を受けていないこと ※この特例は3年に1回しか使えない ② 前年、前々年、本年に3,000万円の特別控除、買換え特例、譲渡損失の繰越控除などを受けていないこと ③ 住宅ローン控除を受けていないこと ※買換え特例と住宅ローン控除は重複適用できない

収用交換等の場合の特別控除

国の事業等のために、国や地方公共団体に土地を譲渡したときに所得から5,000万円が控除されるというルールもあるよ。
国の事業に協力してくれたから、それによって生じた所得については控除しますということ。

CHECK POINT 収用交換等の場合の5,000万円の特別控除のポイント

- ✔ 5,000万円特別控除と居住用財産の軽減税率は重複適用できる
- ✔ 5,000万円特別控除と優良住宅地の軽減税率は重複適用できない

優良住宅地の軽減税率と居住用財産の軽減税率…？

税率、つまりパーセンテージを低くしてくれる措置なんだけど、それらについては、次で一緒に確認していこう。

譲渡所得の税率

まずは不動産を譲渡したときの税率の原則を知ろう。
譲渡した年の1月1日時点で所有期間が5年を超えるものは長期譲渡所得、5年以内のものを短期譲渡所得として以下のような税率が適用されるのが原則。

長期譲渡所得…所得税率　15%

短期譲渡所得…所得税率　30%

居住用財産の軽減税率

でも、居住用の財産について譲渡した場合には特別ルールがあるんだ。これがさっき出てきた居住用財産の軽減税率だよ。**所有期間が 10 年を超えていた場合**の税率は下記のようになるんだ。コレは参考程度に、余力があれば目を通しておいてね。

［参考］居住用財産の軽減税率の特例

課税長期譲渡所得金額	軽減税率
6,000 万円を超える部分	15%
6,000 万円以下の部分	10%

要するに、原則で決まっていたものよりもパーセンテージを下げてくれるってことですね。

そのとおり。居住用財産の軽減税率は、適用するにあたって所有期間の制限があるということ。

優良住宅地の軽減税率

次は「優良住宅地の軽減税率」について確認していこう。国や地方公共団体が宅地造成をするってときなんかに、土地を譲渡してあげた場合は、「優良住宅地」という扱いをされる。優良住宅地の場合は、譲渡所得があったとしても、それは国のために売ってくれたから発生したものでしょ。だからもし**所有期間が５年を超えていたら**、優良住宅地の軽減税率を適用して、税率を低くすることができるんだ。

［参考］優良住宅地の軽減税率

課税長期譲渡所得金額	軽減税率
2,000 万円を超える部分	15%
2,000 万円以下の部分	10%

へぇ…優良っていうからてっきり水はけ抜群！　とか日当たり最高！な土地かと思いました…。国等に協力したから優良ってことか。

住宅ローン控除

お家を買うには銀行で住宅ローンを組んで資金調達をするひとが多いよね。国としては日本の経済のためにみんなにお家を建てたり買ってもらってどんどんお金を使って欲しいから、こんな控除もあるんだよ。

住宅ローン控除

控除※	令和3年1月1日～令和4年12月31日	令和3年1月1日～令和4年12月31日
	控除期間	居住の用に供した日の属する年以後13年間
	控除対象額	2000万円～5000万円 ※居住開始年により異なる
	控除率	年末残高×1%
適用要件	1. 住宅を取得してから6ヵ月以内に入居すること	
	2. 償還期間（借入期間）が10年以上であること	
	3. 家屋の床面積が40㎡以上であること	
	4. 床面積の2分の1以上が自己居住用であること	
	5. 既存住宅の場合、取得日以前20年以内（耐火建築物の場合25年以内）に建築された家屋であること	
	6. その年の合計所得金額が3,000万円以下であること ※40㎡以上50㎡未満の場合には合計所得金額が1,000万円以上の年は適用不可	
	7. 前年、前々年、本年に居住用財産の3,000万円特別控除、居住用財産の買換え特例、軽減税率等を受けていないこと	
その他	1. 住宅ローン控除は収用交換等の5,000万円特別控除や買換えによる譲渡損失の繰越し控除とは併用可能	
	2. 親族や知人等からの個人的借入では適用されない	

控除というけど、厳密には税額控除のことだね。
具体的には確定申告をすることで、年末のローン残高に応じて給与等から差し引かれていた所得税から還付を受けられるという仕組み。

還付ということは、所得税が戻ってくることですね。

居住用財産の譲渡損失（じょうとそんしつ）の損益通算（そんえきつうさん）と繰越控除（くりこしこうじょ）

お家を売ったはいいけれど、思ったよりも高く売れなくて損失が出てしまったなんてとき。そんなときは、所有期間が５年を超えていれば譲渡損失の損益通算といって、給与等の他の所得と通算してOKというルールもあるよ。

へぇ、そんなものもあるんですね。でも、それでも損失が残ってしまったら？　ほら、ボクの給料なんてたかがしれてるから…

うん。通算しても損失が残っているときには、翌年以降の３年間は、他の所得から差し引いていいことになっている。これを繰越控除なんていうよ。

ダブルで適用できるのは？

特例についてそれぞれ内容を確認してきたけど、原則としてはひとつの特例を適用したら他の特例は使えない。
でも、例外的に組み合わせて適用できるものをまとめてみよう！

CHECK POINT　組み合わせOKなもの　重要

- 3,000万円控除　＋　居住用財産の軽減税率
- 5,000万円控除　＋　居住用財産の軽減税率
- 住宅ローン控除　＋　損益通算及び繰越控除

Part 2 印紙税

次は印紙税について。印紙税は契約書や領収書などの文書の作成に対して課される税金のこと。収入印紙を貼り付けて、捺印やサインで消印をするというルール。

CHECK POINT 印紙税の納付方法 重要

✔ **納税義務者**

課税文書の作成者

✔ **納付方法**

① 印紙を課税文書に貼る

② 印紙に消印する※代理人や使用人の印章やサインでも可

✔ **課税文書**

・土地の賃貸借契約書

・不動産の売買契約書

・請負契約書

・5万円以上の受取書

✔ **非課税文書**

・建物の賃貸借契約書

・営業に関しない受取書

・国・地方公共団体が作成した契約書

あれ？　建物の賃貸借契約書は非課税なのに土地の賃貸借契約書は課税されるんですか？

ほら、建物と違って土地は30年、20年、10年、10年…と長い年数借りることが想定されるでしょ。それに土地の賃貸借だと、権利金といって大きなお金も動くから課税文書とされているんだよ。
印紙税がいくらになるのか、つまり印紙税の課税標準は、その文書に記載されている金額に応じて決まるんだ。

印紙税の課税標準

文書の種類	課税標準
売買契約書	売買金額として記載の額
交換契約書	双方の金額が記載 → 高い方 交換差金のみ記載 → 交換差金
贈与契約書	記載金額のない契約書として扱われ税額は一律 200 円
・土地の賃貸借契約書 ・地上権の設定、譲渡に関する契約書	契約に際し貸主に交付し、後日返還することが予定されていない金額（権利金・礼金・更新料等として記載の額）
土地の譲渡契約と建物の請負契約が同一の契約書	それぞれの金額が区分されていればどちらか高い方 区分されていなければその合計金額
契約金額を増加させる契約書	増加金額として記載の額
契約金額を減少させる契約書	記載金額のない契約書として扱われ税額は一律 200 円

つまり、その文書に記載されている金額等が課税標準になるということですね。では、一度契約書を取り交わしたけど、その内容を変更するときにはどうなるんだろう？たとえば 5,000 万円で契約書を作成したあとで、その金額を 6,000 万円に増額したり、あるいは 4,000 万円に減額したりするときは…？

内容を変更する契約書などは、増額した場合にはその差額分を、減額する場合には記載金額のない文書として扱うことになるよ。

契約金額を変更する契約書については、変更前の契約金額を証明した契約書が作成されていることが明らかであること等を条件に、

契約金額を増やす場合 →	増加した分の金額を記載金額とする
例：契約金額 5,000 万円→ 5,500 万円	：記載金額は 500 万円
契約金額を減らす場合 →	契約金額の記載のないものとして扱う
例：契約金額 5,500 万円→ 5,000 万円	：記載金額のないものとして扱う （印紙税額は 200 円）

もしも、うっかり、印紙を貼り忘れてしまったり、消印をし忘れてしまったりした場合はどうなるんだろう。

その場合には過怠税が課せられるから忘れないようにしようね。

CHECK POINT **過怠税（かたいぜい）** 重要

- ✔ 印紙の貼り忘れ …… 過怠税 2 倍 ＋ 印紙の貼り付け ＝ 実質 3 倍
- ✔ 消印漏れ …………… 消印していない印紙の額面金額 ＋ すでに貼っている印紙 ＝ 実質 2 倍

Part 3 登録免許税

最後に登録免許税について。登録免許税っていうのは権利部の登記をするときなんかに課されるもののこと。
これを勿体ないと思って登記をせずに物件を転がす、いわば中間省略なんかをする業者もいるけど…
登録免許税の納税義務者は登記を受ける者。売買だったら売主と買主が連帯して納付する義務を負っているんだよ。

CHECK POINT **登録免許税の納付義務者** 重要

- ✔ 登記を受けるものが納税義務を負う＝売買なら売主と買主
- ✔ 国や地方公共団体が自己のために受ける登記は非課税

へえ、なんとなく買主が負担するイメージだったなあ。

実務だと買主側が負担するというのがセオリーになっているけど、ルールとしては違うから要注意だね。

登録免許税は登録手続きのときに課せられるから、原則として現金で納付するんだよ。当然、課税標準なんかも決められているんだけど、宅建試験においては、無理に確認しなくても大丈夫。

登録手続きのときってことは、窓口で「登録免許税はいくらです！」と言われるってことかな。

うん、そんなイメージでいいと思うよ。念のため確認だけど、表題部の登記は登録免許税はかからないよ。

語句の意味をチェック

譲渡所得	所得税の課税対象となる物で、資産の譲渡による所得のこと。その対象となる土地や建物等の所有期間が譲渡した1月1日現在で5年を超える場合を長期譲渡所得、5年以下の場合を短期譲渡所得という
譲渡費用	土地や建物を売るために直接支出した費用で仲介手数料、登記費用、借家人を立ち退かせる場合の立退き料等の費用のこと
居住用財産	居住の用に供している土地や建物。つまり宅地や住宅のこと
税率	課税標準に対する税額の割合のこと
税額	税金として納めるお金の額のこと。課税額ともいう
特別控除	標準の税率よりも低く抑えた税率のこと
軽減税率	条件に応じて課税率を原則よりも低く設定すること
税額控除	課税標準に税率を乗じて算出した税額から条件に応じて一定額控除すること
繰越控除	その年だけでは損出を控除しきれないときに翌年以降にもその損出をくりこせる制度のこと

○×問題セレクション 53

解答・解説は次ページ左下

国を売主、株式会社A社を買主とする土地の譲渡契約において、双方が署名押印して共同で土地譲渡契約書を2通作成し、国とA社がそれぞれ1通ずつ保存することとした場合、A社が保存する契約書には印紙税は課税されない。（平成20年）

stage 54

重要度 ★★☆　頻出度 ★★★

その他の法令等

文字どおりの一般知識から専門知識まで宅地建物取引士に求められる知識は多岐に渡ります。
その他法令としてその中でも出題頻度の高いものの内容をまとめました。深入りしないようにしましょうね。

memo 土地や建物については一般常識で戦える?

理解と暗記の重要ポイント

ここがポイント！ しっかり意識して学習しよう！

諸　法

① 各法令における許可権者は誰なのか

住宅金融支援機構

② 主たる業務は証券化支援業務と保険業務

景品表示法

③ 顧客を不当に誘引・誤認させる表示をしてはならない

土　地

④ 宅地にふさわしい土地は、丘陵地（きゅうりょうち）、台地（だいち）、段丘（だんきゅう）等

丘陵地 → なだらかで比較的起伏の少ない地形のこと

台地 → 表面が平らな台状の地形のこと

段丘 → 川、湖、海の沿岸にできる階段状の地形のこと。表面が平らな平坦面と急崖の段丘崖からなる

建　築

⑤ 木造の長所は軽量で強度が高いこと、短所は燃えやすく腐朽（ふきゅう）しやすいこと

⑥ 鉄骨造の長所は軽量で強度が高く大量生産できること、短所は高熱に弱くさびやすいこと

⑦ 鉄筋コンクリート造の長所は強度・耐震性・耐火性・耐久性が高いこと、短所は重くてコストが高いこと

問 53 解答と解説 ○ 国や地方公共団体が作成した文書については印紙税は課されません。A 社が保管するものは国が作成したものとみなされますから非課税です。

Part 0 あれもこれも、宅建士に必要な知識です

これまで法令上の制限の主だったものを学習してきましたが、その他にも業務を遂行するために必要な知識はたくさんあります。

こと宅建士は宅地建物の取引についてのプロフェッショナル。関連する法律や土地、建物にまつわる一般常識はおさえておかなければなりません。

これから学習する諸法については深い知識は必要ありませんが、宅建試験に合格するためには基本的な事項は最低限確認しておきましょう。

尚、「住宅金融支援機構」「景品表示法」「土地と建物における一般常識」につきましては、登録講習（5問免除講習）を受講された方は免除されますので、学習は不要です。

Part 1 諸法の許可権者

建物を建てたり、土地をいじったりするときの許可権者や届出先は都道府県知事が原則。
ただし、次にあげる法令では許可権者が別に定められているんだよ。
これ以外にもたくさんあるんだけど、キリがないから最低限のものをチェックしておこう。

法　令	許可権者
文化財保護法	文化庁長官
港湾法	港湾管理者
海岸法	海岸管理者
河川法	河川管理者
道路法	道路管理者
自然公園法（国立公園）	環境大臣
自然公園法（国定公園）	都道府県知事
生産緑地法	市町村長

同じ公園でも国立公園と国定公園で許可権者が違うんですね。

もちろん上記で100%網羅できているわけではないけど、これ以外のものが試験で出題されたら、都道府県知事の許可と解いてしまうのもアリ。

Part 2 住宅金融支援機構（じゅうたくきんゆうしえんきこう）

次は「住宅金融支援機構」について。
住宅金融支援機構は銀行等の金融機関を支援することで、住宅ローンの融資を促すための機構のこと。
この**機構の主たる業務は証券化支援業務と保険業務。**

証券化支援業務

まずは証券化支援業務についてみていこう。
住宅ローンというのは返済期間がとても長くなるよね。

確かにフラット35とかフラット35Sなんて商品名をよく聞くから、住宅ローンっていうと35年くらいのイメージがありますね。

そうだよね。でも、銀行の立場で考えてみると長期での貸し付けは当然リスクを負うことになるし、銀行としては積極的に貸すかというとちょっと…というのが正直なところ。
そこで住宅金融支援機構は、銀行が貸し付けた住宅ローン債権を買い取って、それを証券化することで銀行が住宅ローン融資をしやすい環境にしているんだよ。

うーん、証券化というと…どういうことですか？

つまり、銀行としては住宅ローン債権を住宅金融支援機構が買い取ってくれるから、債券を回収できなかったときのリスクを回避できてうれしいってこと。住宅金融支援機構はその買い取った債権を証券化して投資家に出資してもらうことで、リスクをさらに分散しているんだ。

そうすると、債券は住宅金融支援機構が持っているってことですよね。住宅ローンを組んだひとが返済をするのは銀行じゃなくて、住宅金融支援機構に対してするんですか？

ううん、住宅金融支援機構がその債権を持っているんだけど、返済についてはそのまま銀行に対してする。住宅金融支援機構が債権の回収業務を銀行に委託しているような形になっているんだよ。

保険業務

住宅ローンの債権が焦げ付いてしまうことが銀行としてはなによりのリスク。だから、万が一に備えて、もし住宅ローンの返済がされなくなったときに、保険金が支払われるような保険商品を、住宅金融支援機構は提供しているんだよ。

保険ってことは…銀行と住宅金融支援機構の間で「住宅ローンの回収において万が一のことがあったときはよろしく」と保険契約を締結するってことですね？

そのとおり！　保険があれば銀行としても安心して住宅ローンの融資ができるでしょ。証券化支援業務とこの保険事業については、直接的な融資はせず銀行をバックアップする形で住宅ローンに携わっているということになる。
つまり、基本的には住宅金融支援機構が直接融資をすることはないんだけど、災害復興や、お年寄り、子育て世代に対しては直接、住宅費用の貸付等を行うという点はおさえておこう。

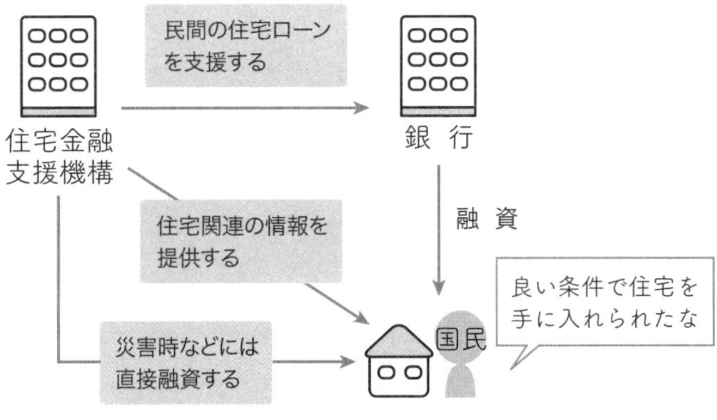

けいひんひょうじほう

Part 3 景品表示法

次は景品表示法について。正式な名称は「不当景品類及び不当表示防止法」という。でも長ったらしいから、不当景品表示法とか景品表示法なんてふうに呼ばれているよ。
この法律は端的にいうと広告についての規制をしている。

広告を規制するっていうと、オトリ広告とかかな？

そのとおり。宅建業者の中でも、特に媒介業者にとっては広告こそ営業の要だけど、だからこそ**お客さんを不当に誘引・誤認させる表示をしてはならない**んだよ。
ちなみに不当表示の基準は、もし自分がお客さんだったら「イヤだな～」と感じるかどうかで考えてみるとわかりやすい。

CHECK POINT 不当表示の基準

① 徒歩による所要時間は道路距離80mについて１分間（端数は１分として計算）を要するものとして算出した数値を表示する

② 「新築」という文言は、建築後１年未満、かつ未使用であるときに表示する

③ 土地や建物についてすべてを表示できないときは最小面積及び最大面積を表示する

④ 土地や建物の価格についてすべてを表示できないときは最低価格と最高価格、最多価格帯を表示する

⑤ 宅地や建物が未完成である場合は当該建物と規模、形質等が同一の写真を用いることができるが他の物件である旨を明示する

Part 4 土地の一般常識

土地については小学校の授業でやったような内容が出題されることもあるけれど…もはや覚えていないよね（笑）
まずは、常識で考えて、宅地に向いている土地なのか、宅地には向いていないのかを判断しよう。

CHECK POINT 宅地に向いている地盤

① 丘陵地・台地・段丘は宅地に向いている
② 扇状地、自然堤防等は砂礫質で微高地となっているところが多く宅地に利用できる

CHECK POINT 宅地に向いていない地盤

③ 台地の縁辺部、丘陵地の縁辺部は集中豪雨等のとき崖崩れを起こす危険がある
④ 古い土石流の堆積でできた地形、地すべりによってできた地形、谷の出口にあたるところは土石流の危険が大きい
⑤ デルタ地域、旧河道、自然堤防等に囲まれた後背低地は洪水にも地震にも弱い

日本の国土を思い浮かべて、水源や水辺に近いような地形や場所は宅地には不向きと考えてもいいね。

それで考えると、ウォーターフロントなんておしゃれに呼ばれてる埋立地なんかはどうなんだろう…

うーん…基本的にはしっかり対策されているから大丈夫！
だけど場所によっては液状化が問題になったこともあったよね。

建物については土地のように向き不向きで考えるのではなく、それぞれの工法や材料の、長所と短所を知ることが大切。
建物の主要構造部の材料の、基本的な性質はおさえておく必要があるよ。

主要構造部って具体的にはなんですか？

主要構造部は柱や梁、壁、屋根等の建物になくてはならないパーツのこと。ほとんどの建物の主要構造部は木造、鉄筋コンクリート造、鉄骨造で作られているんだよ。

CHECK POINT 主要構造部の種類

✔ 木　造

土台は一体の鉄筋コンクリート造または無筋コンクリート造の布基礎に緊結し、2 階以上の建築物におけるすみ柱等は通し柱とすること

長所 …軽量で強度が高いこと

短所 …燃えやすいこと、腐朽しやすいこと

✔ 鉄骨造

3 階以上の建築物における柱はモルタルその他耐火性のある材料で被覆すること

長所 …軽量で強度が高いこと、大量生産可能で経済的なこと

短所 …不燃材だが高熱に弱いこと、さびやすいこと

✔ 鉄筋コンクリート造

柱の主筋は 4 本以上とし、帯筋と緊結すること

長所 …強度が高いこと、耐震性・耐火性・耐久性が高いこと

短所 …重いこと、材料・施工コストが高いこと

語句の意味をチェック

丘陵地	あまり高くない山地、丘、小山のこと
台地	平野や盆地のなかで、周りよりも一団と高い台状の土地のこと
段丘	川、湖、海の沿岸にできた階段状の地形のこと
扇状地	山地の裾野の川の出口等に砂礫層が堆積してできた、扇状に広がる微高地のこと
デルタ地域	河口の近くにできた三角の砂地のこと
旧河道	過去の河川流道のこと。くねくねと細い道は、これの可能性がある
自然堤防	低地の河川沿いに、過去の洪水によって堆積した粗粒の土砂で形成された微高地のこと
柱／梁／壁／屋根	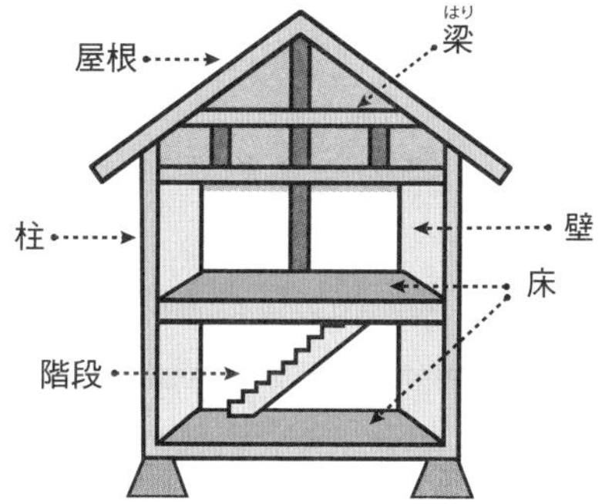

○×問題セレクション 54

解答・解説は 574 ページ左下

三角州は、河川の河口付近に見られる軟弱な地盤であり、地震時の液状化現象の発生に注意が必要である。（平成 19 年）

おわりに

まず、テキストを最後まで読みきった！　ということに対して、自分をほめてあげましょう。仕事や家事の合間に…ご家族がいる方なら休日には家族サービスも。忙しい毎日の中で、自分を律してテキストを読むというのは、簡単なようで実はとても大変なことだと思います。ですが、目標はテキストを読み終えることではありません。あくまでも皆さんの目標は「宅地建物取引士資格試験に合格する」というものです。

ですから、ここはぐっとふんばってもう１周、テキストを通して読みましょう。このときには過去問を利用したアウトプットも併せて進めるようにしてください。

宅地建物取引士資格試験は、どれだけ問題に触れられたかがポイントになりますが、インプットとして本テキストをもう１周することで、まずは自分が理解できていないポイントがより明確になります。それと同時並行でアウトプットをすることで、出題形式にも慣れてきますし、間違いやすい分野が浮き彫りになります。

ここで、アウトプットにおける過去問の重要性を表す、ことわざのようなものをご紹介したいと思います。

「過去問を制する者は宅建を制す」

過去問を解くことによるメリットは次のとおりです。

・本試験の形式に慣れてくるため当日にあたふたしない
・50問を解くのにどれくらいの時間を要するのかわかる
・どこが頻出箇所なのか、ひっかけポイントが見えてくる
・問題を前にして知識をスムーズに引き出すコツがわかる

なお、過去問を解く際に重要なのは、間違えた部分をしっかりと研究すること。

繰り返しにはなりますが、宅建は暗記だけではありません。どうしてこの法律ができたのか、いったい誰（何）のために制定されたものなのか、理由付けをしていけば自然と理解ができるものなのです。問題で間違えた箇所は、どこが違ったのか、なぜこの解答になるのかを落とし込めるところまで必ず追求してください。

末筆にはなりますが、本書を選んでくださったあなたが、今年、宅建試験に合格できますよう応援しています！

有山　あかね

索　引

問 54 解答と解説 ○ 三角州、別名デルタ地帯は河川によって運ばれた土砂が河口付近に堆積することで形成される地形のこと。三角州は液状化しやすいことが特徴です。

■本書の内容に関するご質問および正誤に関するお問い合わせは、メールまたは封書にて下記までお願いいたします。
とりい書房 教務部　〒164-0013
東京都中野区弥生町2-13-9
info@toriishobo.co.jp

勉強が苦手な方専用

はなまる宅建士 基礎^{2}テキスト 2022年度版

2022年2月11日　初版発行
著　者　有山あかね
発行人　大西京子
編　集　とりい書房 教務部
デザイン　野川育美
撮　影　髙澤直人
印　刷　音羽印刷株式会社

発行元　とりい書房
〒164-0013　東京都中野区弥生町2-13-9
TEL 03-5351-5990　FAX 03-5351-5991

乱丁・落丁本等がありましたらお取り替えいたします。

ISBN978-4-86334-134-0